¿De veras?

Lectura
Scott Foresman

¿De veras?

PEARSON

Scott
Foresman

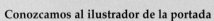

Conozcamos al ilustrador de la portada
Cuando era niño, a Richard Bernal le encantaban los dibujos animados y las tiras cómicas; dibujos animados fue lo primero que dibujó. Cuando no está trabajando en sus ilustraciones, le gusta pasear a su perro Atticus e ir al cine. (¡Y todavía le gustan los dibujos animados!)

ISBN: 0-328-26789-9

2 3 4 5 6 7 8 9 10 VO57 15 14 13 12 11 10 09 08

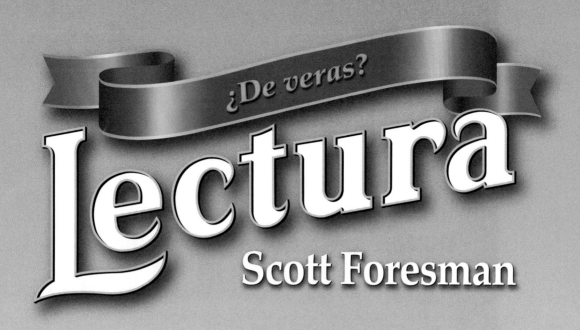

¿De veras?
Lectura
Scott Foresman

Autores del programa

George M. Blanco

Ileana Casanova

Jim Cummins

George A. González

Elena Izquierdo

Bertha Pérez

Flora Rodríguez-Brown

Graciela P. Rosenberg

Howard L. Smith

Carmen Tafolla

PEARSON

Scott Foresman

Oficinas editoriales: Glenview, Illinois • Parsippany, Nueva Jersey
Nueva York, Nueva York
Oficinas de ventas: Boston, Massachusetts • Duluth, Georgia • Glenview, Illinois
Coppell, Texas • Sacramento, California • Mesa, Arizona

Contenido

Énfasis en la familia

Contenido

UNA VISIÓN MÁS AMPLIA

Unidad 2

7

Contenido

Las llaves del ÉXITO

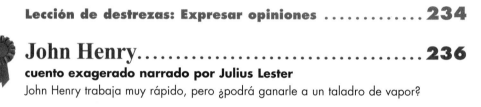

Unidad 3

Contenido

Historias inolvidables

Unidad 4

11

Contenido

Otros
tiempos,
otros *lugares*

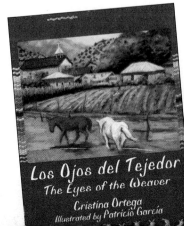

Los Ojos del Tejedor
The Eyes of the Weaver
Cristina Ortega
Illustrated by Patricio García

El sueño
del vendedor
por Janice Shefelman
ilustrado por Tom Shefelman

Contenido

¡Exprésate!

Unidad 6

15

Joe Hayes

Queridos lectores:

Una vez me contaron una anécdota sobre un par de jóvenes que eran grandes amigos. Uno de ellos era un excelente músico: el mejor arpista en muchas millas a la redonda. El otro era un oyente consumado; nadie apreciaba la música como él. Se necesitaban el uno al otro para hacer lo que sabían hacer mejor.

Mi hermana Kathy y yo éramos más o menos como esos amigos. Kathy era dos años mayor que yo, y la que mejor leía de toda su clase. Le encantaba leer en voz alta. A mí me encantaba escucharla leer. Me encantaba formarme imágenes mentales de todo lo que mi hermana leía en voz alta. Y también adoraba el tono de voz con que pronunciaba cada palabra. De ese modo, cuando yo estaba en primer y segundo grado y Kathy en tercero o cuarto, pasamos horas compartiendo un sinfín de cuentos. En aquel entonces, los cuentos que mi hermana me leía me parecían infinitamente mejores que los que yo leía por mi cuenta.

Pero, con el tiempo, aprendí a leer cuentos más interesantes por mi lado, y me formaba mis propias imágenes mentales, igual que hacía con los cuentos que Kathy me leía. Además imaginaba una voz que pronunciaba cada palabra. Había aprendido lo entretenido que resultaba dejar que las palabras me formasen imágenes en la cabeza. También había descubierto lo gratificante que es comprobar cómo una voz le da vida a las palabras. Traté de recordar los cuentos que me parecían especialmente buenos. Y cuando leía o escuchaba alguna expresión interesante, o una forma poco habitual de describir algo, también trataba de recordarla. Este conjunto de hábitos influyó en mi vocación de narrador.

Pero cuando era niño no contaba cuentos; ¿cómo iba a hacerlo? Aparte de Kathy, tenía también otra hermana mayor y dos hermanos mayores. Yo era el menor de cinco hermanos, y cada vez que trataba de abrir la boca alguien me interrumpía. Por ejemplo, si durante la cena comenzaba a contar lo que el chofer del autobús le había dicho a un niño travieso que no quería quedarse quieto, mi hermano Stan me cortaba. "No; lo estás contando todo mal", me decía. Y terminaba contando la anécdota él.

Por otro lado, si le contaba a mi familia algún dato interesante que hubiera oído en clase, mi hermana Rozaine (que tenía cinco años más que yo) me echaba una mirada rara y decía: "¿Qué? Eso es imposible. No puede ser que la maestra te haya dicho semejante disparate". Y entonces, ella procedía a explicarlo todo correctamente.

Una vez que me hice mayor, y ya con dos hijos, pude al fin contar cuentos a mi antojo. Mis hijos no sólo me escuchaban sin perder el hilo, sino que me pedían que los contara de nuevo. ¡Qué maravilla! Así pues, lo que yo quería era aprender más cuentos y conocer a más niños para contárselos.

Comencé a leer sin parar. Leí cuentos del suroeste de los Estados Unidos, ya que he pasado casi toda la vida en Arizona y en Nuevo México. Encontré cuentos que las personas mayores de la zona les habían contado a los folkloristas y a los antropólogos hace cincuenta, sesenta e incluso ochenta años. A veces uno de esos cuentos me despertaba imágenes muy vivas, y comenzaba a añadirles mi propia voz, descubriendo cómo hacer que el relato cobrara vida al contárselo después a los niños.

Y así fue cómo me convertí en cuentista. Creo que la principal tarea de un cuentista consiste en ayudar a los niños a formarse imágenes mentales y a sentir como suya cada palabra que lean.

Quien no oye consejo,
no llega a viejo.

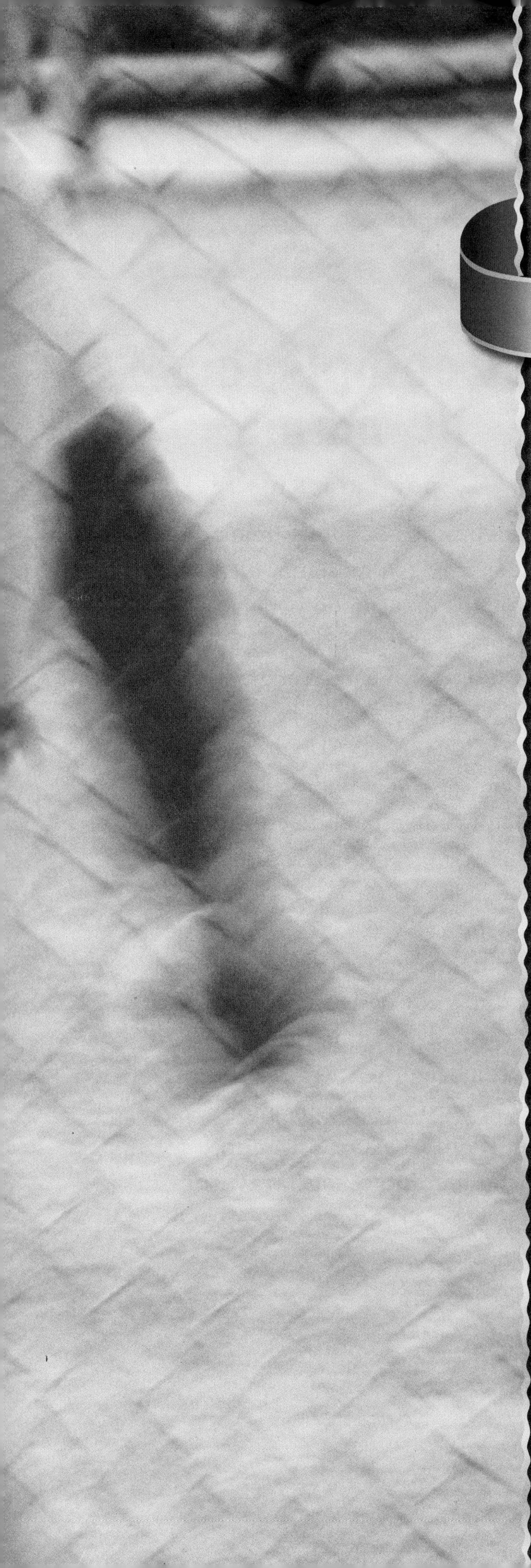

Énfasis en la Familia

¿Quién descubre nuestros sueños, habilidades y talentos?

Lección de destrezas

Ambiente

- El **ambiente** es el tiempo y el lugar en que ocurre un cuento.

- A veces el ambiente es importante para el argumento de un cuento. En otras ocasiones el ambiente sólo sirve de fondo.

- A veces las ilustraciones muestran el ambiente de un cuento. Otras veces tienes que imaginártelo. Los detalles que da el autor te permiten ver, oír, oler y sentir como si estuvieras dentro del cuento.

Lee "El cumpleaños de mamá", de *Pantalones cortos*, por Lara Ríos.

En tus palabras

1. Imagina que vas a ilustrar el ambiente. Descríbele a un amigo o amiga la escena que dibujarías o pintarías.

2. ¿Qué detalles del cuento te ayudaron a decidir qué dibujar?

El cumpleaños de mamá

por Lara Ríos

Ayer celebramos el cumpleaños de mamá.
A las seis de la mañana, mis hermanos y yo hicimos una fila en orden de tamaño y entramos al dormitorio cantando "Feliz cumpleaños". Ahí estaba mamá, ya bañada y lista, oliendo a jabón y a cariño. Sí, porque cuando la abrazo, siento un olor como a pan acabado de sacar del horno, o a caja de confites, o a plátanos en miel. Es delgada como el pinito que acabamos de sembrar en el jardín, pero tiene muchísima fuerza. A veces nos tomamos de la mano y apretamos duro, a ver quién aguanta más. Ella siempre me gana y tengo que gritarle: "¡Me rindo!"
Casi siempre está sonriendo.
Bueno… cuando no hago travesuras, porque, si son grandes, a veces se enoja

20

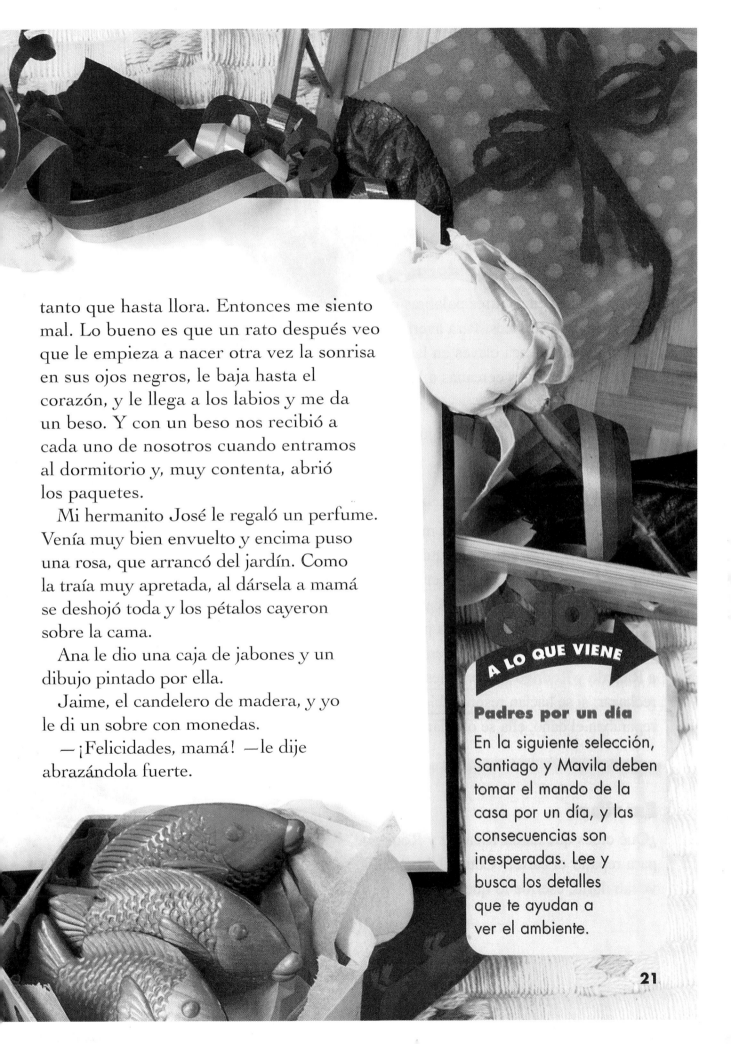

tanto que hasta llora. Entonces me siento mal. Lo bueno es que un rato después veo que le empieza a nacer otra vez la sonrisa en sus ojos negros, le baja hasta el corazón, y le llega a los labios y me da un beso. Y con un beso nos recibió a cada uno de nosotros cuando entramos al dormitorio y, muy contenta, abrió los paquetes.

Mi hermanito José le regaló un perfume. Venía muy bien envuelto y encima puso una rosa, que arrancó del jardín. Como la traía muy apretada, al dársela a mamá se deshojó toda y los pétalos cayeron sobre la cama.

Ana le dio una caja de jabones y un dibujo pintado por ella.

Jaime, el candelero de madera, y yo le di un sobre con monedas.

—¡Felicidades, mamá! —le dije abrazándola fuerte.

OJO A LO QUE VIENE

Padres por un día

En la siguiente selección, Santiago y Mavila deben tomar el mando de la casa por un día, y las consecuencias son inesperadas. Lee y busca los detalles que te ayudan a ver el ambiente.

21

Vocabulario

Palabras nuevas

empalideció   estreno
incidente   propuesta
responsables   seguidoras

Al leer, quizás encuentres palabras cuyo significado no conoces. Para averiguar su significado, busca claves en las palabras u oraciones cercanas a la palabra desconocida.

Lee el siguiente párrafo. Averigua el significado de *estreno*.

El cartel rayado

Ricardo empalideció cuando la maestra le dijo que sabía que fueron él y Rodrigo quienes pintaron unos bigotes en el cartel de Luis Alberto. Las seguidoras de este cantante —que no eran pocas en la clase— habían colocado el cartel en la ventana para anunciar el estreno de su nueva película. Pero la maestra les hizo a Ricardo y Rodrigo una propuesta que no pudieron rechazar: si se hacían responsables de la travesura y reparaban el daño, ella se olvidaría del incidente.

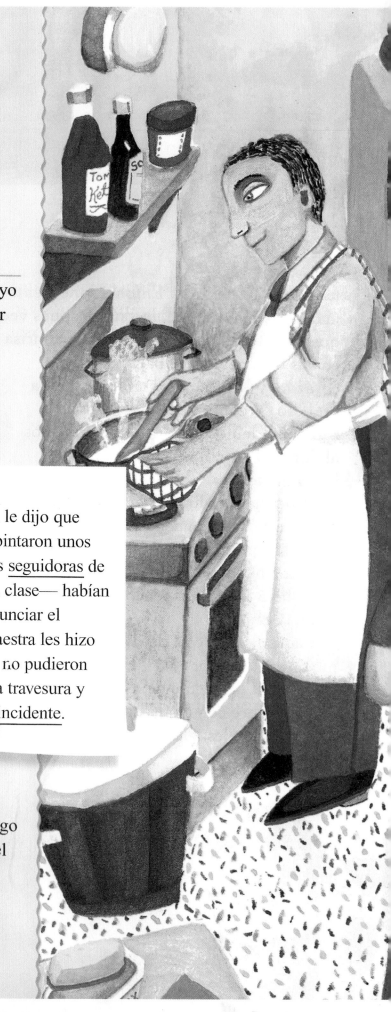

Escribe

¿Qué crees que harán Ricardo y Rodrigo para reparar el cartel? Con palabras del vocabulario, escribe lo que harán.

Padres por un día

por Ivar Da Coll

23

Mavila, mi hermana, es mayor que yo por una diferencia de cinco años; es decir, ella tiene quince. La apodamos Mavila cariñosamente, pero su verdadero nombre es María Elvira. En la casa se queja todo el día y nos vuelve locos a todos con su: "Es que ustedes no me entienden".

Mientras Mavila y yo vamos a la escuela, mamá y papá están cada uno en su trabajo. El mejor momento de nuestra vida familiar es la hora de cenar. Nos reunimos en la cocina, que es muy acogedora. Mientras comemos, alrededor de la pequeña mesa redonda vestida con los manteles tejidos por mamá Sofía, mi abuelita, charlamos sobre las cosas sucedidas durante el día.

Pero… ¡Mavila sale con cada cosa! Hace poco llegó a la casa con la idea de maquillarse. Quería usar sombras de ojos de cuatro colores, escarcha y pestañas postizas. Yo no alcanzaba a imaginarme cómo iría a quedar, pero al parecer papá y mamá sí pudieron hacerlo, tanto que a mi padre se le ocurrió una broma:

—Por el momento no te lo puedo permitir, pero… tal vez cuando vivamos en Marte.

—Recuerda: cada cosa a su tiempo —agregó mamá con un tono más serio.

Mi hermana insistía en que la dejaran usar el maquillaje. Y como la respuesta fue un *no* definitivo, Mavila, como siempre, terminó diciendo: —Es que ustedes no me entienden.

Como siempre, papá y mamá respondieron: —Tal vez no te entendemos, pero un día tú nos entenderás.

¿Cómo y cuándo empezó todo?

Para mí el mejor día de la semana es el viernes. Es el comienzo del fin de semana. Se puede dormir más, hay tiempo suficiente para hacer las tareas, en fin…

Un viernes, a la hora de cenar, Mavila salió con una de sus ocurrencias: quería irse con sus amigas a acampar a la montaña. Ningún adulto las acompañaría. Mis padres no estuvieron de acuerdo con la idea y ella, muy molesta, comenzó a preguntar en voz alta: —¿Cuándo podré decidir mis cosas sola? ¿Cuándo tendré mi propia casa para no tener que pedirle permiso a nadie para nada?

Y… ¡claro!, ya iba a decir su famosa frase, pero papá se le adelantó.

—¡Está bien! No vayas a decir que no te entendemos. Mamá y yo hemos estado pensando y queremos hacerte una propuesta…

¿Qué estarían pensando mis padres? No sabía exactamente de qué se trataba, pero seguro que algo se traían entre manos.

—Te escucho —dijo Mavila—. ¿Cuál es tu propuesta?

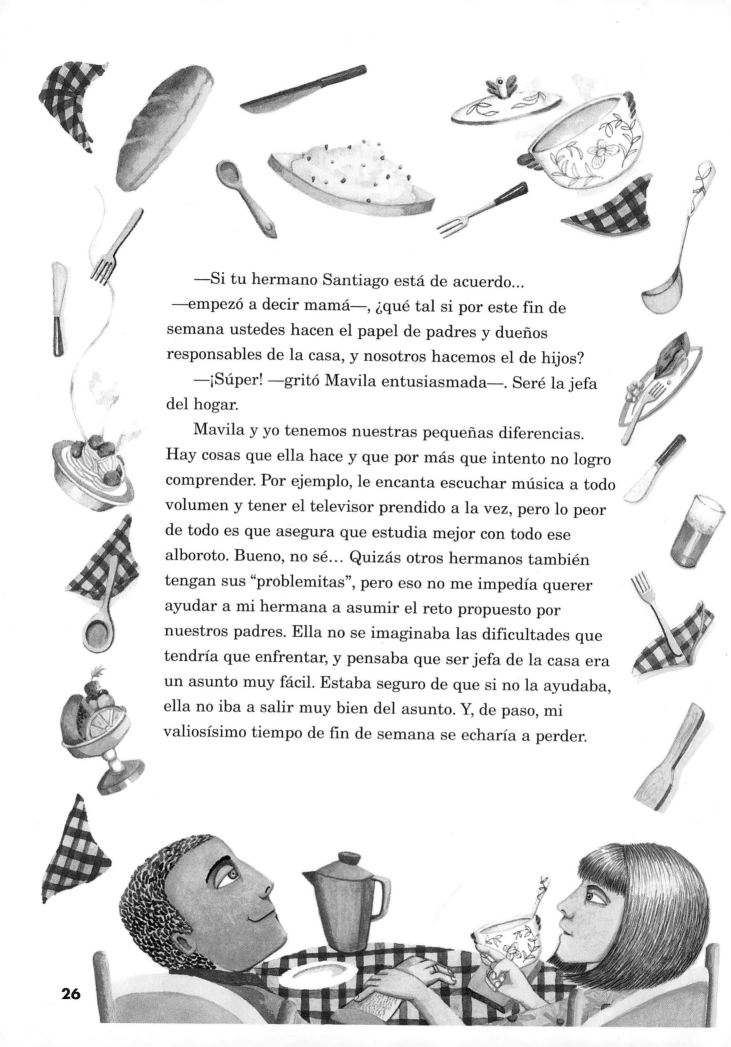

—Si tu hermano Santiago está de acuerdo...
—empezó a decir mamá—, ¿qué tal si por este fin de semana ustedes hacen el papel de padres y dueños responsables de la casa, y nosotros hacemos el de hijos?

—¡Súper! —gritó Mavila entusiasmada—. Seré la jefa del hogar.

Mavila y yo tenemos nuestras pequeñas diferencias. Hay cosas que ella hace y que por más que intento no logro comprender. Por ejemplo, le encanta escuchar música a todo volumen y tener el televisor prendido a la vez, pero lo peor de todo es que asegura que estudia mejor con todo ese alboroto. Bueno, no sé... Quizás otros hermanos también tengan sus "problemitas", pero eso no me impedía querer ayudar a mi hermana a asumir el reto propuesto por nuestros padres. Ella no se imaginaba las dificultades que tendría que enfrentar, y pensaba que ser jefa de la casa era un asunto muy fácil. Estaba seguro de que si no la ayudaba, ella no iba a salir muy bien del asunto. Y, de paso, mi valiosísimo tiempo de fin de semana se echaría a perder.

¡Lo que faltaba!

Llegada la hora de ir a la cama me sentí muy contento, ya que al día siguiente no tendría que madrugar. Aprovecharía para leer durante un rato largo antes de dormirme.

Mavila, la nueva jefa del hogar, dispuso que durante su gobierno ocuparía el cuarto de mis padres. Así tendría acceso al baño principal de la casa para ella sola.

Me dirigía al baño del pasillo cuando me topé con Mavila, quien con un tono de voz de mando me ordenó: —Te lavas los dientes, te pones el pijama y no leas hasta muy tarde.

—Un momento, querida hermanita —le dije—. En esta aventura nos embarcamos los dos. Así que mejor nos ponemos de acuerdo porque estoy seguro que te convendrá.

—La que manda aquí soy yo, así que a obedecer —insistió ella, con una sonrisa triunfal. Creía tener dominada la situación.

Reaccioné rápidamente.

—Los que mandamos aquí somos dos: tú y yo —le contesté.

Mavila empalideció. Se dio cuenta en ese momento que estábamos comprometidos por partes iguales en el asunto, y que tendríamos que ponernos de acuerdo. Pero no me dijo ni una sola palabra. Acto seguido dio media vuelta hacia la habitación de mis padres y agarró el aparato telefónico: habló con Lee Ann, con Margarita, con Elsie, con Susana… Toda la ciudad quedó enteradísima de que, por un fin de semana, habría una nueva capitana en la familia Domínguez.

La Bella Durmiente se despierta malhumorada

—¡Qué ruido! —exclamó Mavila al entrar a la cocina—. ¡No me dejan dormir!

En ese momento yo estaba muy ocupado preparando el desayuno de mamá y recogiendo los platos sucios del desayuno de papá. El fregadero se había tapado, y el agua se me estaba escurriendo al piso.

—Mavila, no te pongas a discutir, por favor, y más bien dame una mano —le propuse a la Bella Durmiente.

Cuando se lo pedí, me di cuenta que su expresión malhumorada se convertía primero en una de asombro y luego en una de comprensión. Se veía muy mal si me dejaba solo con las tareas que debíamos cumplir los dos. Además, se daba cuenta de que yo no daba abasto solo y necesitaba su colaboración.

—¡Da mucho trabajo una cocina! —reflexionó mi hermana mientras trapeaba el piso.

Papá estaba encerrado en mi habitación oyendo boleros a todo volumen. Al mismo tiempo tenía prendida la tele con las noticias.

—Mamá, ¿podrías decirle a papá que le baje el volumen a su música, o a la tele, o que al menos apague uno de los dos? —le pidió Mavila.

—Eso te corresponde a ti, como dueña de la casa —respondió mamá con su maravillosa sonrisa.

—Pero si ya se lo pedí, y me dijo: "Puedo hacer las dos cosas a la vez. Así trabajo mejor. Es que tú no me entiendes." —explicó Mavila, imitando a papá con una mueca furiosa.

Ese problema del ruido podía resolverlo yo. Dejé a mi hermana comiendo su cereal con mamá y subí a donde estaba papá.

Pasado un rato reinaba un silencio absoluto en la casa.

Más tarde Mavila asomó la cara por la puerta de la habitación. Nos vio a mi papá y a mí concentradísimos, jugando el último juego de computadoras con los audífonos puestos.

Mavila me guiñó un ojo desde la puerta y me dijo: —Gracias por silenciar el escándalo. Me voy a duchar. Quedé de verme con Lee Ann y Susana en el parque.

Primero lo primero

Al parecer mi hermana estaba perdiendo la memoria. La alcancé antes de que entrara al baño.

—Oye, acuérdate de que hoy es sábado —le dije—, y que como jefes del hogar, además de recoger nuestras habitaciones, nos corresponde pasar la aspiradora por el resto de la casa.

—Pues claro que no se me olvida —dijo Mavila, a la defensiva.

—Además —agregué—, tendrás que cancelar tu cita con tus amigas en el parque porque como "padre y madre" que somos tenemos que ir hoy al supermercado.

Se quedó mirándome. Se daba cuenta de que quedaría fatal si hacía trampa.

—Espero que haya suficiente agua caliente y que el champú me alcance —fue lo único que pudo decir como respuesta después de un prolongado suspiro.

Champú le había quedado, pero para mi hermanita no existía suficiente agua caliente en el mundo. Sus baños solían ser eternos.

Una incomprendida más

La aspiradora recorría todos los rincones de la casa; unas veces guiada por la mano de mi hermana y otras bajo mi control. Primero estuvimos en la alcoba de mis padres. Yo no estaba acostumbrado a pasar la aspiradora, y era muy lento para el gusto de Mavila. Mi lentitud me costó la pérdida del manejo de la máquina.

—Dame acá ese aparato —dijo mi hermana, tomando en sus manos el tubo—, que yo sé hacer esto mejor que tú. Ahora encárgate de limpiar el polvo de los cuadros y los adornos con mucho cuidado y así terminaremos rápidamente.

Entusiasmada con su tarea, Mavila bailaba y cantaba mientras pasaba la aspiradora por todas partes. Sin darse cuenta, en unas de sus volteretas, el tubo se chupó unas joyas de mamá que descansaban sobre el tocador.

Nerviosa, Mavila apagó la máquina de inmediato. En esto apareció mamá por el pasillo, y venía precisamente en busca de su argolla de boda y sus dos pequeños pendientes de plata.

—¡No entres a la habitación ahora mismo! —gritó Mavila, desesperada—. Estamos pasando la aspiradora, espera un momento.

Inútilmente, trató de abrir la aspiradora para buscar entre la mugre recogida las joyas de mamá. Como yo no estaba tan

nervioso como ella, y como había visto a papá destapar la máquina antes, conseguí abrirla. Sobre unos periódicos viejos desocupamos la bolsa y pacientemente buscamos cada una de las joyas llenas de polvo hasta recuperarlas todas. Por supuesto, tuvimos que volver a pasar la aspiradora por toda la habitación.

La última estación de aseo fue la sala. Entretenidos como estábamos, Mavila y yo no teníamos presente el habitual ruido de la aspiradora. Mamá, cosa poco usual en ella, llevaba varios minutos hablando por teléfono. De repente salió del estudio y en voz alta le dijo a Mavila: —¿Podrías dejar de hacer ese ruido ya? ¿Acaso no ves que estoy hablando por teléfono con mis amigas?

—¿Y por qué no vas a otra habitación y te encierras allí para poder hablar más tranquilamente? —le respondió.

—Pues porque la otra habitación está ocupada por tu papá. Se encerró a escuchar música con los audífonos y no oye cuando se golpea en la puerta.

—Pues lo siento —dijo Mavila— pero tendrás que hablar con tus amigas más tarde. Tengo que terminar el aseo, almorzar e ir al supermercado.

—¿Ves? Tú no me entiendes —le contestó mamá.

Mavila, un poco preocupada, encendió nuevamente la máquina aspiradora y concentró su mirada en el suelo. Mamá se volteó hacia mí y me lanzó una sonrisa pícara.

Tremendo lío

Antes de almorzar nos tocaba lavar la ropa sucia y plancharla. Yo me encargaría de la lavadora y Mavila del planchado. Tuve que lavar la primera tanda dos veces, porque la primera vez se me olvidó el detergente. Cuando por fin estuvo lavada se la alcancé a mi hermana. Conectó la plancha. En eso alguien se asomó a la puerta de la cocina, que da al patio. Era Susana, que venía a buscarla, porque entre tanto oficio Mavila se había olvidado de avisarle que no iba a poder cumplir la cita que tenían en el parque. Vi que se entretenían hablando por un buen rato, así que decidí volver a mi labor de lavado. Desde el pequeño cuarto de la lavadora escuché cuando Susana y Mavila se despedían. Y pasados unos momentos el grito de mi hermana me espantó.

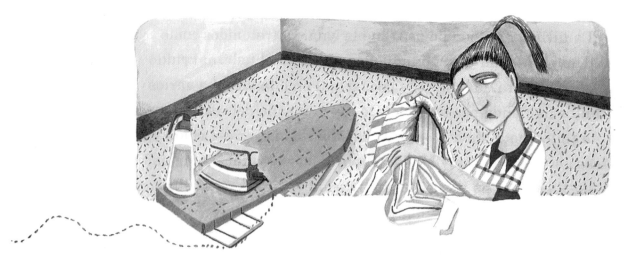

—¡SAAANTIII!

Por estar hablando con su amiga, no se dio cuenta de que la plancha se había calentado demasiado, y la puso sin pensar sobre una de las camisas de mi papá. Ésta, en vez de quedar lisa, tenía ahora una enorme quemadura marrón en la espalda.

—Y ahora… ¿qué voy a hacer? Éste fue uno de los regalos que mamá le dio a papá en el día del padre —gimió Mavila.

Yo no sabía qué responderle. Mavila se notaba muy preocupada. Me miraba como pidiendo ayuda. Lo único que se me ocurría era mirar la gran mancha en la camisa.

—¡Ayúdame Santi! —me suplicó. Después de pensarlo un rato, se me ocurrió que entre los dos podíamos juntar nuestro dinero semanal para comprar una camisa igual a la arruinada. Mavila se acordó de la tienda donde mamá la había comprado. Menos mal que podíamos reemplazarla. ¿Qué tal si el objeto de la quemazón hubiera sido uno de los manteles tejidos por mamá Sofía?

Unos se divierten, mientras que otros...

Terminado el almuerzo y después de que entre todos dejáramos la cocina ordenada, nos sentamos en el porche de la casa. Entonces papá habló: —Mira Lucía, hoy es el estreno de *Por siempre será verano*. Mientras los dueños de casa van al supermercado nosotros podemos ir al cine. ¿No te parece?

Por siempre será verano era la última película protagonizada por el ídolo de mi hermana, Andy González. Las paredes de su habitación estaban tapizadas con fotos, recortes de revista y carteles de ese actor.

—Pero... —comenzó a murmurar entre dientes Mavila—. ¡No es posible! Yo estaba segura de que el estreno era el próximo sábado.

Nuestros padres anunciaron que nos dejarían en el supermercado y ellos se quedarían en el Cinema Multiplex. A mi hermana no dejaba de inquietarla la idea de que mientras ella asumía las funciones de ama y señora de hogar, papá y mamá se divirtieran viendo una película de su galán favorito. Por mi parte alcancé a dudar de que eso fuera a suceder. No creí que papá y mamá fueran a soportar un estreno de una película de Andy González en el que las seguidoras del cantante, todas de la edad de Mavila, gritarían y se empujarían por conseguir un boleto. A nuestros padres les encantan las películas de ciencia ficción, y ese día estrenaban una muy buena en otra sala del mismo Multiplex.

El cliente tiene la razón

Ahí estábamos, en el supermercado, en medio de todas esas "islas" llenas de comida. La señorita Mavila tenía una cara larga y desconsolada.

—El próximo sábado verás la película —le dije, tratando de animarla.

—Tú no entiendes, Santi. En este momento, mientras yo soy víctima de estas circunstancias, todas mis amigas están deleitando sus ojos y teniendo el privilegio de ser las primeras en ver la película de Andy.

Al parecer los accidentes y sacrificios durante ese día empezaban a surtir efecto en mi hermanita. Se daba cuenta de que las cosas no eran tan fáciles como se las había imaginado.

Cambié el tema para levantarle el ánimo. ¿Habíamos traído una lista de lo que deberíamos comprar, como siempre lo hacían papá y mamá? ¿Teníamos una calculadora para darnos una idea aproximada de lo que íbamos gastando?

—¿Lista? ¿Calculadora? Ésas son cosas de los viejos —me respondió Mavila, muy segura de sí misma—. De hacer compras, sí que entiendo yo. Además, ya que tengo que sacrificar el estreno de la película, voy a aprovechar la ocasión al máximo.

Seguí a mi hermana y observé cómo las enormes cajas de hamburguesas, las latas de soda de naranja y frambuesa, los palitos de queso, el pudín de chocolate y toda clase de golosinas rodaban por sus manos e iban a parar directamente al fondo del carrito de mercado.

—¿Estás segura de que el dinero que traemos nos alcanzará para pagar todo esto? —le pregunté tímidamente.

—Confía en tu hermana mayor, y verás que todo sale muy bien.

No sabía qué decir, pero pensé que quizás la comida que estábamos comprando no sería del agrado de los que nos recogerían después del cine.

Mientras yo descargaba los productos sobre la banda corrediza de la caja registradora, mi hermana devoraba una revista de espectáculos. Cuando terminé de depositar el último producto que quedaba en el carrito, la cajera nos dijo el total. Mi hermana empalideció. La suma era por lo menos el doble de lo que traíamos.

—¡Devolución! —dijo entre dientes la cajera y un timbre intermitente empezó a sonar al tiempo que la luz del número de la caja se iluminaba.

El supervisor llegó molesto.

—Es la tercera devolución esta tarde. Ah... y por supuesto, ¡tenían que ser unos jovencitos!

Mavila estaba del color de los tomates que no había incluido en la compra. Luego se puso verde como la espinaca y terminó azul como el limpiador de pisos, dos cosas que tampoco teníamos.

—A ver qué puedo hacer para resolver este problema —le dije a mi hermana para tranquilizarla.

—Señor Benítez —dije, mirando a los ojos al supervisor. Sabía su nombre porque estaba escrito en una plaquita de plástico que tenía prendida en el pecho.

—Señor Mike Benítez, ¿verdad?

—Así es, jovencito.

Le expliqué que tal vez mi hermana y yo habíamos cometido un error, que traíamos dinero para pagar buena parte de la compra y que todo se solucionaría.

—Pero es que "El tiempo es oro", joven —agregó él, bastante molesto.

—De acuerdo, pero "El cliente tiene la razón", ¿verdad? —le dije como muchas otras veces se lo había oído decir a papá y a mamá. Y después de estas palabras resolvimos el asunto rápidamente. Entre tanta caja de comida instantánea, refrescos y paquetes de dulces, no sabía qué dejar y qué llevar, así que puse en práctica mi método del "de tín, marín de dos pingüé" y lo que mi dedo señalaba al terminar mi frase mágica inmediatamente iba a parar al carrito de las devoluciones. Al señor Benítez se le fue desvaneciendo el mal humor, y al parecer le gustó tanto mi manera de descartar que entre los dos hicimos rápidamente la devolución. A pesar de tanta diversión noté que Mavila se moría de la vergüenza por lo ocurrido.

"Me rindo"

Mavila estaba molesta por el incidente del supermercado y a la vez preocupada, pues finalmente se daba cuenta de que los víveres que habíamos comprado no dejarían muy felices a mamá y a papá. Por esa razón no les hizo muchas preguntas acerca de la película, aunque se moría de ganas de hacerlo. Cuando llegamos a la casa entre todos desempacamos el mercado de las bolsas. Papá y mamá se dedicaron a hacer chistes como: —Muy buena idea esto de comprar soda de naranja en vez de detergente para pisos. Con el azúcar quedarán relucientes.

Papá siguió: —¡Y con un fresco aroma a naranja!

Los dos rieron.

Nuevamente vi cómo el color de la cara de mi hermana se volvía un rojo frambuesa intenso, y no era sólo vergüenza. Me di cuenta de que se estaba conteniendo para no decir: "Es que ustedes..." Pero en lugar de empezar a discutir, dijo: —¡Está bien! ¡Me rindo! No quiero ser más jefa del hogar. No me siento preparada aún para asumir tanta responsabilidad.

Esa noche tuvimos una cena maravillosa, y no lo digo por lo que comimos sino por lo que hablamos.

—No es nada sencillo llevar una casa —dijo mi hermana—, y muchas veces con mi actitud las cosas pueden volverse más difíciles.

Nuestros padres rieron mucho al contarles lo sucedido en el supermercado. Antes de irnos a dormir nos despidieron con un beso.

—Nos sentimos orgullosos de tener unos hijos como ustedes —dijo papá.

—¡Ah! Mavila —agregó mamá—. En el Cinema Multiplex estaban Lee Ann, Susana, Elsie y Margarita. Querían ver la película de Andy.

—Y... ¿lo lograron?

—No. Cuando les conté que te perderías el estreno por estar cumpliendo con tus obligaciones de jefa de hogar, me dijeron que preferían esperar hasta mañana para ir contigo.

—¡Epa! —gritó Mavila—. Ésas sí son buenas amigas.

¡Finalmente!

Al día siguiente papá y mamá fueron al supermercado. Tenían que remediar el desastre alimenticio que mi hermana había ocasionado con sus compras. No quise acompañarlos. Preferí quedarme en la casa haciendo mis tareas y viendo la repetición del partido de béisbol, porque me perdí el final el sábado por estar recordándole sus deberes a mi hermanita.

Mavila fue al cine con sus amigas a ver la película de su ídolo. Cuando regresó estaba un poco afónica de tanto gritar y suspirar cada vez que Andy aparecía en la pantalla. Sin embargo le quedó un poco de voz para hacerme una confesión:

—¿Sabes Santi? Durante toda la película estuve pensando en lo que hicimos este fin de semana. Te tuve presente todo el tiempo.

—¿Qué es lo que intentas decirme? ¿Que si me hubieras hecho caso no habrías hecho el ridículo?

—Es que tú no me… —se detuvo, respiró hondo, y habló de nuevo—. Sólo quería darte las gracias por ayudarme. Me siento feliz de tenerte como hermano.

La verdad es que yo también me siento feliz de tener una hermana como ella, y en ese momento me sentía orgulloso de ser su héroe.

No se lo dije, pero estoy seguro de que ella lo entendió.

Nos reímos y nos dimos un fuerte abrazo. En ese momento los verdaderos jefes del hogar llegaron. Mi hermana y yo salimos a recibirlos y a ayudar a bajar las compras.

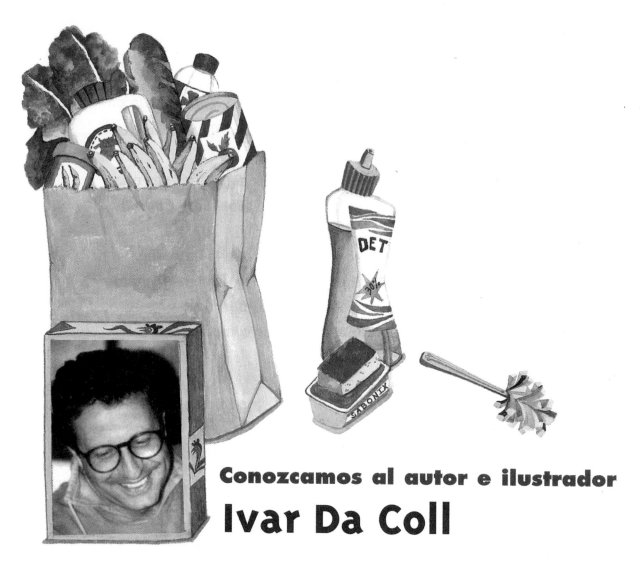

Conozcamos al autor e ilustrador
Ivar Da Coll

Este autor e ilustrador colombiano aprendió a contar historias mientras trabajaba en un taller de títeres. Allí se encargaba de diseñar, fabricar y también actuar con los títeres. Transformarse en distintos personajes lo hacía imaginar muchas aventuras que finalmente se convertirían en sus libros de cuentos.

Actualmente Ivar Da Coll está aprendiendo a animar sus dibujos en una computadora. Quiere que muchos niños tengan acceso a sus cuentos animados a través de la Internet. Ivar Da Coll vive y trabaja en un apartamento en Bogotá, acompañado de sus dos gatitas siamesas, Flor y Rosita.

Coméntalo

Al recordar el cuento,
¿en qué escena
piensas primero?
¿Por qué?

Comprensión de lectura

1. Imagina que eres el papá o la mamá de Mavila y Santiago. ¿Cómo hubieras mostrado lo difícil que es estar a cargo de un hogar?

2. ¿Crees que Mavila sabía lo difícil que es estar a cargo de un hogar? Explica tu respuesta.

3. Los padres de Mavila y Santiago proponen que los hijos dirijan las actividades del hogar, mientras ellos hacen el papel de hijos. ¿Por qué crees que lo hacen?

4. Piensa en el **ambiente** de la selección. ¿En qué época tiene lugar el cuento? ¿Cómo lo sabes?

5. El **ambiente** se describe a través de detalles. Vuelve a leer la escena del supermercado. ¿Qué detalles te ayudan a imaginarte el ambiente?

Ilustra una escena

Escoge tu escena favorita de "Padres por un día". Vuelve a leer esa parte del cuento y busca detalles sobre el ambiente. Haz un dibujo sencillo de esa escena. Usa pinturas, lápices de colores, tizas de colores o cualquier otro material.

Secuencia

- La **secuencia** es el orden de los sucesos, o los pasos que se siguen para hacer algo.

- Palabras clave, como *al principio, después* y *al final*, indican la secuencia. Las fechas y horas también la indican.

- En los cuentos, algunos sucesos ocurren al mismo tiempo. Se indican con palabras como *mientras tanto* o *en eso*.

- A veces no se cuentan los sucesos en orden, pero las palabras clave y los tiempos verbales lo indican.

Lee "Un viaje inesperado" del libro *Pancho Montana: Un viaje inesperado*, por Francisco E. Rodríguez.

Escribe

1. Enumera los sucesos del fragmento.

2. ¿Qué sucesos ocurren al mismo tiempo? ¿Cuáles crees que ocurrieron antes de empezar el fragmento?

Un viaje inesperado

por Francisco E. Rodríguez

En junio, fui de pesca de trucha en un lago. Mi primera experiencia. Me quemé del sol, pero la experiencia de pescar desde un bote de aluminio de motor me pareció única. En julio fuimos a una finca propiedad de Jim. Tenía una cabaña de madera y dos lagunas. En la laguna vi castores y truchas.

En eso llegó un telegrama con la noticia, el 4 de julio de 1962, de que ¡mis padres y abuelos maternos habían llegado a Miami desde Cuba!

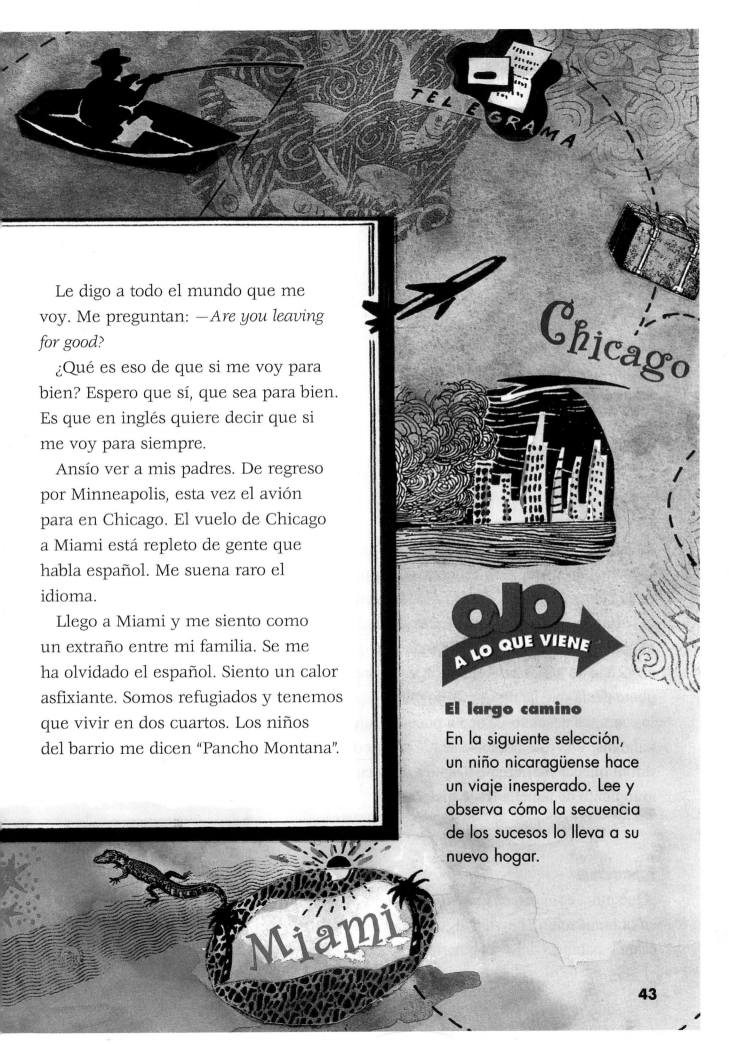

Le digo a todo el mundo que me voy. Me preguntan: —*Are you leaving for good?*

¿Qué es eso de que si me voy para bien? Espero que sí, que sea para bien. Es que en inglés quiere decir que si me voy para siempre.

Ansío ver a mis padres. De regreso por Minneapolis, esta vez el avión para en Chicago. El vuelo de Chicago a Miami está repleto de gente que habla español. Me suena raro el idioma.

Llego a Miami y me siento como un extraño entre mi familia. Se me ha olvidado el español. Siento un calor asfixiante. Somos refugiados y tenemos que vivir en dos cuartos. Los niños del barrio me dicen "Pancho Montana".

El largo camino

En la siguiente selección, un niño nicaragüense hace un viaje inesperado. Lee y observa cómo la secuencia de los sucesos lo lleva a su nuevo hogar.

43

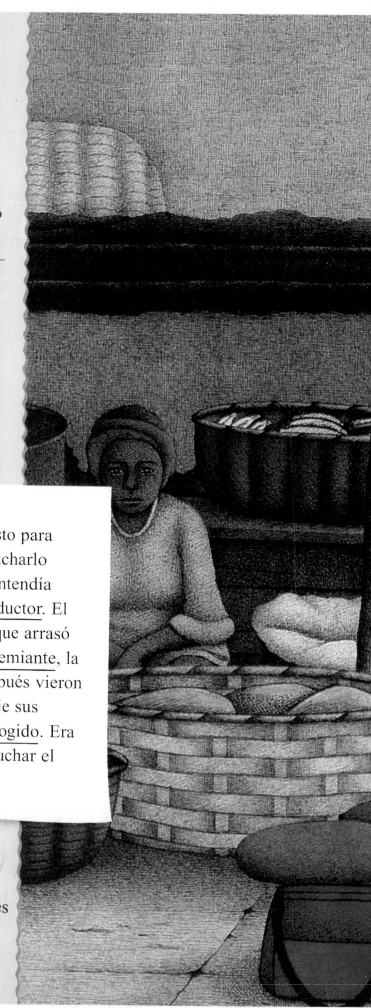

Palabras nuevas

anécdota	apremiante	argumento
choza	sobrecogido	traductor

Las palabras que tienen significados opuestos, como *grande* y *pequeño*, son **antónimos.** A veces puedes averiguar el significado de una palabra si buscas su antónimo.

Lee el siguiente párrafo. Decide lo que significa *sobrecogido* pensando en su antónimo, *indiferente*.

La inundación

Al regresar del viaje, el abuelo estaba listo para contar su anécdota. Nos reunimos a escucharlo en la choza. Como yo era el único que entendía la lengua miskito, tenía que hacer de traductor. El abuelo nos contó sobre una inundación que arrasó cosechas de varios pueblos. Con voz apremiante, la gente decía que había que huir. Días después vieron los campos desnudos. Poco a poco traduje sus palabras, y vi que Jaime se sentía sobrecogido. Era difícil quedar indiferente después de escuchar el argumento de aquella triste historia.

Escribe

¿Qué otras cosas crees que vio el abuelo en la inundación? Escribe algunos detalles usando palabras del vocabulario.

EL LARGO CAMINO

por Luis Garay

—¡**V**en a casa, José! —gritó mamá.

Comenzaba a anochecer, y José apenas lograba distinguir
la pelota de béisbol que volaba por los aires.

—No cierres la puerta de golpe. Lávate las manos y la cara,
muchacho; es hora de comer. Quiero darles de comer a todos antes
de irme a la reunión.

José refunfuñó, pero no lo hacía en serio. En verdad no le
molestaba volver a casa, ni lavarse.

Su tío Ramón estaba contando una anécdota: —Uno de los pasajeros del autobús, un tipo con una mochila que venía nada menos que desde Norteamérica…

Tío Ramón manejaba el autobús todos los días, cruzando la montaña para llegar hasta el mercado del centro de la ciudad.

—Toma, Pinto —llamó al perro y se aseguró de que las tías de José no lo estaban mirando. Le dejó caer un trozo de carne.

—¿Oíste noticias? —preguntó tía Rosa—. Ahora que se acercan las Navidades, en la radio no se escucha más que villancicos todo el día.

Rosa y tía María trabajaban en una tienda de la ciudad.

Las anécdotas que contaban sus tías y su tío siempre despertaban en José el deseo de ver la ajetreada ciudad, el pueblo más allá de la montaña y, sobre todo, el largo camino y la polvorienta carretera que conducían hasta allí.

—Tenemos una sorpresa para ti, José.

La madre de José dejó el trapeador, les guiñó un ojo a sus hermanas y le dijo al niño: —Mañana viajarás en el autobús.

La Nochebuena fue calurosa y seca. José estaba más limpio que nunca. Mamá había insistido en ello. Llevaba puestos su mejor camiseta y sus mejores pantalones.

Al verlo, tío Ramón sonrió: —Hoy vas a cruzar la montaña, chico. El viaje es largo. ¿Tienes todos tus bolsos?

Los bolsos iban repletos de regalos para su abuela. Bien envuelto en uno de ellos había un tazón de cerámica que José había hecho en la escuela. Era amarillo con flores rosadas, y llevaba escrito el nombre del chico en la parte de abajo.

—Bienvenido, bienvenido, mi pequeño… Bueno, ¡ya no tan pequeño!

Por toda la casa de la abuela se sentía un olor cálido a especias y a pastel. José sabía que, además de pastel, había también helado para comer, y agua fría para beber.

—Abuela, fui a ver una película. Había muchos robots y…

José le explicó el argumento. Su abuela casi nunca iba al cine.

—Y tiene que verme jugar al béisbol —continuó—. No se imagina cuánto he mejorado.

Así que le contó todos los detalles de su último juego.

—Qué bien, precioso… —abuela asintió con la cabeza y sonrió.

En Nochebuena, José se acurrucó en la cama de su habitación en casa de la abuela, cerró los ojos y sintió que no podía ser más feliz de lo que era en ese momento.

Unos días después, el autobús los dejó en el cruce que había cerca de su pueblo. Al acercarse a casa, José trató de escuchar las voces familiares de los muchachos que seguramente jugaban en el campo de béisbol. No oyó nada: ni radios, ni perros ladrando.

—¡Eh, ustedes!

José y su madre se sobresaltaron. Mamá entrecerró los ojos para poder ver, porque el sol del atardecer la cegaba.

—¿Es usted, señor Martínez? —respondió.

El anciano se acercó.

—¿Qué es lo que ha pasado? —preguntó mamá.

—Vinieron unos soldados y todo el mundo huyó. No se quedó nadie —dijo el anciano.

José se acordó de tío Ramón y de sus tías, y de Pinto. "¿Dónde estarán?", pensó.

—Y usted, señor, ¿por qué no se fue con los demás? —dijo mamá.

—Soy demasiado viejo para empezar una nueva vida. Yo soy de aquí —dijo el anciano en voz muy baja, casi para sí mismo—. Todos los retratos de mi casa se cayeron al piso con los disparos. ¡Hasta el de mi querida esposa!

Y con la voz más apremiante que José había escuchado jamás, el anciano añadió: —Señora Moreno, váyase. Llévese a este muchacho y váyanse de aquí. Y no me diga adónde van.

Los días siguientes fueron confusos. José no recordaba mucho de ellos. En su mente sólo cabían tío Ramón, sus tías y Pinto. Rezaba por que estuvieran sanos y salvos. Había sentido antes esa misma horrible sensación de vacío, cuando llevaron a su padre a la cárcel. No se había vuelto a saber nada de él desde entonces.

José y su madre caminaron de pueblo en pueblo, siempre de noche, y siempre en dirección norte. Se refugiaron en casas de amigos, en una iglesia, y hasta en una choza llena de pollos y plumas. Por fin, un día mamá dijo: —Estamos cerca de la frontera.

En la frontera había un pequeño granero, y en la puerta hacía guardia un soldado con un rifle, tieso como un palo. Pasaron muchos minutos, un tiempo interminable. José, su madre y el soldado permanecieron inmóviles, como si estuvieran pintados en un cuadro. Al caer la noche, el muchacho y su madre cruzaron la frontera, siguiendo sigilosamente una zanja junto a la carretera.

Una vez a salvo al otro lado de la frontera, tomaron un autobús, luego otro, y después otro que los llevó finalmente a la ciudad. La madre de José tenía una dirección anotada en un papel y llegaron hasta allí preguntando y caminando. A José, el edificio le parecía gigantesco. Un guardia los detuvo a la entrada, pero la madre de José habló con él, y los dejó pasar.

Había dos señores sentados ante unos escritorios. Uno de ellos empezó a hacer preguntas tan rápidamente, que la madre de José apenas tenía tiempo de responder.

—¿Dónde está el padre del niño en estos momentos? —le preguntó. Ella miró a José, y después al señor.

—Se lo llevaron a la cárcel, pero no sabemos nada de él desde que lo arrestaron.

Ahí terminaron las preguntas. El señor le entregó un sobre lleno de papeles.

—Vaya con Dios —dijo cordialmente.

Con los papeles ya en regla, José y su madre tomaron otro autobús para el aeropuerto. Cuando llegó la hora de partir, mamá agarró a José de la mano con tanta fuerza, que se le pusieron blancos los nudillos.

—No tengas miedo, José —dijo, pero su voz sonaba como si estuviera hablando sola—. El avión es grande y seguro, ya lo verás. ¿Quieres sentarte junto a la ventana?

—No, gracias —respondió José. El avión comenzó a avanzar y, con un rugido, despegó surcando el cielo. José miraba fijamente hacia delante y no vio la tierra verde, muy verde, desaparecer bajo las nubes.

Un niño de cara redonda se asomaba desde el asiento de adelante. Hablaba en un tono amable, pero José no entendió lo que decía.

El avión aterrizó al atardecer en un aeropuerto donde todo era gris: el asfalto, los edificios… todo. Mamá parecía asustada, más asustada que cuando estuvieron frente al soldado con el rifle en la frontera.

—No hables con los policías a menos que ellos te hablen a ti —le advirtió a su hijo.

"De eso no se tiene que preocupar", pensó José. Se acordaba también del soldado. Pero, de repente, se preguntó: "¿Y si no hablan español?" Había tantas cosas que quería saber… "¿Dormiré en una cama esta noche? ¿Qué comeré?" Se le ocurrió una idea extraña: "Esta sala es tan grande como nuestro campo de béisbol cercano a casa".

Los hombres les hicieron muchas preguntas. Un traductor convertía sus extraños sonidos en palabras conocidas. Preguntaron sobre la guerra que hubo en el campo, sobre las reuniones a las que iba su madre y sobre la desaparición de su padre. Finalmente, terminaron de hacer preguntas. Uno de ellos le sonrió a José.

—Bienvenidos —dijo—. ¡Siguiente!

Y se dirigió a los que esperaban en fila detrás de ellos.

José y su madre cargaron sus pocos bolsos hasta el piso de llegadas del aeropuerto. Nadie había venido a recibirlos. Se quedaron parados en silencio. José nunca se había sentido tan desolado. Lo único que pensaba era: "No tengo amigos, ni casa".

—Hay que buscar el autobús. El traductor me ha dado la dirección de un lugar en donde podemos quedarnos —dijo mamá.

—Creí que ya habíamos terminado con los autobuses —refunfuñó José mientras metía los bolsos en el compartimiento de maletas. El autobús los llevó a un gran edificio lejos del aeropuerto. En la puerta los recibió una señora que los llevó con paso enérgico por un pasillo interminable.

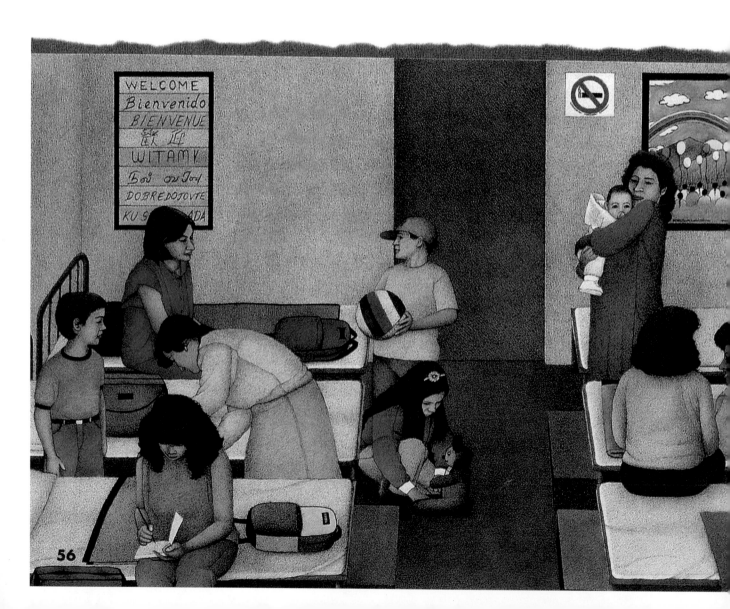

—Dormirán aquí. Me temo que estamos bastante llenos en estos momentos. Tomen cualquier cama libre que encuentren —dijo la señora.

Señaló la puerta de una habitación llena de catres pegados a todas las paredes. Había una luz muy molesta y muchísimo ruido. Los niños pequeños chillaban y la gente charlaba como si hubiera pasado años en silencio. José tuvo la impresión de estar viviendo unas extrañas vacaciones.

—¿Crees que deberíamos sacar las cosas de los bolsos, mamá?

—No, todavía no. Ahora saca sólo lo que necesites para pasar esta noche. Pero pronto lo haremos, precioso, pronto.

La señora del refugio ayudó a la madre de José a conseguir trabajo. Por la mañana estudiaba inglés. Por la tarde se cambiaba de ropa y, con José, iba a un edificio grande a limpiar oficinas. A José le encantaba ir con ella. Hablar allí era más fácil que en el ruidoso refugio. Todas las noches José y su madre practicaban nuevas palabras en inglés.

Una noche llegó la noticia que José había estado esperando.

—¿Sabes, José? —le dijo mamá—. Hemos encontrado un lugar donde vivir.

José se sintió aliviado. La mayoría de la gente que llegó en su mismo vuelo ya se había ido del refugio, y todos los días llegaban nuevas personas.

—¿Podré colgar cuadros en las paredes?

—Pues claro. Y te haremos un escritorio, porque pronto empezarás a ir a la escuela.

—¿Y tendremos un perro? —preguntó pensando en Pinto. Tío Ramón siempre había dicho que toda casa necesitaba un buen techo y un buen perro.

—Ya veremos.

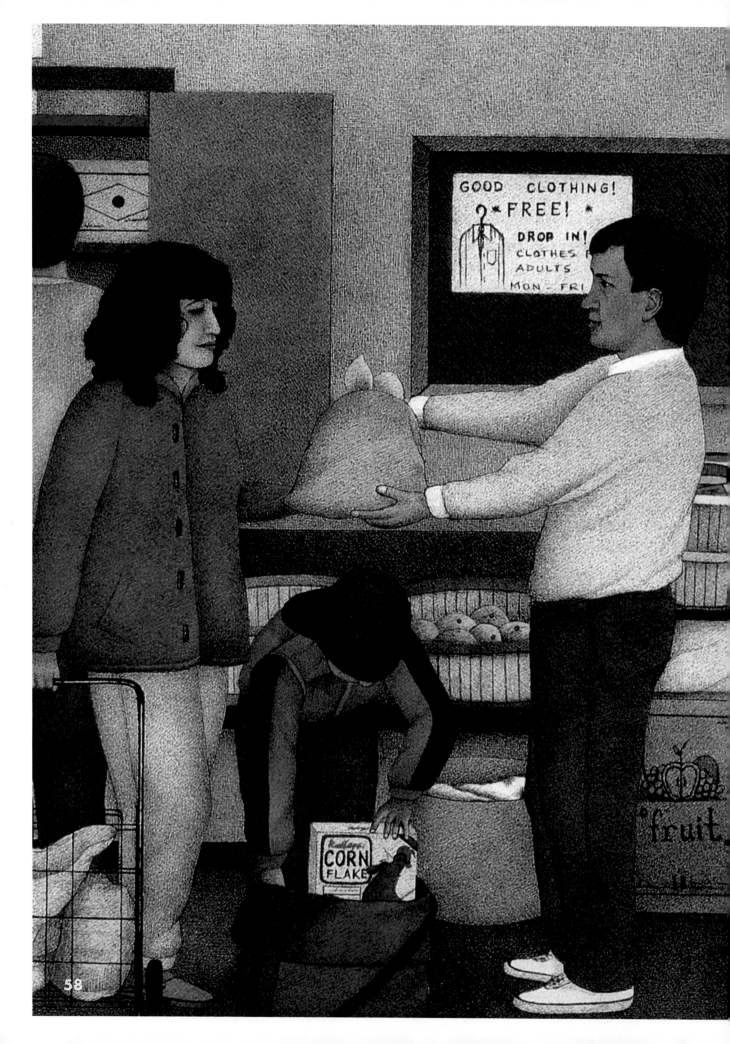

Se mudaron al nuevo apartamento un sábado por la mañana. Era una mañana helada. La señora del refugio les había dado un papel y un mapa.

—Señora Moreno, aquí está el almacén de comestibles. Allí le darán artículos de primera necesidad y ropa más caliente. Los necesitará.

En otra época, José hubiera esperado que su madre respondiera que no. Pero ella le sonrió a la señora y respondió: —¡Gracias!

En el almacén, fue José quien habló con el encargado. El hecho de ser él quien resolvía las cosas en lugar de mamá lo hacía sentirse extraño, pero a ella aún se le dificultaban casi todas las palabras en inglés. José ayudó a su madre a echar en el carrito alimentos que ya no le resultaban tan raros: papas, manzanas, y hasta cereales.

A José se le ocurrió algo: —Mamá, ¡esta noche harás la comida en nuestra propia cocina!

—Y el lunes, muchacho, irás a la escuela.

Antes, esa noticia no le habría gustado tanto a José. Pero ahora estaba encantado.

El lunes por la mañana José ya no estaba tan encantado.

—¿Y si no les caigo bien? ¿Y si nadie entiende lo que digo? —le preguntó a mamá.

—Tu inglés es bueno. Y les caerás bien a tus compañeros, José, una vez que te conozcan. Date prisa o llegaremos tarde los dos.

Mamá lo ayudó a abrocharse la chaqueta, tan grande y extraña para él, y lo apresuró para que salieran de la casa. Las botas de José crujían al pisar la nieve.

—Niños, les presento a José. Nos llega desde muy lejos.

Y luego, dirigiéndose a José: —¿Quieres trazar en el mapa el trayecto que recorriste?

José observó que el mapa estaba lleno de líneas, unas más cortas, y otras mucho más largas que la que él iba a trazar.

La maestra hablaba con tanta claridad y tan suavemente, que la entendía sin ningún problema.

Cuando llegó la hora de comer ya no estaba tan asustado. Había hablado ya con uno o dos compañeros.

Esa noche, mientras José ayudaba a su madre en el trabajo, y vaciaban juntos las papeleras y trapeaban los pasillos, mamá le preguntó cómo le había ido en la escuela.

—Creo que hemos recorrido un camino muy largo, mamá. Lo vi en el mapa.

Pronto pasó una semana, y después otra. Las caras de sus compañeros le resultaban ya familiares. Su inglés mejoró aun más. El frío se le hizo menos duro. Ya era casi su cumpleaños.

El cumpleaños de José cayó en sábado. Su madre ni siquiera lo mencionó, pero José sabía que no lo olvidaría. Poco antes de la hora del almuerzo, dijo: —Ponte el abrigo. Vamos a salir.

José sabía de qué se trataba, pero se hizo el sorprendido para complacer a mamá.

Pronto llegaron a casa de Teresa. La habían conocido en el refugio (parecía que hubiera pasado mucho tiempo desde entonces) y se habían hecho sus amigos.

La puerta se abrió de golpe. Todos gritaron: —¡Feliz cumpleaños, José!

José sintió un olor dulce, una mezcla de especias y de jengibre, que le recordaba la casa de abuela. Cerró los ojos un minuto. Se sintió sobrecogido por el aroma y por las voces en español que no tenía que esforzarse por entender. Por un momento pensó que se le rompía el corazón.

—José, ¿no te sientes como en casa?

Uno de los niños más pequeños trataba de romper una piñata llena de caramelos. No parecía haber ningún regalo para José, pero él trató de actuar como si no le importara.

—José, tu regalo…

Antes de que José pudiera preguntarse qué le iba a decir, sonó el timbre.

—¿**P**uede salir a jugar José? Hay bastante nieve y podemos hacer un muñeco.

Eran sus compañeros de la escuela. Mamá les había hecho una invitación especial. José lo pensó. Jamás había hecho un muñeco de nieve. Entonces miró a su madre.

—Creo que debes salir. Tu regalo necesita un poco de aire fresco.

Todos rieron. José fue a ponerse las botas, y oyó dentro del armario unas rascaditas y un resoplido que le fueron familiares. Eran sonidos que recordaba muy bien. Sin atreverse a respirar, abrió el armario. De repente se le escapó un grito de sorpresa.

Mamá dijo sonriendo: —Encontramos un perro para nuestra nueva casa.

Y todo lo demás que dijo, sobre sacarlo a pasear y darle de comer, fue para José como una melodía dulce.

La nieve caía silenciosamente mientras José y sus amigos hacían un muñeco y jugaban con el perro. Por primera vez, José sintió que el largo camino que lo había traído hasta aquí podía ser un camino hacia la felicidad; la felicidad que no había vivido desde una noche lejana en la cocina de su tío Ramón.

Conozcamos al autor e ilustrador

Luis Garay

Luis Garay nació en Nicaragua y, al igual que José y su
madre, los protagonistas de *El largo camino*, ha vivido
y trabajado en Canadá. A veces escribe e ilustra sus
propios cuentos y en otras ocasiones prefiere ilustrar los
cuentos de otros autores. Su trabajo refleja el respeto
que siente por sus raíces latinoamericanas.

Reacción del lector

Coméntalo

¿Qué suceso del cuento te pareció más interesante o sorprendente?

Comprensión de lectura

1. En el cuento, al padre de José lo han llevado a la cárcel.
¿Por qué crees que el autor decidió incluir esa información?

2. ¿Por qué crees que el anciano dijo "Llévese a este muchacho
y váyanse de aquí. Y no me diga adónde van"?

3. Mudarse a otro lugar puede ser emocionante y difícil a la vez.
Busca ejemplos que muestren por qué fue emocionante
y por qué fue difícil para José mudarse a otro lugar.

4. Piensa en la **secuencia** del cuento. ¿Cómo fue cambiando lo que
sentía José a medida que viajaba desde su pueblo hasta un nuevo
apartamento en otro país?

5. A José le suceden varias cosas antes de empezar a sentirse
a gusto en su nuevo país. Describe esos sucesos en la
secuencia correcta. Luego, escribe y numera los sucesos.

Escribe una carta

Al final del cuento, José ha comenzado una nueva vida, con nuevos
amigos y una nueva mascota. Imagina que eres José y que le escribes
una carta a un compañero de clase contándole cómo ha cambiado tu vida.

65

¿Qué es un mapa?

por Vanessa Corzano

Definición

Un *mapa* es una representación, en una superficie plana, de la Tierra o de una parte de la Tierra, que puede ser una ciudad, un continente o un océano.

¿Quiénes usan los mapas?

Todo tipo de gente usa mapas en la vida diaria. Si necesitas ir a un punto de la ciudad donde no has estado, puedes buscarlo primero en un mapa de la ciudad o en un mapa local. Una familia que viaja en automóvil a otro estado puede usar un mapa regional que muestre las rutas y carreteras que conectan las partes de una región. Los ingenieros y arquitectos usan otros tipos de mapas para conocer el terreno y construir edificios y carreteras.

Relacionar lecturas

Leer un mapa

✓ **Escoge el mapa adecuado.**
Si buscas un lugar situado en Texas, un mapa de la ciudad de San Antonio no te dará suficiente información.

✓ **Estudia la leyenda.**
Familiarízate con los símbolos del mapa y asegúrate de entender lo que representan.

✓ **Usa un mapa actualizado.**
Un mapa representa zonas que pueden haber cambiado por construcciones, fuerzas de la naturaleza o hechos políticos. Los mapas actualizados reflejan estos cambios.

Enfoca tu lectura

Piensa en el viaje de José. ¿Por qué países habría pasado si hubiera ido por tierra a los Estados Unidos?

¿Cómo se lee un mapa?

Cuando leas un mapa como el que ves aquí, fíjate en los indicadores: puntos, flechas, líneas, estrellas, etc. Las capitales de los países generalmente se marcan con una estrella, y las ciudades principales con un punto. Distintos tipos de líneas (punteadas,

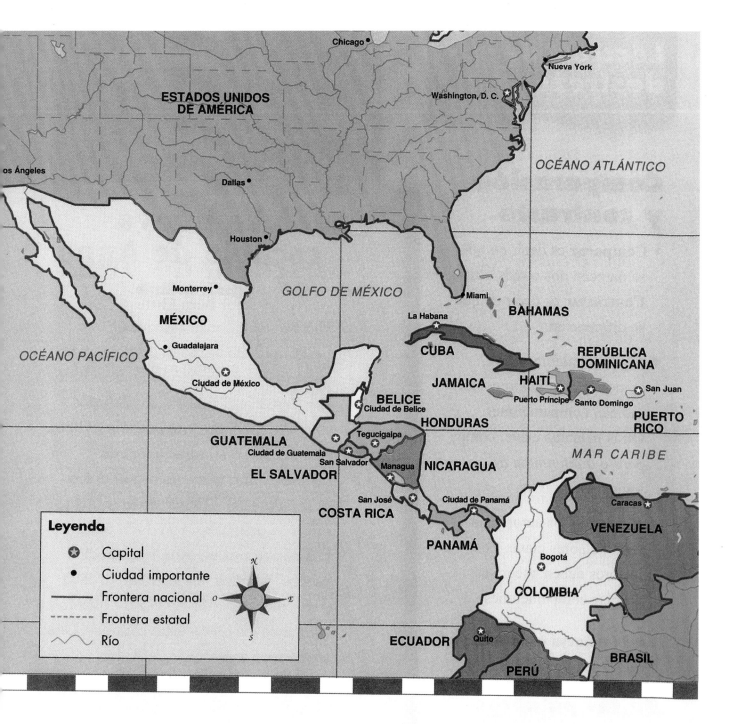

continuas, de guiones, de distintos colores) indican las fronteras entre los países de un continente, los ríos, las carreteras principales, y otras características importantes. Guíate por la *leyenda* de un mapa para entender lo que significan los signos que aparecen en él.

Al observar un mapa, presta atención a la figura en forma de estrella que aparece generalmente en una esquina. Esta figura se llama la *rosa de los vientos* o *rosa náutica*. Representa los puntos cardinales. El norte, el sur, el este y el oeste son los cuatro puntos cardinales.

Comparación y contraste

- **Comparar** es decir en qué se parecen dos o más cosas. **Contrastar** es decir en qué se diferencian.

- Algunas palabras clave, como *al igual que* o *como,* indican comparaciones. Otras palabras clave, como *pero* o *a diferencia de,* indican contrastes.

- A menudo los autores no usan palabras clave. Los lectores deben hacer sus propias comparaciones.

Lee "La nueva escuela de Anna", por Jean Little.

En tus palabras

1. ¿En qué se diferencia el nuevo salón de clases de Anna del anterior? ¿Qué palabras clave te ayudaron a ver las diferencias?

2. ¿En qué se parecen y en qué se diferencian Anna y Benjamín? ¿Qué palabras se usan para compararlos?

La nueva escuela de Anna

por Jean Little

Ella no debe llorar. ¡No debe!

El pupitre le llamó la atención y la distrajo. Nunca había visto uno como ése. Tenía bisagras en los costados y se podía inclinar para acercar el libro. Ella miraba a su alrededor con asombro. El pupitre no era la única cosa diferente. El lápiz de la ranura era más grueso que su dedo pulgar. Los pizarrones no eran negros, sino verdes, y la tiza era también gruesa y de color amarillo en vez de blanco.

Incluso los niños eran distintos. Casi todos eran mayores que Anna.

—En este salón tenemos del primer al séptimo grado —le explicó la señorita Williams a mamá.

Los pupitres no estaban en filas rectas, ni clavados al piso. Estaban

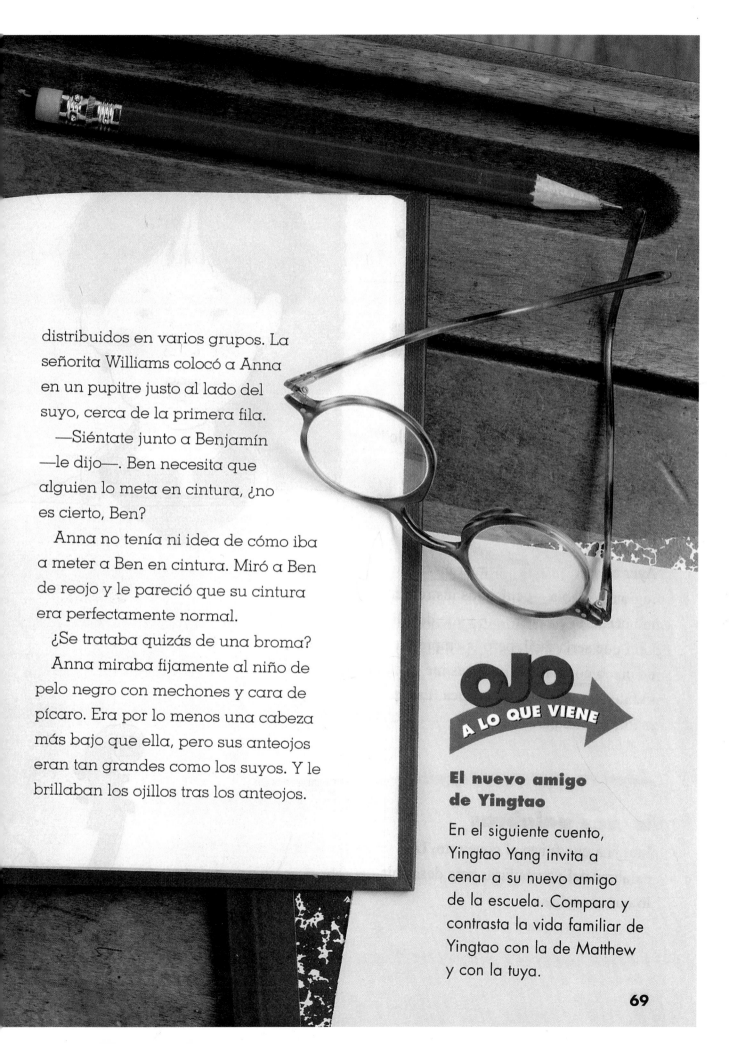

distribuidos en varios grupos. La señorita Williams colocó a Anna en un pupitre justo al lado del suyo, cerca de la primera fila.

—Siéntate junto a Benjamín —le dijo—. Ben necesita que alguien lo meta en cintura, ¿no es cierto, Ben?

Anna no tenía ni idea de cómo iba a meter a Ben en cintura. Miró a Ben de reojo y le pareció que su cintura era perfectamente normal.

¿Se trataba quizás de una broma?

Anna miraba fijamente al niño de pelo negro con mechones y cara de pícaro. Era por lo menos una cabeza más bajo que ella, pero sus anteojos eran tan grandes como los suyos. Y le brillaban los ojillos tras los anteojos.

OJO A LO QUE VIENE

El nuevo amigo de Yingtao

En el siguiente cuento, Yingtao Yang invita a cenar a su nuevo amigo de la escuela. Compara y contrasta la vida familiar de Yingtao con la de Matthew y con la tuya.

Palabras nuevas

**compases   director   ensayo
orquesta   triángulo**

Muchas palabras tienen más de un significado. Para saber cuál de ellos es el que se usa en la oración, busca claves en las demás oraciones.

Lee la siguiente nota. Decide si *ensayo* significa "práctica para un espectáculo" o "tipo de texto corto".

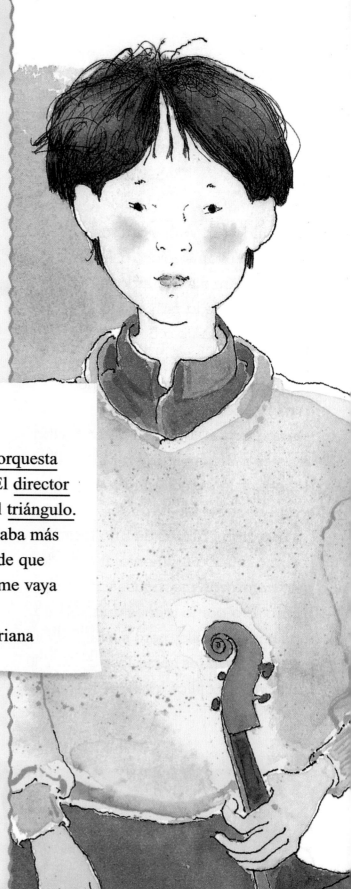

La página equivocada

Mario:

Ayer tuvimos nuestro primer ensayo con la orquesta regional. Había muchísimos instrumentos. El director me permitió escoger uno, y me decidí por el triángulo. Creí que sería fácil, pero ¡siempre me retrasaba más de cinco compases! Entonces me di cuenta de que me faltaba una hoja de música. Espero que me vaya mejor en el concierto.

Adriana

En tus palabras

Imagina que fuiste al concierto. Usa palabras del vocabulario para describir lo que escuchaste.

El nuevo amigo de Yingtao

por Lensey Namioka • ilustrado por Kees de Kiefte

La familia Yang acaba de llegar a Estados Unidos desde China. Yingtao es el menor de los cuatro hermanos. De acuerdo con la costumbre china, le llaman Yang el Menor.

Todos en la familia Yang son músicos; todos, excepto Yingtao. A él le encantaría complacer a su padre tocando el violín con su hermano y sus hermanas, pero no logra distinguir entre las notas agudas y las graves. Si a esto le agregas el nuevo idioma y las nuevas costumbres que Yingtao encuentra en su nueva escuela, verás que lo que más necesita en estos momentos es un amigo.

Descubrimos que nuestra escuela tenía una orquesta
que ensayaba después de clases y que se reunía dos veces
por semana. Mis padres pensaron que Tercera Hermana y yo
estábamos de suerte, e inmediatamente nos inscribieron en la
orquesta. Ni siquiera nos preguntaron si queríamos participar.

Antes de que Tercera Hermana y yo pudiéramos tocar en la
orquesta, el director nos hizo una audición; es decir, nos pidió
que tocáramos solos unos cuantos compases de música.

El director pareció satisfecho al escuchar a Tercera Hermana
tocar el violoncelo. Enseguida la puso cerca de la primera fila de
la orquesta.

Luego llegó mi turno de tocar el violín. El director me
interrumpió después de sólo cuatro compases, me miró pensativo
y me dijo: —¿Te gustaría probar con el triángulo, en lugar
del violín?

Quizás me debí sentir ofendido. Pero lo cierto es que quería
aceptar su propuesta. No hace falta tener buen oído para tocar el
triángulo, ya que sólo tienes que golpear el instrumento con una
varita. Sólo hay que entrar a tiempo, y yo tenía talento para eso.
Además, el triángulo sólo produce un suave tintineo, así que no
hay manera de desentonar demasiado al tocarlo.

Pero yo sabía que mis padres se iban a enojar. Apenado, le
dije al director: —Tengo mi propio violín, y mis padres esperan
que lo toque.

Él suspiró y dijo: —Bueno. Ya sé cómo son los padres.

Y me puso en la última fila de la sección de violines, lo más
lejos posible del público.

Cuando me senté en mi silla, el chico que compartía
conmigo el atril me dijo: —¡Hola! Parece que vamos a ser
compañeros de atril.

Era Matthew, el muchacho que me había devuelto mi pluma.
Yo me puse muy contento de verlo.

El director levantó entonces la batuta y la orquesta comenzó a tocar.

Cuando tocaba con otra gente, mi truco consistía en mover el arco a cierta distancia de las cuerdas. Era lo mejor para todos. Era lo mejor para mí, para los demás músicos, para el director y, sobre todo, para el público.

Después de unos cuantos compases dejamos de tocar, mientras el director intentaba animar al que tocaba el trombón, que hacía un sonido raro al soplar.

Matthew se volvió hacia mí, y dijo: —No tocas muy fuerte, ¿verdad? No pude oírte.

—Tienes suerte —le respondí.

Me miró con una expresión de extrañeza, pero no tuve tiempo de explicarle lo que quise decir, porque el director levantó nuevamente la batuta.

Matthew tocaba con cara de ensoñación. Yo no sabía si tocaba bien o no, pero ciertamente parecía disfrutar al hacerlo.

Después del ensayo, el director le pidió a Tercera Hermana que se quedara y que tocara una pieza corta. La esperé afuera para irnos juntos a casa.

Matthew se me acercó mientras esperaba y me dijo: —Tu hermana le contó al director que tu papá es maestro de violín.

—Sí, lo es —respondí.

"Ésta podría ser una buena oportunidad para conseguirle otro estudiante a papá", pensé enseguida.

—¿Quieres tomar clases? —le pregunté.

Me di cuenta de que a Matthew no le agradaba hablar del tema.

—Realmente me gustaría, pero mi familia no tiene dinero —me respondió.

—Mi papá no cobra mucho —le dije entusiasmado, aunque realmente no sabía cuánto cobraba. Pero estaba seguro de que le gustaría tener un estudiante nuevo, especialmente alguien a quien de verdad le entusiasmara la música.

75

Cuando Tercera Hermana salió, sonreía: —¡El director quiere que toque un solo en nuestro primer concierto!

Me alegré mucho por ella, y Matthew también parecía estar contento.

—¡Excelente! —dijo.

—Te presento a Matthew, mi compañero de atril —dije—, y ella es mi tercera hermana...

—¡Hola! Soy Mary —me interrumpió Tercera Hermana.

La miré fijamente. Yo no sabía que tuviera un nombre estadounidense. Lo escogió sin decirle nada al resto de la familia. Quizás pensaba que así sus nuevos amigos recordarían su nombre más fácilmente.

Me había dado cuenta de que a muchos estadounidenses les resultan difíciles los nombres chinos. Cuando digo que me llamo Yingtao, siempre me piden que lo deletree. Incluso después de que lo hago, les cuesta recordarlo.

—Acabo de escucharte tocar. Tocas muy bien —le dijo Matthew a Tercera Hermana.

—Toco muy mal. Sólo me lo dices por cortesía —respondió ella, sonriente.

La verdad es que ella no lo decía en serio. Nuestros padres nos habían enseñado a contestar así cuando alguien nos elogia.

—Bueno, supongo que debo irme —dijo Matthew, pero no parecía tener prisa.

Tercera Hermana tampoco tenía ganas de que Matthew se fuera, y mucho menos cuando acababa de decirle lo mucho que admiraba su talento musical.

—¿Te gustaría venir a casa y conocer a mis hermanos mayores? También tocan instrumentos musicales.

Matthew sonrió: —Pues sí, si no le molesta a tu familia.

—Mis padres estarán encantados de conocer a uno de los amigos de Cuarto Hermano —dijo ella.

Me gustó la forma en que lo dijo, como si Matthew ya fuera en realidad mi amigo, y como si yo tuviera muchos amigos más.

Mis padres no estaban en casa. Nos encontramos con Segunda Hermana en la cocina, cortando bolsitas de té.

—Ella es mi otra hermana. Toca la viola —le dije a Matthew.

Segunda Hermana parecía estar de mal humor, pero no dejó de saludar a Matthew cortésmente con un "Hola".

Yo hubiera querido ver si ella también tenía ya un nombre estadounidense, pero simplemente tomó de nuevo sus tijeras.

—¿Qué hacía tu hermana en la cocina? Parecía estar cortando bolsitas de té —dijo Matthew cuando subíamos las escaleras.

—Sí, eso era lo que hacía.

Matthew se detuvo en el rellano y me miró nuevamente:

—¿Para qué?

Yo estaba acostumbrado a ver a Segunda Hermana cortar bolsitas de té y nunca había pensado que pudiera parecer extraño.

—Cuando preparamos el té, ponemos hojas en el fondo de la taza y vertemos agua caliente en la taza —le dije—. El té está listo cuando todas las hojas quedan en el fondo de la taza.

—Pero, ¿por qué tienen que cortar las bolsitas?

—Bueno, un día mi mamá vio que vendían té en el mercado y compró una caja grande. Resultó que era té en bolsitas, y no té suelto. Por eso, todos los días Segunda Hermana corta varias bolsitas y pone el té en un tarro.

Era totalmente obvio para mí que el té se remoja mejor al estar suelto que al estar empacado y apretado en una bolsita.

Pero Matthew no parecía estar de acuerdo. Movía la cabeza de un lado a otro y tenía una expresión de incredulidad en el rostro.

Abrí la puerta de la habitación que Hermano Mayor y yo compartíamos. Él estaba sentado en el piso, poniéndoles perillas a unas cajas de naranjas. Junto a él había un par de tablas y unos ladrillos.

Le presenté a Matthew, que miraba sorprendido las cajas y las tablas.

—¿Qué haces? —preguntó Matthew.

—Estoy haciendo un gavetero. Voy a poner las tablas sobre las pilas de ladrillos para que sean la parte superior, y las cajas de naranjas serán las gavetas. Las abriré con las perillas —respondió Hermano Mayor.

Matthew escudriñó el interior de una de las cajas, donde Hermano Mayor ya había colocado algunas de mis camisas y mi ropa interior.

—¿Por qué no pones la ropa en un gavetero normal?

—No tenemos dinero para comprar tantos muebles —explicó Hermano Mayor.

Matthew se sonrojó: —¡Ah! Lo siento. No quise ser maleducado ni entrometido.

Por alguna razón, a Matthew parecía afectarle mucho el asunto del dinero.

Tuve que explicarle que eso no nos molestaba. A los chinos no nos da vergüenza hablar del dinero. Cuando conocemos a alguien, es común preguntarle cuánto gana.

—No importa. No me parece que seas maleducado ni entrometido —le dije a Matthew.

—Mi mamá se alegró cuando encontró todas estas cajas de naranjas gratis —añadió Hermano Mayor.

ientras Hermano Mayor continuaba poniendo las perillas, le dije que a Matthew le encantaba la música.

Hermano Mayor lo miró sonriente: —¿Estás en la orquesta de la escuela?

—Toco el violín —respondió Matthew—. Soy el compañero de atril de Yingtao.

Hermano Mayor dejó de sonreír: —¿Te puso allí el director después de la audición?

Yo sabía por qué se lo preguntaba. Quería averiguar si Matthew era mi compañero de atril porque tocaba tan mal como yo.

—Soy principiante —dijo Matthew—. Empecé a tocar el violín el otoño pasado. En la escuela había un violín que nadie usaba, así que lo pedí prestado.

—¿Tomas clases? —preguntó Hermano Mayor.

Matthew se sonrojó de nuevo.

—Mis padres no tienen dinero para eso —murmuró—. Mi papá está sin trabajo.

De pronto tuve una idea.

—Quizás podrías darle unas lecciones gratis —le dije a Hermano Mayor—. No tienen que durar más de quince minutos, lo justo para indicarle lo que esté haciendo mal.

Hermano Mayor lo pensó. Finalmente se levantó y fue a buscar su estuche de violín.

—Toca algo —le dijo a Matthew, y sacó el instrumento.

Matthew tragó saliva y se restregó las manos en los pantalones. Luego tomó el violín con mucho cuidado y lo observó fijamente.

—¡Ah! —suspiró—. ¡Qué precioso!

Cerró los ojos por un minuto y entonces comenzó a tocar. Por la expresión del rostro de Hermano Mayor, supe que le gustaba lo que oía.

Cuando Matthew terminó, Hermano Mayor se quedó callado y sonrió.

—Se nota que no llevas mucho tiempo tocando, pero tienes una sensibilidad especial para el violín.

Matthew parecía casi asustado: —Entonces... entonces...

—¡Me parece bien! Te voy a dar lecciones. Si quieres, comenzamos esta noche después de comer. ¿Por qué no te quedas y comes con nosotros? —preguntó Hermano Mayor con una amplia sonrisa.

Matthew aceptó y fue a llamar a sus padres para pedirles permiso. Al regresar preguntó si podía usar el baño.

Me sorprendí. ¿Se bañarían siempre antes de comer los estadounidenses?

—¿Estaría bien si no te bañaras ahora mismo? —le pregunté—. La bañera está ocupada.

Entonces fue Matthew el sorprendido: —No tengo que bañarme.

—Entonces, ¿por qué me dijiste que tenías que hacerlo? —respondí.

—Sólo tengo que usar el excusado —me explicó y comenzó a reír—. ¿Y tú pensaste que quería bañarme? ¿Sin que nadie me obligara?

Me reí con él. No fue como cuando Jake y los demás se rieron de mí por ponerme de pie cuando entró el maestro. Nos reíamos porque nos divirtió una broma. Y Matthew comenzó a caerme muy bien.

Cuando salió del baño, Matthew parecía alarmado: —¿Estoy delirando o había peces nadando en la bañera?

—Son unas carpas que mi mamá compró hoy en el barrio chino. Nos las comeremos para la cena.

—¡Pero están vivas!

—Claro que están vivas. Mi mamá jamás compraría peces muertos, no estarían frescos —contesté, un poco indignado ante la idea.

Cuando bajábamos por las escaleras, Matthew dijo: —Nunca he comido peces vivos. Los peces que como están bien muertecitos. Vienen enlatados o en trozos, congelados y empanizados.

Al entrar al comedor, Matthew murmuraba para sí: —...Cortar bolsitas de té, perillas en cajas de naranjas, peces en la bañera...

—¿Siempre habla solo tu amigo? —me preguntó en voz baja Tercera Hermana mientras la ayudaba a poner la mesa.

Lo único que hice fue sonreír. Menos mal que Segunda Hermana no escuchó lo que Matthew decía.

Matthew fue nuestro primer invitado estadounidense. Papá inclinó la cabeza en señal de aprobación cuando Hermano Mayor se lo presentó como mi amigo y le dijo que tenía muy buen oído.

Cuando comemos, normalmente nos servimos de fuentes que están en el centro de la mesa. Pero ya que Matthew era mi invitado, me tocó servirle la comida, como buen anfitrión.

Al cabo de un rato, me di cuenta de que no comía mucho. Pasó casi todo el tiempo mirando los palillos que yo tenía en la mano derecha.

—¿Qué ocurre? —le pregunté.

—Jamás he usado palillos chinos —confesó tímidamente.

—¿Por qué no le pasas un tenedor, Yingtao? —sugirió mamá.

—No, por favor —dijo Matthew enseguida—. Me gustaría aprender a usar los palillos.

De manera que le enseñé. Le mostré cómo sostener uno de los palillos y usar el otro para sujetar un trozo de carne.

Matthew se las arregló para acabar casi toda la comida que le serví, pero me di cuenta de que no comió mucho pescado.

—No estoy acostumbrado a comer algo que acabo de ver nadando —me susurró, excusándose.

Matthew aprendió rápido, y al final de la comida usaba los palillos bastante bien.

—Es un buen ejercicio para los dedos. De seguro me va a ayudar a tocar el violín —bromeó.

—Si es así, ¿por qué no toca un poco mejor Cuarto Hermano? —se rió Segunda Hermana—. ¡Viene usando palillos desde que tenía dos años!

Matthew me dedicó una sonrisa de apoyo. Yo ya estaba acostumbrado a oír los comentarios de la familia sobre mi falta de talento para el violín, pero me sentí mejor al tener a alguien de mi parte.

Desde ese día, Matthew se convirtió en mi mejor amigo. Nunca más me quedé solo durante el recreo, y en la escuela nos ayudábamos mucho.

Yo ayudaba a Matthew con sus tareas de matemáticas. En el tema de las matemáticas, las escuelas chinas van más adelantadas que las estadounidenses, y todos pensaban que yo era un genio con los números, porque terminaba mi trabajo mucho antes que los demás. Matthew me dijo que la mayoría de los niños, con la excepción de los genios, odiaban las matemáticas.

Yo sé que no soy ningún genio, y Tercera Hermana es mucho mejor que yo para las matemáticas. Sin embargo, me gustaba que las personas pensaran que tengo talento para algo, así que no dije nada.

Matthew me ayudaba con la ortografía, ya que se me dificultaba porque el inglés no se pronuncia como se escribe. Así que Matthew me enseñó las palabras difíciles.

Ya me estaba acostumbrando a las escuelas de Estados Unidos. No sólo dejé de ponerme de pie cuando el maestro entraba al salón de clases, sino que comencé a recostarme despreocupadamente en el asiento como los demás niños. Una vez, llegué a interrumpir al maestro para hacerle una pregunta. En China, la única ocasión en la que interrumpiríamos al maestro sería en caso de un incendio en el edificio o si uno de los estudiantes sufriera un ataque.

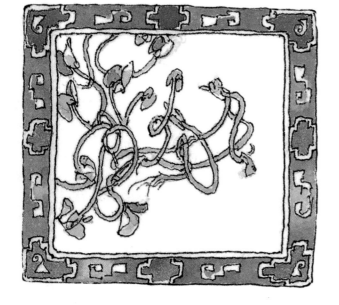

Comencé a comer con Matthew y sus amigos. Tercera Hermana parecía sentirse más tranquila, porque ahora podía sentarse y comer con sus propios amigos.

Algunos de los niños se burlaban de mi comida, porque llevaba sándwiches diferentes, como los de brotes de soya fritos. Al principio, Matthew se molestaba cuando sus amigos se reían, pero pronto se dio cuenta de que no me molestaba mucho. Un día me preguntó:

—¿No te enoja que estén siempre molestándote?

—No, no importa —dije—. Estoy acostumbrado. En casa ocurre lo mismo.

—¿Sabes qué, Yingtao? Eres fuerte, mucho más fuerte de lo que pareces.

Me lo dijo con mucha admiración, y de repente me sentí como si midiera el doble. Allí estaba yo, Yang el flaquito, Yang el Menor, escuchando a un amigo decir que soy fuerte.

Lensey Namioka

Conozcamos a la autora

Lensey Namioka es la tercera hermana de su familia. Ha vivido muchos años en los Estados Unidos. Pero, a pesar de todo el tiempo transcurrido, no olvidará jamás lo asustada que estaba cuando llegó a la escuela sin saber hablar inglés.

Lensey Namioka dice que escribió este cuento para mostrar a sus lectores la importancia del respeto por uno mismo. Quiere demostrar que todos los niños tienen el mismo valor, aunque todavía no sepan cómo comportarse en un mundo que sea nuevo para ellos, o aunque sean diferentes del resto de su familia. Quizá Yingtao no tenga buen oído para la música, pero sí tiene talento para otras cosas, como las matemáticas.

La escritora también quería mostrar que no todas las personas de un grupo son exactamente iguales. Hay quienes piensan que todos los niños asiáticos son de cierta manera, y que todos los niños estadounidenses son de otra. Para luchar contra estos estereotipos, Lensey Namioka quiso escribir acerca de un niño chino, Yingtao, que prefiere los deportes al violín, mientras que su amigo estadounidense, Matthew, tiene mucho talento para la música.

Muchos lectores le preguntan a Lensey Namioka si es cierto que su madre tenía carpas en la bañera, como la madre de Yingtao. Y ella dice que sí. Cuando su familia llegó a los Estados Unidos, siempre compraban peces vivos porque en China era la única manera de asegurarse de que estuvieran frescos. Hace poco la autora conoció a alguien que acababa de volver de China. ¿Y qué le dijo? ¡Que tenía unas carpas vivas en la bañera de su casa!

Reacción del lector

Coméntalo

¿Era Matthew un buen amigo para Yingtao? ¿Por qué?

Comprensión de lectura

1. Cuando Yingtao tocaba el violín con los demás, movía el arco a cierta distancia de las cuerdas. ¿Por qué?

2. ¿Crees que Matthew se comportó correctamente en la comida con la familia Yang? Explica tu respuesta.

3. La autora parece entender muy bien la cultura china y la estadounidense. Al leer la sección "Conozcamos a la autora", en la página 88, comprenderás por qué. Explica por qué la autora entiende ambas culturas.

4. Yingtao y su hermana fueron a una audición para la orquesta de la escuela. **Compara** y **contrasta** cómo reaccionó el director al escuchar a cada uno.

5. Haz una tabla para **comparar** y **contrastar** algunas costumbres de la familia Yang con algunas que podría tener la familia de Matthew.

Manual para recién llegados

Trabajando solo o con un grupo pequeño, prepara un librito para los estudiantes nuevos. Puedes incluir un horario de clases, un mapa de la escuela que muestre la biblioteca o la cafetería, y una lista de libros divertidos, juegos para jugar durante el recreo, etc.

Propósito del autor/autora

- El **propósito del autor** es la razón o las razones que tiene para escribir.

- Generalmente, los autores no explican los propósitos que los motivan a escribir. Debes determinarlos tú. Cuatro propósitos comunes son informar, entretener, expresar y persuadir.

- Da un vistazo previo al texto para predecir el propósito de la autora. Ajusta tu velocidad de lectura según el propósito.

Lee **"Pintar brumas y nieblas"**, de un artículo por la autora e ilustradora Molly Bang.

En tus palabras

1. ¿Cuál es el propósito de Molly Bang al escribir este artículo? Explica tu respuesta.

2. ¿Debes leer este artículo rápida o lentamente? ¿Por qué?

PINTAR
brumas y nieblas

por Molly Bang

A veces, el aire cálido sopla sobre la superficie de un lago o del mar, o por terrenos muy húmedos, arrastrando agua consigo. El agua forma millones de gotitas de bruma o niebla. Entonces, todo lo que nos rodea parece suave y borroso. Los objetos lejanos pueden desaparecer de nuestra vista por completo.

Pintar bruma y niebla es sencillo. Necesitarás un pincel de bambú, tinta china y papel absorbente, como papel de Manila o cartulina blanca. En esta lección necesitarás también un pequeño tintero con tinta diluida en agua, para así obtener un lindo tono grisáceo.

Sumerge el pincel en la tinta gris hasta que quede completamente empapado. Luego, comenzando desde la izquierda del papel, pinta lentamente toda la parte superior en línea recta. Pinta otra línea justo debajo, de manera que ambas líneas se hagan una. Continúa con este proceso hasta que todo el papel quede cubierto de gris. Trata de que el gris salga lo más uniforme posible, pero si quedan algunas partes disparejas, no te preocupes. La bruma y la niebla también tienen partes desiguales.

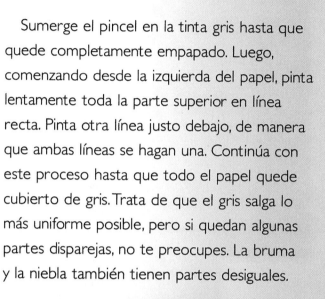

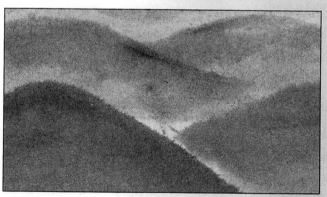

OJO A LO QUE VIENE

Cuadros de familia

La escritora y artista Carmen Lomas Garza usa palabras y cuadros para conseguir su propósito. Da un vistazo a la selección para predecir el propósito de la autora.

Palabras nuevas

delantal	escena	frontera
futuro	inspiró	nopal
oportunidad		

Para averiguar el significado de una palabra que no conoces, busca su sinónimo. Las palabras que tienen el mismo significado o un significado similar son sinónimos, como *enorme* e *inmenso*.

Lee el texto. Decide lo que significa *futuro* fijándote en su sinónimo, *porvenir*.

Un recuerdo

Mamá me pidió que buscara pencas de <u>nopal</u> para el desayuno. Llevaba su <u>delantal</u> azul y se disponía a preparar los frijoles. Papá había salido hacia la <u>frontera</u>.

—Se me ha presentado una <u>oportunidad</u> que mejorará nuestro porvenir —me dijo al salir. Papá siempre pensaba en el <u>futuro</u>, y ahora tenía un cliente dispuesto a comprar sus artesanías. Mi abuela estaría feliz: fue ella quien lo <u>inspiró</u> a seguir la tradición artesanal. Entonces decidí pintar una <u>escena</u> del taller de papá para dársela de regalo.

Escribe

¿Por qué crees que el autor relata este recuerdo de su niñez? Completa el relato usando palabras del vocabulario.

Los cuadros de este libro los pinté de los recuerdos de mi niñez en Kingsville, Texas, cerca de la frontera con México. Desde que era pequeña, siempre soñé con ser artista. Dibujaba cada día; estudié arte en la escuela y, por fin, me hice artista. Mi familia me ha inspirado y alentado todos estos años. Éste es mi libro de cuadros de familia.

Cuadros de familia

cuadros y relatos por Carmen Lomas Garza

Family Pictures

The pictures in this book are all painted from my memories of growing up in Kingsville, Texas, near the border with Mexico. From the time I was a young girl I always dreamed of becoming an artist. I practiced drawing every day; I studied art in school; and I finally did become an artist. My family has inspired and encouraged me for all these years. This is my book of family pictures.

Siempre íbamos a la casa de mis abuelos, así
que cualquier cosa que estuvieran haciendo ellos,
nosotros la hacíamos también. En este cuadro,
mi abuela está colgando la ropa a secar. Nosotros
le dijimos que las naranjas estaban listas para
cosecharse, y ella nos respondió: "Vayan pues,
corten algunas". En un dos por tres, tenía
demasiadas naranjas para sostenerlas en las manos,
así que convirtió su delantal en canasta. Ése es mi
hermano, en el árbol, recogiendo naranjas. Los
demás estamos recogiendo las que él deja caer
al suelo.

Naranjas

Oranges

We were always going to my grandparents' house,
so whatever they were involved in we would get
involved in. In this picture my grandmother is
hanging up the laundry. We told her that the oranges
needed picking so she said, "Well, go ahead and pick
some." Before she knew it, she had too many oranges
to hold in her hands, so she made a basket out of her
apron. That's my brother up in the tree, picking
oranges. The rest of us are picking up the ones
that he dropped on the ground.

Ésa soy yo, pegándole a la piñata en la fiesta que me dieron cuando cumplí seis años. Era también el cumpleaños de mi hermano, que cumplía cuatro años. Mi madre nos dio una gran fiesta e invitó a muchos primos, vecinos y amigos.

No puedes ver la piñata cuando le estás dando con el palo, porque tienes los ojos cubiertos por un pañuelo. Mi padre está tirando de la cuerda que sube y baja la piñata. Él se encargará de que todos tengan por lo menos una oportunidad de pegarle a la piñata. Luego alguien acabará rompiéndola, y entonces todos los caramelos que tiene dentro caerán y todos los niños correrán a cogerlos.

Fiesta de cumpleaños

Birthday Party

That's me hitting the piñata at my sixth birthday party. It was also my brother's fourth birthday. My mother made a big birthday party for us and invited all kinds of friends, cousins, and neighborhood kids.

You can't see the piñata when you're trying to hit it, because your eyes are covered with a handkerchief. My father is pulling the rope that makes the piñata go up and down. He will make sure that everybody has a chance to hit it at least once. Somebody will end up breaking it, and that's when all the candies will fall out and all the kids will run and try to grab them.

Al comienzo de la primavera, mi abuelo nos venía a buscar y todos íbamos al bosque a cortar nopalitos. Mi abuelo y mi madre están cortando las pencas tiernas del nopal y metiéndolas en cajas. Mi abuela y mi hermano Arturo están recogiendo hojas de mesquite para forrar las cajas. Al regresar a casa, mi abuelo le quitaba las espinas a cada penca del cactus. Luego mi abuela cocía las pencas en agua hirviente. A la mañana siguiente, las cortaba y las freía con chile y huevos para nuestro desayuno.

Cortando nopalitos

Picking Nopal Cactus

In the early spring my grandfather would come and get us and we'd all go out into the woods to pick nopal cactus. My grandfather and my mother are slicing off the fresh, tender leaves of the nopal and putting them in boxes. My grandmother and my brother Arturo are pulling leaves from the mesquite tree to line the boxes. After we got home my grandfather would shave off all the needles from each leaf of cactus. Then my grandmother would parboil the leaves in hot water. The next morning she would cut them up and stir fry them with chili powder and eggs for breakfast.

Este cuadro trata de las veces en que mi familia iba
a nadar a la Isla del Padre en el Golfo de México.
Cuando llegamos una vez, un pescador acababa
de atrapar un tiburón martillo al cabo del muelle.
Cómo logró llevar al tiburón a la playa, nunca me
enteré. Daba mucho miedo ver al tiburón, porque
era tan grande que hubiera podido tragarse a un
niño pequeño de un solo bocado.

Tiburón martillo

Hammerhead Shark

This picture is about the times my family went
to Padre Island in the Gulf of Mexico to go
swimming. Once when we got there, a fisherman
had just caught a big hammerhead shark at the
end of the pier. How he got the shark to the beach,
I never found out. It was scary to see because it
was big enough to swallow a little kid whole.

Ésta es una escena en la cocina de mis padres.
Todos están haciendo tamales. Mi abuelo lleva
puestos rancheros azules y camisa azul. Yo estoy
al lado de él, con mi hermana Margie. Estamos
ayudando a remojar las hojas secas del maíz. Mi
mamá está esparciendo la masa de maíz sobre las
hojas, y mis tíos están esparciendo la carne sobre la
masa. Mi abuelita está ordenando los tamales que ya
están enrollados, cubiertos y listos para cocerse. En
algunas familias sólo las mujeres preparan tamales,
pero en mi familia todos ayudan.

La tamalada

Making Tamales

This is a scene from my parents' kitchen.
Everybody is making tamales. My grandfather
is wearing blue overalls and a blue shirt. I'm right
next to him with my sister Margie. We're helping to
soak the dried leaves from the corn. My mother is
spreading the cornmeal dough on the leaves and
my aunt and uncle are spreading meat on the
dough. My grandmother is lining up the rolled and
folded tamales ready for cooking. In some families
just the women make tamales, but in our family
everybody helps.

Mi hermana y yo solíamos subirnos al techo en las noches de verano y nos quedábamos allí platicando sobre las estrellas y las constelaciones. También platicábamos del futuro. Yo sabía desde que tenía trece años que quería ser artista. Y todas las cosas que soñaba hacer como artista, por fin las estoy haciendo ahora. Mi madre fue la que me inspiró a ser artista. Ella nos tendía las camas para que durmiéramos y tuviéramos sueños normales, pero también preparó la cuna para nuestros sueños del futuro.

Camas para soñar

Beds for Dreaming

My sister and I used to go up on the roof on summer nights and just stay there and talk about the stars and the constellations. We also talked about the future. I knew since I was thirteen years old that I wanted to be an artist. And all those things that I dreamed of doing as an artist, I'm finally doing now. My mother was the one who inspired me to be an artist. She made up our beds to sleep in and have regular dreams, but she also laid out the bed for our dreams of the future.

Conozcamos a la autora e ilustradora

Desde muy joven, Carmen Lomas Garza soñó con hacer pinturas. Su familia la animó a seguir este sueño y estudiar arte en la escuela.

Ahora que es artista, Carmen Lomas Garza ha pintado un libro de recuerdos. Las pinturas de *Cuadros de familia* exponen sus recuerdos de lo que fue crecer en Kingsville, Texas, no muy lejos de la frontera con México. El libro *Cuadros de familia* fue nominado en 1992 para el premio Bluebonnet de Texas.

Carmen Lomas Garza

Reacción del lector

Coméntalo

Si pudieras entrar a uno de los cuadros y formar parte de él, ¿cuál escogerías? ¿Qué mirarías, oirías y disfrutarías?

Comprensión de lectura

1. ¿Qué actividades de su niñez recuerda la autora? ¿Qué crees que muestran estos recuerdos acerca de su familia?

2. ¿Qué personas son importantes para la autora? ¿Cómo la ayudaron a conocerse a sí misma?

3. ¿Por qué crees que la autora se convirtió en artista? Da razones que apoyen tu respuesta.

4. Uno de los **propósitos de la autora** puede ser ayudar al lector a visualizar una escena. ¿Crees que éste haya sido uno de los propósitos de Carmen Lomas Garza? Explica tu respuesta.

5. Piensa un poco más en los **propósitos de la autora.** ¿Qué otras razones, aparte de ayudarnos a visualizar una escena, pudo haber tenido la autora para escribir *Cuadros de familia?* Explica tu respuesta.

Haz un cuadro sobre ti mismo

Piensa en lo que incluirías en un cuadro sobre tu propia vida. Planifica el cuadro. Luego dibújalo o píntalo, si así lo deseas.

Lazos familiares

por Emilio Hidalgo

Relacionar lecturas

Leer un artículo informativo

✓ **Lee el título.** El título te dirá de qué trata el artículo.

✓ **Mira las fotografías y lee las leyendas.** Las fotografías muestran lo que se comenta en el texto.

✓ **Dale un vistazo al artículo.** Antes de leerlo detenidamente, hojea el artículo para ver de qué trata.

Enfoca tu lectura

Este artículo trata sobre los lazos familiares en las comunidades mexicoamericanas. A medida que leas, piensa en el papel de la familia en el relato de Carmen Lomas Garza.

La presencia de familias de origen mexicano en los territorios del suroeste de los Estados Unidos, incluido el estado de Texas, es muy antigua.

Algunas de estas familias han habitado ahí desde los tiempos en los que esos territorios pertenecían al reino de España. Otras se establecieron en el área luego de declararse la independencia de México en 1821. Otras más llegaron tras la formación de la

Ésta es la familia Lugo, de California *(abajo)*. La fotografía fue tomada alrededor de 1870 en el gran rancho que los Lugo poseían.

República de Texas, en 1836, o después de que Texas se anexó a los Estados Unidos, en 1845. Lo mismo puede decirse de California, que se incorporó a la Unión en 1850: la población de origen mexicano en ese estado en 1852 era ya de unas 260,000 personas. Es similar el caso de Nuevo México, que hasta la segunda mitad del siglo XIX incluía a Arizona.

Las familias mexicoamericanas, con su cultura y sus tradiciones, han sido parte activa de la vida en el suroeste del país desde aquellos tiempos. También su presencia en la economía de la región ha sido de gran importancia. En California, Texas y Nuevo México, por ejemplo, muchas familias hispanas se dedicaban históricamente a la ganadería, criando rebaños en amplios ranchos y haciendas. Hoy en día es común, por eso, encontrar fotografías de épocas antiguas en las que se retrata a ganaderos mexicoamericanos rodeados de sus

La familia Rodríguez *(abajo)* fue fotografiada así en 1915.

Esta foto de Ramón López, Anacleta Ruiz y dos niños *(arriba, izquierda)* fue tomada en Banquete, Texas, en 1900.

No se sabe la fecha de esta foto, pero se cree que fue tomada a finales del siglo XIX o a principios del XX.

familias, ya sea en poses de estudio o en sus viviendas. A veces muestran familias nucleares (padres e hijos) o familias extensas (incluyendo tíos, primos, abuelos y hasta compadres).

A la izquierda, un vaquero mexicano fotografiado alrededor de 1900 en Beeville, Texas.

La presencia de las familias hispanas ha seguido aumentando desde entonces. Muchos nuevos inmigrantes han llegado para establecerse en los Estados Unidos en épocas más recientes. Ya desde finales del siglo XIX, muchos de estos nuevos inmigrantes formaron sus nuevos hogares en barrios dentro de las ciudades, dándoles a estas áreas características específicas. Los barrios pueden ser de pocas calles o de gran extensión. Sin importar su tamaño, todos cumplen la función de dar una entrada al nuevo país a quienes recién llegan. Al mismo tiempo, han ayudado a que se conserven aspectos de la cultura

Abajo, algunos de los miembros de la familia Limón, de Texas, en una de sus reuniones anuales

mexicoamericana, como el uso del idioma español o la comida típica. Los barrios son lugares en los que las familias hispanas mantienen sus vínculos y su cercanía, haciendo posible que sus miembros se apoyen mutuamente y conserven su identidad.

La vida hispana en los Estados Unidos es enormemente variada. Algunas familias mexico-americanas han vivido por siglos en los actuales territorios del país, y otras se han asentado aquí más recientemente. Algunas viven en barrios y otras, en tipos distintos de comunidad: ciudades, suburbios o el campo. Con el paso de los años, la presencia hispana se ha expandido y multiplicado en todos los Estados Unidos, y hoy encontramos a representantes de nuestras familias en muchas profesiones y muchas áreas de la vida económica y social.

A lo largo de los años y a través de todas estas experiencias, la existencia del grupo familiar ha contribuido al mantenimiento

Inmigrantes de origen mexicano que han establecido sus nuevos hogares y negocios en barrios dentro de las ciudades del suroeste de los Estados Unidos

y desarrollo de la cultura hispana. En todas las épocas, la familia ha sido un apoyo fundamental para sus miembros y para la comunidad. Y no importa dónde nos encontremos ni cuál sea nuestra ocupación hoy en día, no cabe duda de que la familia sigue cumpliendo esa función.

Personaje

- Los **personajes** son las personas o los animales presentados en un cuento o artículo informativo.

- Si te fijas en lo que piensan, hacen y dicen los personajes, los conocerás mejor.

- También conoces más a los personajes si te fijas en la manera en que los tratan otros personajes del cuento, y en lo que esos personajes dicen acerca de ellos.

Lee "Mamá en la pradera", por Jennifer Armstrong.

En tus palabras

1. Si Susie les escribiera a sus parientes acerca de su mamá, ¿qué les diría?

2. Señala las partes de "Mamá en la pradera" que describen a mamá.

Mamá en la pradera

por Jennifer Armstrong

Susie acaba de ver un grupo de cartas que mamá les ha escrito a unos parientes en Ohio.

Nunca le pregunté sobre qué les escribía, porque no me parecía bien entrometerme. Pero me sentí excluida al ver la gran cantidad de cartas que había escrito. Le eché un vistazo a mamá, pero ella estaba muy lejos. Había una sensación de enorme soledad en la casa.

Tuve que toser y aclarar la garganta antes de poder hablar: —¿Hay árboles en el libro?

Mamá marcó con el dedo el lugar por donde iba, levantando la vista, y una sonrisa se le dibujó en el rostro: —Sí, muchos árboles.

Me miró por un instante de manera pensativa, apartó el libro y levantó la frazada: —Ven aquí conmigo, Susie.

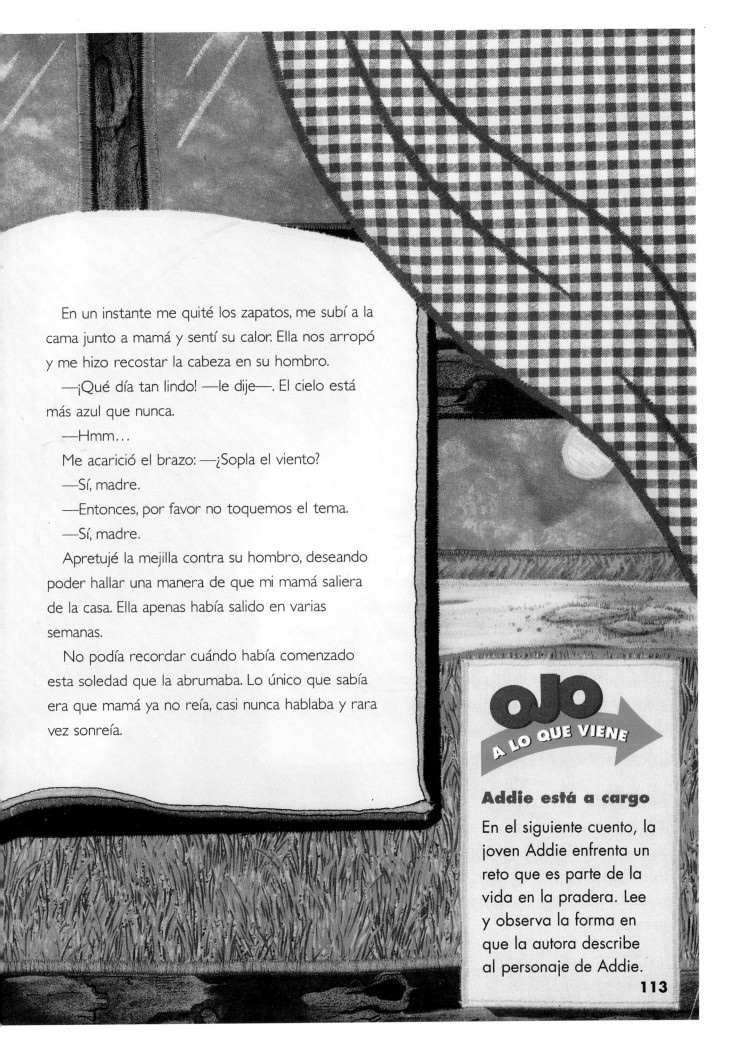

En un instante me quité los zapatos, me subí a la cama junto a mamá y sentí su calor. Ella nos arropó y me hizo recostar la cabeza en su hombro.

—¡Qué día tan lindo! —le dije—. El cielo está más azul que nunca.

—Hmm…

Me acarició el brazo: —¿Sopla el viento?

—Sí, madre.

—Entonces, por favor no toquemos el tema.

—Sí, madre.

Apretujé la mejilla contra su hombro, deseando poder hallar una manera de que mi mamá saliera de la casa. Ella apenas había salido en varias semanas.

No podía recordar cuándo había comenzado esta soledad que la abrumaba. Lo único que sabía era que mamá ya no reía, casi nunca hablaba y rara vez sonreía.

OJO A LO QUE VIENE

Addie está a cargo

En el siguiente cuento, la joven Addie enfrenta un reto que es parte de la vida en la pradera. Lee y observa la forma en que la autora describe al personaje de Addie.

113

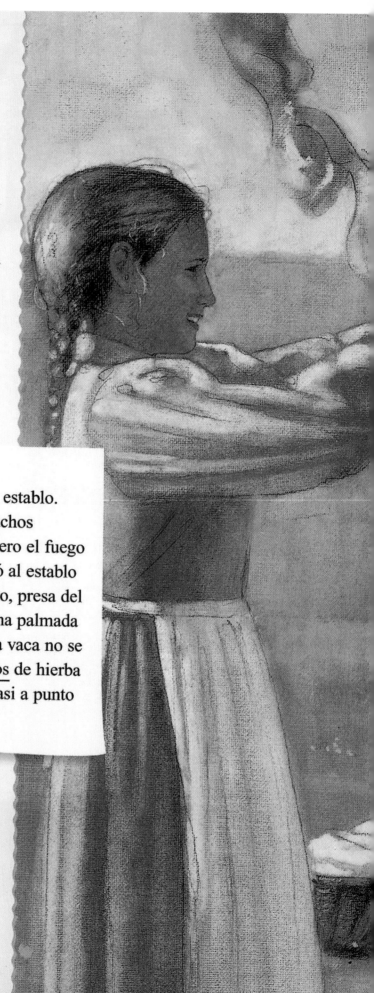

Vocabulario

Palabras nuevas

abatir	ancas	manojos
mugidos	reacio	

Al leer, quizás encuentres palabras que no conoces. Para averiguar su significado, busca claves en las palabras u oraciones cercanas.

Lee el siguiente párrafo y averigua el significado de *mugidos*.

Incendio en el establo

Pedro escuchó los mugidos y se dirigió al establo. Un lado del edificio estaba en llamas. Muchos hombres trataban de apagar el incendio, pero el fuego se mostraba reacio a apagarse. Pedro entró al establo en llamas y encontró a Amatista temblando, presa del pánico. La llevó hasta la puerta y le dio una palmada en las ancas para animarla a huir. Como la vaca no se animaba a hacerlo, le ofreció unos manojos de hierba para que lo siguiera. Las llamas estaban casi a punto de abatir la estructura de madera.

Escribe

Pedro se merece un reconocimiento por su valor. Usando palabras del vocabulario, escribe lo que debería decir en una placa de reconocimiento para Pedro.

114

Addie
está a cargo

por Laurie Lawlor

ilustrado por Bill Farnsworth

En el otoño de 1883, Addie Mills —de nueve años de edad— ha llegado de Iowa con su familia a los 160 acres que les otorgó el gobierno en el territorio de Dakota para que los labraran. Addie no quería abandonar a Eleanor, su mejor amiga de Iowa, y no cree tener la fuerza necesaria para ser pionera.

Antes de que llegue el invierno, la familia Mills debe construir una casa de barro. Mientras terminan de construirla, viven con el señor y la señora Fency.

Los padres de Addie, junto con George, su hermano de ocho años de edad, y el señor y la señora Fency, se van a trabajar en la construcción de la casa. Durante dos días dejan a Addie a cargo de la granja de los Fency y de su hermano Burt, que tiene dos años. Acompañada por Ruby Lillian (una muñeca) y la señorita Primrose (una "persona" que Addie inventó poniéndole su gorra de sol a las cerdas de una escoba), Addie ha sobrevivido su primer día y su primera noche a cargo de todo.

Luego de terminar de ordeñar y de cumplir con sus faenas de la mañana, Addie preparó un atole de desayuno para ella y Burt. Con cuidado fue soltando pizquitas de harina de maíz en el agua hirviendo. Se sentía satisfecha al ver lo bien que se las arreglaba sola.

—¿No te parece que lo hago todo muy bien? —le preguntó a Ruby Lillian, sacándola de debajo de la almohada y poniéndola sobre la mesa. Addie sirvió el atole en dos tazones con una cuchara.

—¡Mamá! ¡Mamá! —lloró Burt.

—Ya regresará mamá, Burt. Papá vendrá por nosotros en cuanto pueda.

Addie suspiró. Le parecía que aún faltaba mucho, mucho tiempo para que sus padres regresaran. Pero ya había pasado la noche. Lo peor había quedado atrás.

Lavó los platos del desayuno, barrió, le leyó a Burt un cuento del libro de Anna y salió con su hermano a buscar marmotas de las praderas.

Mientras Burt dormía la siesta de la tarde, Addie siguió trabajando en sus labores. De pronto escuchó los mugidos suaves de las vacas. ¿Qué les ocurriría a Bess y a Missy? Una ráfaga de viento penetró en la casa y el cobertor de lona empezó a dar golpes contra la pared. Addie se asomó. El cielo estaba demasiado oscuro para la hora que era. ¿Habría perdido tal vez la noción del tiempo? ¿Sería más tarde de lo que pensaba?

Afuera de la casa, el viento arrastraba el polvo mientras las vacas seguían mugiendo, asustadas. Addie corrió a ver si la ropa que había dejado tendida desde ayer se había ido volando. Recogió la ropa de cama y la de Burt. Apartando de su rostro las ondeantes sábanas, observó algo muy extraño en los cielos del suroeste. A lo lejos, el horizonte estaba teñido de tonos anaranjados y amarillos, como una puesta de sol.

Pero Addie sabía muy bien por dónde se ponía el sol. Había observado el horizonte del oeste todos los días desde que salieron de Iowa. Ese resplandor no lo causaba el sol.

Enrolló la ropa, la arrojó dentro de la casa y subió por la escalera hasta el techo para poder ver mejor. Mientras iba subiendo, el viento se hacía cada vez más fuerte. Gateó por el techo, protegiéndose los ojos del polvo y de las agudas briznas de paja quebradiza que volaban por los aires. Una familia de coyotes atravesó corriendo el campo arado del señor Fency, sin siquiera acercarse a los pollos de Anna, que cloqueaban frenéticamente cerca del cobertizo. Addie se frotó los ojos con el delantal y se dio cuenta de que su cara estaba cubierta de partículas negras. ¡Había cenizas volando por los aires! El brillante resplandor que veía era un incendio de la pradera, que avanzaba directamente hacia la granja de los Fency.

Las palmas de las manos se le cubrieron de un sudor frío. Tenía que hallar el modo de salvarse a sí misma y a Burt. Tenía que hallar el modo de salvar la finca. Bajó del techo y entró corriendo a la casa para despertar a su hermano.

—¡Burt! ¡Despiértate! —gritó—. ¡Tenemos que salir de aquí!

Burt abrió los ojos y comenzó a lloriquear. Se dio cuenta de que algo terrible ocurría, al ver que su hermana recogía los libros de Anna y los metía de vuelta en el baúl. Empujó el baúl con todas sus fuerzas hasta el lado opuesto de la habitación y abrió la puerta del sótano.

Arrojó el baúl dentro del sótano de un gran empujón. Apenas cabía. Ni ella ni Burt cabrían allí. Cerró la puerta de un golpe.

—¿Dónde nos escondemos? ¿Qué hacemos? —exclamó, y salió corriendo de la casa. El viento comenzaba a abatir el patio, recogiendo hierbas y hojas secas y elevándolas hacia el cielo en pequeñas espirales. Addie recordó lo que le había dicho papá del fortísimo viento que impulsa los incendios de las praderas. ¿Los salvaría el cortafuegos de los Fency? Las vacas mugían, presas del terror. Addie soltó a Bess y a Missy para que escaparan del fuego. Tenían los ojos enloquecidos y tiraban de las cuerdas.

—¡Corran lo más rápido que puedan! —gritó Addie golpeando a las vacas en las ancas.

¿Deberían correr también ellos? ¿Pero hasta dónde llegarían descalzos?

Addie corrió de vuelta a la casa y se puso sus botas negras con punta de cobre. Le puso los zapatos a Burt a toda velocidad. Llevándolo de la mano, salió corriendo nuevamente. Habían dejado ya atrás el cortafuego, huyendo del incendio tan rápido como podían, cuando Addie se dio cuenta de que Ruby Lillian se le había quedado en la mesa. Tomó a Burt en sus brazos y regresó corriendo. La oscuridad y la tranquilidad de la casa hacían que el fuego pareciera estar más lejos. Quería quedarse allí, pero sabía que no podía hacerlo. Desde la puerta podía ver que las llamas que se acercaban alcanzaban una altura de tres casas apiladas. El viento era tan fuerte que el cortafuegos jamás funcionaría. Addie sabía que no había tiempo para encender un contrafuegos, aun si supiera cómo hacerlo.

"Un incendio no puede avanzar hacia donde no haya nada que quemar". Addie repitió frenéticamente las palabras de papá tratando de decidir qué hacer. Se puso en cuclillas y le indicó con un gesto a su hermano que se acercara.

—Móntate en mi espalda, Burt.

El niño gemía entre lágrimas, pero le hizo caso.

Addie salió corriendo con Burt montado en la espalda y Ruby Lillian en el bolsillo. El paredón de fuego estaba tan cerca que Addie podía ver manojos de hierba estallando en llamas. Con cada explosión, más y más oleadas de humo negro cubrían el cielo. El estruendo era ensordecedor, como los redobles de los truenos de una terrible tormenta de verano.

—Prometí cuidar de la granja y asegurarme de que todo estuviera bien —le dijo a Burt, dejándolo cerca del pozo—. No puedo dejar que se queme la casa de los Fency.

Bajó la cubeta una y otra vez al fondo del pozo, empapando de agua las paredes de la casa lo más que pudo. Pero mientras arrojaba agua con desesperación, cada vez iban cayendo más trozos de paja en llamas sobre el techo. Parecía imposible salvar la casa. Addie alejó la escalera de la casa y la dejó caer al suelo cuando estaba a punto de quemarse también. Jamás podría impedir por sí sola que se quemara la casa.

Addie estaba agotada, pero seguía sacando cubeta tras cubeta del pozo lo mejor que podía. Ya no se le ocurría nada. Sus brazos seguían trabajando como si no tuviera control sobre ellos. Cuando sacaba una cubeta más, vio su reflejo en el agua, iluminado por el resplandor del fuego. A ella y a Burt les quedaban pocos minutos antes de ser rodeados por las llamas. ¿Dónde encontraría un lugar en el cual esconderse de esas horrendas explosiones que todo lo devoraban?

"Donde no haya nada que quemar", susurró Addie.

De pronto comprendió lo que debía hacer. Arrastró la escalera hasta el pozo, como lo había hecho para salvar a su muñeca Eleanor*. Puso la escalera dentro del pozo.

* Eleanor era una muñeca que Addie había hecho y que su hermano George arruinó cuando la arrojó dentro del pozo.

Burt lloraba, histérico, acurrucado en el suelo y cubriéndose las orejas con las manos para no escuchar el horrible estruendo.

—Vamos, Burt, tenemos que apurarnos. ¡Móntate en mi espalda! —gritó Addie.

—¡No, NO! —gimió Burt.

—¡Tienes que hacerlo! —le ordenó Addie, y se arrodilló junto a su hermano. Él, reacio, se agarró de los hombros de Addie, llorando más que nunca.

De rodillas en el suelo, Addie tanteó el primer peldaño de la escalera con el pie. Poco a poco, comenzó a bajar, manteniendo el equilibrio con mucha dificultad. Peldaño por peldaño, fue descendiendo por el pozo. Ahora estaban por debajo del nivel del suelo, sumidos en una oscuridad total. Al llegar al último peldaño, sintió el agua fría en las rodillas.

—No te sueltes, Burt. No te sueltes —le dijo a su hermano, que tenía el rostro pegado a la nuca de Addie, haciendo que el collar se le clavara en la piel.

El terrible estruendo del incendio creció aún más. Addie quería cubrirse los oídos, pero no podía soltarse. Tenía que agarrarse firmemente a la escalera. En cualquier momento el fuego les caería encima. ¿Qué ocurriría entonces? ¿Se derretirían? No se movió, ni siquiera cuando algunas piedras y un puñado de tierra se desprendieron de la pared y cayeron al agua. ¿Se derrumbaría el pozo?

El ruido era ensordecedor. Los trozos de hierba en llamas chisporroteaban al caer en el agua del pozo, muy cerca de los niños. Las cenizas hacían que a Addie le ardieran los ojos. ¿Cuánto faltaría? ¿Cuánto faltaría para que llegara el fuego? Addie miró hacia arriba en el momento en que las llamas pasaron rugiendo por encima de la boca del pozo.

Addie contuvo la respiración y cerró los ojos. Por un breve y horrible instante tuvo la certeza de que su cabello estallaría en llamas. Un fulgor blanco y caliente irrumpió por encima de ellos con un bramido diez veces peor que el de la locomotora más estrepitosa que jamás hubiera oído. Pero, tan rápidamente como llegaron, las llamas desaparecieron.

Una ráfaga de viento metió más cenizas y humo dentro del pozo, y los niños comenzaron a toser. En el borde del pozo, donde el señor Fency había puesto ladrillos de barro, Addie veía el chisporroteo de algunas llamas pequeñas que se apagaban al consumir los últimos trozos de hierba seca.

—Burt, ¿estás bien? —preguntó con un ronco susurro.

—¡Mamá! ¡Mamá! —el eco de la voz de su hermanito resonó en el pozo. Burt se aferró con más fuerza a Addie.

Las piernas de Addie temblaban en el agua helada. Un fortísimo dolor la invadió de arriba a abajo cuando su hermano le hundió las rodillas en la espalda. Pero a pesar de todo, no se movió. Se sentía como si estuviera congelada, aferrándose a la escalera como si fuera la vida misma. Pasó cerca de media hora. No se oía ya el rugido, ni siquiera de lejos. Un silencio sombrío saturaba el aire.

Addie susurró nuevamente: —Burt, ¿estás bien? Ahora vamos a subir. No toques las paredes. No toques nada. Sólo agárrate muy bien de mí.

Addie trepó un peldaño. Luego otro. Se detuvo cuando algunas piedras cayeron y salpicaron agua. Burt lloriqueaba y tosía. El borde del pozo parecía estar fuera del alcance de Addie. La niña estaba exhausta. Con cada minuto que pasaba Burt parecía hacerse más pesado. Si al menos papá llegara ahora para sacarlos. Si pudiera venir a salvarlos.

—¡Addie! —exclamó Burt, haciendo resonar el eco de su voz—. ¡Afuera! ¡Afuera!

—¡Cálmate, Burt! —dijo Addie, y una pequeña parte de la pared del pozo se desmoronó, arrojándoles tierra en el rostro y el pelo.

Papá no los iba a salvar. La única manera de salir era trepando por sí sola, con Burt en la espalda. Tendría que confiar en que lograría subir los nueve pies que le faltaban hasta el borde.

—Sujétate con fuerza, Burt. Falta poco —dijo, mientras su voz se quebraba. Sólo cuatro peldaños más.

De pronto, Addie oyó una voz familiar.

—¡Addie! ¡Addie! ¿Dónde estás? —llamaba alguien, desesperado.

No era papá. ¡Era George!

—¡Estamos en el pozo! —gritó Addie. Otro montón de tierra cayó al agua.

Un rostro se asomó, buscándola.

—Agárrate de mi mano —dijo George, cubriendo el borde carbonizado del pozo con su abrigo, recostándose sobre el estómago y extendiéndoles los brazos—. Ahora con cuidado. Sin prisa.

La escalera se tambaleó cuando Addie llegó al peldaño más alto. Se lanzó en un esfuerzo desesperado por alcanzar las manos de George. En el momento en que su pie se apartó del último peldaño, la pared comenzó a derrumbarse. Un montón de piedras y tierra se desprendió y fue a estrellarse contra el agua. Addie se lanzó hacia adelante, agarrándose del borde del pozo con las manos y trepando hasta terreno seguro. Burt se dejó caer de su espalda, sano y salvo.

Addie abrazó a George, y Burt brincaba de alegría. Addie no podía creer lo contenta que estaba de ver a George. Su hermano se veía tan feliz como ella.

—Deberías verte, Addie —dijo George, sonriendo—. Tienes la cara negra como un zorrillo. Y la tuya también, Burt. A mamá le costará reconocerlos.

—¿Están bien mamá y papá? ¿Y los demás? ¿No los alcanzó el fuego? —preguntó Addie con ansiedad.

—El fuego pasó al sur de donde estábamos, en dirección este, al otro lado del río. Veníamos de regreso cuando lo vimos acercarse. Viajamos lo más rápido que pudimos para venir aquí. Yo me adelanté a los demás para buscarlos. Me asustaste de veras, Addie. Cuando llegué a la casa, lo único que hallé fueron los restos quemados de tu gorra.

George sacó lo que quedaba de la gorra que Addie había usado para decorar a la señorita Primrose.

—Pensé que jamás volvería a verlos.

—No te podrás deshacer tan fácilmente de mí, George Sidney —dijo Addie, y se miró las botas sucias y mojadas, apenada—. Lamento lo que te dije antes. No es cierto que te odie.

George se sonrojó: —Tampoco es cierto que tú seas una bebé. Te lo dije por antipático. Debes ser la persona más valiente que he conocido. Creo que yo no habría sabido qué hacer si me hubiera sorprendido un incendio así.

—¿De veras crees que soy valiente? —preguntó Addie,
sintiéndose de pronto muy bien, a pesar de la ropa mojada
y del dolor de espalda—. Pero, ¿sabes qué, George? Tuve
miedo allí abajo.

Dudó un instante y añadió: —Y también tuve miedo
cuando vinieron los indios.

—Puede que hayas tenido miedo, pero te comportaste con valentía. Creo que de eso se trata ser valiente.

Addie se quedó callada un instante, y luego dijo: —Quizás el collar indio me ayudó. Papá dijo que era especial. Te dejaré usarlo un día, si quieres.

George estaba contento: —Eso me gustaría, Addie. Me gustaría mucho.

Los niños caminaron por encima de los restos humeantes y ennegrecidos de lo que una vez fue el jardín de Anna. El incendio se había alejado hacia el este, convirtiéndose en un resplandor constante en la distancia. La casa de los Fency estaba totalmente chamuscada, pero aún en pie. Toda la pradera seguía humeando. El suelo estaba cubierto por negros manchones de hierba quemada y frágil, y el olor acre y amargo del humo saturaba el aire. Mientras caminaban, el suelo quemado crujía al pisarlo.

Addie miró en todas direcciones y vio lo horrible que había sido la tormenta de fuego. Irguiendo los hombros sintió de pronto un gran orgullo. De no haber actuado con la rapidez con que lo hizo, ella y Burt habrían muerto. Descender al pozo había sido una idea magnífica. Había sido muy valiente, como lo dijo George. Había salvado a su hermano y se había salvado a sí misma. Qué hazaña, ¿no? También había sobrevivido una visita de los indios cuando estaba sola. Dakota ya no parecía un sitio tan aterrador. Tal vez Eleanor se había equivocado. Después de todo, quizás ella sí era una valerosa y audaz pionera.

Conozcamos a la autora
Laurie Lawlor

Addie, el personaje de "Addie está a cargo", se basa en una persona que existió en realidad. Fue la tía abuela de Laurie Lawlor. Cuando tenía nueve años, su familia de verdad viajó desde Iowa hasta el territorio de Dakota para establecerse en tierras otorgadas por el gobierno.

Laurie Lawlor halló una especie de diario que su tía abuela escribió acerca de su vida como pionera. Juntó esa información con la de diarios y entrevistas de otros pobladores de la época. "Cuando llegó la hora de escribir, la realidad y la ficción comenzaron a confundirse", dice la autora. "El resultado fue una niñita fascinante a quien le puse de nombre Addie".

Un aspecto de la ficción histórica que le gusta a Laurie Lawlor es que gracias a ella el lector puede viajar por el tiempo. Puede comparar la vida en la época moderna con la vida de Addie y su familia.

Coméntalo

Imagina que eres Addie y alguien te pregunta: "¿Qué aprendiste acerca de la valentía el día que estuviste a cargo de todo?" ¿Qué le dirías?

Comprensión de lectura

1. Antes de ver el incendio, ¿qué señales le advierten a Addie que algo anda mal?

2. Addie intenta recordar todo lo que ha oído sobre los incendios de la pradera. ¿De qué manera la ayuda eso a sobrevivir?

3. Imagina que eres Addie. ¿Qué sonidos oyes cuando estás en el fondo del pozo? ¿Qué sientes?

4. Piensa en el **personaje** de Addie. ¿Qué acciones lleva a cabo para salvar la finca de los Fency y luego para salvarse a sí misma y a Burt?

5. Conocemos a un **personaje** al leer cómo los demás personajes del cuento lo tratan y qué le dicen. ¿Cómo tratan a Addie sus padres? ¿Qué parece pensar Burt de Addie? ¿Qué piensa George de Addie? Da ejemplos.

La vida en la frontera

Por tu cuenta o con algunos compañeros, averigua más acerca del tipo de vida que podría haber llevado Addie como pionera. Usa una enciclopedia o busca información en la Internet.

Los amigos

por María Elena Walsh

La vida canta, el tiempo vuela,
la dicha florece temprano.
Vamos al circo y a la escuela.
Mis amigos me dan la mano.

Seré su espejo verdadero,
su sombra fresquita, su hermano.
Yo los ayudo, yo los quiero.
Mis amigos me dan la mano.

Juguemos al amor profundo.
La voz leal, el ojo sano.
Vamos a visitar el mundo.
Mis amigos me dan la mano.

Vamos a todo lo que existe
—ronda de hoy, juego lejano—
sin quedar solo ni estar triste.
Mis amigos me dan la mano.

Mami

por Gustavo Gatti

Hueles a leche derramada.
Hueles a miel de abeja.
Hueles a pan, a menta
y a frágil madrugada.

Suéter

por Alberto Forcada

Abuela,
tengo frío;
téjeme a mí también
unas arrugas.

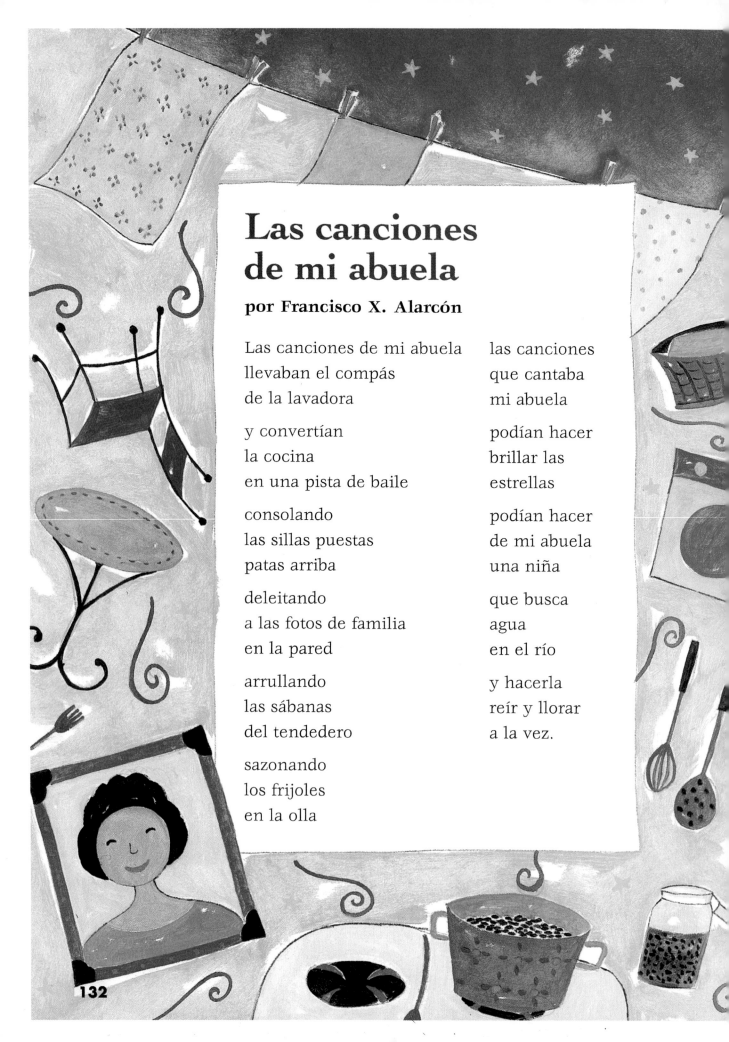

Las canciones de mi abuela

por Francisco X. Alarcón

Las canciones de mi abuela
llevaban el compás
de la lavadora

y convertían
la cocina
en una pista de baile

consolando
las sillas puestas
patas arriba

deleitando
a las fotos de familia
en la pared

arrullando
las sábanas
del tendedero

sazonando
los frijoles
en la olla

las canciones
que cantaba
mi abuela

podían hacer
brillar las
estrellas

podían hacer
de mi abuela
una niña

que busca
agua
en el río

y hacerla
reír y llorar
a la vez.

Amigo

por Mabel Morvillo

Amigo.
Qué palabra tan alta,
tan gaviota,
tan aire,
tan simpleza de pan.

Tanta tibieza,
amigo,
en tu mano tendida
grávida de promesas,
abierta como el mar.

Y tus ojos,
donde veo mis ojos,
mirándome el asombro
de mi propio mirar.

Amigo,
qué secreto milagro
cuando decimos "nuestro";
y es nuestro todo el tiempo
para aprender a dar.

El sol sale para todos.

UNA VISIÓN MÁS AMPLIA

¿Qué función cumplen las plantas y los animales en el mundo que nos rodea?

Visualizar

- **Visualizar** es crearse una imagen mental al leer.

- Busca detalles que te indiquen cómo se ven, huelen, suenan, saben y se sienten las cosas cuando las tocas.

- Piensa en lo que ya sabes sobre personajes y lugares parecidos a los que se describen en el texto.

- Si no puedes crearte una imagen, vuelve a leer, o lee más despacio para buscar detalles que te ayuden a "ver" la imagen con más claridad.

Lee el fragmento de "La fábrica de nubes", por Jordi Sierra i Fabra.

En tus palabras

1. ¿Qué ilustraciones harías para ayudar a los lectores a visualizar la escena?

2. ¿Qué detalles te ayudarían a saber qué dibujar?

La fábrica de nubes

por Jordi Sierra i Fabra

La fábrica de nubes se hallaba a las afueras de la ciudad, por el sur, para aprovechar el viento que siempre soplaba en dirección norte y así repartir las nubes sin costos adicionales. El viento incluso colaboraba muy gustoso.

(Al viento, entre tú y yo, le enloquecía jugar con las nubes, empujarlas, sacudirlas, moverlas de un sitio a otro. ¡Mmmmm..., el viento sí estaba como una regadera!)

¿Cómo era la fábrica? Pues... como son todas las fábricas, aunque en honor a la verdad hay que decir que ésta era mucho más alegre. Sus diferentes alas estaban pintadas de colores. Desde el cielo parecía un arco iris moldeado en tierra. El almacén de agua era un depósito enorme. Los sistemas térmicos formaban un entramado que lo rodeaba y lo conectaba con la maquinaria principal, la gran turbina que convertía el agua en vapor. Finalmente, el vapor pasaba por las secciones de moldeado,

comprobación de calidad, homologación y lo más importante: el pintado final. Después, las nubes salían por la inmensa chimenea de la fábrica, que las impulsaba hacia el cielo, donde iniciaban su camino hasta el punto de destino.

¿Por qué era tan importante el pintado de las nubes? Pues por lo más elemental: era algo así como su tarjeta de identidad, lo que daba a cada nube una razón de ser.

¿Alguien saca un paraguas si ve nubes blancas? ¿Quién no recoge la ropa recién tendida si ve nubes negras?

De esta forma cada nube tenía el aspecto que debía tener, y no había equívocos. La pintura externa era su vestido, su uniforme. El que va de bombero no se pone a arbitrar un partido de fútbol, y el que va de astronauta no trabaja de acomodador. Las nubes negras y cargadas de lluvia estaban para mojar. Las algodonosas y blancas, para distraer y adornar el cielo. Las estratificadas, para paliar los efectos del sol. Los cirros, para que los anocheceres fueran hermosísimos.

Tristes estrellas de tiza

En el siguiente cuento, los habitantes de una ciudad se unen para resolver un problema. Lee y busca detalles para visualizar la ciudad, los personajes y los sucesos del cuento.

Palabras nuevas

boquete   empapaba   riguroso
floridos   encapotaba
molinillos ensordecedor

Las palabras que tienen significados similares se llaman **sinónimos.** Con frecuencia puedes averiguar el significado de una palabra desconocida buscando claves en las palabras cercanas. A veces la clave es un sinónimo.

Lee el siguiente párrafo. Mira cómo *agujero* te ayuda a averiguar el significado de *boquete*.

El jardín de molinillos

El cielo se encapotaba de nubes grises cuando estalló un trueno ensordecedor. La lluvia me empapaba. Corrí hasta una casa amurallada que se levantaba entre campos floridos. Noté que el muro tenía un boquete y supuse que no había un control muy riguroso para entrar. Me deslicé por ese agujero y me sorprendí al ver cientos de molinillos de papel que giraban entre violetas y amapolas.

Escribe

¿Qué crees que ocurrirá en el jardín de los molinillos? Escribe un final para el cuento usando palabras del vocabulario.

Tristes estrellas de tiza

por Fernando Alonso

ilustrado por Kazushige Nitta

Había una vez una ciudad que tenía grandes edificios, parques anchurosos y largas avenidas. Pero sus edificios no eran hermosos; sus avenidas no eran alegres; ni sus parques, floridos. Todo tenía el color sucio y monótono de la gran nube gris que encapotaba el cielo.

Aquella nube se había formado, hacía muchos años, con el humo de los coches, de las motocicletas y los autobuses; con el humo de las calefacciones y de las fábricas; con la colaboración de todos los ciudadanos que no habían movido un dedo para impedirlo.

La nube creció hasta cubrir por completo el cielo de la ciudad. Recorría las calles, se pegaba a la fachada de los edificios y empapaba hasta las raíces de los arbustos, los árboles y las flores.

Por eso, los grandes edificios y avenidas estaban sucios y los colores apagados de las flores languidecían en parques y macetas.

Por eso, los hombres, las mujeres y los niños tenían los ojos tristes y sus miradas reproducían el color de la nube gris que lo envolvía todo.

Los hombres y las mujeres acudían a su trabajo con gesto sombrío, porque ya habían olvidado cómo era el cielo limpio y claro.

Los niños tenían la piel cenicienta, como los muros de su escuela; porque nunca habían sabido lo que era el sol; porque sólo conocían los arco iris sucios que formaban en el suelo las manchas de aceite y gasolina de los coches.

Y todos los habitantes de la ciudad tenían el aire apagado y gris de aquella terrible nube que inundaba edificios y parques, calles y jardines, que se pegaba a sus rostros cubriendo la sonrisa.

Cierto día, el maestro comenzó a hablar a los niños:

—Lección tercera: Las estrellas. Las estrellas son enormes cuerpos brillantes que visten la noche muy por encima de la nube gris...

Les habló de parpadeos luminosos en el cielo; pero sus palabras no tenían luz suficiente para describirlas.

Llenó la noche oscura de la pizarra con dibujos de estrellas y cometas, planetas y satélites, constelaciones y galaxias.

Pero el tono apagado de las tizas apenas podía aproximarse a la forma y perdía por completo el color y la grandiosidad de las estrellas.

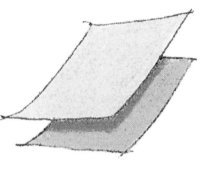

Los ojos del maestro brillaban tras los cristales de su gafas, porque casi no recordaba ya cómo eran las estrellas, porque los niños no podían comprender lo que quería explicar.

Entonces les pidió que trajeran papeles de colores, palitos y alfileres.

Los niños llevaron a la escuela papeles rojos, amarillos y verdes; papeles de plata y de oro, brillantes y luminosos.

Y el maestro les enseñó a hacer molinillos de papel: plegaron y cortaron por donde les indicaba. Y cuando los clavaron con un alfiler a los palitos, los molinillos de papel se echaron a girar y los niños rieron muy contentos.

El maestro les explicó que las estrellas eran como molinillos brillantes que vestían de luz las noches claras cuando no existía la nube gris que cubría el cielo.

Los ojos de los niños se llenaron de tristeza al pensar en aquellas noches maravillosas que nunca habían conocido.

A la salida de la escuela, volvieron a reír y a cantar.

Los parques y las calles de la ciudad se llenaron de molinillos de papel y cuando todos los niños de la ciudad aprendieron a hacer molinillos los colocaron en ventanas, terrazas y azoteas.

Por la noche, los edificios de la ciudad formaban una enorme constelación de estrellas de papel que giraban y giraban al soplo del viento.

Una noche, cuando la ciudad dormía y los molinillos de papel giraban en terrazas y balcones, sopló un viento tan fuerte que inclinó los molinillos.

El viento salió proyectado hacia arriba y los chorros de aire de todos los molinillos de papel se juntaron en un punto de la nube que cubría el cielo, con tanta fuerza, que abrieron un inmenso boquete.

A través de aquel boquete, la luna y las estrellas se asomaron a la ciudad.

Cuando un vigilante nocturno vio la luna y las estrellas, hizo sonar con fuerza su silbato.

Poco después, sonaban a un tiempo los silbatos de todos los vigilantes, las bocinas de la policía y de las ambulancias, las sirenas de las fábricas y las campanas de los bomberos.

Con aquel ruido ensordecedor se encendieron todas las ventanas y los habitantes de la ciudad contemplaron asombrados el maravilloso espectáculo del cielo estrellado.

El maestro, con una pijama de rayas blancas y rojas, gritaba por las calles:

—¡Mirad, niños! ¡Las estrellas! ¿Comprendéis ahora la lección tercera?

Y los niños reían y aplaudían al ver las estrellas, porque recordaban aquellas tristes estrellas de tiza que el maestro había pintado en la pizarra.

Al día siguiente, la ciudad era una verdadera fiesta.

Los comercios, las fábricas y las escuelas cerraron sus puertas y los ciudadanos llenaron las calles y los parques para admirar la maravilla de sol que se veía a través del boquete de la nube gris.

Pero, cuando el viento dejó de soplar, los molinillos dejaron de girar; la nube dejó de recibir aquel potente chorro de aire y poco a poco se fue cerrando el boquete.

Entonces, la nube volvió a cubrir por completo el cielo de la ciudad.

Los hombres y las mujeres volvieron a su trabajo y los niños a sus escuelas.

Los ojos de los niños brillaban de pena al mirar sus estrellas de papel, porque se sentían ahogados por la nube gris.

Los hombres y las mujeres estaban vestidos de esperanza, porque los niños de la ciudad, unidos en un mismo juego, habían conseguido abrir un boquete en la nube.

Y esto les animaba a pensar que, si trabajaban unidos, podrían acabar para siempre con aquella nube.

Establecieron en la ciudad un control riguroso para eliminar los humos de las fábricas, de las calefacciones y de los coches.

Y, al cabo de algún tiempo, ya no hizo falta que soplara el viento para que los molinillos de papel les permitieran ver las estrellas. Porque sus días se volvieron brillantes y la luna y las estrellas cuajaban su cielo por la noche.

A partir de aquel momento, los edificios lucieron con todo su esplendor; las avenidas estallaron de alegría; en los parques hubo una explosión de flores, y en la mirada de los habitantes de la ciudad se reflejaba todo el color y la alegría que habían conseguido trabajando unidos.

Conozcamos al autor

Fernando Alonso

Fernando Alonso nació en 1941 en la ciudad de Burgos, España. Además de ser un reconocido escritor de cuentos infantiles, Fernando Alonso es un experto en programación infantil y juvenil para radio y televisión. La calidad de su trabajo en esta profesión lo ha hecho merecedor de varios premios nacionales.

Gracias a su amplia experiencia, es considerado una autoridad en literatura infantil; con frecuencia participa activamente en congresos, simposios y conferencias. Sus libros han sido premiados y reconocidos internacionalmente, y muchos han sido traducidos a muchos idiomas, como el francés, el italiano y el húngaro.

eacción
el lector

¿Es fácil evitar que se formen nubes de contaminación sobre una ciudad? Explica tu respuesta.

Comprensión de lectura

1. ¿Qué le sucede a la ciudad del cuento desde que la nube gris cubre el cielo?

2. Después de leer acerca de la nube que hay sobre la ciudad del cuento, ¿preferirías vivir ahí o en el campo? ¿Por qué?

3. Los adultos de la ciudad ven lo que los niños logran con sus molinillos de papel y aprenden una lección. ¿Cuál es esa lección?

4. **Visualiza** el vecindario donde vives, pero con el aspecto que tendría si una nube gris cubriera siempre el cielo. Descríbelo.

5. Al maestro se le hace difícil explicar a los niños cómo son las estrellas. **Visualiza** las estrellas del cuento y explica con tus propias palabras cómo se las describirías tú a los niños.

Haz una lista

Trabajando en grupos, describan y anoten en una hoja de papel cinco cosas que pueden hacer para evitar o disminuir la contaminación en su pueblo o ciudad.

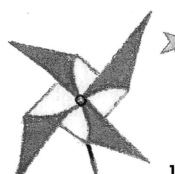

Causa y efecto

- Una **causa** es la razón por la cual algo sucede. Un **efecto** es lo que sucede.

- A veces hay palabras clave, como *porque, entonces, cuando* o *como*, que te ayudan a averiguar lo que ocurrió y por qué ocurrió. En otras ocasiones, no hay palabras clave.

Lee **"El árbol que sobrevivió al invierno"**, por Mary Fahy.

Escribe

1. Haz una tabla de dos columnas. Escribe *Causa* como encabezado de la primera columna y *Efecto* como encabezado de la segunda. Bajo el encabezado correspondiente, escribe tres causas que se mencionen en el cuento y los efectos que producen.

2. ¿Usaste palabras clave para averiguar lo que ocurrió y por qué ocurrió? Si lo hiciste, anota esas palabras.

El árbol que sobrevivió al invierno

por Mary Fahy

Una mañana el árbol despertó más temprano que de costumbre y estiró los brazos hacia el horizonte, como si invitara a los primeros rayos del amanecer a su mundo. Tembló de alegría y sacudió sus raíces en la tierra lodosa que abandonaba apenas su helada dureza.

Sintió que algo era diferente. Sus raíces parecían extenderse más profunda y firmemente en la tierra. Sus ramas parecían abarcar más del mundo, no con los tímidos gestos de un árbol joven que teme enredarse con el viento, sino más bien con la libertad de saber que el viento no podría derribarlo.

—¡Sobreviví al invierno! —se maravilló en voz alta.

—¡Qué maravilloso! —susurró el amanecer, que tenía facilidad para apreciar nuevos milagros, aunque se repitieran con frecuencia. Giró alrededor del joven árbol, en un ritual de bendición, envolviéndolo suavemente, haciéndolo sentir muy especial.

—Qué distinto se siente esto —murmuró el árbol, pues unas pocas semanas antes la tierra, que se derretía bajo sus raíces, le había provocado estremecimientos de pánico que llegaron a cada una de sus ramas. Se asustó mucho entonces, sintió que podría perderse a sí mismo y hundirse en una honda oscuridad.

"Qué tonto parece todo eso ahora", pensó, pero los sentimientos habían sido reales y no podía negarlos. No eran diferentes a la desesperación que experimentara antes, cuando lo retiraron de su vivero seguro y confortable para trasplantarlo a esta loma solitaria. Recordó vivamente el temor que sintió, tan aislado de todo cuanto le era familiar y valioso, tan atrapado en su temor, sin saber quién era ni qué sería de él.

Pero, mezclada con el temor, también estuvo presente esa innegable sensación redentora de que lo habían elegido entre otros, de que lo habían trasplantado con amor y convicción a este sitio.

Pero ahora —¡ahora!— se sentía realizado al comprender que su vida interior estaba en armonía con el mundo externo. Relajó las endurecidas fibras de su ser que, involuntariamente, mantuvo rígidas a lo largo de los meses fríos y grises.

—¡Sobreviví al invierno! —exclamó.

OJO A LO QUE VIENE

La protección del bosque

Lee acerca de los bosques y las relaciones de causa y efecto que se dan dentro de un ecosistema.

Vocabulario

Palabras nuevas

diversidad   emisión

factores   germinarán

nutrientes   obtienen

Al leer, quizás encuentres palabras que no conoces. Para averiguar su significado, busca claves en las oraciones cercanas. Tal vez encuentres claves en detalles específicos o ejemplos cerca de la palabra desconocida.

Mira cómo se usa *emisión* en el siguiente párrafo. Busca detalles específicos o ejemplos en el párrafo. ¿Qué crees que significa *emisión*?

El cuidado de los jardines

Al sembrar un jardín hay que pensar en los distintos factores que contribuyen al crecimiento de las plantas. Las semillas germinarán gracias al sol, el agua y los nutrientes que obtienen del suelo. La diversidad de plantas que crecerán bien en un jardín depende de las características del clima. También hay que proteger los jardines de elementos nocivos, como la emisión de gases tóxicos de carros y fábricas y la contaminación de las aguas.

En tus palabras

¿Cuál sería tu plan para cuidar un jardín? Coméntalo con un compañero. Usa palabras del vocabulario.

La protección del bosque

por **Rosa Costa-Pau**
ilustrado por **Tom Leonard**

Un ecosistema: El bosque

La estructura más importante del bosque
es el árbol. El árbol proporciona alimento
y cobijo a muchos animales del bosque:
insectos, pequeños mamíferos, aves. Cada
árbol del bosque puede ser considerado
como un ecosistema.

Biotopo y ecosistema

La diversidad de seres vivos que
puebla la Tierra es muy grande:
árboles y arbustos, insectos,
mamíferos, aves… Todos nacen, se
desarrollan, se reproducen y mueren.

El desarrollo de un ser vivo, sea
animal o vegetal, depende no sólo de
los procesos que se llevan a cabo en
el interior de su cuerpo, sino
también de las características
propias del lugar donde vive.

Factores como el suelo, el aire,
el agua, la temperatura, etc.,
constituyen las características de
una zona o región determinada
y forman lo que se denomina
un **biotopo.**

Pero los organismos se
desarrollan y crecen con otros
seres vivos; decimos que forman
una biocenosis.

El conjunto formado por el
biotopo y la biocenosis recibe el
nombre de **ecosistema.**

Un lago, el tronco de un árbol,
un campo de cultivo, un riachuelo
o el bosque son ejemplos de
ecosistemas.

*La vida del bosque está relacionada con los
ecosistemas vecinos a través de las corrientes
de aire, del agua del suelo y de los animales.*

Las relaciones entre los ecosistemas

A pesar de que el ecosistema es un conjunto bien organizado, tiende a relacionarse con otros ecosistemas.

Así por ejemplo, el abono usado en un campo de cultivo puede ser arrastrado por el agua de lluvia y contaminar el agua de un riachuelo cercano.

Algunos insectos que pasan parte de su vida sobre la superficie del agua emprenden el vuelo cuando son adultos, y se trasladan a un bosque o a un campo de cultivo en busca de alimento.

Algunas aves que obtienen su alimento en los campos de cultivo tienen sus nidos en un bosque.

No obstante, cada ecosistema tiene unas características determinadas.

El ecosistema bosque

Todos los seres vivos del bosque disponen de los recursos necesarios para aprovechar las condiciones del ecosistema. Así por ejemplo, la forma y el tamaño de las hojas y la profundidad de las raíces en el suelo aseguran a los árboles reservas suficientes de humedad y agua todo el año.

De la misma forma, el grosor de la piel, el pelo que cubre el cuerpo de algunos animales y las plumas de las aves son formas de conservación del calor y de protección frente a las bajas temperaturas invernales, en un bosque que se encuentre situado en una zona fría de la Tierra.

El bosque es un ejemplo claro de que los organismos están adaptados para vivir en ecosistemas determinados.

Las aves pueden tomar alimento de diferentes ecosistemas.

Muchos animales se alimentan tomando distintos tipos de alimento y aseguran su supervivencia cuando las condiciones no son favorables.

157

Perturbaciones en el ecosistema

¿Qué es una perturbación?

Se llama **perturbaciones** a las acciones ejercidas sobre un ecosistema que alteran su funcionamiento.

El fuego, la tala de árboles, un verano muy seco y caluroso, la entrada de ganado en un bosque, una plaga y una tormenta son perturbaciones. Éstas pueden ser naturales, es decir, originadas por la misma naturaleza, o bien pueden ser producidas por el hombre.

Mecanismos de defensa del bosque

El bosque puede resistir cierto tipo de perturbaciones.

Por ejemplo, la corteza de la encina la protege de las altas temperaturas de un incendio; las raíces extensas del pino le permiten soportar grandes sequías.

La capacidad de algunas plantas de producir brotes nuevos o la germinación de semillas después de un incendio son otras formas de resistencia del bosque.

Los efectos sobre el bosque

Sin embargo, las consecuencias de un incendio, de una plaga o de una tala de árboles en un bosque dependen de los efectos producidos sobre los elementos del ecosistema: es decir, sobre los animales, sobre los vegetales o sobre el suelo.

Si las plantas han quedado prácticamente destruidas, pueden suceder dos cosas: se formarán nuevas plantas a partir de los brotes o semillas que han quedado en el suelo o germinarán semillas de plantas de otro ecosistema.

Dos árboles bien adaptados al medio. La corteza del tronco de la encina hace que ésta sea muy resistente a los incendios. Las hojas en forma de aguja hacen que el pino transpire poca agua y resista en climas secos; además, la longitud de sus raíces le permite captar mejor el agua del suelo.

Encina

Pino

Nace un nuevo bosque

En este último caso, aparecerá con el paso del tiempo un bosque distinto al bosque natural que ha sido destruido.

Éste es el origen de la abundancia de bosques de pinos, que han sustituido a antiguos bosques de encinas.

Si los vegetales no han sido destruidos totalmente, rebrotan los tallos o las raíces. Las plantas se han adaptado a las nuevas condiciones de luz, calor, humedad, etc.

El bosque es el resultado de un lento proceso en el que, a partir del suelo y la vida que se desarrolla en él, se forma una comunidad de nuevos organismos. Algunos bosques pueden originarse a partir de campos de cultivo que han sido abandonados.

La capacidad de un campo abandonado para generar un bosque depende principalmente de las propiedades del suelo.

Con el paso del tiempo, el bosque experimenta cambios en la variedad y en la cantidad de las especies que viven en él.

Si no hay ningún cambio brusco e importante en el medio ambiente, los primeros arbustos llegan a constituir el verdadero bosque.

El suelo del bosque

Reserva de agua y sales minerales

Al llegar el otoño, las hojas de los árboles cambian poco a poco de color, y finalmente se desprenden de las ramas y caen al suelo.

Entre la gran cantidad de hojas que en otoño cubren el suelo del bosque, es fácil observar también restos de comida, de excrementos, de plumas y de animales muertos, así como frutos secos y troncos y ramas de árboles.

Al verano siguiente, todo ello, gracias a la lluvia, al calor, a las bacterias y hongos, se habrá transformado en una esponjosa alfombra de color marrón oscuro: es el **humus.**

En el humus o el suelo del bosque se encuentran la reserva de agua y los minerales necesarios para la vida de los vegetales.

Un mundo lleno de vida

En el suelo existen organismos microscópicos, principalmente bacterias y hongos, de gran importancia para la vida del bosque, ya que descomponen la materia orgánica y la transforman en materia mineral. Estas sustancias disueltas en el agua que circula por el suelo son absorbidas por las raíces e incorporadas a las plantas.

La importancia del suelo del bosque reside también en su capacidad para retener el agua y el aire.

Cuando llueve, el agua es retenida y filtrada por el suelo evitando que se pierdan y arrastren los materiales de la superficie.

Por otra parte, las raíces, que mueren y se descomponen periódicamente, dan lugar a la existencia de canales subterráneos en los que se conserva siempre algo de aire.

Asimismo, la acción excavadora de los organismos que viven en el suelo, como lombrices, hormigas o topos, mantiene una red de minúsculos canales que permiten retener todo el aire necesario para la vida subterránea.

En el suelo residen organismos que son de gran importancia para la protección del humus y para mantener ciertas características del suelo que hacen posible la vida en él.

Una red contra la erosión

Las raíces forman una especie de red en el suelo del bosque en la que se retienen las partículas minerales y orgánicas, evitando la **erosión** y manteniendo en el suelo la capa de humus, esencial para la vida del ecosistema.

El humus, los minerales del suelo y el aire y el agua que circulan a través de él constituyen la base sobre la que se desarrolla la vida del bosque.

Se llama perfil del suelo a su disposición vertical. El perfil del suelo presenta generalmente capas de distinto color y de consistencia, aspecto y composición diferentes.

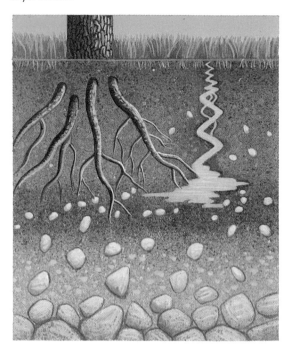

Según se agrupen las partículas minerales del suelo, éste será más o menos permeable y el aire y el agua circularán por él con más facilidad.

En el suelo, los animales y las plantas desarrollan gran actividad, gracias a la cual la materia orgánica está presente en el suelo.

La destrucción del suelo

La lluvia y el viento

La trama de la vida que existe en el suelo del bosque se ha formado a lo largo de siglos. Por eso, si el suelo del bosque es destruido han de pasar muchos años para que se reconstruya.

El agua de lluvia y el viento son los factores que más influencia tienen en el desplazamiento de los materiales que forman el suelo del bosque; ambos factores contribuyen a la erosión del suelo.

La erosión afecta a todos los bosques de la Tierra; cada año, las lluvias torrenciales o los vientos fuertes en la zonas secas arrastran hacia el mar toneladas de suelo fértil, que de esta manera se pierde definitivamente.

Cuando el humus —la capa superior del suelo del bosque— es arrastrado por una vertiente inclinada después de una lluvia muy intensa, el agua se escurre hacia el valle, llevando consigo grandes cantidades de tierra; los ríos reciben agua fangosa y, en caso de desbordarse, los daños pueden ser muy grandes.

La acción del hombre

Sin embargo, la mayor destrucción de suelo del bosque proviene, en la actualidad, de la actividad humana.

En zonas de bosque se construyen grandes urbanizaciones, polígonos industriales, pantanos y presas, vías de comunicación; extensas regiones forestales se transforman en campos de cultivo y zonas de pastoreo.

A ello hay que añadir además la gran cantidad de incendios que por diversos motivos son muy frecuentes actualmente.

La erosión arrastra el suelo

El resultado de todo ello es la desaparición de gran número de árboles, sin los cuales disminuye la capa forestal que aporta materia orgánica al suelo. Desprovisto de

El suelo del bosque se ha formado muy lentamente a través de complicados procesos que se manifiestan en una gran actividad. Pero, a menudo, esta actividad se ve interrumpida por la acción del hombre, que puede llegar a destruir el suelo.

vegetación, el suelo del bosque está sometido a la erosión producida por el viento y la lluvia. Éstos pueden arrastrar el suelo, impidiendo que los vegetales encuentren los nutrientes que necesitan para fructificar.

La desaparición de los vegetales obliga a los animales a buscar otros lugares para alimentarse y cobijarse; las crías de animales herbívoros, que aún no son capaces de valerse por sí mismas, morirán por falta de alimento.

La pérdida de vegetación en un bosque recibe el nombre de **deforestación.**

La deforestación puede afectar al suelo del bosque y a la vida que se desarrolla en él.

Si el suelo es destruido o arrastrado, se necesitan siglos para que pueda reconstruirse a partir de la roca madre, que es el estrato de minerales más profundo del suelo. En el suelo desprovisto de árboles, el agua de lluvia arrastra los materiales nutrientes que dan vida al suelo y a los árboles.

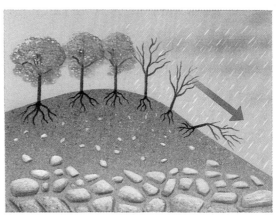

La tala y el posterior abandono de los bosques dejan al descubierto y sin protección la capa superficial del suelo.

La ocupación de zonas de bosque por tierras de cultivo puede alterar las características del suelo, a causa del uso de fertilizantes y abonos o de un exceso de agua.

Luz y agua para crecer

El agua y la luz son indispensables para la vida de las plantas.

Para alimentarse y crecer, las plantas captan la luz del sol a través de sus hojas, y absorben con sus raíces el agua y los minerales del suelo.

En el mundo de las plantas, los árboles tienen ventajas sobre las demás formas vegetales. Su copa elevada les permite recibir y utilizar la luz antes que otros vegetales de talla menor. Asimismo sus raíces, generalmente más extensas, les permiten abarcar más extensión de suelo y obtener mayor abastecimiento de agua y de nutrientes.

No obstante, ser árbol también tiene sus inconvenientes: los árboles altos son más vulnerables a los rayos, a los vientos fuertes y a las tormentas de nieve.

La presencia de un estrato arbóreo muy denso, como ocurre en un bosque de hayas, modifica considerablemente las condiciones ambientales en el interior del bosque: la cantidad de luz y de calor es muy inferior a la que hay en una zona abierta. El interior de un hayedo es oscuro, fresco, húmedo y el aire apenas circula en él.

Cuando el estrato arbóreo está formado por pinos, cuyas copas son poco densas, deja pasar un alto porcentaje de radiación solar. El pinar es un bosque claro, seco y luminoso, con altas temperaturas, especialmente en verano. Los pinos son árboles de hoja perenne, que resisten tanto el frío como el calor.

Los seres vivos en acción

Los organismos productores

Las plantas verdes deben su color a la **clorofila** y son los únicos seres vivos capaces de producir materia orgánica, es decir, alimento.

Las plantas verdes toman **dióxido de carbono** del aire atmosférico y agua del suelo. Gracias a la energía solar capturada y almacenada en los cloroplastos de las hojas, transforman el dióxido de carbono y el agua en moléculas orgánicas muy ricas en energía.

Desde las hojas la materia orgánica llega, a través de los vasos conductores, a todas las partes de la planta para ser utilizada como alimento.

Este proceso recibe el nombre de **fotosíntesis.**

Las plantas que producen los alimentos a partir de la fotosíntesis se llaman organismos **productores.**

Las primeras materias necesarias para la producción de alimento son el carbono, el oxígeno y el hidrógeno que se encuentran en el medio ambiente. Las plantas obtienen estas sustancias a partir del dióxido de carbono, que penetra en la planta a través de las hojas, y a partir del agua, que penetra en la planta a través de las raíces.

Los organismos consumidores

Los animales no poseen clorofila, no pueden sintetizar sus propios alimentos y necesitan tomarlos del mundo vegetal. Los animales son organismos **consumidores.**

Los consumidores que comen plantas se llaman **herbívoros.** Los consumidores que comen sobre todo organismos animales se llaman **carnívoros.** Algunos organismos consumen indistintamente alimento vegetal y animal; son consumidores **omnívoros.**

El ciclo del carbono

Sólo las plantas son capaces de captar del aire dióxido de carbono y desprender oxígeno. Las plantas y los demás seres vivos captan el oxígeno del aire y desprenden dióxido de carbono durante la respiración.

El oxígeno y el dióxido de carbono vuelven siempre a la atmósfera, cerrando un ciclo —el **ciclo del carbono**— que tiene su origen precisamente en el interior de una planta verde.

El ciclo del nitrógeno

El nitrógeno es, como el carbono, esencial para la vida de las plantas.

Se halla en abundancia en la atmósfera, pero las plantas no pueden utilizarlo en estado gaseoso.

El nitrógeno se transforma en el suelo del bosque en otras sustancias llamadas **nitratos.** Esta transformación la llevan a cabo bacterias que se encuentran en el suelo. Los nitratos son absorbidos por las raíces y pasan a formar parte de los tejidos de la planta.

De la misma forma como lo hace el agua, el nitrógeno y el carbono circulan a través de las redes alimentarias de un ecosistema formando ciclos. Estas sustancias, básicas para la vida de todos los organismos, circulan desde la atmósfera al suelo y al agua, y sufren, en su ciclo, varias transformaciones gracias a las cuales pueden ser utilizadas para el mantenimiento de la vida del ecosistema.

El efecto invernadero

Un "control" natural

La relación entre la fotosíntesis, función propia sólo de las plantas verdes, y la respiración, propia de todos los seres vivos, es básica no sólo en el mantenimiento de la vida del bosque, sino en la preservación de toda la **biosfera.**

Durante la respiración, todos los seres vivos, plantas y animales, desprenden dióxido de carbono al aire atmosférico.

Sólo las plantas, durante la fotosíntesis, desprenden oxígeno al aire atmosférico.

La superficie de la Tierra desprende calor, parte del cual es retenido por los gases de la atmósfera antes de que se pierda en el espacio. Este proceso es bastante similar a lo que ocurre en el interior de un invernadero, por lo cual a este fenómeno se le llama efecto invernadero. Pero una acumulación de los gases invernadero anula el funcionamiento regulador de la atmósfera.

Las industrias son actualmente grandes productoras de un buen número de gases contaminantes. Estos gases incrementan el efecto invernadero de la atmósfera.

Ambas funciones pueden considerarse, en parte, complementarias; es decir, el dióxido de carbono es esencial para la fotosíntesis, mientras que el oxígeno es esencial para la respiración, animal y vegetal.

El dióxido de carbono, junto con otros gases, es responsable del llamado **efecto invernadero;** los gases retienen el calor necesario sobre la superficie de la Tierra y evitan su enfriamiento o calentamiento excesivo.

Los árboles y todos los vegetales son las especies que asimilan más cantidad de dióxido de carbono, y actúan así como controladores de estos gases.

La incineración o quema de residuos sólidos urbanos produce distintos gases que, una vez en la atmósfera, actúan como invernadero.

Además, en la quema de árboles se desprende dióxido de carbono, que es uno de los gases que originan el efecto invernadero.

169

El calentamiento global de la Tierra

Pero este "control" sobre el dióxido de carbono emitido a la atmósfera puede alterarse considerablemente, a causa de la constante disminución de zonas forestales que se produce actualmente en muchas regiones de la Tierra. La desaparición de bosques enteros puede hacer aumentar la cantidad de dióxido de carbono existente en la atmósfera. Este gas impide la circulación del calor a través del aire atmosférico y lo retiene en las capas bajas de la atmósfera.

Por otra parte, la actividad industrial, los medios de transporte y la producción y el funcionamiento de bienes de consumo, como pueden ser los electrodomésticos, necesitan combustibles o fuentes de energía como el carbón, el petróleo o el gas natural.

Estos carburantes, al quemarse, desprenden grandes cantidades de dióxido de carbono a la atmósfera.

La emisión de este gas junto con la disminución de los bosques —que realizan el control natural del dióxido de carbono existente en la atmósfera— puede contribuir a aumentar el efecto invernadero, con el consiguiente aumento de calor sobre la superficie de la Tierra.

La disminución de bosques y el elevado uso de combustibles, como carbón o petróleo, hacen que la concentración de dióxido de carbono en la atmósfera aumente y que disminuyan otros gases como el ozono estratosférico.

Conozcamos al ilustrador

Tom Leonard

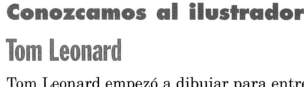

Tom Leonard empezó a dibujar para entretener a sus amigos y parientes. En la escuela secundaria un profesor lo animó a dedicarse al arte como profesión. En la universidad estudió ilustración y continuó desarrollando su talento. Le gusta ilustrar la naturaleza. Su consejo a los niños interesados en el arte es que estudien el mundo que los rodea y establezcan conexiones visuales con su alrededor. A medida que sigan pintando y dibujando encontrarán su propio estilo.

Reacción del lector

Coméntalo

Después de leer esta selección, ¿por qué crees que es importante proteger los bosques?

Comprensión de lectura

1. Según la selección, algunas aves obtienen su alimento en territorios abiertos, pero construyen sus nidos en los bosques. ¿Por qué crees que hacen esto?

2. ¿Cuáles son algunas de las defensas que los árboles del bosque tienen contra perturbaciones, como el fuego y las sequías?

3. Si pudieras ser un animal del bosque, ¿qué animal te gustaría ser? ¿Por qué?

4. Sabemos que ciertas perturbaciones pueden alterar la composición de un ecosistema. ¿Cuáles son algunas de esas perturbaciones? **(causa)** ¿Cómo cambian un ecosistema? **(efecto)**

5. ¿Cómo han contribuido los seres humanos a la erosión del suelo del bosque? **(causa)** ¿Cómo afecta al bosque este tipo de erosión? **(efecto)**

Ilustra un ecosistema

Con un grupo de compañeros, ilustra un ecosistema, como un desierto o un océano. Una vez que hayan terminado las ilustraciones, escriban notas que expliquen las características de ese ecosistema, incluyendo el tipo de vegetación, la fauna, el clima, etc.

Estructura del texto

- Los dos tipos principales de escritura son la ficción y la no ficción. La **estructura del texto** es cómo se organiza un trabajo escrito.

- La ficción cuenta relatos acerca de personas y sucesos imaginarios. A menudo, son narrados en el orden en que ocurren las cosas.

- Los textos de no ficción presentan información o cuentan algo sobre personas y sucesos reales.

- Un texto de no ficción se puede organizar presentando ideas principales y detalles de apoyo, causa y efecto, hechos y opiniones, o comparación y contraste.

Lee "Tu mejor amigo", por Christine Morley y Carole Orbell.

En tus palabras

1. ¿Es "Tu mejor amigo" un texto de ficción o de no ficción? ¿Cómo lo sabes?

2. Explica cómo está organizado.

Tu mejor amigo

por Christine Morley y Carole Orbell

Tener un perro puede ser muy, muy divertido. Puedes sacarlo a dar largos paseos, puedes darle de comer y cuidarlo y, a cambio, ¡te adorará! Pero para cuidar bien de un perro, debes saber algunas cosas sobre estos animales.

Los lobos salvajes

Tu perro tiene un pariente temible: el lobo. Hace miles de años, algunos lobos renunciaron a la vida salvaje y se fueron a vivir con los humanos. Todos los diferentes tipos (o razas) de perros de hoy en día son descendientes de esos lobos domesticados.

Los perros de hoy en día

En algunos sentidos, los perros todavía se comportan como los lobos. Les encanta seguir los olores y perseguir todo lo que se mueve. Los lobos viven en grupos grandes comandados por un líder. Como dueño de tu perro, ¡el líder de su manada eres tú!

Compañeros ideales

Si cuidas bien a tu perro, se convertirá en tu mejor amigo. Tu perro querrá defender su nuevo hogar de otros perros y de los extraños. ¡Además, pensará que aunque tú y tu familia no se parecen a él, son perros también!

ojo
A LO QUE VIENE

Me encantan los conejillos de Indias

La siguiente selección habla sobre los conejillos de Indias. Lee y fíjate en la forma en que el autor organiza la información sobre sus mascotas favoritas.

173

Palabras nuevas

**encariñan   parlanchines   pelaje
roedores   sensibles**

Al leer, quizás encuentres palabras que
no conoces. Para averiguar el significado
de una palabra desconocida, busca claves
en las palabras u oraciones que la rodean.

Lee el siguiente párrafo. Mira cómo
los ejemplos de *roedores* te ayudan a
entender lo que esta palabra significa.

Los conejillos de Indias: Mascotas populares

Los conejillos de Indias son mascotas muy simpáticas
y populares. Pertenecen a la familia de los <u>roedores</u>,
al igual que las ardillas y los ratones. Son animalitos
muy <u>sensibles</u> que se <u>encariñan</u> con sus dueños, sobre
todo si éstos los acarician y miman con frecuencia.
Su <u>pelaje</u> varía: puede ser liso, corto, largo o áspero,
y de distintos colores. Son animales <u>parlanchines</u>:
emiten varios tipos de sonido cuando tienen hambre
o sed, o cuando simplemente quieren expresar sus
emociones.

Escribe

¿Te gustaría tener un conejillo de Indias?
Explica por qué, usando tantas palabras
del vocabulario como puedas.

Me encantan los conejillos de Indias

por Dick
King-Smith

ilustrado por
Anita Jeram

Hay una vieja creencia que dice que si levantas un conejillo de Indias por la cola, se le caen los ojos.

En realidad, no se le caerían, incluso si pudieras levantarlo por la cola. Pero no podrías, porque los conejillos de Indias no la tienen. Además, los conejillos de Indias tampoco son conejos, sino roedores, como los ratones, las ratas y las ardillas.

Los roedores tienen dientes delanteros especiales para roer. Esos dientes les siguen creciendo durante toda la vida, y se afilan solos.

En cuanto a la segunda parte de su nombre, los conejillos de Indias llegaron a Europa hace unos cuatrocientos años en barcos españoles procedentes de Sudamérica, que entonces era conocida como "las Indias", ya que los españoles llegaron a América buscando la India.

Los conejillos de Indias pertenecen a la familia de los cobayos, y su nombre científico es *Cavia porcellus*.

En todo caso, como quiera que se los llame, lo que a mí siempre me ha gustado es su aspecto. Son rechonchos, regordetes y adorables, con cabeza chata, cuerpo robusto y patitas cortas.

sheltie

abisinios

Los hay en diferentes colores, y su pelaje puede ser suave, áspero o largo, por no mencionar las demás variedades. En los últimos cincuenta años he tenido cientos de conejillos de Indias, pero siempre he preferido los abisinios.

con cresta

liso

peruano

Los conejillos de Indias son unos animalitos muy sensibles. Son muy fáciles de criar, porque no son exigentes. Claro que no les gusta el frío ni la humedad más de lo que te pueden gustar a ti, ni les gusta vivir en espacios demasiado pequeños, como no te gustaría a ti. Pero mientras tengan un lugar cómodo, cálido y seco donde vivir, los conejillos de Indias están encantados.

A los conejillos de Indias les gustan las jaulas grandes y espaciosas, pero prefieren los corrales alambrados sobre el pasto, al aire libre.

Son animales fuertes y no se enferman muy a menudo. Si se los cuida bien, llegan a vivir mucho tiempo.

La mayoría de los conejillos de Indias vive entre cinco y ocho años.

Una vez tuve una conejilla de Indias con cresta llamada Zen. Vivió dos años conmigo, y luego ocho años con una de mis hijas. El cabello de la gente se vuelve gris con la edad, pero el pelaje de Zen se hizo más y más oscuro con el tiempo.

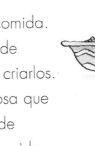

Los conejillos de Indias necesitan mucha comida. Les encanta comer, al igual que a ti, y darles de comer es una de las partes más divertidas de criarlos. Por supuesto, hay gente que no les da otra cosa que heno y la comida que venden en las tiendas de mascotas, y ellos no se quejan. Pero, ¡qué aburrida debe ser una dieta así, tanto para los conejillos como para sus dueños!

Yo siempre les daba muchas otras cosas de comer a mis conejillos de Indias, como hojas de repollo y de coliflor, zanahorias, trozos de pan y cáscaras de manzana, además de plantas silvestres, como diente de león y tréboles. También les daba agua, claro. Los conejillos de Indias necesitan agua limpia todos los días. Y hay que lavar a menudo su botella de agua, porque les gusta soplar trozos de comida por el tubo.

Una de las cosas más lindas que tienen los conejillos de Indias es que, si los tocas y los cargas constantemente, los acaricias, les hablas y los haces sentir importantes, se encariñan mucho contigo.

Para levantar un conejillo de Indias, agárralo por los hombros con una mano y sujétalo con la otra por debajo.

Otra cosa divertida de los conejillos de Indias es que son muy parlanchines. Cuando quieren comida o agua, producen una especie de silbido, a veces bajo, otras veces fuerte. Los machos dicen *cháter* cuando buscan pelea. Lo mismo dicen las hembras cuando sus crías las molestan demasiado.

Otras cosas que dicen los conejillos de Indias son *pat, chat, tuit* y *grrr.*

Pero cuando un conejillo de Indias le dice *runrun* a otro, está más claro que el agua lo que ese sonido significa: "Te quiero".

Eso último me recuerda la mejor parte de tener conejillos de Indias: sus crías. Como sus antepasados (los cobayos salvajes de Sudamérica) vivían al aire libre rodeados de enemigos, los más pequeños tenían que estar siempre listos para escapar. Es por eso que las conejillas de Indias cargan con sus crías por una larga temporada antes de que nazcan (más o menos setenta días), y éstas vienen al mundo con todo su pelaje, los ojos abiertos y dientes completos. Los conejillos de Indias recién nacidos son muy graciosos. Tienen la cabeza y las patas demasiado grandes comparadas con su cuerpo.

Las crías de los conejos nacen ciegas, sin pelo e indefensas, mientras que las de los conejillos de Indias no.

Pero casi enseguida muestran interés por las dos
actividades favoritas de todo conejillo de Indias:

comer

y charlar.

De todos los conejillos de Indias que he tenido, hay dos que jamás olvidaré. Ambos eran abisinios, ambos eran machos, y cuando les llegó la hora, ambos tuvieron docenas de crías encantadoras, con cabeza y patas grandes.

Uno de ellos era rubio y brillante y lo llamé Rey Arturo. El otro era de color azulado con pelos blancos y se llamaba Playero. Ambos están enterrados en mi jardín.

En el borde de mi jardín hay un manzano. Me gusta contemplarlo y pensar que Playero y Rey Arturo descansan en paz bajo su sombra, uno a cada lado del árbol. Pero no me pongo triste, sino feliz, al recordar lo bien que lo he pasado con todos mis conejillos de Indias.

Conozcamos al autor
Dick King-Smith

Dick King-Smith fue granjero en Inglaterra durante veinte años antes de comenzar a escribir. Cuando ya tenía más de cincuenta años, se le ocurrió una idea de un cuento para niños basado en algo que ocurrió en su granja. Y esa idea se convirtió en su primer libro. Ahora escribe sin cesar para recuperar todo el tiempo perdido.

Muchos de sus libros han sido premiados, tanto en los Estados Unidos como en Inglaterra. Un libro suyo que quizás conozcas es *Babe: The Gallant Pig.* En él se inspiró la película *Babe.*

Reacción del lector

Coméntalo

¿Cuál crees que sería la mejor parte de tener un conejillo de Indias como mascota? ¿Cuál sería la peor?

Comprensión de lectura

1. ¿Qué piensa el autor acerca de los conejillos de Indias? Busca claves sobre lo que piensa en algunas palabras que haya usado en el texto.

2. Haz una tabla sobre los conejillos de Indias. Vuelve a leer la selección si es necesario.

Qué les gusta	Qué no les gusta

3. Si tuvieras conejillos de Indias, ¿podrías dejarlos solos durante unos días? Explica tu respuesta.

4. La **estructura del texto** es la manera en que está organizado un trabajo escrito. *Me encantan los conejillos de Indias* está organizado en torno a hechos sobre los conejillos de Indias, y a las opiniones del autor sobre estos animales. Busca dos hechos y dos opiniones en la selección.

5. Observa nuevamente la **estructura del texto** de esta selección. Busca una página que contenga *solamente* hechos y una página que contenga *solamente* opiniones.

Se busca

Imagina que vas a mudarte y debes buscar un nuevo hogar para tus dos conejillos de Indias. Escribe un anuncio para convencer a alguien de que se quede con ellos.

Conducta animal

del programa *Ciencias Scott Foresman*,
cuarto grado

¿Qué tal si vieras a un perro seguido por un grupo de gatitos? ¿O si vieras a un petirrojo alimentando con gusanos a un patito? Seguramente te reirías y dirías: "¡Caray, algo anda mal!" ¿Por qué no pasa esto?

Las crías y sus padres

Como sabes, las crías se parecen en algo a sus padres. Los gatos paren gatitos y los leones, cachorros de león. Además, si encuentras el nido de un petirrojo con huevos adentro, sabes que de los huevos saldrán polluelos de petirrojo.

¿Alguna vez has visto a una familia de conejillos de Indias? Si es así, sabes que ninguna de las crías se parece. Algunas crías, como la de la foto, tienen varios colores: blanco, negro y canela. Otras pueden ser blancas con rayas o con manchas de colores oscuros. Algunos conejillos de Indias tienen el pelo largo y otros lo tienen corto. Algunos tienen el pelo suave y otros lo tienen áspero.

Relacionar lecturas

Leer un libro de texto de ciencias

✓ **Mira cómo se organiza la lección.** Generalmente todas las lecciones se organizan de la misma manera. La organización se ve en los encabezados.

✓ **Usa las secciones especiales.** Te dicen el propósito de una lección, explican palabras o ideas desconocidas y ofrecen consejos y estrategias útiles. Algunas plantean preguntas que te ayudan a comprender el texto.

✓ **Mira las fotografías y lee las leyendas.** Las fotografías muestran lo que dice el texto y las leyendas dan más información sobre el tema.

Enfoca tu lectura

Piensa en las conductas de los conejillos de Indias que aparecen en la selección. ¿Qué conductas crees que son aprendidas? ¿Cuáles son innatas?

Las crías de la ardilla de tierra parecen ardillas adultas en miniatura.

Las otras crías de esta familia de conejillos de Indias pueden tener un aspecto muy distinto al de esta cría.

188

Pero todas las crías tienen algún parecido con sus padres. Fíjate en que la cría de conejillo de Indias de la foto tiene algunas características de sus padres.

Ahora mira las ardillas de tierra de la ilustración. ¿Qué notas? ¡Así es! Todas las crías de la ardilla de tierra son iguales y todas se parecen a sus padres. Las crías de la mayoría de los animales silvestres, como los conejos y los venados, también se parecen a sus padres.

Conductas recibidas de los padres

¿Qué has hecho hoy? Te levantaste, te vestiste y viniste a la escuela. En la escuela lees, escribes y hablas.

Seguramente tocas un instrumento musical o juegas básquetbol. Cada una de estas actividades es una **conducta.** La conducta es la manera como se comporta un ser vivo. Los perros, los gatos y otros animales tienen conductas. Los perros ladran, los gatos maúllan y los pájaros hacen nidos. Algunas conductas se aprenden y otras son innatas: son conductas que tienen los animales sin haberlas aprendido. Algunas conductas innatas son **instintos.** ¿Cuáles de las conductas animales que se muestran aquí has visto tú?

▲ **Instintos**
Esta ardilla junta nueces y otros alimentos y los almacena para el invierno. Para una ardilla, esta conducta es un instinto. Vemos otro ejemplo en las crías de la tortuga de mar. Cuando salen del cascarón, encuentran su camino hacia el mar. Sus padres no tuvieron que enseñarles adónde ir. Arrastrarse hacia el mar es un instinto de las crías de la tortuga.

Estos cachorros de zorro no tienen que aprender a jugar. Manotearse y lanzarse uno sobre otro son instintos. Después, al crecer, los cachorros aprenderán a usar estas conductas para cazar y capturar la comida.
▼

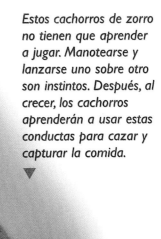

189

Reflejos

El perro mueve la cola cuando la niña lo acaricia. Mover la cola es ejemplo de una conducta innata llamada **reflejo.** *El reflejo es una conducta sencilla y automática en la que el animal no tiene que pensar. Un* **estímulo** *produce un reflejo. La caricia de la niña es un estímulo. La forma en que se comporta el perro (mover la cola) es una* **respuesta** *al estímulo. Los reflejos ayudan al animal a mantenerse a salvo. Algunos animales se alejan rápidamente cuando te acercas mucho a ellos o cuando oyen un ruido. Esta conducta los ayuda a protegerse de sus enemigos.*

▼

Conductas aprendidas

Cuando eras bebé no te comportabas como ahora. Cuando tenías hambre, no podías hablar y llorabas. Después aprendiste a hablar y podías pedir comida. ¿Cuándo aprendiste a leer o a andar en bicicleta? ¿Qué otras conductas has aprendido?

A veces, una conducta aprendida es la respuesta a un estímulo. Si le dices a tu perro "habla" mientras le muestras comida, tal vez tu perro ladre. Entonces le das la comida. De esta forma el perro aprende a ladrar cuando tú le muestras comida y dices "habla". Si practican mucho, quizá el perro ladre sin que digas nada. El perro ha aprendido la respuesta de ladrar al estímulo de la comida.

Las nutrias de mar ▶ *aprenden a abrir conchas observando a otros animales.*

Ciertos tipos de perros pueden ser entrenados para ayudar a las personas que no ven. Los perros, como el de la foto, aprenden a ayudar a las personas a cruzar la calle. El perro se detiene en la esquina de la calle y espera a que cambie la luz del semáforo. También se les puede entrenar para ayudar a la persona a no caer en un hoyo o a evitar cualquier otro peligro de la calle.

Los animales jóvenes aprenden muchas conductas al observar a sus madres o a otros animales. La nutria de la foto aprende cómo abrir una concha utilizando una roca. Muchos animales aprenden a cazar. También aprenden conductas tales como esconderse para ponerse a salvo.

os perros lazarillos yudan a caminar por as calles a las personas ue no pueden ver.

Repaso de la lección

1. ¿Qué diferencias hay entre las crías de conejillos de Indias y sus padres?

2. ¿Qué es un instinto?

3. ¿Cómo aprenden las conductas los animales?

4. **Idea principal**
   ¿Cúal es la idea principal del párrafo de arriba?

Tema

- El **tema** es el significado básico de un cuento. Es una idea general que se expresa independientemente de los hechos narrados en el texto.

- A veces, los autores dicen cuál es el tema directamente. En otras ocasiones, los lectores tienen que averiguarlo por su cuenta, usando la información del texto para apoyar su idea general.

Lee "La hormiga y la paloma", una fábula de Esopo narrada por James Reeves.

Escribe

1. Escribe una oración que en tu opinión exprese el tema de "La hormiga y la paloma".

2. Explica qué sucesos del cuento muestran ese tema o idea general.

La hormiga y la paloma

fábula de Esopo narrada por James Reeves

La hormiga tenía sed. Al acercarse a un estanque a beber, cayó dentro y casi se ahoga. Pero ocurrió que una paloma estaba sentada en la rama de un árbol que se extendía sobre el agua. Con su aguda vista la paloma percibió el peligro que corría la hormiga y dejó caer una hoja, que se posó sobre el agua. La hoja cayó justo frente a la hormiga, quien se subió rápidamente en ella y se fue flotando hasta quedar a salvo en la orilla.

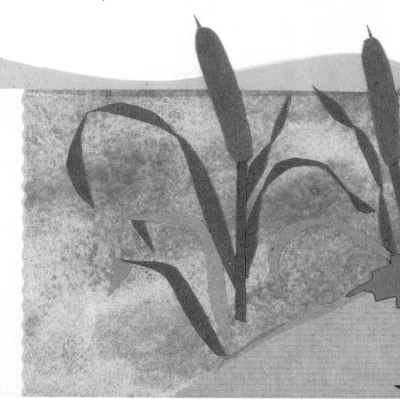

En ese preciso instante apareció
un cazador de aves con su red y se
preparó a extenderla para atrapar
a la paloma. La hormiga vio lo que el
cazador intentaba y, dándose cuenta de
que estaba descalzo, lo picó en el
talón. No fue un piquete terrible, pero
sí fue el peor que la hormiga le pudo
dar. Y fue suficiente para que el
cazador diera un brinco de sorpresa
y perdiera el control de su red, y la
paloma pudiera escapar con vida.

Un buen gesto merece otro.

ojo
A LO QUE VIENE

Aguas profundas

En el siguiente cuento, la
familia Ingalls visita una
poza de aguas profundas.
Al leerlo, fíjate en el tema o
la idea general del cuento.

193

Palabras nuevas

chapuzón riachuelo   llano
remanso   remontarlo juncos
vigilada

Las palabras con significados opuestos se llaman **antónimos.** Muchas veces puedes averiguar el significado de una palabra desconocida buscando claves en las palabras cercanas. A veces la clave es un antónimo.

Lee el siguiente párrafo. Mira cómo *empinado* te ayuda a entender el significado de *llano*.

Una tarde en la pradera

A Julieta le gustaba salir a pasear por la pradera, pero no siempre iba vigilada por los mayores. Su lugar favorito era el riachuelo. Le gustaba remontarlo siguiendo el sendero entre los juncos. El sendero era empinado, pero conducía a un terreno llano donde el riachuelo formaba un remanso. Un día, Julieta se subió a un tronco seco para asomarse a la superficie. Cuando se inclinó para ver el reflejo de su rostro, resbaló y cayó al agua dándose un chapuzón.

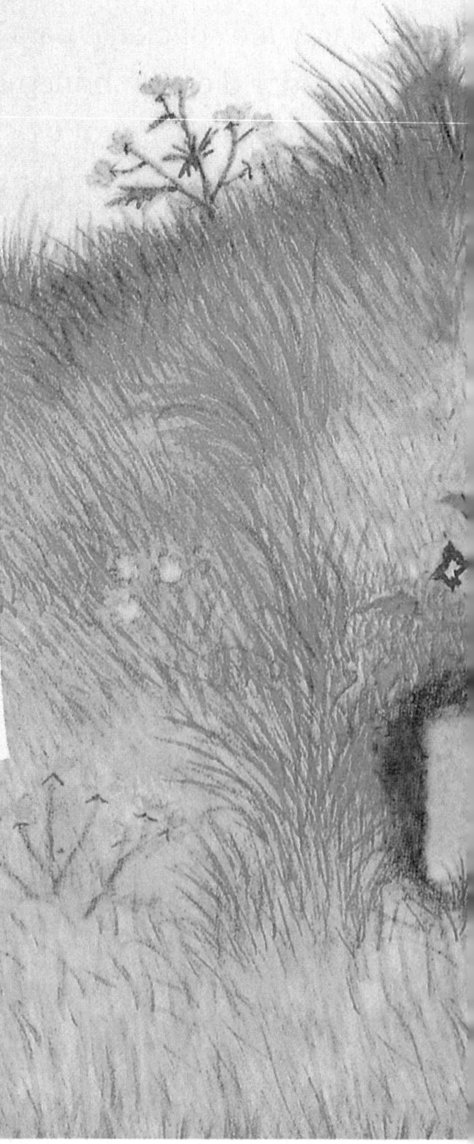

En tus palabras

Estás solo en la pradera. Cuéntale a un amigo o amiga lo que haces para divertirte. Usa palabras del vocabulario.

Aguas profundas

por Laura Ingalls Wilder
ilustrado por Garth Williams

de *A orillas del río Plum*

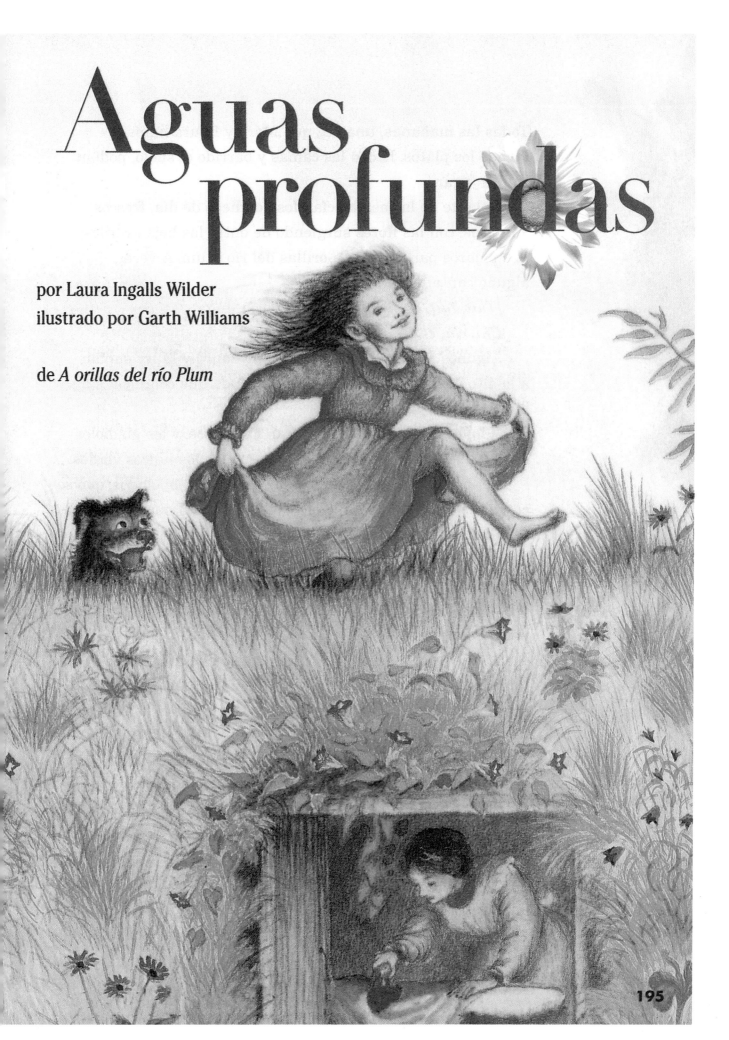

Todas las mañanas, una vez que Mary y Laura habían lavado los platos, hecho las camas y barrido el suelo, podían salir a jugar.

Delante de la casa crecían los dondiego de día, frescos y nuevos, con las flores surgiendo de entre las hojas verdes. Los pájaros parloteaban a orillas del río Plum. A veces alguno cantaba.

¡Tuit, tuit, oh, tuit, tuit, tuit!, decía uno.

Chi, chi, chi..., murmuraba otro.

Algunos reían: *¡Ja, ja, ja..., ajajú!* Laura y Mary subían a lo alto de la casa y bajaban por la senda que conducía a los bueyes a abrevar.

A lo largo del riachuelo crecían los juncos, y los gladiolos azules se erguían muy orgullosos por entre los juncos verdes.

Cada gladiolo azul tenía tres pétalos aterciopelados, que se curvaban hacia abajo como el vestido de una dama, cuya falda caía por encima de los aros del miriñaque. Desde su cintura, ascendían los tres pétalos, sedosos y rizados, que se curvaban hasta casi juntarse. Cuando Laura miraba en su interior, veía tres lengüetas pálidas y estrechas, cada una con una cintita de pelusa dorada.

A veces, un abejorro, de cuerpo negro y dorado, como de terciopelo, zumbaba en torno a los gladiolos, antes de libar en ellos.

El ribazo del río era de barro blanco y caliente. Por allí revoloteaban mariposas de color amarillo pálido y azul claro, que se posaban sobre las flores para alimentarse con el néctar. Las libélulas de colores vivos volaban con sus alas zumbadoras. El barro formaba un montón apretujado entre los pies de Laura. Donde ella o Mary pisaban y por donde pasaban los bueyes, quedaban pequeños charcos dentro de las huellas que iban dejando.

Cuando vadeaban cerca de la orilla nunca quedaban las huellas en el barro. Primero se formaba un remolino semejante al humo, que no tardaba en fundirse en el agua clara. Luego la huella de la pisada se esfumaba lentamente.

Los dedos de los pies sólo dejaban una marca lisa y el talón un leve hoyo.

En el riachuelo nadaban muchos pececillos. Algunos eran tan pequeños que casi no se les veía. Sólo cuando nadaban muy veloces podía divisarse su vientre plateado.

Por encima del agua patinaban las chinches acuáticas. Tenían unas patas muy largas, y sus piececitos formaban una hendidura en el agua.

Era díficil distinguirlas porque patinaban tan de prisa que antes de verlas ya estaban en otra parte.

Los juncos dejaban oír un murmullo fuerte y rítmico a impulsos de la brisa. No eran suaves y lisos como la hierba, sino duros, redondeados y esbeltos, y estaban todos agrupados. Un día en que Laura vadeaba en un paraje profundo, junto al cañaveral, cogió uno para sostenerse y poder llegar hasta la orilla, y el junco gimió.

Durante un instante, Laura fue incapaz de respirar. Después se asió a otro. El junco gimió y se partió en dos.

Los juncos eran unos tubos pequeños y huecos, ensamblados por las junturas. Los tubos chillaban cuando se los separaba. Y parecían gemir cuando se volvía a juntarlos.

Laura y Mary solían separarlos para oírlos chillar. Después unían los tubos más pequeños para hacer collares. Y con los grandes hacían tubos muy largos. Luego soplaban por esos tubos dentro del agua y hacían burbujas. Cuando tenían sed, aspiraban grandes sorbos de agua a través de estos tubos.

Mamá reía cuando Mary y Laura llegaban a la hora de comer o cenar, mojadas y llenas de fango, con collares verdes en torno al cuello y los largos tubos verdes en las manos. También llevaban ramilletes de gladiolos azules, que colocaban sobre la mesa para adornarla.

—Os aseguro —decía mamá—, que jugáis tanto en el riachuelo, que os transformaréis en chinches acuáticas.

A papá y mamá no les importaba que las chiquillas jugasen en el río. Sólo les prohibían remontarlo más allá del valle de los sauces. Allí, el riachuelo formaba un remanso, convirtiéndose en una hondonada llena de agua profunda y oscura. No debían aproximarse nunca a tal lugar, ni siquiera para verlo.

—Un día os llevaré allí —les prometió papá.

Y un domingo por la tarde les dijo que ya había llegado dicho día.

En la cabaña, Laura y Mary se desnudaron, y encima de sus cuerpecitos desnudos se pusieron unos viejos vestidos remendados. Mamá se caló el sombrerito para prevenirse del sol, papá cogió a Carrie en brazos, y todos se marcharon de excursión.

Pasaron por delante del sendero ganadero y los juncos, dejando atrás el valle de los sauces y los ciruelos. Descendieron por un ribazo escarpado y herboso, y luego atravesaron un llano donde la hierba crecía alta y áspera. Más tarde se encontraron con un muro de tierra casi recto, donde no crecía hierba alguna.

—¿Qué es esto, papá? —preguntó Laura.

—Una meseta, hija mía.

Acto seguido, se abrió paso por entre la alta hierba, dejando un camino para mamá, Mary y Laura. De repente, salieron de entre la hierba alta y divisaron el río.

Discurría alegremente sobre unas piedrecitas blancas, formando un amplio remanso que se curvaba contra una orilla baja, donde la hierba tampoco era alta. A cada lado del remanso

se inclinaban unos hermosos sauces. El agua reflejaba esos árboles, temblando ligeramente, con cada una de sus hojas verdes agitándose.

Mamá sentose en la herbosa orilla, con Carrie en brazos, en tanto Mary y Laura vadeaban en el remanso.

—¡Quedaos cerca de la orilla, niñas! —les gritó mamá—. ¡No vayáis donde el agua es profunda!

El agua acabó por llegarles por debajo de las faldas, y esto las hizo flotar. Luego, la cretona de los vestidos se empapó, pegándose a sus piernas. Laura fue hundiéndose cada vez más. El agua fue subiendo, subiendo, hasta llegarle casi a la cintura. Entonces, la chiquilla se agachó y el agua subió hasta su barbilla.

Todo estaba mojado, frío e inseguro. Laura se sentía muy ligera. Sus pies pesaban tan poco que casi se elevaban del fondo del río. Saltaba, brincaba y chapoteaba con los brazos.

—¡Oh, no, Laura, no! —gritó Mary.

—¡No vayas tan lejos, Laura! —le advirtió mamá.

Laura, no obstante, continuó chapoteando. Un chapoteo más fuerte que los demás le levantó los pies del suelo. Con los pies levantados, los brazos de Laura hacían lo que querían, y la cabeza cayó dentro del agua. Laura se asustó. No había nada en qué apoyarse, nada sólido cerca ni lejos. De pronto, volvió a estar de pie, completamente mojada. Pero sus pies se posaban sobre tierra sólida.

Nadie había visto todo aquello. Mary estaba levantándose la falda, y mamá jugaba con Carrie. A papá no se le veía entre los sauces. Laura caminaba por el agua lo más de prisa posible. Y continuaba hundiéndose gradualmente. El agua acabó por llegarle a la cintura y luego a los brazos.

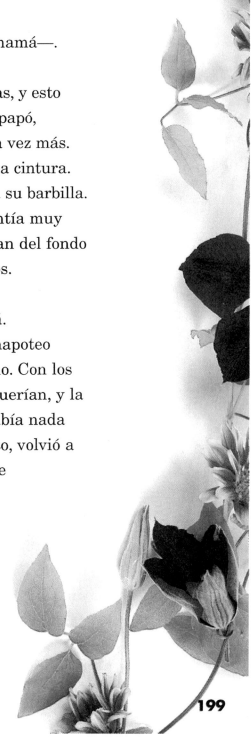

De pronto, desde el fondo del agua, algo le agarró un pie.

Laura sintió una fuerte sacudida, y se hundió en el agua. No podía respirar, no podía ver nada. Tanteó con los brazos y no encontró ningún asidero. El agua llenaba sus orejas, sus ojos y su boca.

Después, la cabeza salió fuera del agua… muy cerca de la de papá. Era papá el que la sujetaba.

—Bien, jovencita —exclamó papá—, has ido demasiado lejos. ¿Te ha gustado?

Laura no podía hablar porque le faltaba la respiración.

—Ya has oído cómo mamá te ordenaba no alejarte de la orilla —prosiguió papá—. ¿Por qué no la has obedecido? Te merecías un chapuzón, y yo te lo he dado. ¿Obedecerás la próxima vez?

—¡S…í, papá! —tartamudeó Laura—. ¡Oh, papá, por favor, hazlo otra vez!

—¡Vaya, esto es el colmo! —refunfuñó papá.

Repentinamente, su risa resonó entre los sauces.

—¿Por qué no has llorado cuando te he dado el chapuzón? —le preguntó a Laura—. ¿No estabas asustada?

—¡Oh…, estaba… tremendamente… asustada! —jadeó Laura—. Pero, por favor, ¿quieres repetirlo otra vez?

Cambió de tono para preguntar: —¿Cómo llegaste hasta aquí, papá?

Papá le contó que había nadado bajo el agua desde los sauces. Bien, los dos no podían quedarse en aguas profundas, sino que debían volver cerca de la orilla y jugar con Mary.

Toda la tarde, papá, Laura y Mary jugaron en el río. Vadearon y trabaron alegres combates, y siempre que Laura o Mary se aproximaban a las aguas profundas, papá les daba un chapuzón. Mary fue muy buena después de la primera zambullida, pero a Laura tuvo que chapuzarla muchas veces.

Por fin llegó la hora de volver a casa. Fueron goteando por todo el sendero, a través de la alta hierba, y cuando llegaron a la meseta Laura quiso trepar arriba.

Papá fue el primero en trepar hasta cierta altura, y Laura y Mary le imitaron, cogidas de sus manos. La tierra seca resbalaba y se deslizaba por debajo de sus pies. Del reborde superior de la pequeña meseta colgaban raíces entrelazadas. Por fin, papá izó a Laura y la dejó encima de la meseta.

Realmente, parecía una mesa. Aquel terreno se elevaba por encima de todas las hierbas altas, y era redondo y llano en la cima. Allí, la hierba era baja y suave.

Papá, Laura y Mary permanecieron de pie en aquella meseta, contemplando con admiración las tierras herbosas, el remanso del río y la pradera del fondo. Las praderas parecían extenderse hasta el mismo borde del cielo.

Luego, volvieron a deslizarse hacia abajo para regresar a casa. Había sido una tarde maravillosa.

—Nos hemos divertido mucho —admitió papá—. Pero niñas, acordaos de mi advertencia. No os acerquéis a aquel remanso para nadar, a menos que vayáis conmigo.

Laura estuvo acordándose todo el día siguiente. Recordaba el agua fría y profunda, a la sombra de los altos sauces. Recordaba también que no debía acercarse por allí.

Papá no estaba en casa. Mary ayudaba a mamá y Laura jugaba sola bajo el calor del sol. Los gladiolos azules se estremecían entre los juncos. Laura atravesó el valle de los sauces y empezó a jugar con las hierbas de la pradera, entre azucenas y margaritas. El calor era muy fuerte y el viento resultaba asfixiante.

De pronto, Laura se acordó de la meseta. Deseaba volver a trepar allá arriba. Pero no estaba muy segura de poder hacerlo sola. Papá, no obstante, no le había prohibido subir a la meseta.

Bajó corriendo por la escarpada orilla, cruzó el terreno llano, y atravesó por entre las hierbas altas y ásperas. La meseta se elevaba muy alta y recta. Era difícil subir hasta allí. La tierra seca resbalaba bajo los pies de Laura y su vestido se ensuciaba cuando se le hundían las rodillas en el suelo y cuando se asía a las hierbas para izarse. El polvo se pegaba a su sudorosa piel. Pero al fin consiguió colocar su estómago sobre el reborde; se empujó, rodó sobre sí y se encontró en lo alto de la meseta.

Dio un salto y logró divisar el profundo y sombreado remanso bajo los sauces. Aquel rincón estaba frío y húmedo, y todo su cuerpo se moría de sed. Pero recordó que no debía ir allí.

La meseta parecía muy grande, desierta y poco interesante. Con papá le pareció muy divertido, pero ahora no era más que un terreno llano, por lo que Laura decidió volver a casa y beber mucha agua. Tenía una gran sed.

Se deslizó por el lado de la meseta y lentamente reemprendió el camino por donde había venido. Por entre la alta hierba, el aire soplaba calurosamente. La cabaña aún estaba lejos y Laura estaba atormentada por la sed.

Se dijo con toda la fuerza de su voluntad que no debía acercarse a aquel sombrío y agradable remanso del río, pero de improviso dio media vuelta y corrió hacia él. Sólo tenía la intención de contemplarlo. Sólo verlo le aliviaría la sed. Después, se dijo que podía vadear por la orilla, aunque no adentrarse hasta las aguas profundas.

Llegó al sendero abierto por papá y corrió más de prisa.

Y allí, en medio del sendero, vio al animal.

Laura dio un salto hacia atrás, se irguió y lo miró. Nunca había visto un animal como aquél. Era casi tan largo como Jack*, pero sus patas eran mucho más cortas. Y estaba totalmente cubierto por unas cerdas grises. Tenía una cabeza aplastada y sus orejas eran muy pequeñas. El animal levantó lentamente la aplastada cabeza y miró fijamente a Laura.

La niña estudió aquella graciosa carita. Y mientras los dos se estaban contemplando mutuamente, el animal se ensanchó, se encogió y se extendió en el suelo, muy plano. Cada vez se fue aplanando más, hasta no ser más que una piel gris. Ya no era un animal, sino unos ojos que la miraban.

Lenta y cautelosamente, Laura se agachó, buscó y cogió una rama de sauce. Así armada, se sintió más segura. Se mantuvo inclinada, mirando aquella piel plana y gris. La piel no se movía, ni tampoco Laura. La niña se preguntó lo que pasaría si hurgaba al animal con la rama. Tal vez cambiase de forma. De pronto, lo hurgó suavemente.

De la piel surgió un gruñido espantoso. Sus ojos adquirieron el brillo de la locura y los dientes casi mordieron la nariz de Laura.

La chiquilla emprendió una huida muy veloz, y no dejó de correr hasta que llegó a la casa.

—¡Dios mío, Laura! —exclamó mamá—. Te pondrás enferma, corriendo así con este calor.

Mientras tanto, Mary había estado sentada como una señorita, deletreando las palabras de un libro con el que mamá le enseñaba a leer. Mary era una buena niña.

Laura había sido traviesa y lo sabía. Había roto la promesa hecha a papá. Pero nadie la había visto. Nadie sabía que había empezado a ir hacia el remanso. Si ella misma no lo decía, nadie llegaría a saberlo. Sólo lo sabía aquel extraño animal, el cual no podía hablar. Pero Laura sentíase muy triste y desdichada en su interior.

* Jack es el perro de la familia Ingalls.

Aquella noche estuvo mucho rato despierta en la cama,
al lado de Mary. Papá y mamá estaban sentados fuera, a la
luz de las estrellas. Papá tocaba el violín.

—Duérmete, Laura —murmuró mamá con delicadeza, y el
violín tocó suavemente para ella.

Papá era una sombra contra el cielo, y su arco danzaba
entre las grandes estrellas.

Todo era hermoso y bueno, excepto Laura. Había roto la
promesa hecha a papá. Romper una promesa era tan malo como
mentir. Laura deseaba no haber hecho tal cosa. Pero lo hecho,
hecho estaba, y si papá se enteraba la castigaría.

Papá continuaba tocando dulcemente a la luz de las
estrellas. Su violín cantaba suavemente, felizmente. Papá
pensaba que Laura era una niña buena. Al fin, Laura no pudo
soportarlo más.

Saltó de la cama y cruzó la cabaña con los pies descalzos.
Con su camisón y su gorrito de dormir llegó al lado de papá.
Éste arrancó las últimas notas de las cuerdas con el arco, y
la niña comprendió que le estaba sonriendo.

—¿Qué pasa, Media Pinta? —le preguntó—. Pareces un pequeño fantasma, tan blanca en la oscuridad.

—Papá, yo… —murmuró Laura, con voz temblorosa—, yo… empecé a ir al remanso del río.

—¡De veras! —exclamó papá—. Bien —preguntó luego—, ¿qué te lo impidió?

—No lo sé —repuso Laura, contando su encuentro con el animal—. Tenía una piel gris y… se aplastó por completo. Y gruñía.

—¿Era muy grande? —quiso saber papá.

Laura le contó lo que sabía sobre el extraño animal.

—Debía ser un tejón —reflexionó papá.

Durante largo tiempo no dijo más, y Laura esperó. La niña no podía ver su rostro en la oscuridad, pero se inclinó contra su rodilla, sintiendo lo fuerte y amable que era papá.

—Bien —suspiró éste por fin—, apenas sé qué hacer, Laura. Sí, confiaba en ti. Y resulta duro saber qué se puede hacer con una persona en la que no puedes confiar. Bueno, ¿sabes qué se hace con las personas en las que no puedes confiar?

—¿Qu…é, papá? —tembló Laura.

—Hay que vigilarlas —sentenció papá—. De modo que supongo que hay que vigilarte. Tendrá que hacerlo mamá porque yo debo de ir a trabajar con Nelson. De manera que mañana te quedarás al lado de mamá para que te vigile. No la perderás de vista en todo el día. Si te portas bien, dejaremos que pruebes de nuevo si eres una niña en la que se puede confiar. ¿Qué te parece, Caroline? —le preguntó papá a mamá.

—Muy bien, Charles —dijo mamá desde la oscuridad—. La vigilaré mañana todo el día. Pero estoy segura de que será buena. Y ahora, Laura, vete a la cama a dormir.

El día siguiente fue un día espantoso.

Mamá estuvo remendando la ropa y Laura tuvo que quedarse dentro de la casa. Ni siquiera pudo ir a la fuente a buscar agua, para no perder de vista a mamá. Fue Mary la que

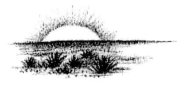

trajo el agua. Y después se marchó con Carrie a dar un paseo por la pradera. Laura, en cambio, se quedó en casa.

Jack puso el hocico entre sus patas y meneó la cola perezosamente; luego, corrió al caminito y miró a Laura, sonriendo con las orejas y suplicándole que saliera. No comprendía por qué Laura se obstinaba en quedarse en casa.

No obstante, Laura ayudó a mamá. Lavó los platos, hizo las camas, barrió el suelo y dispuso la mesa. A la hora de comer, se sentó en su banco, con la cabeza gacha, y se comió todo lo que mamá le puso en el plato. Después, volvió a lavar los platos. Más tarde, rasgó una sábana que estaba rota por el centro. Mamá dio vuelta con los pedazos de muselina, los cosió, y Laura remató la costura con una serie de puntadas muy pequeñitas.

Estaba pensando que aquella costura y aquel día nunca terminarían.

Mas al fin, mamá dobló la sábana, diciendo que era hora de cenar.

—Has sido una buena niña, Laura —manifestó mamá—. Se lo diré a papá. Y mañana por la mañana, tú y yo iremos en busca de aquel tejón. Estoy segura de que te salvó de ahogarte, puesto que de haber ido hasta el remanso, seguro que te habrías metido en el agua. Una vez que se empieza a ser una niña traviesa, es muy fácil continuar siéndolo cada vez más, y tarde o temprano sucede algo terrible.

—Sí, mamá —asintió Laura a tan prudentes palabras.

Laura estaba convencida de ello.

Había pasado el temido día. Laura no había visto salir el sol, ni las sombras de las nubes en la pradera. Los dondiego de día estaban mustios y los gladiolos muertos. Durante el día entero, Laura no había visto discurrir el agua en el riachuelo, ni los pececillos ni las patinadoras chinches acuáticas. Y comprendió que ser buena no era tan duro como estar vigilada.

Al día siguiente fue con mamá en busca del tejón. Ya en el sendero, le enseñó a mamá el sitio donde el animal se había aplastado en el suelo.

Mamá encontró el agujero donde vivía el animal. Era un pequeño hoyo redondo, situado debajo de unas matas en el ribazo de la pradera. Laura llamó al tejón y hasta hurgó con un palo dentro del agujero.

Pero si el tejón estaba en casa, no salió. Laura no volvió a ver nunca más a aquel tejón de color gris.

Conozcamos a la autora
Laura Ingalls Wilder

"Nací en 'La pequeña casa de los grandes bosques' de Wisconsin el 7 de febrero del año 1867", dijo una vez Laura Ingalls Wilder. Hablaba de la casa que conocen todos los que han leído su famoso libro del mismo nombre. "Viví todo lo que sucede en mis libros. Es una historia larga, llena de sol y de sombras…". Así se expresó Laura Ingalls Wilder en un discurso que dio en 1937.

Cuando Rose, la hija de la señora Wilder, era niña, escuchaba los cuentos de su madre sobre la niñez en las praderas. Al hacerse mayor, Rose convenció a su madre de que escribiera esos relatos. Rose sabía que a otras personas también habrían de parecerles interesantes. Tenía razón. Varias generaciones de lectores han disfrutado de ocho populares libros sobre la "pequeña casa".

Otros libros de esta serie que tal vez te gusten son *En las orillas del lago de plata* y *La casa de la pradera*, que se convirtió en un conocido programa de televisión.

Coméntalo

¿Qué viste, escuchaste y sentiste mientras leías este cuento? Da ejemplos.

Comprensión de lectura

1. Compara y contrasta los personajes de Laura y su hermana Mary.

2. ¿Por qué crees que papá les da un chapuzón a las niñas cuando se acercan a las aguas profundas?

3. ¿Qué papel juega el tejón en el cuento?

4. El **tema** es el significado básico de un cuento. ¿Cuál de las siguientes afirmaciones expresa mejor el tema de este cuento? Explica tu respuesta.

    a. La vida en la época de los pioneros podía ser aburrida si no confiaban en ti.

    b. Ganas independencia cuando se puede confiar en ti.

    c. Hay personas en las que nunca se puede confiar.

5. Vuelve a leer "Tristes estrellas de tiza" y escribe o di una oración que exprese el **tema** de ese cuento.

Representa una escena

En la página 204, Laura se encuentra con el tejón. Vuelve a leer esa página y prepara una representación mímica que muestre las expresiones y acciones de Laura. Haz la representación por tu cuenta o con un compañero o compañera que haga el papel del tejón.

Claves de contexto

- Averigua el significado de palabras desconocidas usando **claves de contexto,** o palabras cercanas a la palabra desconocida.

- El contexto puede dar una explicación de la palabra desconocida. Por ejemplo: "Los reptiles tienen una cubierta de placas lisas y duras llamadas escamas". Las "escamas" son "placas lisas y duras".

- A veces se usa un sinónimo, o una palabra con significado parecido al de otra, como clave de contexto.

Lee "Cocodrilos", por D. M. Souza.

Escribe

1. Busca en la selección las palabras *osteodermos* y *poiquilotérmicos*. Escribe sus definiciones sin usar el diccionario.

2. Escribe un sinónimo de *piel*.

Cocodrilos

por D. M. Souza

Los cocodrilos, al igual que los demás reptiles, tienen hileras de escamas que les cubren el cuerpo. Debajo de las gruesas y puntiagudas escamas del cuello, el dorso y la cola, tienen placas óseas llamadas osteodermos. Esas placas hacen que su piel —o cuero— sea muy resistente y fuerte.

Los cocodrilos no cambian de piel como los demás reptiles. Cada escama se desarrolla independientemente. A medida que el animal crece, nuevas escamas crecen debajo de las antiguas y las reemplazan. Con el crecimiento, las escamas y las placas óseas se hacen cada vez más grandes.

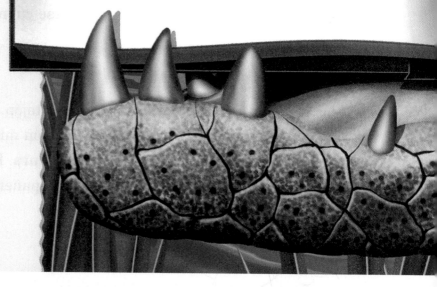

Los cocodrilos pueden vivir tanto en la tierra como en el agua. A pesar de que se asolean durante horas, pasan la mayor parte del tiempo nadando, cazando o escondidos en el agua. Allí pueden respirar porque mantienen las narices justo por encima de la superficie. Cuando van flotando difícilmente se les ve. Ni siquiera hacen ondas en el agua.

Al igual que todos los reptiles, los cocodrilos son animales de sangre fría, o poiquilotérmicos. Esto no significa que su sangre sea fría en realidad, sino que la temperatura de su cuerpo cambia. No permanece igual, como la nuestra, sino que sube y baja según la temperatura del aire y del agua que los rodea.

OJO A LO QUE VIENE

Los dragones de Komodo

A medida que leas la siguiente selección sobre un reptil muy grande, el dragón de Komodo de Indonesia, usa el contexto para entender mejor las palabras que no conozcas.

Palabras nuevas

armadura	lagarto	hostiles
deambular	presa	reptiles
depredadores		

Al leer un texto, quizás encuentres palabras que no conoces. Para averiguar su significado, busca claves en las oraciones cercanas.

Mira cómo se usa *lagartos* en el siguiente párrafo. Busca cómo definir la palabra. ¿Qué significa *lagartos*?

Los dragones: Nunca buenas mascotas

Aunque los lagartos y las serpientes son reptiles, es decir, animales de sangre fría con columna vertebral y pulmones, los lagartos tienen patas y párpados móviles. Los dragones de Komodo son los lagartos más grandes del mundo. Suelen deambular por la isla de Komodo, que forma parte del territorio de Indonesia. Tienen un aspecto hostil: su armadura de escamas es áspera y dura. Acariciarlos no es aconsejable, porque son animales depredadores que matan a sus presas a mordiscos.

Escribe

Imagina que trabajas en un zoológico. Escribe un letrero para la jaula de los dragones de Komodo usando palabras del vocabulario.

Los dragones de Komodo

por Thane Maynard

¡Dragones

Conozcamos a los dragones de Komodo

Hay quien piensa que los dragones son sólo animales imaginarios, como los dragones voladores que lanzan llamas por la boca en algunos libros y películas. Pero si viajas a las lejanas islas de un país llamado Indonesia, ¡encontrarás dragones de verdad! Son los dragones de Komodo.

Los dragones de Komodo no vuelan. Tampoco arrojan fuego por la boca. Entonces, ¿por qué se les llama "dragones"? Porque son los lagartos más grandes del mundo y parecen pequeños dragones.

o lagartos?

¿Dónde viven los dragones de Komodo?

Los dragones de Komodo son un tipo de lagarto llamado monitor o varano. Viven en una isla llamada Komodo, en Indonesia, cerca de la costa noroeste de Australia. Es uno de los lugares más calurosos y con condiciones más hostiles del mundo. La temperatura a menudo supera los 100° F, y a veces alcanza los 110° F.

En los días más calurosos, los dragones escapan del calor huyendo del sol. Descansan en madrigueras subterráneas, pero en cuanto se despiertan en la mañana, se echan al sol para calentarse. Hacen lo mismo en los días más frescos. Esto se debe a que son reptiles, como todos los lagartos. Los reptiles son animales de sangre fría y necesitan calor externo (como el de la luz solar) para calentarse.

Como la mayoría de los lagartos, los dragones de Komodo permanecen activos durante el día y duermen por la noche. Tanto los machos como las hembras cavan madrigueras. Duermen en sus madrigueras por la noche y, con frecuencia, descansan en ellas durante los días de mucho calor. Les gusta cavar sus madrigueras en colinas con poca vegetación o junto a corrientes de agua.

Uno de los lugares más calurosos

y **hostiles**
de la Tierra

Los dragones

¿Qué aspecto tienen los dragones de Komodo?

Los reptiles tienen escamas en lugar de piel. Los dragones de Komodo están cubiertos de escamas ásperas y desiguales que parecen una armadura. Las escamas los protegen cuando se desplazan.

El color oscuro de los dragones adultos les permite absorber mejor el calor del sol.

Los dragones de Komodo tienen las patas arqueadas y mueven la cola de lado a lado para guardar el equilibrio. Mantienen la cabeza erguida para poder ver y olfatear cualquier indicio de que otro animal anda cerca.

Los dragones adultos llegan a medir más de 10 pies de longitud. ¡Llegan a pesar hasta 250 libras! Normalmente, los machos son más grandes que las hembras.

Los dragones de Komodo son muy fuertes. Tienen garras que miden de dos a tres pulgadas y que utilizan para cavar hoyos y sujetar bien a sus presas.

llegan a medir más de **10** pies de longitud.

¿Qué comen los dragones de Komodo?

Los dragones de Komodo cazan y comen otros animales. A los animales que se comen a otros animales se les llama depredadores. Los dragones de Komodo son depredadores feroces. Comen todo lo que puedan cazar, desde ratas hasta cabras. Atrapan y comen animales mucho más grandes que ellos. ¡Son capaces de comerse aun a los carabaos, un tipo de búfalo que llega a pesar más de mil libras!

Los colmillos de estos lagartos gigantescos no son muy grandes, pero sí son muchísimos. Son muy afilados, y resultan perfectos para desgarrar carne. Los filos de los colmillos tienen estrías, que les sirven para mascar y sujetar la comida.

Los dragones de Komodo sacan la lengua constantemente. No lo hacen para burlarse de sus compañeros, sino por la misma razón por la cual lo hacen las serpientes: ¡para olfatear! Captan olores al mover la lengua. A ello se debe el que ésta sea bífida, es decir, en forma de Y. De este modo, la lengua tiene una superficie más amplia para percibir de qué dirección proviene un olor.

Generalmente, los dragones de Komodo esperan tranquilamente que su comida llegue hasta ellos. Sin embargo, si es necesario, pueden correr a una velocidad de hasta ocho millas por hora. No pueden mantener esa velocidad por mucho tiempo, pero una carrera breve los ayuda a atrapar su cena.

A veces comen

búfalos.

Sus **huevos** son más **grandes** que una **pelota de béisbol.**

¿Cómo nacen las crías de los dragones de Komodo?

Como la mayoría de los reptiles, los dragones de Komodo nacen de un huevo. Las mamás dragón ponen los huevos en el suelo. Después cavan un hoyo grande y los entierran en la arena. De esta manera, los huevos se mantienen a una temperatura cálida, aproximadamente a 81° F, y quedan protegidos hasta que nacen las crías. El período de incubación dura unos ocho meses. Generalmente, las mamás dragón ponen entre diez y veintisiete huevos.

Los huevos de dragón tienen un cascarón blando y liso. Son mucho más grandes que los huevos de gallina. De hecho, suelen ser más grandes que una pelota de béisbol. Eso es bueno, porque las crías de dragón miden aproximadamente dieciséis pulgadas de largo al salir del cascarón.

¿Cómo crecen las crías de los dragones de Komodo?

Las crías de los dragones de Komodo se cuidan solas desde que nacen. De pequeñas, comen insectos y pequeños roedores. Sin embargo, pronto pasan a comer animales más grandes.

Los dragones de Komodo crecen rápidamente. En sus primeros seis meses de vida alcanzan casi los tres pies de longitud, es decir, el doble de lo que miden al nacer.

Las crías de los dragones de Komodo tienen muchas más manchas que sus padres. Esto las ayuda a esconderse de otros animales hambrientos. Son también buenas trepadoras desde pequeñas y generalmente viven en los árboles. Quizás lo hagan para mantenerse fuera del alcance de los dragones adultos. ¡Si éstos tuvieran la oportunidad, se las comerían!

¿Están en peligro los dragones de Komodo?

Los dragones de Komodo son animales poco comunes. Viven únicamente en unas cuantas islas. A medida que más y más personas se trasladan a esas zonas, va quedando menos espacio para los dragones.

Para sobrevivir los dragones necesitan áreas protegidas en donde puedan deambular y cazar, tal y como lo han hecho durante millones de años. ¡Que vivan los dragones!

Thane Maynard

Conozcamos al autor

Thane Maynard creció en la parte central de la Florida, donde se divertía atrapando serpientes escarlata y crías de caimán. Su interés por la naturaleza lo llevó a apasionarse por toda la flora y la fauna silvestres. Ha compartido esa pasión con el público a través de dos series de televisión y un programa radial diario en la Radiodifusora Pública Nacional. En la actualidad es director educativo del Zoológico y Jardín Botánico de Cincinnati, Ohio.

Además de *Los dragones de Komodo*, Thane Maynard ha escrito muchos otros libros sobre animales. Dedicó uno de sus libros, que trata de las especies en peligro de extinción, a todos los futuros conservacionistas con estas palabras: "Que tengan el buen criterio de vivir sabiendo que el futuro importa".

Reacción del lector

Coméntalo

¿Qué es lo que más te sorprendió de los dragones de Komodo?

Comprensión de lectura

1. Describe el aspecto de los dragones de Komodo usando detalles.

2. Compara a una cría de dragón de Komodo con un dragón de Komodo adulto. ¿En qué se diferencian las crías de los adultos?

3. ¿Por qué están en peligro los dragones de Komodo? ¿Qué se puede hacer para ayudarlos a sobrevivir?

4. Algunas palabras tienen más de un significado. Usa **claves de contexto** para averiguar el significado más lógico en una oración. ¿Qué es un *monitor* en esta selección? ¿Qué otros significados tiene la palabra *monitor?*

5. A veces, las **claves de contexto** dan una definición o una explicación para palabras difíciles o poco comunes. Busca en esta selección una definición o una explicación.

Conoce a los dragones de Komodo

Si te encontraras con un dragón de Komodo, ¿dónde es probable que estuvieras? Busca en un atlas mundial el lugar donde viven los dragones de Komodo. ¿Viven cerca o lejos de donde tú vives?

DOS LAGARTOS
POCO COMUNES

Extraído de la enciclopedia Microsoft® Encarta® 99

Lagarto cornudo

Lagarto cornudo, nombre común de un género de lagartos de cola y patas cortas pertenecientes a la familia de las iguanas. Reciben el nombre de cornudos debido a unas espinas similares a cuernos que exhiben en la cabeza y en el dorso, aunque también se les conoce como *tapayaryés*, *tepeyines* o *escorpiones*. La forma de su cuerpo se parece a la de un sapo. Propios de las regiones desérticas del oeste de los Estados Unidos y México, se entierran en la arena para eludir las temperaturas extremas y, en su mayoría, se alimentan de hormigas. Sus cuerpos, anchos y planos, miden entre 8 y 13 centímetros de longitud. Como defensa, muchas especies pueden rociar a los intrusos con sangre proyectada desde las comisuras de los ojos. El tapayaryé del sur de los Estados Unidos y el norte de México se vende como mascota. El tepeyín, que se extiende desde Chihuahua hasta Puebla, en México, y con dos subespecies hasta los litorales atlántico y pacífico (Veracruz y Colima, respectivamente), es muy prolífico. Sus cuernos y sus espinas son de menor tamaño que las de los tapayaryés.

Relacionar lecturas

Leer un artículo de enciclopedia en CD-ROM

✓ **Busca los encabezados.** Cada uno te dice lo que leerás en los párrafos que le siguen.

✓ **Observa las fotografías y lee las leyendas.** Las fotografías muestran de qué habla el texto. Las leyendas te dan más información sobre el tema.

✓ **Usa el diccionario para buscar el significado de las palabras que no conozcas.** En las enciclopedias puede haber muchas palabras cuyo significado sea difícil de averiguar por el contexto.

Enfoca tu lectura

Los dragones de Komodo y los dos animales de este artículo son lagartos. ¿En qué se parecen y en qué se diferencian?

Clasificación científica: Los lagartos cornudos componen el género *Phrynosoma*, perteneciente a la familia Iguánidos. El nombre científico del tapayaryé es *Phrynosoma cornutum*, el de la especie de la costa es *Phrynosoma coronatum* y el del tepeyín es *Phrynosoma orbiculare*.

El lagarto cornudo real es la más grande de las especies americanas.

Lagarto de cristal

Lagarto de cristal, nombre común de los miembros de un género de lagartos, así llamados por las escamas lisas, altamente pulidas, relucientes y similares a tejas que rodean su cuerpo sin patas. También reciben el nombre de serpientes de cristal por su parecido con éstas al carecer de patas. Al contrario que las serpientes, tienen párpados móviles y aberturas auditivas externas. El lagarto de cristal vive tanto en Eurasia como en América. En el norte del continente hay seis especies, que se encuentran desde Virginia y el sur de Wisconsin hasta Texas y el noreste de México.

El color varía en las distintas especies. Algunas son negras con un punto verde en cada escama; otras son pardas con bandas oscuras. Se alimentan sobre todo de insectos. Tienen una cola frágil que mide el doble o más de la longitud del cuerpo y se desprende con facilidad en caso de manipulación, lo que sirve como mecanismo de defensa contra los depredadores, que a menudo se distraen con el movimiento ondulante de la cola desprendida. Como ocurre en la mayoría de los lagartos, regeneran la cola, pero la porción regenerada suele ser más corta que la cola original, y de diferente color. A ambos lados del cuerpo del lagarto de cristal, que puede llegar a medir alrededor de 1 metro, hay un profundo pliegue. El más grande es el *pseudópodo*, una especie europea que alcanza 1.2 metros de longitud.

Clasificación científica: Los lagartos o serpientes de cristal componen el género *Ophisaurus*, perteneciente a la familia Ánguidos, del orden Escamosos, suborden Saurios. El nombre científico del pseudópodo es *Ophisaurus apodus*.

El aspecto de los lagartos de cristal es similar al de las serpientes.

Viento

por Octavio Paz

Cantan las hojas,
bailan las peras en el peral;
gira la rosa,
rosa del viento, no del rosal.

Nubes y nubes
flotan dormidas, algas del aire;
todo el espacio
gira con ellas, fuerza de nadie.

Todo es espacio;
vibra la vara de la amapola
y una desnuda
vuela en el viento lomo de ola.

Nada soy yo,
cuerpo que flota, luz, oleaje;
todo es del viento
y el viento es aire siempre de viaje.

LXXII

por Pablo Neruda

Si todos los ríos son dulces
¿de dónde saca sal el mar?

¿Cómo saben las estaciones
que deben cambiar de camisa?

¿Por qué tan lentas en invierno
y tan palpitantes después?

¿Y cómo saben las raíces
que deben subir a la luz?

¿Y luego saludar al aire
con tantas flores y colores?

¿Siempre es la misma primavera
la que repite su papel?

Luna lunera

por Emma Pérez

¿Cuántos toritos?
¿Cuántas terneras?
"Luna lunera,
cascabelera,
cinco toritos
y una ternera".
— ¿Por qué la luna
se va o se queda?
— ¡Vaya pregunta!
Porque es viajera.
— ¿Por qué tan fría
su luz nos llega?
— Porque la roba,
porque no es de ella.

— ¿Por qué las olas
siempre la esperan?
— Porque las alza,
porque las besa.
— ¿Por qué se parte?
¡Yo no quisiera,
siendo tan linda,
que se rompiera!
— ¡Vaya deseo!
"Luna lunera,
cinco toritos
y una ternera".

Bandas de flamencos

por Ana María Romero Yebra

Bandas de flamencos
bordan las salinas.
La playa, desierta,
parece dormida.

En el horizonte
de azules y rojos,
vuelos de gaviotas
inundan los ojos.

Sobre el arrecife
la luna de plata.
¡Qué hermosa la noche
en Cabo de Gata!

Gaviotas

por Pura Vázquez

En la playa, gaviotas.
Sobre las peñas.
Sobre las olas.
Rondan la vela.
Juegan la ronda.
¡Como los niños
de las plazuelas!…
¡Gaviotas!

El que desea aprender,
muy cerca está de saber.

Las llaves del
ÉXITO

¿Cómo conducen al éxito el aprendizaje y el trabajo?

Expresar opiniones

- **Expresar opiniones** significa pensar y decidir cómo reaccionar ante los personajes, las situaciones y las ideas que aparecen en un cuento o artículo.

- Al expresar opiniones, usa tus conocimientos y tu experiencia.

- Pregúntate si el autor o la autora trata de influir en lo que piensas. ¿Apoya el autor o la autora las ideas que presenta en el texto?

Lee el cuento exagerado **"Bienvenidos a la granja de McBroom"**, por Sid Fleischman.

En tus palabras

1. ¿Se parece la granja de McBroom a las granjas que conoces? Explica tu respuesta.

2. ¿Cómo crees que quiere el autor que reacciones al leer el cuento?

Bienvenidos a la granja de McBroom

por Sid Fleischman

Supongo que habrás oído hablar de lo asombrosamente rica que es nuestra granja. Aquí crece de todo, y a gran velocidad. Las semillas retoñan de repente en el suelo y las cosechas brotan y crecen ante nuestros propios ojos. Resulta que, ayer mismo, a nuestro hijo mayor se le cayó una moneda de cinco centavos. Antes de que la hallara, ¡se había convertido en una moneda de veinticinco centavos!

Una mañana temprano, un desconocido flaco y de cabellos enmarañados apareció andando lentamente por el camino. Pero, ¡qué alto era! Estoy seguro de que si se le cayera el sombrero, demoraría uno o dos días en llegar al suelo.

—¿Cómo está, señor? —dijo—. Soy John Cara Delgada, de aquí, de allá y de otros lugares. Puedo pintar su granero por poco dinero.

Ese hombre no solamente era alto, delgado y de cabellos enmarañados, sino también corto de vista.

—No tenemos granero —le dije.

Entrecerró los ojos y se rio.

—En ese caso —dijo— lo pintaré gratis.

—Trato hecho —respondí sonriendo.

Pintó el granero inexistente en menos de un segundo y todavía le sobró tiempo.

OJO A LO QUE VIENE

John Henry

Prepárate para conocer a John Henry, un famoso personaje del folklore de los Estados Unidos. ¿Crees que John Henry y sus martillos podrán ganar una competencia contra una máquina?

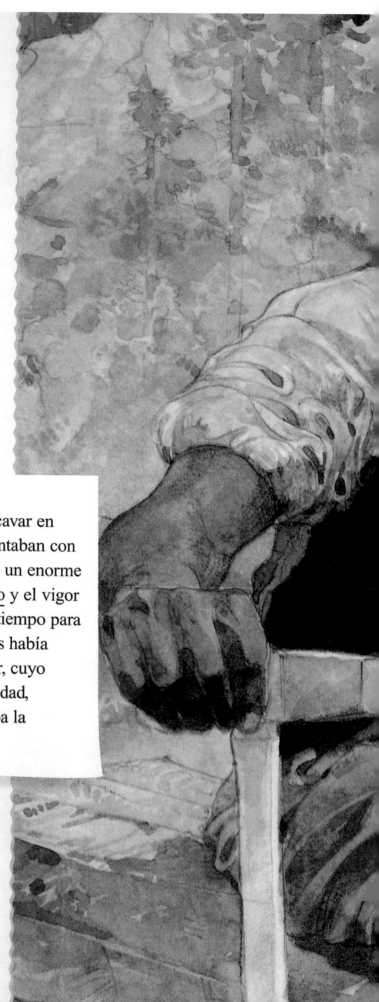

Palabras nuevas

capataz	cuadrilla	girar
horizonte	peñón	ritmo
taladro		

Muchas palabras tienen más de un significado. Para decidir cuál de los significados de una palabra se usa en un texto, busca claves en los párrafos u oraciones cercanas.

Lee el siguiente párrafo y presta especial atención a su significado en conjunto.

La excavación

La cuadrilla de trabajadores comenzó a excavar en cuanto el sol apareció tras el horizonte. Contaban con tres semanas para abrir un túnel a través de un enorme peñón, y aunque el capataz alababa el ritmo y el vigor de sus trabajadores, sabía que tenían poco tiempo para terminar. Afortunadamente, la compañía les había prometido la llegada de un taladro de vapor, cuyo poderoso motor lo hacía girar a gran velocidad, triturando la roca a su paso. Así se aceleraba la construcción del túnel.

Escribe

Escribe una carta solicitando un trabajo en la construcción de carreteras. Usa palabras del vocabulario.

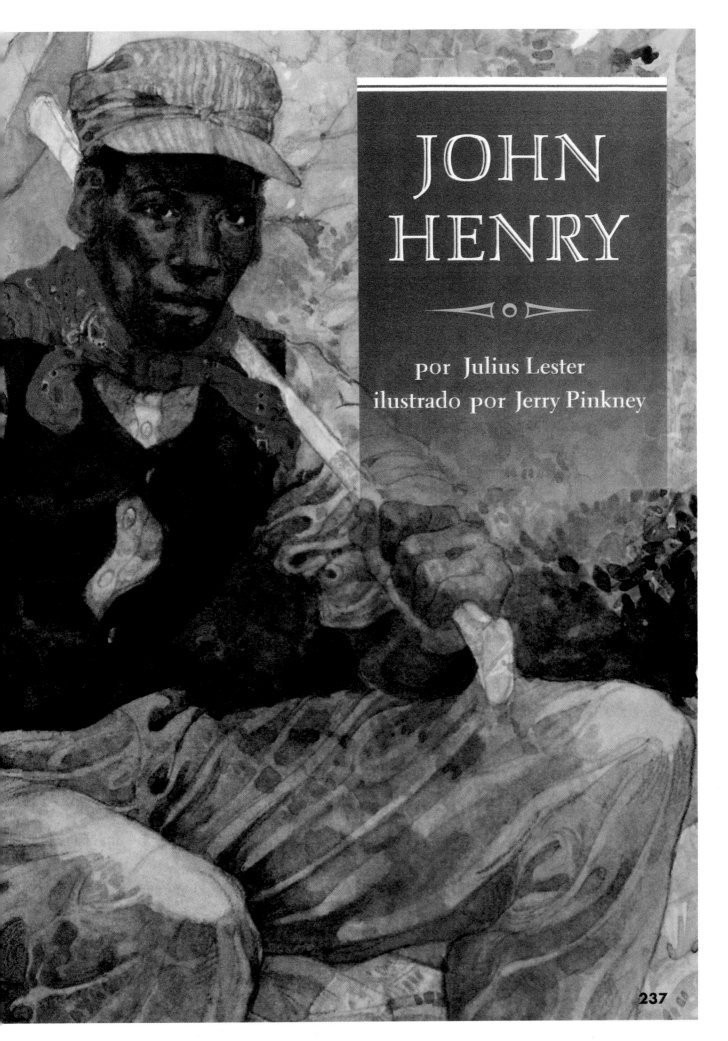

JOHN HENRY

◄ o ►

por Julius Lester
ilustrado por Jerry Pinkney

Es probable que jamás hayan oído hablar de John Henry, o quizás sí han oído hablar de él pero no conocen los pormenores de sus ires y venires. Pues bien, es por eso que les voy a contar su historia.

Cuando John Henry nació, llegaron pájaros de todas partes a verlo. Los osos y panteras y alces y venados y conejos y ardillas, e incluso un unicornio, salieron del bosque para conocerlo. Y en lugar de dedicarse a lo suyo e irse a dormir, el sol se quedó husmeando por detrás de los bordes de la luna para darle un vistazo al bebé.

Al poco rato, su mamá y su papá salieron al porche a exhibir al flamante recién nacido. Las aves exclamaron "oooohhh" y los animales exclamaron "aaaahhh" ante la hermosura del bebé.

De pronto, en medio de uno de los "oooohhh", o tal vez por entre los "aaaahhh", el bebé se escapó de los brazos de su mamá y comenzó a crecer.

Y creció y creció y creció. Creció hasta que su cabeza y sus hombros salieron por el techo del porche. A John Henry esto le pareció lo más divertido del mundo. Se rio tan fuerte que el sol se asustó, se escabulló por detrás de los bordes de la luna y se metió en la cama, que es donde debía haber estado desde hacía rato.

Al día siguiente, John Henry se levantó muy temprano, pero el sol no estaba allí. El sol estaba cansado y había decidido dormir hasta tarde. John Henry no estaba dispuesto a aceptar la situación, así que alzó la voz al cielo y dijo:

—¡Levántate de una vez! Tengo cosas pendientes y necesito luz para hacerlas.

239

El sol bostezó, se lavó la cara, se lavó los dientes y se apresuró a salir por el horizonte.

Ese día, John Henry ayudó a su papá a reconstruir el porche que había destruido y agregó a la casa un ala con piscina techada y uno de esos jacuzzis. Después de comer, taló un acre de árboles y los cortó en trozos de leña para la chimenea, y todavía le quedó tiempo para tomar una siesta antes de la cena.

Al día siguiente, John Henry fue al pueblo. Se encontró con el hombre más desagradable del estado, Martín el Malandrín, que cabalgaba en su caballo blanco. ¿Y saben lo que Martín hacía? Pensaba en las maldades que iba a cometer. Martín el Malandrín era tan malo, que lloraba si tenía un pensamiento hermoso.

John Henry le dijo:

—Martín, te propongo una apuesta: hagamos una carrera, tú a caballo y yo corriendo. Si tú y tu caballo ganan, podrás hacerme trabajar tan duro como quieras durante todo un año. Si yo gano, tú tendrás que ser bueno durante un año.

Martín el Malandrín soltó una carcajada malévola:

—Trato hecho, John Henry.

Su voz sonó como el revoloteo de las alas de un murciélago sobre la piedra de un sepulcro.

A la mañana siguiente, muchas personas se habían congregado a lo largo del trayecto de la carrera. John Henry estaba preparado. Martín el Malandrín y su caballo estaban preparados.

¡BANG! La carrera comenzó.

241

La tía del tío de la cuñada del primo del hermano de mi bisabuelo estuvo allí esa mañana. Cuenta ella que todos vieron pasar a Martín el Malandrín cabalgando en su caballo blanco, y no cabía duda de que iba a gran velocidad. Pero nadie vio a John Henry. Fue porque iba tan rápido, que hasta el viento se quedó sin aliento intentando alcanzarlo. Cuando Martín el Malandrín cruzó la meta, ya John Henry estaba del otro lado, sentado en una mecedora y bebiendo un refresco.

Desde entonces, Martín el Malandrín fue tan bueno que todos lo llamaban Martín el Simpático.

John Henry decidió que era hora de buscar su destino. Fue a su casa y se despidió de su mamá y de su papá.

—Hijo —le dijo su papá—, necesitas herramientas para abrirte camino en el mundo. Toma las que le pertenecieron a tu abuelo.

Y diciendo esto le entregó dos martillos de veinte libras de peso, cuyos mangos de cuatro pies eran de hueso de ballena.

Un día después, John Henry divisó una cuadrilla de trabajadores que construía un camino. Al menos eso es lo que habían estado haciendo, hasta toparse con un gran peñón que se alzaba justo por donde la ruta debía continuar. No era un peñón cualquiera. Era tan duro como la ira, y era tan grande que le tomaría media semana a un hombre alto llegar de un extremo al otro.

John Henry se ofreció a darles una mano.

—No te preocupes. Le pondremos dinamita —le respondieron.

John Henry sonrió para sí mismo y dijo: —Como quieran.

Los hombres de la cuadrilla colocaron dinamita alrededor de toda la roca y la encendieron.

¡¡¡BRUUUMMM BAMM CATAPLÚN PLUM PLUM!!!

La dinamita hizo tal estrépito, que el Todopoderoso se asomó por la baranda de los cielos y gritó:

—¡Están haciendo demasiado ruido!

La explosión levantó tanta tierra y polvo que el día se oscureció de pronto. La luna pensó que la noche la había sorprendido durmiendo la siesta, y al salir con tanta prisa casi se estrella con el sol, que aún trepaba la empinada ladera hacia el mediodía.

Cuando terminó la conmoción, los trabajadores de la cuadrilla de construcción quedaron atónitos: el peñón aún estaba allí. Lo cierto es que la dinamita no le había arrancado ni un pedacito.

Los trabajadores no sabían qué hacer. Entonces oyeron un estruendo y miraron a su alrededor. Era la risa de John Henry.

—Tengan la amabilidad de despejar el camino —les dijo—, que tengo mucho que hacer.

—No sé cómo vas a lograr lo que la dinamita no consiguió —dijo el capataz de la cuadrilla.

John Henry se rio entre dientes y les respondió:

—Observen y verán.

Entonces hizo girar uno de los martillos por encima de su cabeza y produjo una ventolera tal, que las hojas volaron de los árboles y los pájaros se cayeron del cielo.

¡PUMMMM!

El martillo golpeó el peñón. El peñón tembló como tiemblan ustedes en esas heladas mañanas de invierno en que parece que el autobús escolar nunca va a llegar.

¡PUMMMM!

El peñón tembló como la mañana en que les llegó la libertad a los esclavos.

John Henry tomó el otro

martillo. Lo hizo girar por encima de su cabeza. Tan pronto como golpeó con él la roca, ¡PUMMMM!, comenzó a trazar un círculo con el martillo de su mano izquierda, ¡PUMMMM! En poco tiempo el ¡PUMMMM! de un martillo seguía tan de cerca al ¡PUMMMM! del otro martillo, que sonaba como si ambos cayeran al mismo tiempo.

¡PUMMMM! ¡PUMMMM!
¡PUMMMM! ¡PUMMMM!

Los pedacitos de roca y el polvo salían disparados con tal rapidez del peñón que John Henry desapareció de vista. Sin embargo aún era posible oír sus martillos: ¡PUMMMM! ¡PUMMMM!

El aire parecía bailar al ritmo de los martillos. El capataz de la cuadrilla de trabajadores miró hacia arriba y, boquiabierto, señaló al cielo.

Allá en el aire, por encima del peñón, había un arco iris. John Henry hacía girar los martillos con tal rapidez, que había formado un arco iris sobre sus hombros. Brillaba y resplandecía entre el polvo y la arena como la esperanza que nunca muere. John Henry comenzó a cantar:

Llevo un arco iris
¡PUMMMM! ¡PUMMMM!
Atado a los hombros
¡PUMMMM! ¡PUMMMM!
Pero no lloverá,
No, no lloverá.
¡PUMMMM! ¡PUMMMM!

John Henry cantaba y martillaba y el aire bailaba y el arco iris resplandecía y la tierra se sacudía y se bamboleaba bajo los golpes de los martillos. Finalmente, volvió la calma. El polvo se fue disipando lentamente.

Los trabajadores no podían creer lo que veían. El peñón había desaparecido. En su lugar estaba el camino más hermoso y recto que jamás habían visto. John Henry no sólo había convertido el peñón en grava, sino que había terminado de construir el camino.

En el cruce del nuevo camino con el camino principal, la cuadrilla vio a John Henry despidiéndose, con un martillo en cada hombro y el arco iris envolviéndolo como un manto de amor.

John Henry siguió su camino. Había oído que los hombres que tuvieran habilidad con los martillos podían hallar trabajo en la construcción del ferrocarril de Chesapeake y Ohio, que pasaba por West Virginia. Hacia allá se dirigía cuando se detuvo a construir el camino.

Al día siguiente, John Henry llegó al ferrocarril. Sin embargo, el trabajo ahí se había detenido. La vía férrea debía atravesar una montaña, ¡y qué montaña! Junto a ella, incluso

John Henry se sentía pequeño. Pero un trabajador le contó de una nueva máquina que iban a usar para abrir un túnel a través de la montaña. Era un taladro de vapor.

—Puede martillar más rápidamente y con más fuerza que diez hombres, y jamás tiene que detenerse a descansar —dijo.

Al día siguiente, llegó el capataz con el taladro de vapor.

—Hagamos una competencia —le dijo John Henry—. Su taladro de vapor contra mis martillos.

El hombre se rio:

—John Henry, he oído que eres el mejor que jamás existió, pero aun así no puedes martillar mejor que una máquina.

—Hagamos la prueba —contestó John Henry.

El capataz se encogió de hombros.

—Bueno, si te parece. Comienza por el otro lado de la montaña. Yo haré funcionar el taladro de vapor por este lado. El que llegue primero a la mitad será el ganador.

A la mañana siguiente, reinaba el silencio. Los pájaros no trinaban y los gallos no cantaban. Al no escuchar cantar al gallo, el sol se preguntó si algo andaría mal. Así que se levantó un par de minutos más temprano para ir a ver.

Lo que vio fue una montaña tan grande como el dolor de un desengaño. Por un lado había una gran máquina conectada a unas mangueras. Arrojaba humo y vapor. Cuando la máquina atacaba la montaña, volaban rocas y tierra y maleza por el aire. Por el otro lado estaba John Henry. Junto a la montaña, John Henry no parecía mucho más grande que un deseo que no llega a cumplirse.

Tenía un martillo de veinte libras en cada mano y músculos duros como la sabiduría en cada brazo. Al girar por el aire, los martillos brillaban como la plata, y al estrellarse contra la roca, resonaban como el oro. Al poco rato brotaban lenguas de fuego con cada golpe.

Por el otro lado, el capataz del taladro de vapor sentía a la montaña estremecerse. Se asustó y gritó:

—¡Creo que la montaña se derrumba!

Desde el interior de la montaña se escuchó una voz profunda:

—Se trata de mis martillos, que succionan el viento.

Como no había suficiente espacio dentro del túnel, el arco iris envolvió la montaña por el lado en el que estaba John Henry.

John Henry y el taladro de vapor trabajaron durante toda la noche. A la luz de las lenguas de fuego que salían disparadas del túnel por los martillazos de John Henry, las personas podían ver el arco iris envolver la montaña como una manta.

A la mañana siguiente, el sol salió más temprano que de costumbre

para ver quién iba ganando. Justamente en ese instante, John Henry irrumpió por la pared del túnel y se encontró con el taladro de vapor. El capataz de la máquina quedó atónito: John Henry había avanzado una milla y cuarto, y el taladro de vapor sólo había avanzado un cuarto de milla.

Las personas vitoreaban y gritaban:

—¡John Henry! ¡John Henry!

John Henry salió del túnel a la luz del sol y levantó los brazos, con un martillo en cada mano. El arco iris se deslizó por la montaña y le envolvió los hombros.

John Henry cerró los ojos con una sonrisa y lentamente se desplomó. Estaba muerto. Había martillado con tanta fuerza y a tal velocidad y durante tanto tiempo, que su enorme corazón estalló.

Por un minuto, todos permanecieron en silencio. Luego se escuchó el sonido de un llanto suave. Algunos decían que venía de la luna. Otro dijo que vio al sol derramar una lágrima.

Luego ocurrió algo extraño. Más tarde todos jurarían que había sido un susurro del arco iris. No lo sé. Pero, haya sido un susurro o un pensamiento, todos supieron lo mismo al mismo tiempo: "Morir no es importante: todo el mundo muere. Lo importante es cómo se vivió la vida".

Una persona comenzó a aplaudir. Luego otra, y otra. Pronto todos aplaudían.

A la mañana siguiente, el sol hizo que todos se levantaran temprano para despedirse de John Henry. Lo pusieron en un vagón de ferrocarril y el tren fue alejándose lentamente de las montañas.

A lo largo de todo el trayecto había personas congregadas a ambos lados de las vías del tren. Todos vitoreaban y gritaban entre lágrimas:

—¡John Henry! ¡John Henry!

Llevaron el cuerpo de John Henry a Washington, D.C.

Algunos dicen que lo sepultaron una noche en los jardines de la Casa Blanca mientras el presidente y su señora dormían.

No sé nada de eso. Lo único que sé es lo siguiente: si al pasar por la Casa Blanca tarde en la noche te quedas inmóvil y escuchas con cuidado, la gente dice que se oye una voz profunda que canta:

Llevo un arco iris

¡PUMMMM! ¡PUMMMM!

Atado a los hombros

¡PUMMMM! ¡PUMMMM!

Pero no lloverá,

No, no lloverá.

¡PUMMMM! ¡PUMMMM!

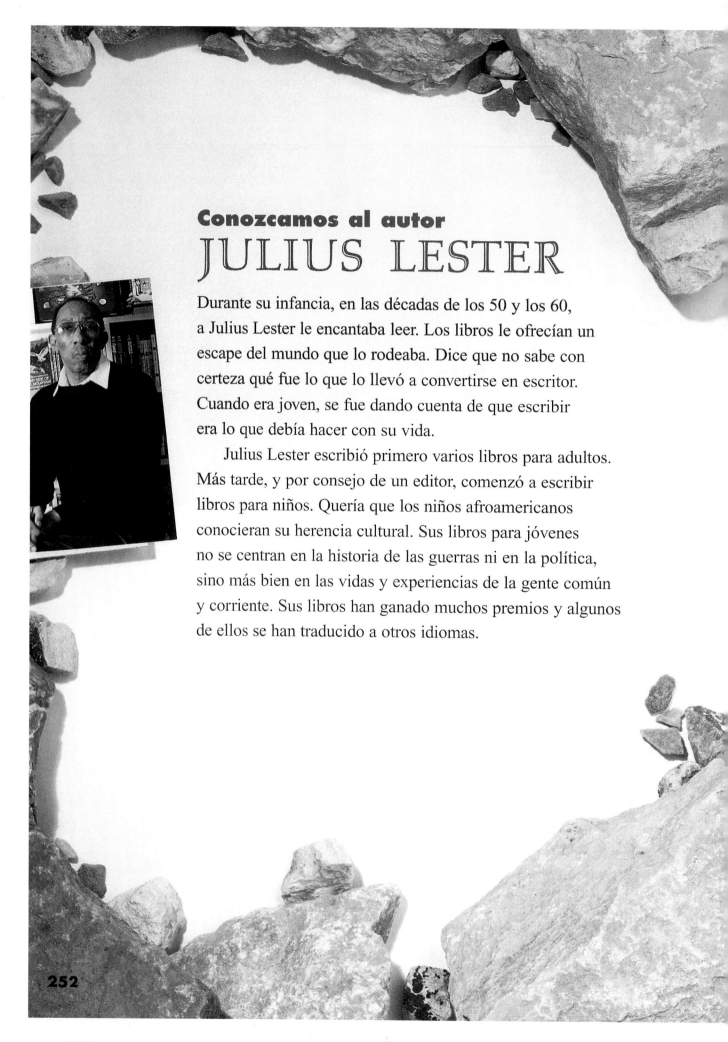

Conozcamos al autor
JULIUS LESTER

Durante su infancia, en las décadas de los 50 y los 60, a Julius Lester le encantaba leer. Los libros le ofrecían un escape del mundo que lo rodeaba. Dice que no sabe con certeza qué fue lo que lo llevó a convertirse en escritor. Cuando era joven, se fue dando cuenta de que escribir era lo que debía hacer con su vida.

Julius Lester escribió primero varios libros para adultos. Más tarde, y por consejo de un editor, comenzó a escribir libros para niños. Quería que los niños afroamericanos conocieran su herencia cultural. Sus libros para jóvenes no se centran en la historia de las guerras ni en la política, sino más bien en las vidas y experiencias de la gente común y corriente. Sus libros han ganado muchos premios y algunos de ellos se han traducido a otros idiomas.

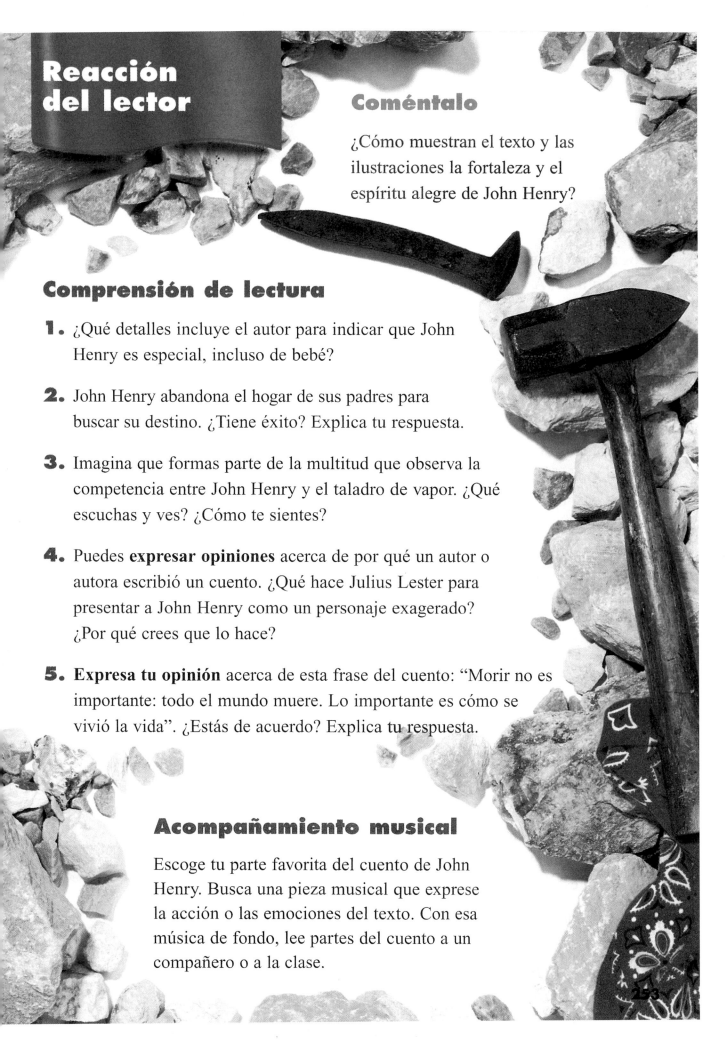

Reacción del lector

Coméntalo

¿Cómo muestran el texto y las ilustraciones la fortaleza y el espíritu alegre de John Henry?

Comprensión de lectura

1. ¿Qué detalles incluye el autor para indicar que John Henry es especial, incluso de bebé?

2. John Henry abandona el hogar de sus padres para buscar su destino. ¿Tiene éxito? Explica tu respuesta.

3. Imagina que formas parte de la multitud que observa la competencia entre John Henry y el taladro de vapor. ¿Qué escuchas y ves? ¿Cómo te sientes?

4. Puedes **expresar opiniones** acerca de por qué un autor o autora escribió un cuento. ¿Qué hace Julius Lester para presentar a John Henry como un personaje exagerado? ¿Por qué crees que lo hace?

5. **Expresa tu opinión** acerca de esta frase del cuento: "Morir no es importante: todo el mundo muere. Lo importante es cómo se vivió la vida". ¿Estás de acuerdo? Explica tu respuesta.

Acompañamiento musical

Escoge tu parte favorita del cuento de John Henry. Busca una pieza musical que exprese la acción o las emociones del texto. Con esa música de fondo, lee partes del cuento a un compañero o a la clase.

Sacar conclusiones

- Los autores no siempre lo cuentan todo. A veces sólo dan detalles sobre los personajes y lo que les sucede.

- Usa los detalles para **sacar conclusiones** sobre los personajes y sus acciones.

- Una conclusión es una decisión lógica a la que llegas después de pensar en los detalles o hechos leídos.

Lee "La batalla entre los elefantes y los cocodrilos", por Ana María Shua.

En tus palabras

1. ¿Qué crees que va a ocurrir a continuación? ¿Qué te hace pensar eso?

2. ¿Qué conclusiones puedes sacar acerca de lo que piensan los animales de la selva sobre los elefantes? ¿Qué detalles te ayudan a llegar a esas conclusiones?

3. ¿Qué conclusiones puedes sacar acerca del cocodrilo viejo?

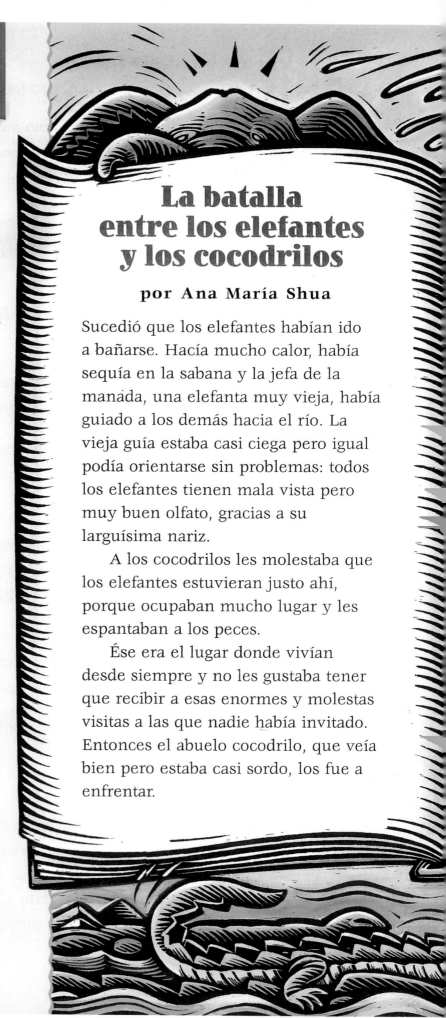

La batalla entre los elefantes y los cocodrilos

por Ana María Shua

Sucedió que los elefantes habían ido a bañarse. Hacía mucho calor, había sequía en la sabana y la jefa de la manada, una elefanta muy vieja, había guiado a los demás hacia el río. La vieja guía estaba casi ciega pero igual podía orientarse sin problemas: todos los elefantes tienen mala vista pero muy buen olfato, gracias a su larguísima nariz.

A los cocodrilos les molestaba que los elefantes estuvieran justo ahí, porque ocupaban mucho lugar y les espantaban a los peces.

Ése era el lugar donde vivían desde siempre y no les gustaba tener que recibir a esas enormes y molestas visitas a las que nadie había invitado. Entonces el abuelo cocodrilo, que veía bien pero estaba casi sordo, los fue a enfrentar.

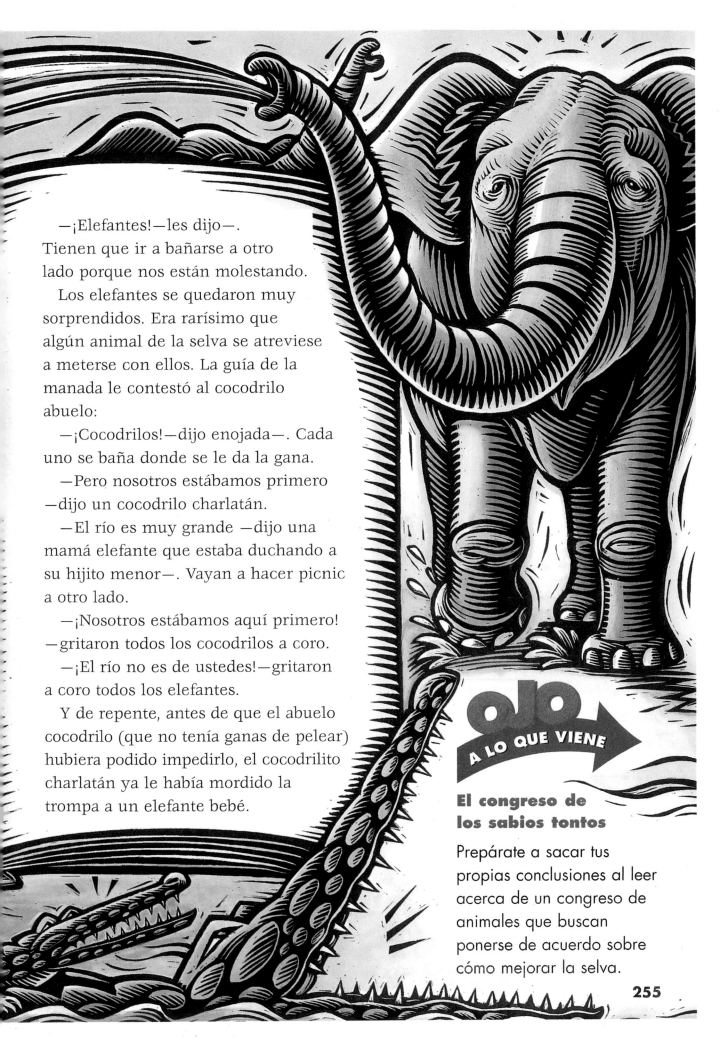

—¡Elefantes!—les dijo—. Tienen que ir a bañarse a otro lado porque nos están molestando.

Los elefantes se quedaron muy sorprendidos. Era rarísimo que algún animal de la selva se atreviese a meterse con ellos. La guía de la manada le contestó al cocodrilo abuelo:

—¡Cocodrilos!—dijo enojada—. Cada uno se baña donde se le da la gana.

—Pero nosotros estábamos primero —dijo un cocodrilo charlatán.

—El río es muy grande —dijo una mamá elefante que estaba duchando a su hijito menor—. Vayan a hacer picnic a otro lado.

—¡Nosotros estábamos aquí primero! —gritaron todos los cocodrilos a coro.

—¡El río no es de ustedes!—gritaron a coro todos los elefantes.

Y de repente, antes de que el abuelo cocodrilo (que no tenía ganas de pelear) hubiera podido impedirlo, el cocodrilito charlatán ya le había mordido la trompa a un elefante bebé.

OJO A LO QUE VIENE

El congreso de los sabios tontos

Prepárate a sacar tus propias conclusiones al leer acerca de un congreso de animales que buscan ponerse de acuerdo sobre cómo mejorar la selva.

255

Palabras nuevas

congreso	proposición	elevar
colegas	bienestar	
representante		

Muchas palabras tienen más de un significado. Para averiguar cuál es el significado que se usa, busca claves en las oraciones o párrafos cercanos.

Lee el siguiente párrafo, prestando atención a su significado en conjunto. Decide si *congreso* significa "una reunión" o "un grupo de personas que escriben leyes".

Recuerdos de la sesión

Mis colegas llegaron de todas partes del país. Estaba el representante Figueroa, a quien no había visto desde la sesión del año pasado. Aquella vez, Figueroa hizo una proposición al congreso para mejorar las carreteras del país. A todos nos preocupaba el bienestar general, aunque fue Figueroa quien nos convenció de que teníamos que elevar las condiciones de los caminos que atraviesan la nación.

En tus palabras

¿Cuál crees que fue la proposición de Figueroa? Habla con otro estudiante sobre cómo mejorar tu vecindario. Usa palabras del vocabulario.

El congreso de los sabios tontos

por Saúl Schkolnik

ilustrado por Marc Mongeau

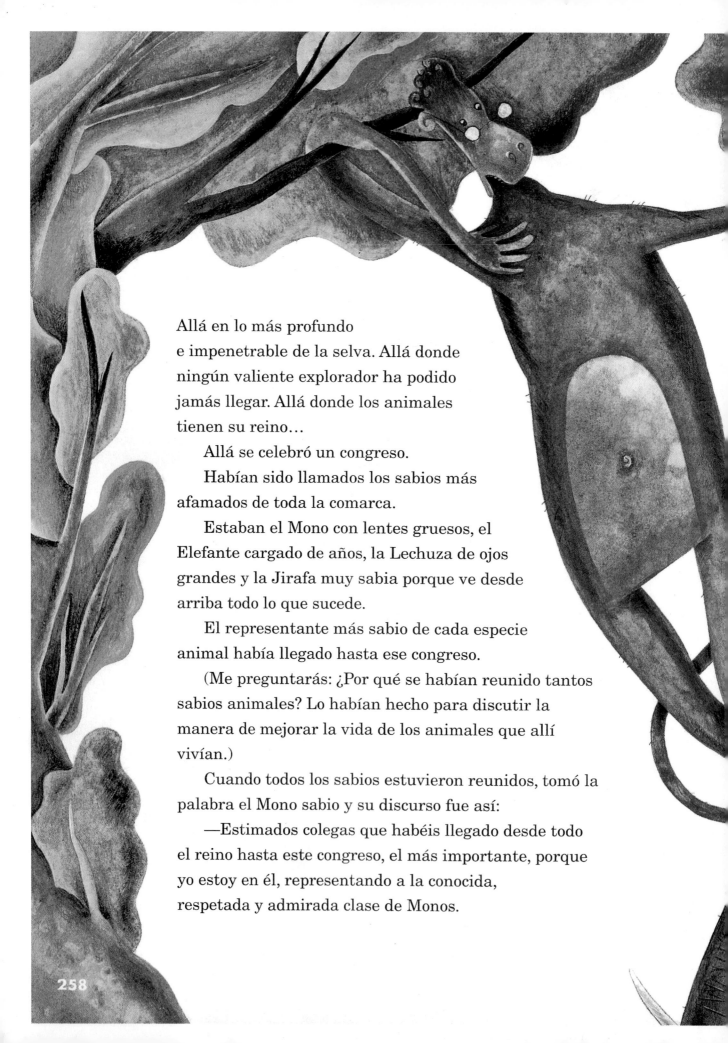

Allá en lo más profundo
e impenetrable de la selva. Allá donde
ningún valiente explorador ha podido
jamás llegar. Allá donde los animales
tienen su reino…

Allá se celebró un congreso.

Habían sido llamados los sabios más
afamados de toda la comarca.

Estaban el Mono con lentes gruesos, el
Elefante cargado de años, la Lechuza de ojos
grandes y la Jirafa muy sabia porque ve desde
arriba todo lo que sucede.

El representante más sabio de cada especie
animal había llegado hasta ese congreso.

(Me preguntarás: ¿Por qué se habían reunido tantos
sabios animales? Lo habían hecho para discutir la
manera de mejorar la vida de los animales que allí
vivían.)

Cuando todos los sabios estuvieron reunidos, tomó la
palabra el Mono sabio y su discurso fue así:

—Estimados colegas que habéis llegado desde todo
el reino hasta este congreso, el más importante, porque
yo estoy en él, representando a la conocida,
respetada y admirada clase de Monos.

"Antes de hacer mi proposición, deseo señalar lo siguiente:

"Los árboles y las plantas son necesarios para la vida de los animales.

"¿Qué haríamos sin árboles? ¿Dónde vivirían los animales más inteligentes del reino, que somos nosotros? ¿Por dónde podríamos viajar si no fuera por las ramas, y qué podríamos comer si no tuvieran frutos los árboles? Resumo diciendo que el árbol es uno de los mayores tesoros de la naturaleza.

"Es por ello que solicito a este congreso que se planten muchos árboles para que nosotros los Monos podamos vivir mejor. Es importante indicar que no vale la pena que los árboles tengan hojas, pues basta que tengan ramas para saltar de una a otra y frutos para comer".

Terminó de hablar el Mono y todos prorrumpieron en grandes aplausos.

Cuando se hubo calmado algo el ruido, la Jirafa sabia pidió la palabra y con voz suave y profunda dijo así:

—Admirados colegas: Primero, quiero felicitar al Mono sabio por su claro y brillante discurso. Debo agregar además que estoy de acuerdo con que se planten muchos árboles en nuestro reino, para el bien de todos sus animales.

"Sin embargo, aunque estimo muy justo que los árboles tengan ramas y frutos, creo que es muchísimo más importante que tengan hojas. Hojas que nosotras las Jirafas usamos como alimento. Por eso digo yo: plantemos árboles con muchas hojas".

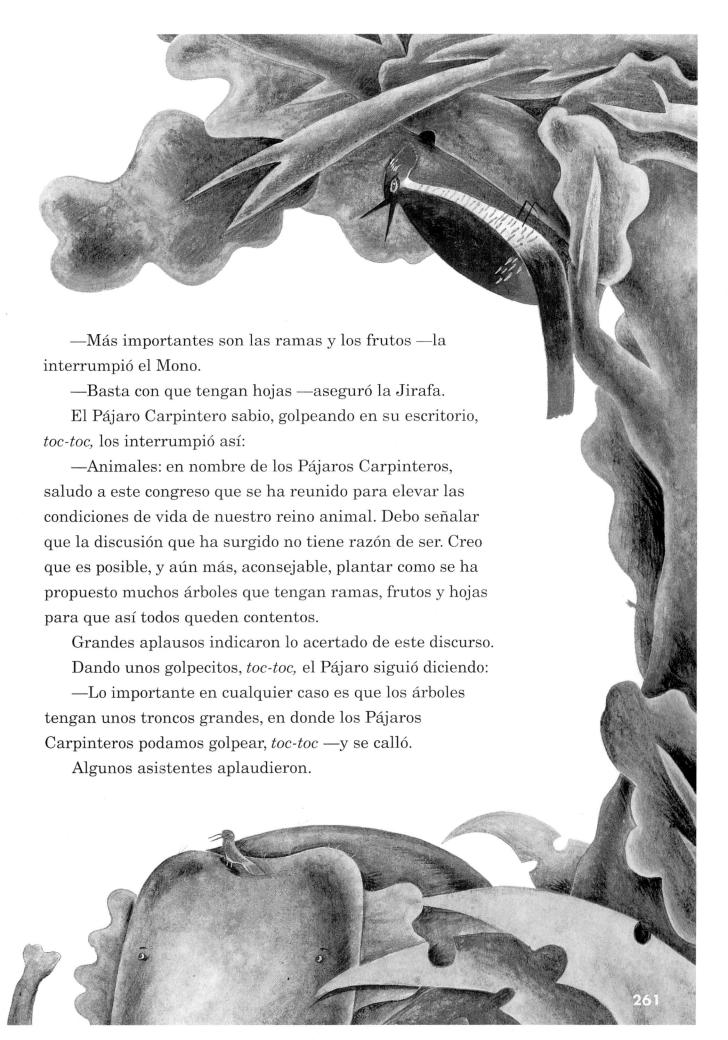

—Más importantes son las ramas y los frutos —la interrumpió el Mono.

—Basta con que tengan hojas —aseguró la Jirafa.

El Pájaro Carpintero sabio, golpeando en su escritorio, *toc-toc,* los interrumpió así:

—Animales: en nombre de los Pájaros Carpinteros, saludo a este congreso que se ha reunido para elevar las condiciones de vida de nuestro reino animal. Debo señalar que la discusión que ha surgido no tiene razón de ser. Creo que es posible, y aún más, aconsejable, plantar como se ha propuesto muchos árboles que tengan ramas, frutos y hojas para que así todos queden contentos.

Grandes aplausos indicaron lo acertado de este discurso.

Dando unos golpecitos, *toc-toc,* el Pájaro siguió diciendo:

—Lo importante en cualquier caso es que los árboles tengan unos troncos grandes, en donde los Pájaros Carpinteros podamos golpear, *toc-toc* —y se calló.

Algunos asistentes aplaudieron.

Entonces una Cabra sabia, saltando al centro de la reunión, dijo así:

—Un momento. Muy de acuerdo en que no haya diferencias. Todos queremos una vida mejor. Deseo hacer una pequeña observación. De acuerdo en que haya ramas. De acuerdo en que haya frutos y hojas. Pero el tronco debe ser lo más corto posible para que nosotras las Cabras podamos alcanzar las hojas.

"Ustedes —y señaló a la Jirafa— pueden agachar la cabeza para comer. Nosotras no podemos alcanzar las hojas altas.

"Ustedes —y señaló al Pájaro Carpintero— pueden pararse en el suelo a golpear el tronco. Y ustedes —y señaló ahora al Mono— pueden saltar por las ramas sin temor a golpearse muy fuerte si se caen al suelo.

—No estoy de acuerdo —dijo la Jirafa sabia— nos dolería mucho el cuello de tanto agacharnos.

—Yo tampoco estoy de acuerdo —dijo el Pájaro Carpintero sabio— pues nuestras patitas no pueden estar en el suelo; necesitamos afirmarnos en el tronco.

—Y yo estoy en total desacuerdo —afirmó enojado el Mono sabio—; en primer lugar no nos andamos cayendo de las ramas, y en segundo lugar no tiene ninguna gracia saltar tan cerca del suelo.

Empezaron a discutir entre los cuatro, hasta que un relincho los hizo callar. Era la Cebra sabia que levantándose, dijo así:

—Colegas, colegas, me extraña mucho vuestra actitud. Estáis peleando por algo sin importancia. Quiero proponer que se ordene nuestra discusión, que se hagan primero todas las proposiciones, y luego que se discutan.

—Muy bien, muy bien —dijeron muchos animales sabios—. Así es como debe hacerse.

—Aprovecho entonces —continuó la Cebra— para hacer mi proposición que tiende a mejorar la vida de nuestro pueblo. Y la hago a nombre de los que vivimos en las praderas: mi proposición es que se corten muchos árboles para que la pradera sea más amplia y podamos correr libremente.

—¡Bravo, bravo! —gritaron entusiasmados todos los animales sabios de las praderas, y estuvieron gritando un buen rato.

Los otros animales no aplaudieron.

—Quiero agregar todavía a mi proposición —añadió la Cebra— que se plante mucho pasto tierno, en estas praderas nuevas, para que nosotras las Cebras que vivimos en ellas podamos comer.

Ahora nadie aplaudió.

El León sabio, aprovechando el silencio, rugió así: —Colegas sabios, pensando en el bienestar de nuestro reino, es que estoy de acuerdo con la segunda proposición hecha en este congreso por mi distinguida colega, la Cebra sabia —y miró a la Cebra, la que retrocedió levemente—. Sobre todo en vista de que nuestros colegas del bosque no han sido capaces de ponerse de acuerdo para solicitar algo definido.

Se oyeron algunos silbidos de desaprobación: —Estamos de acuerdo en lo fundamental —gritó la Jirafa sabia.

—Claro que sí —reafirmaron varios animales.

Entonces rugió, más fuerte, el León sabio: —Yo acepto la segunda proposición —y bajando la voz agregó— pero con una leve modificación: el pasto que se plante debe ser largo y seco para que los leones podamos ocultarnos al ir de caza.

—Corto y tierno —gritó la Cebra, pensando que se iba a quedar sin pasto para comer.

—Largo y seco —rugió el León.

—Corto y tierno —relinchó la Cebra y avanzó.

—Largo y seco —rugió avanzando el León.

—Nada de pastos, queremos árboles altos —gritó indignada la Jirafa—, ustedes se las pueden arreglar de cualquier otra manera.

—Eso es —la apoyó el Mono sabio— árboles con muchas ramas y frutos.

—No, no —insistió la Jirafa—. Nada de eso tampoco, sólo con hojas.

—Con un tronco grande —gritó el Pájaro Carpintero.

—¡No, no! —rugió el León sabio—. Haremos praderas con pasto alto y seco.

—Tierno —relinchó la Cebra.

Todos empezaron a gritar al mismo tiempo.

El Tigre, sabio y astuto, esperó que gritaran un rato y luego comenzó a hablar en voz baja. Todos se fueron callando para poder escucharlo. Entonces el Tigre habló así:

—Queridísimos colegas sabios. ¿Qué pasa que no podemos ponernos de acuerdo? Si todos queremos lograr una vida mejor, ¿por qué no armonizar las diferentes opiniones?

—Eso es lo que debe hacerse —respondieron varios animales sabios.

—Yo tengo la forma perfecta de hacerlo —continuó el Tigre con voz dulce—: Se trata de plantar algo que es largo y seco, pero que tiene hojas tiernas cerca del suelo, y también en lo alto. Sirve para balancearse y tiene un tronco con un agradable sabor dulce.

—¿Y qué es eso? —preguntaron varios asistentes.

—Muy sencillo —aclaró el Tigre sabio—; es el bambú que crece en los cañaverales, en donde nosotros los Tigres, vivimos ¡tan cómodamente! ¿Por qué entonces no pueden hacerlo ustedes?

—No sirve, es muy tieso y no deja correr —gritaron el León y la Cebra.

—Las hojas son ásperas.

—El tronco es delgado.

—No tiene ramas.

Y nuevamente se pusieron todos a gritar,
y ahora también gritaba el Tigre.

El presidente del congreso tuvo que suspender
la sesión porque el León sabio se quería comer a
la Cabra sabia. El Mono sabio tiraba de la cola al
Tigre sabio. El Pájaro Carpintero sabio hacía *toc-toc*
en el cuello de la Jirafa sabia. Y la Cebra sabia
pateaba en el suelo.

Todos pasaron a comer alguna cosa, y después
del almuerzo se reanudó la sesión:

Se levantó el Camello sabio y su discurso fue así:

—Colegas —su voz era baja y profunda—.
Esta mañana se han hecho dos proposiciones,
y yo quiero ahora, para lograr el acuerdo unánime de este
congreso, fundirlas en una sola que incluya todos los
puntos de vista, para lograr así el verdadero progreso
de nuestro reino.

"¿Por qué no hacemos una gran extensión de tierra, la que podríamos llenar con arena, y colocamos cada cierto trecho unos grandes oasis de pasto, otros de cañaverales, otros de árboles o arbustos?"

Se calló y todos los animales se quedaron pensando, no muy convencidos.

"Tendríamos que vivir con los pájaros carpinteros que hacen tanto ruido", pensó la Jirafa.

"Tendríamos que vivir con las Cebras que se comerían toda nuestra comida", pensó la Cabra.

"Tendríamos que vivir con los Leones que son más grandes que nosotros", pensó el Tigre.

Iban a empezar a protestar, pero antes de que pudieran decir nada, un gordo Hipopótamo sabio, más tonto que todos los otros sabios, resoplando dijo así:

—Bueno... bueno... eso de las islas con diferentes plantas... me parece muy bien... todos quedarían muy felices...

—Yo no he hablado de islas, colega —le corrigió el Camello sabio—, he dicho oasis... ¡Oasis!

El Hipopótamo sabio, que además era un poco sordo, continuó como si no hubiera oído al Camello sabio:

—Sí... sí... eso de las islas me parece muy bien... porque en vez de perder tanto espacio con arenas... es preferible un hermoso y gran lago donde los Hipopótamos podamos echarnos... y le ponemos islas para los demás...

—He propuesto un desierto —le gritó el Camello sabio indignado.

—¡Tonterías...! —contestó el Hipopótamo resoplando— lo que hace falta es un lago...

—Un desierto.

—Un lago.

—Desierto.

—¡Lago!

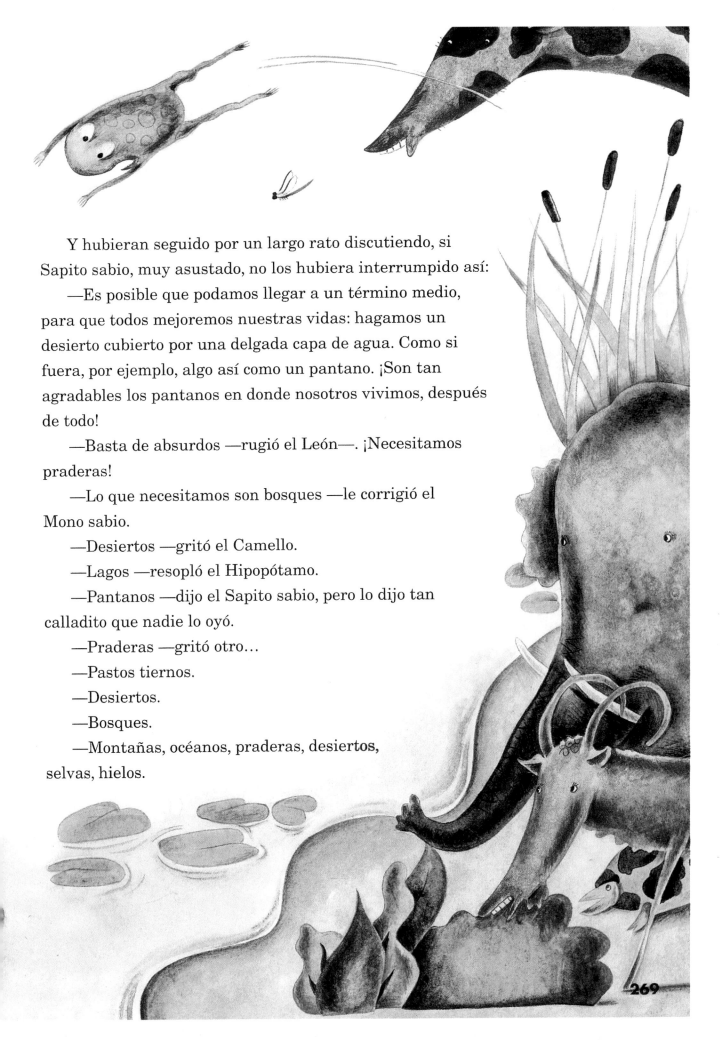

Y hubieran seguido por un largo rato discutiendo, si Sapito sabio, muy asustado, no los hubiera interrumpido así:

—Es posible que podamos llegar a un término medio, para que todos mejoremos nuestras vidas: hagamos un desierto cubierto por una delgada capa de agua. Como si fuera, por ejemplo, algo así como un pantano. ¡Son tan agradables los pantanos en donde nosotros vivimos, después de todo!

—Basta de absurdos —rugió el León—. ¡Necesitamos praderas!

—Lo que necesitamos son bosques —le corrigió el Mono sabio.

—Desiertos —gritó el Camello.

—Lagos —resopló el Hipopótamo.

—Pantanos —dijo el Sapito sabio, pero lo dijo tan calladito que nadie lo oyó.

—Praderas —gritó otro…

—Pastos tiernos.

—Desiertos.

—Bosques.

—Montañas, océanos, praderas, desiertos, selvas, hielos.

En fin, la batalla fue en ese momento indescriptible. Cada uno gritaba a voz en cuello su proposición, y se mezclaban los gritos, los rugidos, relinchos, berridos y aullidos en un alboroto tal, que nadie entendía nada.

Alejándose, el sabio Elefante, sabio y anciano, moviendo su trompa comentó:

—¡Qué sabios más tontos éstos! Quieren arreglar su reino, pero cada uno piensa sólo en su propio beneficio.

—Así es —le contestó la sabia y anciana Tortuga que también se alejaba—, todos hablan del bien común pero a nadie le interesa. Dudo mucho que puedan ponerse de acuerdo —y se fue caminando lentamente.

El sabio Elefante también se alejó, dejando a los tontos sabios que siguieran discutiendo.

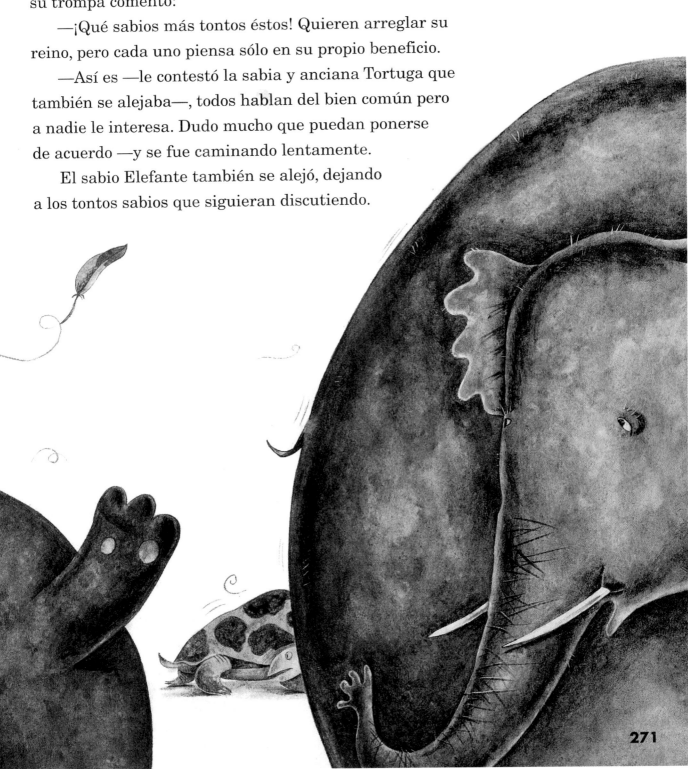

Saúl Schkolnik

Saúl Schkolnik nació en Chile en 1929, y estudió filosofía y arquitectura en su país. En 1956 obtuvo el primer lugar en un concurso de literatura infantil latinoamericana auspiciado por la UNESCO. También ganó el quinto lugar en el prestigioso Premio Lazarillo de España. Desde entonces se ha concentrado en la literatura infantil. Además de escribir y editar sus propios libros, el señor Schkolnik también dirige talleres literarios.

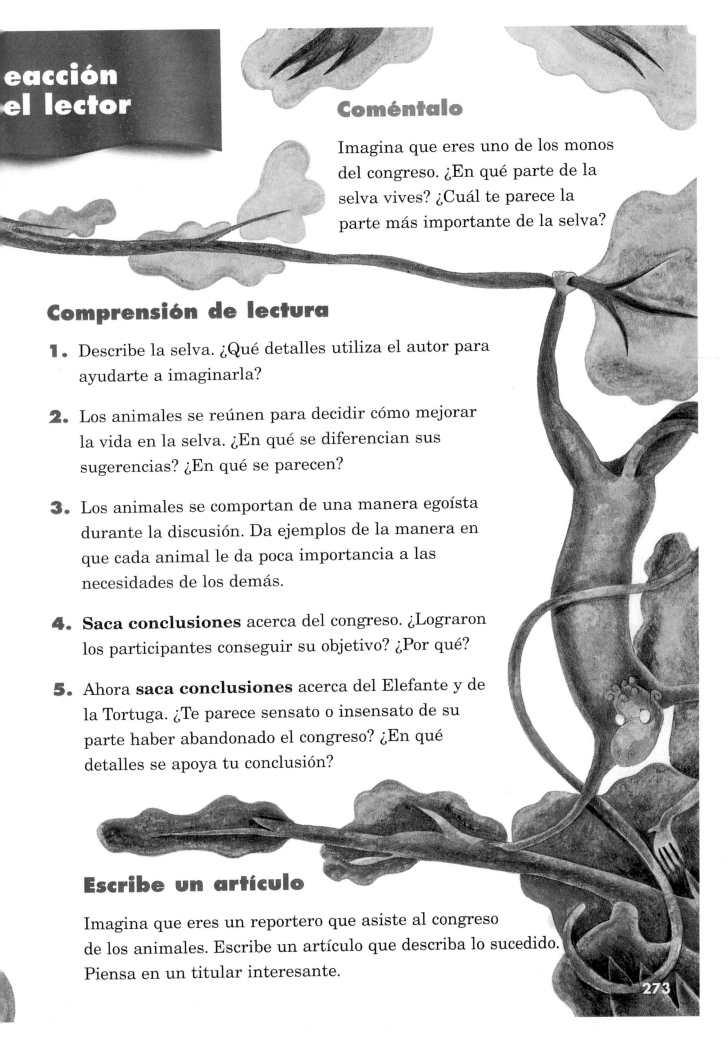

eacción el lector

Coméntalo

Imagina que eres uno de los monos del congreso. ¿En qué parte de la selva vives? ¿Cuál te parece la parte más importante de la selva?

Comprensión de lectura

1. Describe la selva. ¿Qué detalles utiliza el autor para ayudarte a imaginarla?

2. Los animales se reúnen para decidir cómo mejorar la vida en la selva. ¿En qué se diferencian sus sugerencias? ¿En qué se parecen?

3. Los animales se comportan de una manera egoísta durante la discusión. Da ejemplos de la manera en que cada animal le da poca importancia a las necesidades de los demás.

4. **Saca conclusiones** acerca del congreso. ¿Lograron los participantes conseguir su objetivo? ¿Por qué?

5. Ahora **saca conclusiones** acerca del Elefante y de la Tortuga. ¿Te parece sensato o insensato de su parte haber abandonado el congreso? ¿En qué detalles se apoya tu conclusión?

Escribe un artículo

Imagina que eres un reportero que asiste al congreso de los animales. Escribe un artículo que describa lo sucedido. Piensa en un titular interesante.

273

Relacionar lecturas

Leer una fábula

✓ **Lee el título.** El título te presenta a los personajes principales, que generalmente son animales.

✓ **Pregúntate qué lección podría enseñarte la fábula.** Por lo general las fábulas enseñan una lección.

✓ **Lee la fábula y su moraleja.** La mayoría de las fábulas terminan con una moraleja que expresa la lección.

Enfoca tu lectura
Al leer estas fábulas, piensa en lo que dirían el elefante y la tortuga de las acciones de estos animales.

El asno vestido con piel de león

por Esopo

Un asno se vistió una vez con la piel de un león que encontró en el camino. Los animales se asustaron al verlo y huyeron de su presencia, de suerte que el espanto se apoderó de toda la comarca.

Feliz de saberse temido y respetado, se paseaba campante por los prados y montes. Su dueño, echándole de menos, fue en su busca; pero al encontrar a león tan original se asustó mucho, y no le quedó otro recurso que correr.

Poco tiempo después, al ver el amo las descomunales orejas que asomaban por debajo de la piel del león, se dio cuenta de la farsa; se le acercó, le quitó el disfraz y lo castigó severamente.

> **Si el ignorante intenta mostrarse sabio, pronto asoma las orejas de borrico.**

274

El león y los cuatro bueyes

por Esopo

Cuatro bueyes que pacían juntos en un prado se juraron eterna amistad, y cuando el león los atacaba se defendían tan bien que jamás ninguno murió.

Viendo el león que la unión de los bueyes le impedía realizar sus deseos, meditó sobre la manera de ponerlos a su disposición. Para ello el inteligente cazador fraguó una rivalidad entre los amigos, diciendo a uno por uno que los demás murmuraban sobre él y lo odiaban.

De esta manera el león logró infundir sospechas entre los bueyes, de tal manera que pronto rompieron su alianza y se separaron.

Conseguido su propósito, el león los fue cazando uno a uno. Al morir el último de los bueyes, exclamó:

—Sólo nosotros tenemos la culpa de esta desgracia, porque dando crédito a los malos consejos de nuestro enemigo no permanecimos unidos, y así le fue fácil cazarnos.

La unión hace la fuerza y la discordia debilita.

Generalizar

- Una **generalización** es una declaración o una regla amplia que se aplica a muchos ejemplos.

- Las palabras clave, como *todos, la mayoría, muchas, algunos, a veces, rara vez, poco* o *generalmente,* pueden indicar una generalización.

- A veces una lectura presenta ideas sobre varias cosas o personas. Entonces puedes generalizar o hacer una declaración acerca de todas o casi todas.

- Una **generalización válida** se basa en hechos y en tus propios conocimientos. Una **generalización incorrecta,** no.

Lee "Salmón para todos", por Bruce McMillan.

Escribe

1. Copia la oración del último párrafo en la que se hace una generalización. Subraya la palabra clave.

2. ¿Es válida esta generalización? Explica tu respuesta.

Salmón para todos

por Bruce McMillan

Alex limpia los salmones junto a su padre, y las gaviotas los observan desde lejos. Usa el mismo cuchillo que usaba el tío de su abuela para quitarles las pieles a los osos. Alex corta filetes de uno de los pescados, para la cena. A los demás les corta la cabeza y les saca las tripas, dejándoles la piel y la cola. Las va a ahumar. Pero cuando cuelga el pescado limpio afuera, llegan volando para robárselo visitantes que no han sido invitados.

Entran urracas para llevarse un bocado cuando nadie está pendiente. No son las únicas aves hambrientas. Alex deja sobras de salmón para que la marea se las lleve a las aves que se alimentan de desperdicios. Las gaviotas bajan en picada para disfrutar del banquete. Como siempre, se comen primero los ojos, su parte favorita del salmón.

Al atardecer llega otro animal para apoderarse de los restos que quedan: es una zorra que se acerca sigilosa. Viene en busca de comida para sus cachorros, que están en una madriguera cerca de la cabaña de Alex.

Un poco más allá, en el riachuelo Dog Salmon, un oso Kodiak atrapa a un salmón para darles de comer a sus dos cachorros. Más tarde, cuando Alex pasa por ahí, los osos ya se han marchado, pero él sabe que estuvieron en ese lugar. Alex sigue las huellas de sus garras en la arena y descubre los restos de la comida.

Hay abundantes salmones para todos. Hay salmón para las águilas. Hay más salmón para que Alex lo pesque y se lo lleve a los ancianos del pueblo que ya no pueden pescar.

ojo A LO QUE VIENE

En la pampa

En el siguiente cuento, María Cristina Brusca describe un verano de su niñez en la estancia de sus abuelos, en las pampas de Argentina. ¿Qué generalizaciones puedes hacer acerca de la vida en una estancia o finca?

Palabras nuevas

cocía	corral	crines
galopar	hierro	iniciales
potrero	terneros	

Las palabras que se pronuncian igual, pero se escriben de diferente manera, como *casa* y *caza,* se llaman **homófonos.** Los homófonos tienen significados distintos. Para entender la diferencia entre dos homófonos, busca claves en las palabras y oraciones cercanas.

Lee el siguiente párrafo, prestando atención a su significado en conjunto. ¿Por qué se usa *cocía* y no *cosía?*

La yegua Amaranta

Ensillé a Amaranta mientras mamá cocía el guiso que yo le llevo a papá todos los días. Me gusta galopar en la yegua Amaranta: las pampas vuelan bajo sus cascos y sus crines ondean en la brisa. Cuando el guiso está listo, galopo hasta el corral. Allí papá usa una vara de hierro para grabar las iniciales de la hacienda en la piel de los terneros. Después de entregar el almuerzo conduzco a Amaranta hasta un potrero, donde pasta a su gusto.

Escribe

Estás de visita en una finca. Usa palabras del vocabulario en una postal que vas a enviar a casa.

EN LA PAMPA

PAMPA

por María Cristina Brusca

MULITA

Es un armadillo que cava su cueva en la tierra y se alimenta de hormigas y otros insectos.

LA PAMPA

Es la llanura que se extiende por cientos de kilómetros cuadrados en el centro de la Argentina y el Uruguay. Los inviernos son templados y los animales viven en el campo durante todo el año, alimentándose de pastos naturales.

CUBA
HAITÍ
REP. DOMINICANA
MÉXICO
BELICE
PUERTO RICO
JAMAICA
HONDURAS
GUATEMALA
NICARAGUA
EL SALVADOR
VENEZUELA
GUYANA
SURINAM
GUYANA FRANCESA
COSTA RICA
PANAMÁ
COLOMBIA
ECUADOR
SUDAMÉRICA
PERÚ
BRASIL
OCÉANO PACÍFICO
BOLIVIA
OCÉANO ATLÁNTICO
PARAGUAY
ARGENTINA
URUGUAY
CHILE
LA PAMPA
BUENOS AIRES
LA CARLOTA

YEGUA MADRINA

Conduce a la tropilla, que espontáneamente la sigue. Muchas veces se le cuelga un cencerro o campana al cuello.

HORNERO

Recibe este nombre porque su nido se parece a un horno de barro primitivo.

MARCA «LA CARLOTA»

La marca está representada por dos sables cruzados.

LECHUZA

Es una variedad del búho. Habita en cuevas abandonadas de armadillos u otros mamíferos. Le gusta cazar al anochecer.

NOCHERO

Cada noche, le toca a un caballo diferente quedarse en el corral. Este caballo sirve para ir a buscar a la tropilla a la mañana siguiente.

CABALLO CRIOLLO

Descendiente de los primeros caballos españoles y árabes que llegaron a América. Famoso por su lealtad, belleza y resistencia.

TROPILLA

Grupo de caballos, yeguas y potrillos. Las tropillas más apreciadas son las "de un solo pelo". Esto quiere decir que todos los caballos son del mismo color.

ROPAS DEL GAUCHO

RASTRA

...turón compuesto por ...a faja ancha de ...ero, generalmente ...gro, decorada con ...nedas de plata de ...ersos países.

FACÓN

...el cuchillo que usan ... gauchos en el ...bajo de campo.

REBENQUE

... un látigo corto de ...ero crudo que usan ... gauchos para ...uzar a los animales.

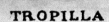

BOLEADORAS

Fueron usadas por los antiguos gauchos para cazar ñandúes y otros animales. Al ser arrojadas, las boleadoras se enroscan en las patas de los animales, inmovilizándolos.

ÑANDÚ

Se parece al avestruz y es una de las aves más grandes de América. Llega a medir 1,50 metros y pesa aproximadamente 25 kilos. Aunque no vuela, puede correr muy rápido. El ñandú macho incuba los huevos, protege el nido y cuida a los polluelos.

RECADO

Es la montura del gaucho, compuesta por varias capas de cuero y tejidos de lana, y cubierta por un mullido cuero de oveja.

ESTANCIA

Establecimiento dedicado a la cría de ganado o a la producción de cereales.

281

Cuando era una niña vivía con mi familia en la gran ciudad de Buenos Aires. Pasábamos las vacaciones en el campo, en la estancia de mis abuelos. Un verano, mis padres y mi hermano tuvieron que quedarse en la ciudad y yo viajé con mi abuela.

Salimos muy temprano de la estación Constitución y desayunamos en el tren, mientras recorríamos kilómetros y kilómetros de la tierra más plana del mundo: la pampa. A ambos lados del tren, por donde mirásemos, había alambrados, molinos y campos donde pastaban millones de vacas.

Al atardecer llegamos a San Enrique, la última parada del tren. El pueblito era punta de riel. Mi abuelo nos esperaba con su camioneta para llevarnos a la estancia, a unas tres leguas de la estación.

La estancia se llamaba "La Carlota" y las puertas de hierro de la entrada pertenecían a un viejo fuerte que había existido allí hace

cien años. Al llegar, escuchamos el galopar de un caballo. Detrás de una nube de polvo, apareció mi prima Susanita.

Susanita vivía en la estancia todo el año y sabía muchísimo de caballos, vacas y demás animales de la pampa. Aunque era tres años menor que yo, tenía su propio caballo, La Baya. Susanita era tan chiquita que trepaba por la pata de La Baya para poder montarla. Pero cabalgaba tan bien que los gauchos le decían La Gauchita.

Yo no tenía mi propio caballo. El viejo Salguero, que era el capataz de la estancia, me prestó su yegua Pampita. Pampita no era muy rápida pero sí muy mansa, y pronto nos hicimos amigas.

Ese verano, Susanita y yo compartimos todo. Ella me enseñó a cuidar los caballos. Los bañábamos, los cepillábamos, les recortábamos los cascos y les trenzábamos las crines y las colas.

A Susanita le gustaban las aventuras; nada la asustaba. Solía nadar en el arroyo agarrándose de las crines de La Baya. Al principio, tenía miedo de seguirla, pero después el arroyo se transformó también en mi diversión preferida.

Yo quería aprender todas las cosas que los gauchos saben hacer. Quería, como Salguero, recorrer todos los días el campo con mi caballo. Y quería usar un cinturón como el suyo, que tuviera monedas de plata de todos los países del mundo y mis iniciales grabadas en la hebilla. Salguero me dijo que tenía que empezar por el principio y pasó muchas horas enseñándome a usar el lazo.

La primera vez que enlacé a un ternero, me arrastró por el corral. Salguero se rio y me dijo que a él muchas veces le había pasado lo mismo.

Desde muy pequeña, Susanita había ayudado a los gauchos en las tareas del campo y yo trataba de imitarla. A veces había que arrear las vacas para cambiarlas de pastura. Ése era el trabajo que más me gustaba: galopar detrás de cientos de vacas, gritar y hacerlas correr. ¡Ni en la ciudad ni en la escuela se podía gritar así!

Un día separamos los terneros de las vacas, para vacunarlos y ponerles la marca de "La Carlota". El aparte era lo más difícil, pero también lo más divertido. Yo traté de seguir las órdenes de Salguero, pero algunas veces me sentía perdida en ese mar de vacas.

Al mediodía, almorzábamos en una mesa inmensa. Yo siempre tenía hambre. La mamá de Susanita, María la cocinera y mi abuela habían trabajado toda la mañana en la cocina preparando sopa, ensaladas, guiso de cordero o mi plato favorito, carbonada, un guiso criollo con arroz, choclos y duraznos.

Después de almorzar, los grandes dormían la siesta, pero nosotras preferíamos estar afuera. A veces, cuando hacía mucho calor, íbamos hasta un monte de eucaliptos y ahí leíamos historietas y cuentos de *cowboys* hasta que oscurecía.

Otras tardes galopábamos dos horas hasta el almacén de ramos generales para tomar un naranjín. Mientras lo bebíamos, admirábamos las monturas y riendas que soñábamos comprar cuando fuésemos grandes y ricas. A veces, el almacenero sacaba

de atrás del mostrador una rastra maravillosa y nosotras la mirábamos fascinadas, tratando de adivinar de qué país venía cada una de sus monedas de plata.

Un día fuimos hasta un potrero que estaba muy lejos de la casa: Susanita pensaba que allí podía encontrar huevos de ñandú. Estos huevos son tan enormes que uno solo alcanza para preparar una torta. Buscamos toda la tarde hasta que encontramos un nido. Estaba escondido entre los pastos altos y tenía casi veinte huevos de color amarillento, grandes como cocos.

Salguero nos había aconsejado cuidarnos del ñandú. ¡Y tenía razón! El padre ñandú, que es el que protege el nido, nos vio sacar un huevo. Se puso furioso y nos persiguió a picotazos hasta que salimos del potrero.

Al día siguiente, usamos el huevo para preparar una torta de cumpleaños para mi abuela. Como queríamos que fuese una sorpresa, nos escondimos en la cocina mientras ella dormía la siesta.

La torta tenía tres pisos y la rellenamos con crema batida y duraznos de los árboles de la estancia.

Celebramos el cumpleaños de mi abuela con una gran fiesta. Los gauchos prepararon el fuego al atardecer y muy pronto nos envolvió el aroma de la carne que se cocía lentamente en los asadores.

Tuvimos también música y baile. Estuvimos despiertas casi toda la noche y yo aprendí a bailar la zamba con saltitos suaves y revoleando mi pañuelo.

Otras noches eran mucho más tranquilas. Sólo se escuchaba el ronroneo del motor que producía electricidad para la casa. Después de comer, Susanita y yo nos escapábamos hasta la matera, donde los gauchos se reunían para descansar.

Sentados alrededor del fogón, contaban cuentos de la pampa o historias de aparecidos mientras tomaban mate con una bombilla de plata. No nos gustaba el mate, nos parecía demasiado caliente y amargo, pero en cambio nos encantaban sus cuentos de miedo.

El verano se terminaba y pronto tuve que volver a Buenos Aires y a la escuela. La noche antes de partir, Salguero me enseñó a encontrar La Cruz del Sur. El motor de la luz estaba apagado y podíamos oír croar a las ranitas. Los caballos parecían sombras durmiendo en el campo.

Susanita y yo dormimos poco esa noche y nos levantamos al amanecer. Pampita y los otros caballos estaban todavía en el campo. Salguero me alcanzó las riendas del nochero.

—Ya estás lista para buscar la tropilla vos solita —me dijo.

Yo no estaba tan segura, pero Susanita, con una sonrisa, me dio la confianza que me faltaba.

Ya en el campo, recordé lo que había visto hacer a Salguero. Traté de que la yegua madrina, con su cencerro, trotara hacia el corral. Los otros caballos la siguieron, pero los potrillos eran muy juguetones y se escapaban corriendo y brincando. ¡Qué difícil fue! Por suerte, pude hacerlos volver y finalmente la pequeña tropilla entró alegre en el corral.

Estaba tan ocupada tratando de que los potrillos no se escaparan que no vi a toda mi familia reunida con Salguero, esperándome. Cuando llegué me aplaudieron y mi abuelo me ayudó a bajar del caballo.

—Te has convertido en todo un gaucho este verano —me dijo. Entonces mi abuela me puso una rastra hermosa, como la de Salguero, con monedas de plata de todos los países del mundo y ¡con mis iniciales en la hebilla!

—Hay algo más —agregó— que todo gaucho necesita. El próximo verano tendrás tu propio caballo.

Y señaló al potrillo de la yegua madrina, el más lindo y travieso de todos. Antes de que pudiera decir una palabra, el potrillo sacudió la cabeza y dio unos pasos hacia mí. Tenía todo el invierno por delante para ponerle un nombre y para soñar con mi próximo verano en la pampa.

Conozcamos a la autora e ilustradora
MARÍA CRISTINA BRUSCA

En la pampa es una historia real de la niñez de María Cristina Brusca en Argentina. Los veranos que la autora pasó en la estancia de sus abuelos tienen tanto significado para ella, que decidió dedicarle el cuento a sus abuelos y a su prima Susanita.

Ya adulta, María Cristina Brusca se mudó a Nueva York. En colaboración con su amiga Tona Wilson, ha escrito dos libros de cuentos tradicionales sudamericanos, además de otro relato sobre su niñez en la pampa.

Reacción del lector

Coméntalo

Imagina que te han invitado a pasar el próximo verano en una estancia en la pampa. ¿Qué piensas hacer cuando estés allí?

Comprensión de lectura

1. ¿Qué tipos de tareas requiere el trabajo de un gaucho?

2. ¿Qué hacen con su tiempo libre la autora y Susanita al terminar de trabajar?

3. ¿Crees que la autora escribió *En la pampa* para informar, para divertir o para persuadir a los lectores? Explica tu respuesta. Recuerda que los autores pueden tener más de un propósito al escribir un cuento.

4. A veces las palabras clave muestran que un autor está haciendo una **generalización.** Lee las siguientes oraciones. ¿Cuál es una generalización? ¿Cómo lo sabes?

  a. Crecí en Argentina, Sudamérica.

  b. La mayoría de las tardes eran mucho más tranquilas.

  c. Los potrillos eran juguetones y se escapaban a menudo.

5. Ahora haz tú una **generalización.** Di por qué esta selección ha sido incluida en la unidad "Las llaves del éxito".

Agradecimiento

Imagina que eres la autora de "En la pampa". El verano terminó y has regresado a tu hogar en la gran ciudad. Escríbeles una carta de agradecimiento a tus abuelos o a Susanita. Menciona algo especial que recuerdes de tu visita.

LOS GAUCHOS

por **Carlos Núñez**

¿Conoces algo de la historia de los vaqueros del oeste norteamericano? Si es así, no te será difícil imaginar cómo eran los gauchos argentinos. Pero para conocerlos, tenemos que viajar un rato por la pampa.

La pampa es una región muy grande ubicada en el centro de la Argentina, en el sur del continente americano. La palabra *pampa* es de origen quechua, una lengua indígena, y significa *tierra llana*. Como su nombre lo indica, esta región es totalmente llana; además está cubierta de pastizales, lo que la hace ideal para criar ganado y para la agricultura. En las llanuras de la pampa hace calor en el verano y mucho frío en el invierno, y como es una zona muy húmeda, produce buen pasto para la alimentación de los animales.

Relacionar lecturas

Leer un artículo informativo

✓ **Observa la estructura.** Dales un vistazo previo a las páginas para ver cómo se organiza la información. El título y los encabezados te darán claves.

✓ **Usa las secciones especiales del texto.** Las fotos con leyendas, los mapas y las definiciones te ayudarán a entender mejor el texto.

Enfoca tu lectura

Este artículo informativo contiene datos sobre los gauchos. ¿De qué manera te ayudan esos datos a entender por qué los gauchos le decían "La Gauchita" a Susanita en *En la pampa*?

Gauchos en una doma o rodeo argentino

El origen de los gauchos

Cuando los colonizadores europeos llegaron a lo que hoy es la Argentina, se sorprendieron mucho por la extensión de estas tierras y se instalaron en ellas para empezar a trabajarlas.

En ese entonces había muchas poblaciones indígenas en la pampa, y de la mezcla de los indígenas con los españoles surgieron los mestizos. Muchos mestizos decidieron trabajar en el campo, y así fue como se originaron los gauchos.

¿Has oído alguna vez la palabra *nómada*? Los gauchos eran nómadas, es decir, personas que van de un lado a otro sin establecerse en ningún lugar fijo. Trabajaban por un tiempo en un campo, y cuando se terminaba el trabajo allí viajaban sin rumbo fijo en busca de otro hacendado que les diera trabajo. Los hacendados eran los dueños de los campos. Para ir de un sitio a otro, los gauchos debían recorrer muchos kilómetros a caballo, durante días y noches. Muchos de ellos viajaban con sus esposas e hijos, y debían dormir al aire libre hasta llegar a otro lugar y empezar su nuevo trabajo.

¿Cómo se vestían y qué hacían los gauchos?

La vestimenta de los gauchos consistía en prendas útiles para trabajar. Como sus labores

Dos jóvenes gauchos

comenzaban desde muy temprano, al amanecer, los gauchos vestían con sombrero de ala para protegerse del sol. Usaban camisa y pañuelo al cuello. Si hacía frío, usaban un chaleco de cuero. A los pantalones que los gauchos usaban se les llama bombachas, y eran largos y holgados para poder andar a caballo y moverse con facilidad en el campo. Algunos gauchos usaban cinturones, o cintos, adornados con monedas de plata. También usaban botas de cuero o calzado con suela de yute, o soga. Las botas tenían espuelas para picar al caballo cuando cabalgaban.

Un tipo de estribos y de calzado que usaban los gauchos

Los gauchos usaban unas armas llamadas boleadoras, compuestas de dos o tres piedras envueltas en cuero y unidas por una soga larga. Las boleadoras se lanzan a las patas de los animales para atraparlos.

Al terminar el día de trabajo, los gauchos se sentaban a descansar, a tocar la guitarra, o vihuela, y a tomar mate, una especie de té característico de Argentina.

¿Qué importancia tuvieron los gauchos?

Los gauchos fueron muy importantes para la industria ganadera argentina. Se dedicaban a atrapar ganado salvaje para llevarlo a los ranchos, y a cuidar los caballos y las vacas de los hacendados. Además vendían cueros de vaca. A pesar de todo este trabajo, la paga que los gauchos recibían era muy poca. En muchos casos no recibían nada, solamente la comida y un lugar donde dormir.

Si alguna vez viajas a la Argentina y pasas unos días en la pampa, verás muestras de las costumbres y tradiciones de los gauchos de ese país.

Lección de destrezas

Predecir

- **Predecir** es decir lo que crees que va a ocurrir después en un cuento o artículo, en base a lo que ya ha ocurrido. Tu predicción es lo que crees que va a ocurrir.

- Al **hacer predicciones**, te conviene utilizar tus conocimientos sobre el tema.

- Predecir es un proceso en el que compruebas y cambias tus predicciones a medida que lees, en base a la información nueva.

Lee un fragmento de "¡Cuidado!", de *¡Cuidado con las mujeres astutas!*, por Joe Hayes.

En tus palabras

1. ¿Qué detalles de la introducción te ayudaron a predecir de qué trata el cuento?

2. ¿Te ayudó el título del libro a predecir lo que iban a hacer los personajes? ¿Qué detalles utilizaste para hacer predicciones?

¡Cuidado!

por Joe Hayes

Si el granjero saca del puño cerrado del prestamista un guijarro negro, su deuda será perdonada. Si el guijarro es blanco, tendrá que pagar. El prestamista quiere hacer trampa: ha tomado dos guijarros blancos. La esposa del granjero lo vio.

Lleno de angustia, el granjero alargó la mano temblando hacia la del prestamista, pero su esposa lo detuvo.

—Espera —le dijo—. Deja que escoja yo. Éste me parece un día de buena suerte para mí.

El granjero consintió sin más, y la mujer cerró los ojos como si se concentrara profundamente. Respiró fuerte varias veces, y luego extendió la mano lentamente hacia el puño crispado del prestamista. Parecía temblar de miedo. Metió un dedo entre los del

298

prestamista y sacó un guijarro. Luego parecía temblar aún más. ¡Y dejó caer el guijarro! Un quejido sordo se escapó de la muchedumbre.

—¡Ay, no! —gritó la mujer—. ¡Qué torpeza de mi parte!

Predice lo que va a ocurrir a continuación.

Pero luego le dijo al prestamista: —Pero no importa. Solamente había dos colores de guijarros. Muéstrenos el color del que le queda en la mano. El que yo dejé caer tenía que ser del otro color.

—Tiene razón —dijeron todos, y le dijeron al prestamista: —Muéstrenos cuál es el color que queda.

De muy mala gana el prestamista abrió su puño.

—¡Es blanco! —gritaron todos—. El que la mujer escogió tenía que ser negro.

Y todos se pusieron a felicitar a la pareja.

A LO QUE VIENE

Ya aprenderás

¿Qué le ocurrirá a un inocente muchacho de la sierra cuando llega al pueblo y hace una apuesta con un hombre rico y avaro? Haz tu predicción.

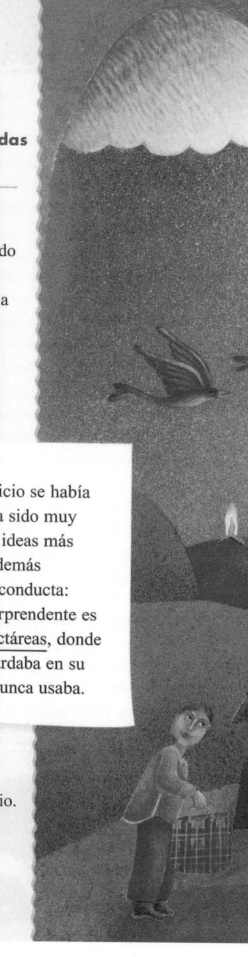

Vocabulario

Palabras nuevas

tacaño   pretexto   descabelladas
prendas   hectáreas proverbio

Las palabras que tienen significados opuestos se llaman **antónimos**. Con frecuencia puedes averiguar el significado de una palabra buscando claves en las palabras u oraciones cercanas. A veces la clave es un antónimo.

Lee el siguiente párrafo. Mira cómo la palabra *generoso* te ayuda a entender el significado de *tacaño*.

El tío Mauricio

Con el <u>pretexto</u> de ahorrar, el tío Mauricio se había convertido en un <u>tacaño</u>. Siempre había sido muy generoso, pero ahora se le ocurrían las ideas más <u>descabelladas</u> para no gastar dinero. Además inventaba <u>proverbios</u> para justificar su conducta: "quien guarda tiene", decía. Lo más sorprendente es que poseía una hacienda de muchas <u>hectáreas</u>, donde criaba ganado. Y por si fuera poco, guardaba en su armario lujosas <u>prendas</u> de vestir que nunca usaba.

En tus palabras

Imagínate que eres el sobrino de Mauricio. ¿Qué le dirías al tío tacaño sobre su conducta? Usa tantas palabras del vocabulario como puedas.

300

Ya aprenderás

por Joe Hayes

ilustrado por Gerardo Suzán

Dicen que lo que el muchacho no aprende de su madre cuando es niño, habrá de aprender de su hija cuando sea hombre. Hay un viejo cuento de una buena madre y una buena hija que muestra que es cierto este proverbio.

Una vez un muchacho de una aldea de la sierra tuvo que dejar su casa para buscar trabajo en una población más grande que se hallaba donde la sierra terminaba en el valle. Un hombre rico y poderoso le dio trabajo como sirviente.

Al hombre rico le encantaba apostar y hacía las más descabelladas apuestas sin pensarlo. Algunas veces ganaba, pero la mayoría de las veces perdía. Sin embargo, como era tan poderoso, casi siempre encontraba alguna manera de librarse de la deuda sin pagar. Así que ya nadie del pueblo quería apostar con el rico. Pero por recién llegado al pueblo, el muchacho no conocía la mala fama del patrón.

Una mañana de invierno el muchacho oyó por casualidad una conversación entre el rico y un amigo suyo. Estaban los dos sentados en una sala cómoda, al calor de la lumbre que el muchacho les había encendido en la chimenea, mirando a lo lejos una montaña nevada.

—Ha de hacer frío en la cumbre de aquella montaña —musitó el rico a su amigo.

—Más frío que lo que yo quiero imaginar —replicó el amigo.

—Me pregunto —dijo el rico— si alguna persona podría sobrevivir una noche en aquel picacho sin ningún cobertor, ni fuego, ni manta para protegerse del frío.

—Yo opino que un hombre fuerte sí podría —repuso el amigo—, aunque yo no quisiera intentarlo.

—Lo dudo —dijo el rico—. Y de hecho, estoy dispuesto a apostar a que ningún ser humano puede aguantar una noche en aquella cumbre sin cobija ni abrigo ni cobertor, ni tampoco una fogata para calentarse. Daría mil dólares y cien hectáreas de terreno a cualquiera que lo hiciera.

El muchacho casi no podía creer lo que oía. Había pasado
toda su vida en la sierra y sabía aguantar el frío. Estaba seguro
de que podría sobrevivir una noche en lo alto de la montaña. Y
con mil dólares y cien hectáreas de terreno, su familia y él
podrían vivir felices.

—Señor patrón —dijo el muchacho—, ¿habla usted en serio?

El rico miró al muchacho y respondió:

—Yo no soy hombre de disparates. Por supuesto que hablo
en serio.

—Yo puedo pasar la noche en la montaña —aseveró el
muchacho—. Lo haré esta misma noche.

—Acuérdate de las condiciones de la apuesta —dijo el rico—. No puedes tener cobertor ni ninguna ropa de abrigo, sólo las prendas que llevas puestas. Ni puedes hacer ninguna fogata para calentarte.

—¡De acuerdo! —dijo el muchacho a su amo, y se dieron la mano.

El amo dijo que iba a mandar a dos criados para observarlo y asegurarse de que cumpliera con las condiciones de la apuesta.

—Está bien —repuso el muchacho, y se fue de la sala sintiéndose seguro de sí mismo y pensando la manera de ayudar a su familia con la ganancia de la apuesta.

Pero conforme la mañana se convertía en la tarde, le iban entrando dudas. Tal vez no tenía fuerzas para aguantar toda la noche. Así que cuando se encaminó para la montaña acompañado de los otros dos criados, el muchacho les dijo:

—Pasemos por mi pueblo rumbo al monte. Quiero visitar a mi familia y pedirle la bendición a mi madre.

Cuando llegaron a la aldea del muchacho, fueron a su casa y éste le explicó a su madre la apuesta que había hecho con el amo.

—Y ahora no estoy tan seguro de que sea lo bastante fuerte como para aguantar toda la noche en aquella cumbre helada.

—No te preocupes, hijo mío —le dijo su madre—. Acuérdate del viejo dicho: con corazón puro se hace lo duro. Y además, yo te voy a ayudar. Voy a las afueras del pueblo y hago una hoguera. La mantengo viva toda la noche. Tú, cuando estés parado allá en el monte, mira la lumbre. Piensa en el calor que produce. Y piensa en mí, tu madre, que mantengo el fuego por ti. Eso te dará la fuerza para resistir el frío.

El muchacho se fue del pueblo y con los dos compañeros subió la montaña. Llegaron a la cumbre cuando se iban desvaneciendo los últimos rayos del sol.

El muchacho les dio su abrigo a los compañeros y se paró en la piedra más alta de la cumbre. Allá abajo en el valle vio un punto reluciente de fuego.

El muchacho pasó toda la noche con la mirada clavada en la fogata. Se imaginaba el círculo de calor producido por las llamas anaranjadas, y pensaba en su madre arrimando leños pacientemente para mantener la lumbre. A veces se le empezaban a doblar las rodillas, y le temblaba todo el cuerpo. Pero sacudía la cabeza para aclararse la vista y miraba aun más detenidamente la fogata, y le volvía la fuerza. Por fin, la orillita del sol se asomó sobre la sierra del oriente y el muchacho se bajó de la piedra. Recogió el abrigo de los compañeros y regresó con ellos a la casa del patrón.

El hombre rico interrogó a los dos criados:

—¿Es verdad que el muchacho se paró en la mera cima del monte?

—Señor amo —respondió un criado—, se paró en la piedra más alta de la cima.

—¿Y no tenía manta, ni abrigo, ni lumbre para calentarse?

—Ninguna de esas cosas tenía.

—Tú sí eres un joven tenaz —el rico le dijo al muchacho—. ¿Cómo encontraste fuerzas para aguantar tan duras penas?

El muchacho respondió francamente:

—Mi madre fue a las afueras de nuestro pueblo y encendió una hoguera. La mantuvo toda la noche. Yo tuve la vista clavada en el fuego toda la noche, y eso me dio fuerzas para sobrellevar el frío.

—¡Ajá! —gritó el rico en triunfo—. Perdiste la apuesta. Conviniste en no tener fuego, y lo tuviste.

—Pero el fuego estaba a varias millas —protestó el muchacho. No me daba ningún calor.

—No importa —insistió el rico—. Dijiste que no tendrías fuego y lo tuviste. Has perdido la apuesta.

El pobre muchacho quedó destrozado. Había sufrido por nada toda una larga noche en lo alto del monte. Claro está que el rico se sintió muy satisfecho. Gracias a la sinceridad del muchacho había encontrado el pretexto para no pagar mil dólares y cien hectáreas de terreno.

Pero el rico tenía una hija que no había heredado el carácter tacaño de su padre, y a ella le cayó mal la manera en que su padre había engañado al muchacho. Se puso a pensar en una forma de mostrarle el mal que había hecho. Cuando su padre le contó que iba a dar un gran banquete para todos sus amigos ricos, vio la oportunidad.

—Deje que yo cocine para sus amigos, padre —le dijo—. Yo sé exactamente lo que les gustará.

El rico se alegró de que su hija mostrara tanto interés en la fiesta, y le dijo que se sentiría orgulloso de que ella cocinara para sus amigos.

Llegó el día del banquete y la hija se puso a trabajar en la cocina. Pronto se llenó la casa de un aroma delicioso. Uno por uno los amigos del rico llegaron. Todos comentaban el maravilloso olor que salía de la cocina.

—Mi hija nos está preparando la comida —decía orgulloso el rico—. Espero que tengan hambre.

El rico y sus amigos pasaron las primeras horas de la tarde bromeando y platicando. Desde luego, el rico se divirtió contando a cada invitado todo lo de la apuesta que había hecho con su criado, y la astucia con que había evitado pagar.

Pero se fue alargando la tarde, y los invitados se cansaron de hablar y empezaron a sentir hambre. Cayó la noche, y la hija del rico todavía no había servido la cena. Por fin uno de los invitados habló:

—Mi amigo —le dijo al rico—, ¿es que usted nos ha invitado a su casa para burlarse de nosotros? ¿Nunca va a servir la comida?

El rico llamó a su hija. Cuando ella se presentó en el comedor le preguntó:

—¿Quieres que mis amigos se enojen conmigo? ¿Por qué no has servido la comida?

La muchacha se mostró sorprendida.

—Pero, padre —le dijo—, ¿no han estado sus amigos disfrutando del olor de la comida toda la tarde?

—Sí —dijo el rico—. ¿Pero qué valor tiene eso? Nadie se puede alimentar con el puro olor de la comida.

—¿Cómo puede decir eso? —protestó la muchacha—. Si sus amigos están de acuerdo con usted en que su sirviente se pudo calentar con un fuego que estaba a varias millas, estoy segura de que se consideran bien alimentados con el aroma de la comida que he preparado en la cocina.

—¡No! —gritaron todos los invitados—. No estamos de acuerdo, ni con lo uno ni lo otro. Tenemos hambre y hemos de comer para quedar satisfechos. Y a usted —le dijeron al rico— debería darle vergüenza. Su criado sin duda ganó la apuesta. Si no le paga todo lo que le debe, nadie de este pueblo volverá a tener nada que ver con usted.

El rico aprendió la lección. Tan pronto consintió en pagar la apuesta, su hija mandó servir la comida. Todos estuvieron de acuerdo en que fue la comida más deliciosa que habían probado.

En cuanto al muchacho, éste instaló a su familia en las cien hectáreas de terreno, y con el dinero compró vacas y pollos y ovejas y semillas para sembrar las milpas.

Con el tiempo, él también se hizo rico, y dicen algunos que acabó casándose con la astuta hija de su viejo amo. Si es cierto, se puede apostar a que el muchacho vivió feliz el resto de su vida.

Joe Hayes

Me gusta el cuento "Ya aprenderás" en particular porque tengo una madre y una hija estupendas. Obviamente, he aprendido mucho de mi madre, pero también he aprendido muchísimo de mi hija. De hecho, les dediqué a ambas *¡Cuidado con las mujeres astutas!,* que es de donde se extrajo este cuento.

El cuento fue resumido hace ya muchos años por Aurelio Espinosa, uno de los primeros coleccionistas de cuentos folklóricos de Nuevo México. En su resumen de la versión de Nuevo México, la hija tiene el mismo papel que en mi cuento. Yo le añadí la madre, que es la que alimenta el fuego para ayudar al muchacho, porque mi mamá siempre fue la persona con quien pude contar cuando necesitaba ayuda.

Me inventé el dicho con que comienza el cuento: "Lo que el muchacho no aprende de su madre cuando es niño, habrá de aprender de su hija cuando sea hombre", y me gusta mucho. Creo que hasta suena como un refrán antiguo. En varias ocasiones, mis oyentes me han pedido que repita este dicho después de narrar el cuento para tratar de retenerlo en la memoria. ¡Un señor llegó a anotarlo y todo! "Quiero enseñárselo a mi hija", me dijo.

También me inventé el dicho que la madre le dice al muchacho: "Con corazón puro se hace lo duro". Es similar a los refranes que mi madre me solía decir, porque recordaba muchas expresiones de sus padres. También a mi padre le gustaban los dichos antiguos. Y no hace falta que les cuente cuánto me gustan a mí…

A diferencia de muchos otros cuentos que narro, éste suena como si pudiera haber ocurrido en realidad. A veces los niños me preguntan si es así. Yo suelo responder: "No creo que lo que narra el cuento suceda de verdad, pero si piensas en las cosas que ocurren en él, puedes aprender algo que sí es cierto". Así es como aprendemos de los viejos relatos. Primero piensas en ellos un poco, y luego aprendes algo sobre la vida. Hubo un tiempo en que la gente creía que, para que un niño llegara a convertirse en un adulto decente, tenía que escuchar los viejos relatos. ¿Crees que puedes aprender algo de "Ya aprenderás"?

Mi estilo es distinto al de la mayoría de escritores. La mayor parte de los escritores se inventan sus relatos a medida que escriben. Como verás, ése es un método bastante fácil. Pero cuando yo escribo un cuento sin haberlo narrado anteriormente, siempre me arrepiento de no haber escuchado primero las opiniones de mis oyentes antes de congelar mi relato escribiéndolo en computadora. Los niños siempre me enseñan qué cosas debo cambiar. Observo cómo reaccionan a lo que leo. He aprendido a distinguir cuándo debo explicar algo más claramente, o cuándo tengo que acelerar el relato para que resulte más interesante.

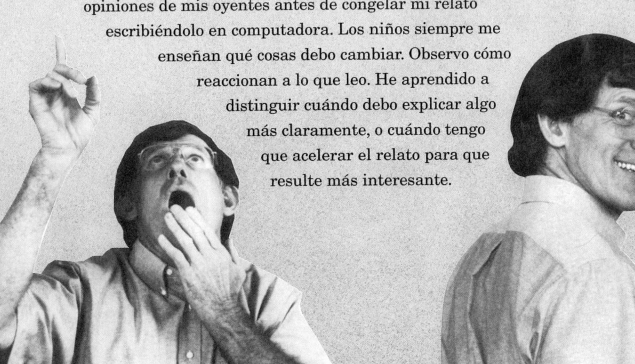

Espero que sientas que mi forma de relatar el cuento funciona pero si no, tú lo contarás de manera distinta. Nadie debería relatar el mismo cuento de la misma manera. Cuando cuentes un cuento, recuerda sólo las partes más importantes del argumento. Trata de imaginar que son las perlas de un collar que te llevan desde el principio hasta el final del relato. Imagínate que cada perla contiene un suceso importante del cuento.

Y entonces, cuenta el cuento. Cuéntalo de la manera más sencilla que puedas. Limítate a contar lo que ocurre en el cuento en el orden correcto. Así te demostrarás a ti mismo que eres capaz de llegar desde el principio hasta el final. ¡Lo lograrás!

La próxima vez que lo cuentes, hazlo con un poco más de calma. Deja que los personajes hablen un poco. Haz que gesticulen. Cada vez que cuentes el cuento, trata de hacerlo más rico y más claro, y presta atención a la reacción de los oyentes. Cuando lo hayas contado cinco o seis veces, tendrás tu propio cuento y lo contarás a tu manera. Así te convertirás en todo un cuentista.

Coméntalo

Este cuento tiene personajes —un muchacho y su madre, un hombre rico y su hija— que se comportan de distintas maneras. ¿Crees que el cuento tiene una moraleja? Explica tu respuesta.

Comprensión de lectura

1. Compara las reacciones del muchacho y de la hija al enterarse cada uno de que el hombre rico no pagaría su deuda.

2. Piensa en la fogata que había en las afueras del pueblo. ¿De qué manera ayuda al muchacho a resistir en la cumbre de la montaña y ganar la apuesta? Explica tu respuesta.

3. Describe la montaña y lo que el muchacho observa durante la noche que pasa a solas.

4. ¿De qué manera te ayudan el título y el primer párrafo del cuento a **predecir** lo que sucederá?

5. Haz una **predicción** sobre el muchacho y la hija del hombre rico. ¿Cómo cambiarán sus vidas a causa de esta experiencia?

Ten cuidado

Haz un tablero de anuncios que muestre medidas de seguridad para acampar. Podrías incluir fotos de varias fuentes con información sobre cómo extinguir una fogata correctamente, armar una tienda o aplicar primeros auxilios.

Sacar conclusiones

- Al leer, fíjate en los detalles y decide qué piensas sobre los personajes y sobre lo que ocurre en el cuento o artículo.

- Al decidir lo que piensas sobre los personajes o sucesos, estás **sacando conclusiones.**

- Otro nombre para sacar conclusiones es hacer inferencias.

Lee "Otro caso en el rancho", por John R. Erickson.

En tus palabras

1. ¿Crees que Hank, el perro vaquero, es un buen detective? ¿Qué detalles te ayudan a sacar esa conclusión?

2. Basándote en estos párrafos, ¿dirías que éste es un texto serio o un texto humorístico? ¿Por qué?

Otro caso en el rancho

por John R. Erickson

En el pueblo yo había sido un perro feliz, despreocupado y sin ningún problema. Pero en el rancho me agobiaba el mismo sentido de la responsabilidad que sienten quienes ocupan cargos importantes, como los presidentes, los primeros ministros, los emperadores y otras personas de ese tipo. Ser el director de seguridad del rancho es un gran honor, pero también es una carga muy pesada.

Recordaba el asesinato en el gallinero. Aún no había sospechosos. O había demasiados, quizás era eso lo que ocurría. Todos eran sospechosos; bueno, todos excepto la vaca lechera, a la que había tachado de la lista con bastante convicción, y el puerco espín, porque estos animales sólo comen árboles.

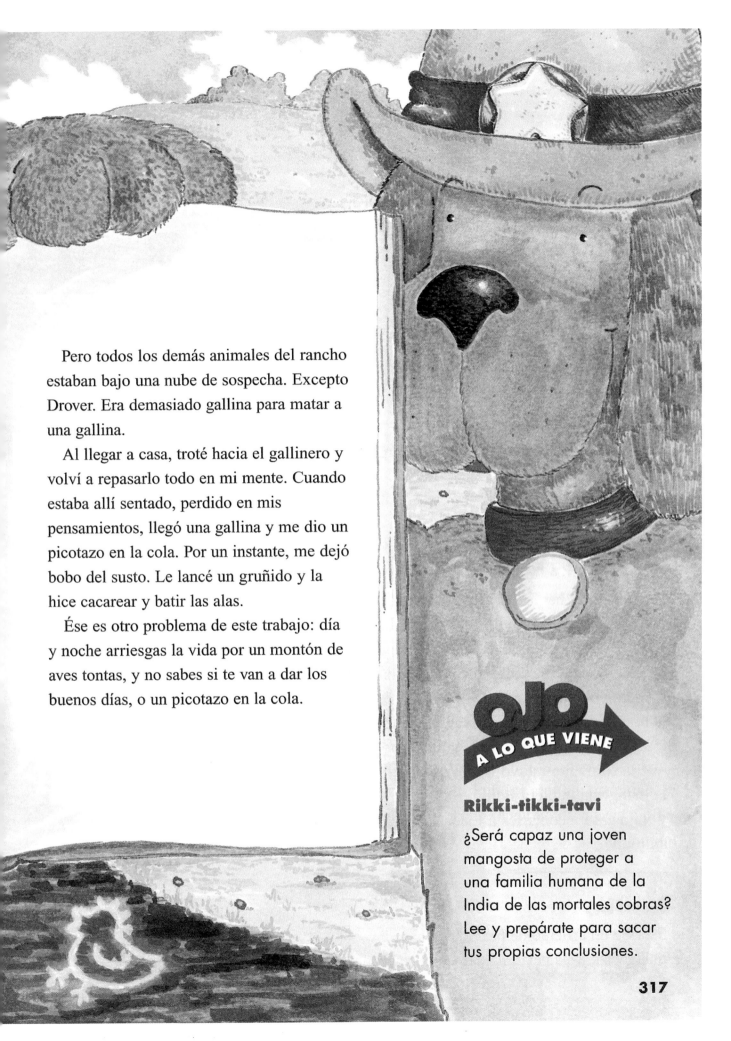

Pero todos los demás animales del rancho estaban bajo una nube de sospecha. Excepto Drover. Era demasiado gallina para matar a una gallina.

Al llegar a casa, troté hacia el gallinero y volví a repasarlo todo en mi mente. Cuando estaba allí sentado, perdido en mis pensamientos, llegó una gallina y me dio un picotazo en la cola. Por un instante, me dejó bobo del susto. Le lancé un gruñido y la hice cacarear y batir las alas.

Ése es otro problema de este trabajo: día y noche arriesgas la vida por un montón de aves tontas, y no sabes si te van a dar los buenos días, o un picotazo en la cola.

OJO A LO QUE VIENE

Rikki-tikki-tavi

¿Será capaz una joven mangosta de proteger a una familia humana de la India de las mortales cobras? Lee y prepárate para sacar tus propias conclusiones.

317

Palabras nuevas

cobra   enroscar   mangosta
triunfal   zambullir

Al leer, quizás encuentres palabras que no conoces. Para averiguar su significado, busca claves en las oraciones cercanas. Las claves pueden ser detalles o ejemplos específicos cercanos a la palabra desconocida.

Mira cómo se usa *triunfal* en el siguiente párrafo. Busca detalles o ejemplos específicos cerca de la palabra. ¿Qué crees que significa *triunfal?*

Lucha entre los matorrales

Hacía calor y había ido al río a nadar. Justo cuando me iba a zambullir, oí un ruido entre los matorrales. Contuve el aliento al darme cuenta de que se trataba de una lucha feroz entre una cobra y una mangosta. La serpiente atacaba y se volvía a enroscar, mientras la mangosta esquivaba sus ataques. Finalmente la mangosta saltó y atrapó a la cobra y no la soltó hasta que la serpiente estuvo inmóvil. Me emocionó que la mangosta hubiera salido triunfal de aquella lucha, y fui a casa a contarles a todos sobre el éxito del animalito.

Escribe

Escribe un artículo de periódico sobre las mangostas. Usa palabras del vocabulario.

RIKKI-TIKKI-TAVI

por **Rudyard Kipling**

adaptado e ilustrado por **Jerry Pinkney**

Rikki-tikki-tavi es una mangosta joven que llega, arrastrada por las aguas de una inundación veraniega, al jardín de una familia inglesa que vive en la India. Las mangostas son el enemigo natural de las serpientes, y la familia acoge encantada a Rikki-tikki para que proteja a su hijo pequeño, Teddy. Explorando su nuevo hogar, Rikki-tikki conoce en el jardín a Darzee y a su esposa, una familia de pájaros tejedores. Ellos le advierten que tenga cuidado con Nag y Nagaina, una pareja de cobras que también vive en el jardín. Con la ayuda del padre de Teddy, Rikki-tikki mata a Karait, una serpiente pequeña de color café cuya mordedura es tan peligrosa como la de las cobras. Al salvar a Teddy de Karait, Rikki-tikki se gana el agradecimiento de la familia, que la acoge como su invitada de honor.

Teddy se llevó a Rikki-tikki a la cama e insistió en que durmiera acurrucada bajo su barbilla. Pero en cuanto Teddy se durmió, Rikki-tikki salió a dar su paseo nocturno por la casa y, en la oscuridad, se tropezó con Chuchundra, la rata almizclera, que avanzaba cautelosamente junto a la pared. Chuchundra es un animalito miedoso. Lloriquea y chilla toda la noche, tratando de decidirse a correr hasta el centro de la habitación, pero nunca se atreve.

—No me mates —dijo Chuchundra—. Rikki-tikki, no me mates.

—¿Tú crees que todo un cazador de serpientes va a perder el tiempo matando a una rata almizclera? —le preguntó Rikki-tikki con desdén.

—Quien mata serpientes encuentra la muerte a manos de serpientes —dijo Chuchundra—. ¿Y cómo voy a estar segura de que Nag no me confundirá contigo una de estas noches oscuras?

—No hay peligro —dijo Rikki-tikki—. Nag está en el jardín, y tú nunca vas al jardín.

—Mi prima, la rata, me contó… —dijo Chuchundra, y entonces calló.

—¿Qué te dijo?

—¡Sssssh…! Nag está en todas partes, Rikki-tikki. ¿Es que no lo *oyes?*

Rikki-tikki escuchó. En la casa reinaba el silencio, pero alcanzó a oír un suave *ras-ras*. Era tan suave como los pasos de una mosca en el vidrio de la ventana. Era el seco roce de las escamas de una serpiente contra el ladrillo.

—O es Nag, o es Nagaina —dijo—. Y, sea quien sea, se dirige hacia el desagüe del baño. Gracias, Chuchundra.

Rikki-tikki se acercó sigilosamente al baño de Teddy, donde no encontró a nadie, y luego fue al baño de los padres de Teddy. Al pie de la pared de yeso había un hueco donde faltaba un ladrillo. El hueco servía de desagüe. Rikki-tikki escuchó a Nag y a Nagaina cuchicheando a la luz de la luna.

—Cuando no quede gente en la casa —dijo Nagaina—, Rikki–tikki se irá también, y todo el jardín será nuestro de nuevo. Entra sin hacer ruido, y recuerda que debes morder primero al hombre grande que mató a Karait. Entonces sal, y cazaremos a Rikki-tikki.

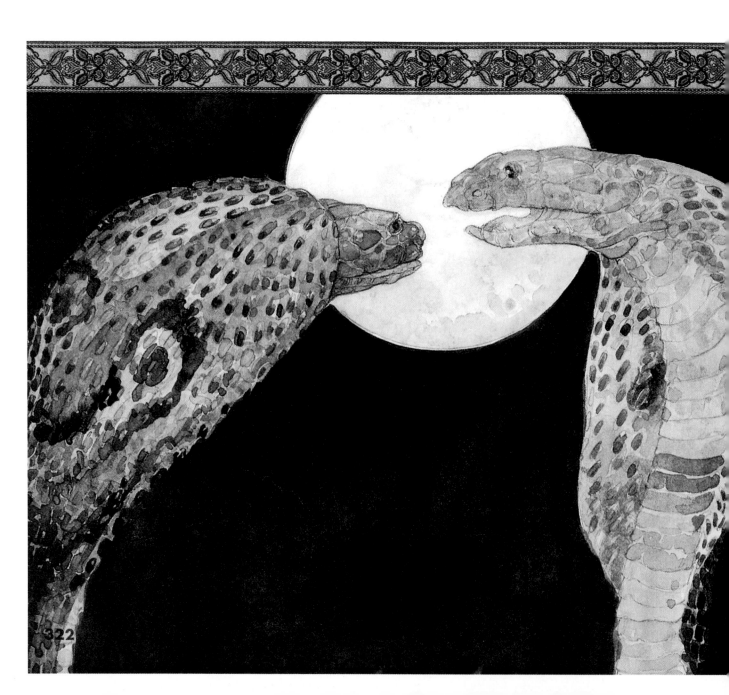

—Pero, ¿estás segura de que tenemos que matar a las personas? —preguntó Nag.

—Sí. ¿Acaso viste mangostas en el jardín cuando no había personas en la casa? Mientras la casa permanezca vacía, seremos los reyes del jardín. No olvides que, en cuanto nazcan nuestros hijos, necesitarán espacio y tranquilidad.

—En eso no había pensado —dijo Nag—. Iré, pero no es necesario cazar a Rikki-tikki. Mataré al hombre y a la mujer y, si puedo, también al niño. Así, la casa quedará vacía y Rikki-tikki se irá.

Rikki-tikki se estremeció de furia al oírlos, y en eso la cabeza de Nag entró por el desagüe, seguida de sus cinco pies de frío cuerpo. Aunque estaba furiosa, Rikki-tikki se asustó al ver el tamaño de la cobra. Nag alzó la cabeza y miró por el baño. Rikki-tikki vio cómo le brillaban los ojos en la oscuridad.

—Cuando mató a Karait, el hombre llevaba un palo —dijo la serpiente—. Pero cuando venga a bañarse por la mañana no lo tendrá. Esperaré aquí hasta que venga. Nagaina, ¿me oyes? Voy a esperar aquí hasta la mañana.

Nadie respondió, por lo cual Rikki-tikki supo que Nagaina se había ido. Nag se empezó a enroscar lentamente en la base de la jarra de agua que usaban para llenar el baño. Rikki-tikki se quedó inmóvil como una estatua. Una hora más tarde comenzó a acercarse a la jarra, moviendo los músculos uno por uno. Nag estaba dormido, y Rikki-tikki lo contempló, pensando en cómo atacarlo.

"Si no le parto el lomo del primer salto", pensó Rikki-tikki, "todavía podrá luchar. Y como tenga que enfrentarme a él… ¡Ay, Rikki!"

"¡A la cabeza!", decidió finalmente. "Y no debo soltarla".

Y se abalanzó sobre él. Al morder, Rikki apoyó el lomo contra la jarra de agua para poder sujetar bien la cabeza de la serpiente. Entonces la serpiente sacudió a Rikki varias veces, como si fuera un juguete en la boca de un perro: hacia arriba y hacia abajo, de izquierda a derecha, y en círculos. Pero Rikki resistió, y el cuerpo de la serpiente comenzó a dar latigazos por el piso, estrellándose contra la bañera. Rikki apretó la mandíbula con más y más fuerza, porque estaba segura de que la serpiente acabaría matándola a golpes y, por el honor de su familia, quería que la encontraran con la mandíbula bien cerrada. Estaba mareada y adolorida, y casi moribunda por los golpes, cuando algo estalló como un trueno a su espalda. Una llamarada roja le quemó el pelaje. El padre de Teddy se había despertado con el ruido y le había disparado a Nag con su escopeta.

Con los ojos cerrados, Rikki-tikki no soltó a Nag, pese a estar segura de que su enemigo estaba muerto, pero el hombre la levantó y dijo:

—Es la mangosta de nuevo. Ahora este animalito nos ha salvado la vida a todos.

A la mañana siguiente, Rikki estaba muy adolorida, pero se sentía satisfecha de sí misma.

"Ahora tengo que encargarme de Nagaina, que es peor que cinco Nags juntos. Y, ¿quién sabe cuándo nacerán sus hijos? Tengo que ir a ver a Darzee", pensó.

Sin esperar al desayuno, Rikki-tikki fue corriendo hasta el espino, donde Darzee entonaba a plena voz una canción triunfal. La noticia de la muerte de Nag se había propagado ya por todo el jardín, porque habían dejado su cuerpo sin vida en el basurero.

—¡Necio manojo de plumas! —dijo Rikki-tikki—. ¿Te parece éste el momento de cantar?

—¡Nag está muerto! ¡Nag está muerto! —cantaba Darzee—. Rikki-tikki lo agarró por la cabeza y no lo soltó. El hombre grande vino con su palo de cáñamo, ¡y partió a Nag en dos! Ahora ya nunca volverá a comerse a mis bebés.

—Tú estás a salvo ahí en tu nido —dijo Rikki-tikki—. Pero a mí me espera la guerra. Deja ya de cantar, Darzee.

—Está bien; pararé por respeto a la gran Rikki-tikki —dijo Darzee—. ¿Qué ocurre, oh, valiente cazadora del terrible Nag?

—¿Dónde está Nagaina?

—En la basura que hay junto a los establos, llorando la muerte de Nag, gran Rikki-tikki de los colmillos blancos.

—¡Olvídate de mis colmillos blancos! ¿Sabes dónde están sus huevos?

—En el huerto de melones, en la parte que queda junto al muro, donde el sol brilla todo el día. Rikki-tikki, ¿vas a comerte sus huevos?

—No, no precisamente. Darzee, ¿puedes volar a los establos y fingir que tienes un ala rota para que Nagaina te persiga hasta estos matorrales? Tengo que ir al huerto de melones, pero si voy ahora, me verá.

Darzee sabía que las crías de Nagaina también nacían de huevos, como las suyas, y no le parecía justo matarlas. Pero su esposa era una pájara muy sensata, y sabía que los huevos de cobra se convertirían en pequeñas cobras en poco tiempo. Salió volando del nido y dejó a Darzee calentando a sus polluelos. Voló por delante de Nagaina y gritó:

—¡Tengo un ala rota! El niño de la casa me lanzó una pedrada y me la partió.

"Antes de que caiga la noche, el niño de la casa estará postrado, inmóvil. Pero, ¿para qué tratar de huir? Se sabe que te atraparé".

Nagaina levantó la cabeza y silbó:

—Escogiste un mal lugar para estar herida.

Y se acercó a la pájara, deslizándose por el polvo.

—¡El niño me partió el ala de una pedrada! —lloró la esposa de Darzee.

—Bueno, entonces te alegrará saber que también me encargaré de él cuando tú estés muerta. Antes de que caiga la noche, el niño de la casa estará postrado, inmóvil. Pero, ¿para qué tratar de huir? Se sabe que te atraparé.

Y la esposa de Darzee siguió revoloteando sin levantar el vuelo, y Nagaina se deslizó cada vez más rápidamente.

Rikki-tikki las oyó por el sendero, y salió corriendo hacia el huerto de melones, cerca del muro. Y ahí encontró, muy bien escondidos, veinticinco huevecillos.

"Llegué justo a tiempo", pensó al ver las crías de cobra acurrucadas dentro de sus cascarones. Sabía que en cuanto salieran del cascarón, todas serían capaces de matar a un hombre o a una mangosta. Sin perder un instante, arrancó con los colmillos la parte superior de los huevos, aplastando a las mortíferas crías de serpiente. Cuando sólo quedaban tres huevos, oyó gritar a la esposa de Darzee:

—¡Rikki-tikki! Llevé a Nagaina hacia la casa, y ahora está en el porche y ¡ay, ven pronto! ¡Lo que quiere es matar!

Rikki-tikki aplastó dos huevos y, con el tercer huevo en la boca, se fue corriendo al porche. Teddy, su madre y su padre estaban tomando el desayuno, pero no comían nada. Estaban quietos como estatuas y con la cara pálida. Nagaina estaba enroscada a poca distancia de la pierna desnuda de Teddy. Oscilaba, entonando una canción triunfal.

—Hijo del hombre que mató a Nag —silbó—, no te muevas. No se muevan ninguno de los tres. Si no me hacen caso, los atacaré. ¡Pobres infelices que mataron a mi Nag…!

Teddy tenía la mirada clavada en su padre, pero lo único que éste podía hacer era susurrarle:

—No te muevas, Teddy. No te muevas. Quédate quieto.

Entonces volvió Rikki-tikki y gritó:

—¡Date la vuelta, Nagaina! ¡Date la vuelta y pelea!

—Cada cosa a su tiempo —dijo ella sin mover los ojos—. Después me encargaré de ti. Mira a tus amigos, Rikki-tikki. No se atreven a moverse. Si das un solo paso más, los atacaré.

—Mira tus huevos entre los melones —dijo Rikki-tikki—. Ve a darles un vistazo.

La serpiente dio media vuelta y vio el huevo que Rikki traía consigo.

—¡Dámelo! —exclamó.

Rikki-tikki tenía el huevo bien agarrado.

—¿Cuánto vale un huevo de serpiente? ¿Cuánto vale una cría de cobra? Es el último; sí, sí, el último de toda la camada… A los demás se los están comiendo ya las hormigas allá entre los melones.

Nagaina se volteó, olvidándolo todo por el huevo. Entonces, Rikki-tikki vio al padre de Teddy agarrar a su hijo por el hombro y arrastrarlo por encima de la mesa, tumbando las tazas para alejarlo del alcance de Nagaina.

"Sí, jamás regresarás, porque estarás muerta. ¡Pelea, serpiente!"

—¡Caíste en la trampa! ¡Caíste, caíste! *¡Riquitiquití!* —gritó Rikki-tikki—. El niño está a salvo, y fui yo, yo, yo quien atrapó a Nag anoche en el baño. Me sacudió mil veces, pero no pudo deshacerse de mí. Ya estaba muerto antes de que el hombre le disparara. Yo lo maté. *¡Riquitiquití!* Ven, Nagaina. Ven a pelear conmigo.

Nagaina se dio cuenta de que había perdido la oportunidad de matar a Teddy, y de que ahora su huevo estaba entre las garras de Rikki-tikki.

—Dame mi huevo, Rikki-tikki, y me iré y nunca más regresaré —dijo.

—Sí, jamás regresarás, porque estarás muerta. ¡Pelea, serpiente! El hombre ha ido por la escopeta. ¡Pelea!

Rikki-tikki brincaba alrededor de Nagaina sin cesar, pero sin acercarse demasiado a ella. Nagaina se recompuso y se abalanzó sobre la mangosta. Rikki-tikki saltó hacia atrás. Nagaina atacó y atacó, pero en todos los intentos se estrellaba contra las esteras del porche. Entonces, Rikki-tikki se movió en un círculo para colocarse detrás de ella, y Nagaina se volteó para hacerle frente.

Rikki-tikki se había olvidado del huevo, que estaba abandonado en el piso del porche. Nagaina se fue acercando más y más al huevo hasta que, finalmente, aprovechando un respiro de Rikki-tikki, lo atrapó con la boca. Se volteó hacia los escalones y salió volando por el sendero. Rikki-tikki salió a perseguirla.

Rikki-tikki sabía que tenía que alcanzarla, o todos los problemas comenzarían de nuevo. Nagaina se escapó hacia las hierbas altas que había junto al espino y, corriendo, Rikki-tikki oyó a Darzee, que todavía entonaba su canción triunfal. Pero la esposa de Darzee era más lista. Al ver acercarse a Nagaina, salió volando y batió sus alas en la cabeza de la serpiente. Nagaina sólo bajó la cabeza y siguió huyendo. Pero, al retrasarse un instante, Rikki-tikki la alcanzó y, cuando la serpiente se empezaba a zambullir en la madriguera donde había vivido con Nag, los colmillitos de Rikki-tikki se le clavaron en la cola.

Rikki-tikki cayó al agujero con ella. Muy pocas mangostas, por muy listas y expertas que sean, se atreverían a meterse en la madriguera de una cobra. La madriguera estaba oscura, y Rikki-tikki sabía que si el túnel se ensanchaba, Nagaina tendría espacio para voltearse y atacar.

Cuando la hierba de la entrada de la madriguera dejó de agitarse, Darzee dijo:

—¡Se acabó Rikki-tikki! Debemos cantar su canción fúnebre, porque Nagaina seguramente la matará ahí abajo.

Darzee entonó una canción muy triste que iba inventando y, justo cuando llegaba a la estrofa más trágica, la hierba comenzó a agitarse de nuevo. Rikki-tikki salió del agujero, arrastrándose trabajosamente y lamiéndose los bigotes. Se sacudió un poco el polvo del pelaje y estornudó.

—Ya está —dijo—. La serpiente no volverá a salir.

Entonces las hormigas rojas que la oyeron comenzaron a desfilar hacia el agujero para comprobar si decía la verdad.

Cuando Rikki llegó a la casa, Teddy, su padre y su madre salieron a recibirla con lágrimas en los ojos. Y esa noche comió hasta que no pudo más. Teddy se la llevó consigo a la cama, y allí la vio la madre de Teddy ya entrada la noche.

—Nos salvó la vida —le dijo a su marido—. ¿Te das cuenta? Nos salvó la vida.

Rikki-tikki se despertó sobresaltada, porque todas las mangostas se despiertan fácilmente.

—Ah, son ustedes —dijo—. ¿Qué hacen despiertos? Todas las cobras están muertas y, si no, aquí estoy yo.

Rikki-tikki tenía derecho a sentirse orgullosa. Así cuidó del jardín como debe cuidar de un jardín toda buena mangosta: con colmillos y saltos y brincos y mordiscos. Y ninguna cobra se atrevió nunca más a meter la cabeza dentro de aquellas cuatro paredes.

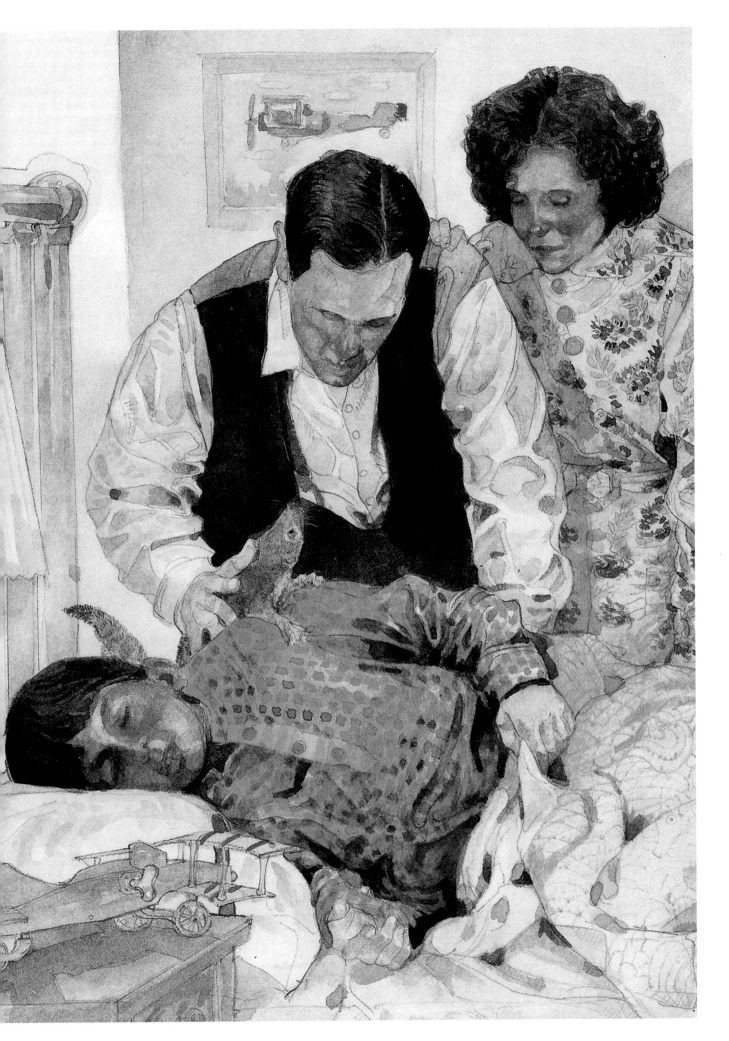

Conozcamos al autor
RUDYARD KIPLING

Rudyard Kipling escribió *Rikki-tikki-tavi* hace más de cien años. El cuento tiene lugar en la India, donde el señor Kipling nació. Además de escribir libros y poemas, también inventó cuentos para contárselos a sus hijos. A pesar de que muchos de estos cuentos nunca llegaron a tener forma escrita, el señor Kipling sí publicó un libro llamado *Sólo cuentos*, en honor a su hija Josephine.

Conozcamos al ilustrador
JERRY PINKNEY

Antes de empezar a dibujar, Jerry Pinkney hace un estudio para tener una idea de cómo son las personas y los lugares del cuento. Luego les pide a modelos que se vistan como los personajes humanos del cuento y que representen sus acciones. Una vez que ha estudiado las fotos de los modelos, está listo para empezar sus ilustraciones.

El señor Pinkney dice que aprecia "la oportunidad de usar mi imaginación, de dibujar y pintar, y de viajar por medio de las voces de los personajes de mis cuentos, y sobre todo, de llegar a los niños". En *Rikki-tikki-tavi* llega a su público por medio del arte, adaptando el cuento para los lectores de hoy.

Reacción del lector

Coméntalo

Este cuento clásico celebra las grandes hazañas de una mangosta. ¿Cuáles son esas hazañas, y qué palabras e ilustraciones las celebran?

Comprensión de lectura

1. ¿A qué se dedica Rikki-tikki? ¿Qué tan bien hace su trabajo?

2. ¿Por qué son enemigos Rikki-tikki y Nag y Nagaina? ¿Cómo se llevan Chuchundra y Darzee con Rikki-tikki?

3. Los personajes de un cuento se dan a conocer por la manera en que se comportan y por sus palabras. ¿Cómo muestran las acciones de Rikki-tikki al personaje? ¿Cómo te ayudan sus palabras a imaginarla?

4. **Saca conclusiones** sobre Nag y Nagaina. ¿Por qué quieren matar a la gente de la casa?

5. Ahora **saca conclusiones** sobre Rikki-tikki. ¿Por qué le es tan fiel a la familia? ¿Por qué sigue a Nagaina a la madriguera?

Teatro del lector

En las páginas 325 y 326, hay una conversación entre Rikki-tikki y Darzee. Vuelve a leer el diálogo y luego léelo en voz alta con otro estudiante. Demuestra con expresión cómo habrían dicho esas palabras los personajes. Haz la lectura frente a la clase.

Mi maestra en el mercado

por Gary Soto

Quién lo diría
que un sábado
mi maestra
sostendría unos tomates
en las manos
y los olfatearía
allí, en mis narices.
Yo soy María,
la que lleva curitas
en las rodillas
y cicatrices rosadas
como las marcas
en una tarea.
Me oculto detrás
de las bolsas de papas,
curiosa y de puntillas.
Nunca había visto

a mi maestra en *jeans*,
ni en camiseta,
ni en zapatos agujereados
por el roce de los
dedos de los pies. Mete
los tomates y una pizca
de chiles en una bolsa.
Aprieta los aguacates
maduros
con el pulgar,
tres por un dólar
porque son de color negro,
negrísimo, negro hermoso.
La saludo con la mano
y me oculto, conteniendo
la risa. Me asomo.
Mi maestra recoge

una sandía,
una sandía con un ejército
de semillas para escupir
a lo largo de la acera.
No puedo imaginármela
haciendo *eso*,
mi maestra, mi maestra.
Pesa nectarinas,
ciruelas y duraznos
de barriguita
aterciopelada.
La vuelvo a saludar
y me oculto. Es raro
ver a mi maestra
poniéndose una uva
en la boca,
la misma boca que dice
4 por 6, 36.

Digo, 24. Mete
el racimo de uvas
en una bolsa de plástico.
Luego se voltea
hacia las papas
y me descubre espiándola.
Cuando me dice,
"Pero si es María,
la de ojitos de papa",
me sonrojo y cierro los ojos.
Cuando los abro,
ha desaparecido,
su carrito de compras
recorre cadencioso
el pasillo
de los cereales,
dejándome sola,
María, la de ojitos de papa.

La vaca estudiosa

por María Elena Walsh

Había una vez una vaca
en la Quebrada de Humahuaca.

Como era muy vieja, muy vieja,
estaba sorda de una oreja.

Y a pesar de que ya era abuela
un día quiso ir a la escuela.

Se puso unos zapatos rojos,
guantes de tul y un par de anteojos.

La vio la maestra asustada
y dijo: —Estás equivocada.

Y la vaca le respondió:
—¿Por qué no puedo estudiar yo?

La vaca, vestida de blanco,
se acomodó en el primer banco.

Los chicos tirábamos tiza
y nos moríamos de risa.

La gente se fue muy curiosa
a ver a la vaca estudiosa.

La gente llegaba en camiones,
en bicicletas y en aviones.

Y como el bochinche aumentaba
en la escuela nadie estudiaba.

La vaca, de pie en un rincón,
rumiaba sola la lección.

Un día toditos los chicos
se convirtieron en borricos.

Y en ese lugar de Humahuaca
la única sabia fue la vaca.

Botón

por María de la Luz Uribe

Érase un botón
redondo y glotón.
Se cree importante
como un señor grande.

Dice en alta voz:
"Nadie hay como yo,
cierro, junto, abro,
siempre listo estoy".

Al lado, el ojal
lo mira burlón:
"Si alguien quiere usarte
¿qué haces si no estoy?"

La experiencia es la madre de la ciencia.

Historias inolvidables

¿Cómo nos ayudan
las historias del
pasado a vivir en
el presente?

Parafrasear

- **Parafrasear** es explicar algo con tus propias palabras. Una paráfrasis debe conservar el significado del texto original.

- Una paráfrasis debe contener todas las ideas del autor, pero debe ser más fácil de leer que el texto original.

- Practica cómo hacer una paráfrasis. Te ayudará a comprender mejor lo que leas.

Lee "Zafiro se lleva el fuego", por Virginia Hamilton.

Escribe

1. Parafrasea la última oración de este cuento folklórico. Usa tus propias palabras, pero conserva todo su significado.

2. Parafrasea el primer o el cuarto párrafo. No olvides usar tus propias palabras, y evita copiar el texto.

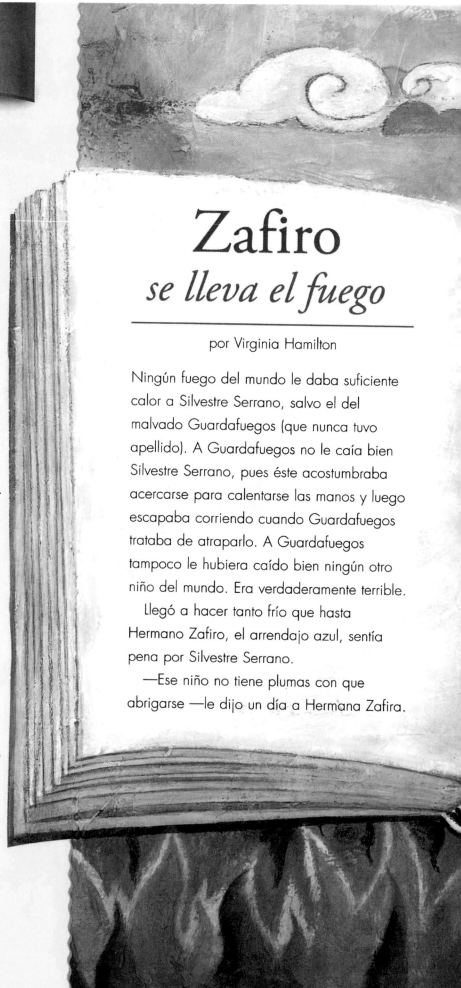

Zafiro
se lleva el fuego

por Virginia Hamilton

Ningún fuego del mundo le daba suficiente calor a Silvestre Serrano, salvo el del malvado Guardafuegos (que nunca tuvo apellido). A Guardafuegos no le caía bien Silvestre Serrano, pues éste acostumbraba acercarse para calentarse las manos y luego escapaba corriendo cuando Guardafuegos trataba de atraparlo. A Guardafuegos tampoco le hubiera caído bien ningún otro niño del mundo. Era verdaderamente terrible.

Llegó a hacer tanto frío que hasta Hermano Zafiro, el arrendajo azul, sentía pena por Silvestre Serrano.

—Ese niño no tiene plumas con que abrigarse —le dijo un día a Hermana Zafira.

Entonces Hermano Zafiro alzó el vuelo.

Para llevarse volando un poco de fuego tendría que ser muy veloz. Y lo fue, pero el avispado de Guardafuegos lo vio. Enfurecido, salió corriendo tras Hermano Zafiro, dándole un susto de muerte. Entonces, Hermano Zafiro abrió el pico para advertir a todos los pájaros que Guardafuegos ardía de ira y, ¡ay!..., soltó el fuego que se había llevado.

—¿Quién te dio permiso para llevarte mi fuego? —le gritó Guardafuegos desde abajo.

Asustado, Hermano Zafiro respondió:

—Era sólo para Silvestre Serrano. Te lo pagaré, te lo pagaré... ¡Lo prometo!

Y desde entonces, el arrendajo Zafiro surca los cielos cargando casi siempre en el pico ramitas y palitos limpios y finos para Hermana Ascua, la esposa del viejo Guardafuegos.

OJO A LO QUE VIENE

Mediopollito

Lee las aventuras de un pollo muy especial en el siguiente cuento folklórico. Para comprobar tu comprensión del cuento, parafrasea las oraciones o párrafos a medida que leas.

Vocabulario

Palabras nuevas

arroyo	fogata	hacienda
sugirió	vanidoso	veleta

Las palabras con significados similares se llaman **sinónimos.** Para averiguar el significado de una palabra, busca pistas a su alrededor. A veces esa pista es un sinónimo.

Lee el siguiente párrafo. Fíjate en cómo *presumido* te ayuda a entender el significado de *vanidoso.*

Un día en el campo

Era un día con mucho viento. Enrique miraba la veleta que giraba sobre el techo de la hacienda donde vivía Isabel, su prima del campo. Enrique jamás había salido de la ciudad. Isabel estaba segura de que Enrique era un vanidoso, como muchos niños de la ciudad. Aunque Isabel creía que su primo era un presumido, le sugirió que fueran al arroyo a pescar. Pero Enrique resultó ser muy simpático. A pesar de que no pescó ni una trucha, hizo una fogata para asar las que pescó Isabel. ¡Qué bien la pasaron!

Escribe

Escribe en tu diario acerca de un día que pasas en el campo con un nuevo amigo o amiga. Usa tantas palabras del vocabulario como puedas.

Mediopollito

por **Alma Flor Ada**
ilustrado por **Kim Howard**

¿Has visto alguna vez una veleta? ¿Sabes de dónde salió el gallito en la punta, un gallito que da vueltas para decirnos en qué dirección sopla el viento?

Te lo voy a contar. Es un cuento viejo, viejísimo, que mi abuelita me contó. A ella se lo había contado su abuelita. Dice así…

Hace mucho, muchísimo tiempo, allá en México, en una hacienda, una gallina empollaba sus huevos. Uno por uno, los pollitos empezaron a salir, dejando vacíos los cascarones. Uno, dos, tres, cuatro… doce pollitos habían nacido ya. Pero el último huevo no acababa de empollar.

La gallina no sabía qué hacer. Los pollitos correteaban de aquí para allá, y ella no podía seguirlos porque estaba todavía calentando el último huevo.

Por fin se oyó un ruidito. El pollito estaba golpeando con el pico el cascarón desde adentro. La gallina lo ayudó a romper el cascarón y apareció, por fin, el pollito número trece.

Sólo que era un pollito fuera de lo común. Tenía una sola ala, una sola pata, un solo ojo y sólo la mitad de las plumas que todos los demás pollitos.

Al poco rato de haber nacido, ya todos en la hacienda sabían que había nacido un pollito muy especial.

Los patos se lo habían contado a los guajolotes. Los guajolotes se lo habían contado a las palomas. Las palomas se lo habían contado a las golondrinas. Y las golondrinas volaron sobre los campos, dándoles la noticia a las vacas que pacían tranquilas con sus terneros, a los toros bravos y a los caballos veloces.

Pronto la gallina se veía rodeada todo el tiempo de animales que querían ver al pollito extraño.

Uno de los patos dijo: —Pero si sólo tiene un ala…

Y uno de los guajolotes añadió: —Sí, es sólo… mediopollito.

Desde entonces todos lo llamaron Mediopollito. Y viéndose el centro de tanto interés, Mediopollito se volvió muy vanidoso.

Un día oyó decir a las golondrinas, que viajaban mucho: —Ni en la corte del virrey, en la Ciudad de México, hay alguien tan especial.

Entonces, Mediopollito decidió que había llegado la hora de abandonar la hacienda. Una mañanita muy temprano se despidió diciendo:

—*Adiós, adiós.*
Me voy a México saltando
a ver la corte del virrey.

Y *tip tap, tip tap,* se fue muy feliz por el camino, saltando que saltarás sobre su única patita.

No había caminado mucho cuando se encontró con un arroyo cuya agua estaba estancada, detenida por unas ramas secas.

—Buenos días, Mediopollito. Por favor, aparta las ramas que no me dejan correr —le pidió el agua.

Mediopollito apartó las ramas. Pero cuando el agua le sugirió que se quedara a darse un baño en el arroyo, él contestó:

—*No tengo tiempo que perder.*

Voy a México

a la corte del virrey.

Y siguió *tip tap, tip tap,* saltando que saltarás con su única patita.

Un poco más allá, Mediopollito encontró una pequeña fogata, entre unas piedras. El fuego estaba casi apagado.

—Buenos días, Mediopollito. Por favor, échame un poquito de aire con tu ala, que me estoy apagando —le pidió el fuego.

Mediopollito le echó aire con el ala, y el fuego se avivó. Pero cuando el fuego le sugirió que se quedara a calentarse un rato junto a la fogata, él contestó:

—*No tengo tiempo que perder.*
Voy a México
a la corte del virrey.

Y siguió *tip tap, tip tap,* saltando que saltarás sobre su única patita.

Después de caminar un poco más, Mediopollito se encontró con el viento, enredado en unos arbustos.

—Buenos días, Mediopollito. Por favor, ayúdame a desenredarme, para poder seguir mi camino —le pidió el viento.

Mediopollito separó las ramas. Pero cuando el viento le sugirió que se quedara a jugar y le propuso hacerlo volar, como a las hojas secas de los árboles, él contestó:

—*No tengo tiempo que perder.*
Voy a México
a la corte del virrey.

Y siguió *tip tap, tip tap,* saltando que saltarás sobre su única patita. Y al fin llegó hasta la Ciudad de México.

Mediopollito atravesó la enorme Plaza Mayor. Pasó frente a los puestos en que se vendía carne, pescado, verduras, frutas, queso y miel. Pasó frente al Parián, el mercado en el que exhibían todo tipo de mercancías lujosas. Finalmente llegó a la puerta misma del palacio del virrey.

—Buenas tardes —dijo Mediopollito a los guardias de vistosos uniformes que estaban a la entrada del palacio—. He venido a ver al virrey.

Uno de los guardias se echó a reír. El otro le dijo: —Mejor vas por atrás, por la entrada de la cocina.

Y Mediopollito entonces, *tip tap, tip tap,* le dio la vuelta al palacio y llegó a la puerta de la cocina.

El cocinero que lo vio dijo: —¡Qué bien! Este pollito me va a servir para hacerle un caldo a la virreina.

Y echó a Mediopollito en una olla de agua que estaba sobre el fuego.

Cuando Mediopollito sintió lo caliente que estaba el agua, pidió: —¡Ay, fuego, ayúdame! Por favor, no me quemes.

El fuego contestó: —Tú me ayudaste cuando yo te lo pedí. Ahora yo te ayudaré. Pídele al agua que salte sobre mí y me apague.

Entonces, Mediopollito le pidió al agua: —¡Ay, agua, ayúdame! Por favor, salta sobre el fuego. Apágalo para que no me queme.

Y el agua contestó: —Tú me ayudaste cuando yo te lo pedí. Ahora yo te ayudaré.

Luego saltó sobre el fuego y lo apagó.

Cuando regresó el cocinero, vio el agua derramada y el fuego apagado.

—Este pollo no me ha servido de nada —exclamó—. Además, me ha dicho una de la damas que la virreina no quiere tomar caldo, que sólo le apetece comer ensalada.

Y cogió a Mediopollito por su única patita, y lo lanzó por la ventana.

Cuando Mediopollito se vio en el aire, pidió:

—¡Ay, viento, ayúdame, por favor!

Y el viento contestó: —Tú me ayudaste cuando yo te lo pedí. Ahora yo te ayudaré.

Y sopló fuertemente. Y fue levantando a Mediopollito alto, más alto, hasta que lo colocó en una de las torres del palacio.

—Desde allí podrás ver todo lo que quieras, Mediopollito, sin peligro de terminar en la olla.

Y desde entonces, parados sobre su única patita, los gallitos de la veleta se dedican a ver todo lo que pasa y a señalar de qué lado sopla su amigo el viento.

Conozcamos a la autora
Alma Flor Ada

Alma Flor Ada escribió una vez lo siguiente sobre su infancia: "Mi abuela y uno de mis tíos eran buenos cuentistas. Cada noche, antes de acostarme, mi padre me contaba cuentos que él mismo inventaba para explicarme todo lo que sabía sobre la historia del mundo. Habiendo crecido entre cuentistas, no es de extrañar que me guste contar cuentos".

Cuando aún iba a la escuela, ya sabía lo que quería ser de mayor. "Cuando estaba en cuarto grado me prometí dedicarme a crear libros divertidos para niños. Desde entonces me estoy divirtiendo muchísimo haciendo precisamente eso".

Alma Flor Ada nació en Cuba y vino a Estados Unidos a realizar estudios de posgrado y a enseñar. Habla y escribe en español y en inglés. Opina que es muy importante que los niños y los adultos sepan más de una lengua. Muchos de sus cuentos están escritos en dos idiomas. Su hija, Rosalma Zubizarreta, la ayuda con las traducciones al inglés.

Conozcamos a la ilustradora
Kim Howard

Kim Howard pasó su infancia en Panamá. Ha viajado por México, lugar en el que sucede *Mediopollito*, y por otros lugares de Latinoamérica. Actualmente vive en Idaho.

Reacción del lector

Coméntalo

Éste es un antiguo cuento que la autora le oyó contar a su abuela. ¿Por qué crees que este cuento se ha contado tantas y tantas veces?

Comprensión de lectura

1. ¿Por qué Mediopollito se va a la corte del virrey situada en la Ciudad de México?

2. ¿Con quién se encuentra Mediopollito de camino a la corte del virrey? ¿Cómo son recompensados al final del cuento los favores que hace Mediopollito?

3. ¿Cómo sabes que *Mediopollito* es un cuento fantástico?

4. Lee de nuevo el primer párrafo de la página 350. **Parafrasea**, o explica con tus propias palabras, el significado de ese párrafo.

5. Ahora lee de nuevo el último párrafo del cuento en la página 355. **Parafraséalo.** ¿Cómo te ayuda el parafrasear a comprender el propósito del cuento?

Cuenta el cuento

Éste es un buen cuento para contárselo a alguien. Practica primero con un compañero o compañera. Di con quién se encuentra Mediopollito de camino a la corte. Luego cuenta lo que sucede cuando llega al palacio del virrey. No te olvides de explicar cómo termina. ¡Cuéntalo con gracia!

Ciudad de México:
Mosaico de arquitecturas

por José Miguel López

Los edificios de la Ciudad de México muestran la arquitectura de distintas épocas, así como la cultura de sus pueblos. El paso de los siglos y la convivencia de las culturas han dejado huellas por toda la ciudad. Grandes sucesos sociales, incendios y hasta inundaciones han contribuido a moldear los edificios y calles de la enorme metrópolis mexicana.

Relacionar lecturas

Leer un artículo informativo

✓ **Lee el título.** El título resume el tema del artículo.

✓ **Lee los encabezados de cada página.** Los encabezados te dicen de qué trata cada parte del artículo. ¿Trata de tres ciudades diferentes? Lee para averiguarlo.

✓ **Observa las fotos.** Las fotos te ayudarán a entender el texto y el texto a entender las fotos. ¿Qué relación hay entre las fotos y los encabezados, y el texto que las acompaña?

Enfoca tu lectura

Este artículo muestra que la arquitectura de una ciudad refleja su historia. A medida que leas, piensa en los edificios de la Ciudad de México que Mediopollito ve. ¿En qué época crees que ocurre el cuento?

El Zócalo o Plaza de la Constitución (abajo, derecha) es un ejemplo de la arquitectura colonial. En la Plaza de las Tres Culturas (izquierda) se funden elementos indígenas, coloniales y modernos.

La ciudad colonial

En el centro histórico de la ciudad se impone la arquitectura colonial, especialmente en los edificios que rodean la Plaza de la Constitución, también conocida como el Zócalo.

Cuando los españoles fundaron la Nueva España, necesitaban construir una capital para el nuevo gobierno. Veían el valle con su lago como un paraíso, y quisieron hacer de la Ciudad de México la ciudad ideal. La arquitectura de edificios como el Palacio del Virrey (actualmente conocido como el Palacio Nacional), el Ayuntamiento y la Catedral de México expresan la importancia que le querían dar al nuevo gobierno y a la nueva religión que trajeron a la ciudad.

El Palacio Nacional fue reconstruido en 1692 después de que un incendio lo destruyera casi por completo. Esa reconstrucción es la que vemos hoy en día. Su impresionante fachada barroca es señal de su importancia: no se trataba de un palacio cualquiera, sino de la residencia del virrey, durante siglos la figura política más importante de México.

El Ayuntamiento era la sede del gobierno central, y su presencia es tan imponente como la del Palacio Nacional. Desde sus salones se dirigía el rumbo del país. Al igual que el Palacio Nacional, fue reconstruido después de un incendio. El esplendor de la fachada luego del incendio demuestra que la importancia de la ciudad virreinal había aumentado desde la construcción original. En los últimos dos siglos se le han añadido dos pisos.

La ciudad azteca

Pero, ¿qué pasó con la imponente ciudad de piedra que encontraron los españoles al llegar? Hoy día, parte de los restos de la antigua Tenochtitlán emergen del Zócalo de la Ciudad de México, rodeados de edificios coloniales. Tenochtitlán era el centro político y religioso de la cultura azteca. Sabemos, por las crónicas de la época, que la grandeza de sus edificios y la organización de la ciudad maravillaron a los conquistadores españoles que pretendían ocupar los territorios aztecas.

Las ruinas de los templos centrales de la antigua ciudad, junto a las cuales se alza el Museo del Templo Mayor, son testimonio de la vida espiritual y cultural de la sociedad azteca. El Templo Mayor representaba el centro del universo y era el eje de la ciudad. De allí que Hernán Cortés, conquistador de México, decidiera ubicar los centros de poder españoles en el área donde antes se alzaban los templos aztecas. El hecho de que la imponente catedral levante sus muros frente al Templo Mayor refleja de una manera concreta el encuentro de influencias diversas que ha dado lugar a la formación de la cultura mexicana y que le sigue dando tanta energía.

La serpiente es un símbolo importante de la cultura azteca, tal como podemos apreciar en estos detalles del Templo Mayor.

La ciudad moderna

La Ciudad de México se expande a una gran velocidad. El siglo XX le ha dado un nuevo perfil. Las nuevas ideas arquitectónicas y las necesidades de una ciudad moderna se reflejan en los edificios de la segunda mitad del siglo XX. La Torre Latinoamericana y el edificio de la Bolsa Mexicana de Valores son ejemplos de la arquitectura mexicana contemporánea.

La Torre Latinoamericana fue el primer edificio mexicano que superó los 40 pisos. Su figura vertical contrasta de manera singular con la arquitectura de los edificios del siglo XIX que lo rodean. Su estructura de acero resistió el fuerte terremoto que sacudió la ciudad en 1985.

El edificio de la Bolsa Mexicana de Valores es de construcción más reciente. Lo diseñó el arquitecto Juan José Díaz Infante, quien es famoso por las formas y estructuras innovadoras.

Ambos edificios, a pesar de tener estilos muy diferentes, demuestran la evolución de la rica tradición arquitectónica mexicana. El gran mosaico de elementos que es la ciudad de México hoy en día nos permite visualizar el pasado, entender el presente y hasta imaginar la ciudad del futuro.

La Torre Latinoamericana (derecha) y la Bolsa Mexicana de Valores (abajo), dos edificios modernos de la Ciudad de México.

361

Comparación y contraste

- **Comparar** es decir en qué se parecen dos o más cosas. **Contrastar** es decir en qué se diferencian.

- Las palabras y frases clave, como *al igual que* o *como*, indican comparaciones. Otras palabras y frases clave, como *a diferencia de*, *por el contrario*, *más pequeño o más delgado* indican contrastes.

- A menudo, los autores no usan palabras clave. Los lectores deben hacer sus propias comparaciones y contrastes.

Lee "Los lobos", por Gail Gibbons.

En tus palabras

1. ¿En qué se diferencia el lobo gris del lobo rojo? ¿Qué palabras clave te ayudan a ver las diferencias entre ellos?

2. ¿Qué cosas acerca de los lobos escogió Gail Gibbons para comparar y contrastar?

Los lobos

por Gail Gibbons

Es una noche nevada de luna llena en los bosques del norte. Un animal se sacude la nieve del espeso pelaje, levanta el hocico y se une a sus compañeros en un largo aullido. Es un lobo.

Existen dos clases diferentes de lobos. Una de ellas es el lobo gris, que puede tener el pelaje negro, blanco, de color café o gris, dependiendo de dónde viva. Se conoce treinta y dos clases de lobos grises. Algunas de ellas ya no existen.

La otra clase de lobo es el lobo rojo. Los lobos rojos no son de color rojo en realidad. Por el contrario, son una mezcla de tonos negros, grises y color café rojizo. Son más pequeños y más delgados que los lobos grises. En la actualidad sólo queda una de las tres clases de lobos rojos que existían en un principio. Muy pocos viven en estado salvaje.

Los primeros antepasados de los lobos vivieron hace más de cincuenta millones de años. Con el tiempo, cambiaron y se convirtieron en lobos.

Los lobos pertenecen a la misma familia que los perros, la familia de los cánidos. Todos los perros guardan parentesco con los lobos.

Hace apenas unos siglos, los lobos vivían por todo el mundo. Los seres humanos los cazaron y ocuparon gran parte de sus territorios. Quedaron menos lobos y pronto se fueron de donde vivían. En la actualidad, la mayoría de los lobos vive en las regiones nórdicas del planeta.

Lobos grises

OJO
A LO QUE VIENE

La culpa la tiene el Lobo

Los lobos de los cuentos de hadas siempre parecen ser "los malos". Compara y contrasta el lobo de esta obra de teatro con los lobos de los cuentos de hadas que ya conoces.

Vocabulario

Palabras nuevas

culpable   evidencia   público
salvar   tribunal

Al leer, quizás encuentres una palabra que no conoces. Para averiguar su significado, busca claves en las palabras y oraciones cercanas.

Mira cómo se usa la palabra *evidencia* en el siguiente párrafo. ¿Qué crees que significa *evidencia?*

Noticias de última hora

Muy buenas tardes. Nos encontramos en el juicio a Ricitos de Oro. El público abarrota la sala del tribunal. Escuchemos lo que sucede:

    —Ricitos es culpable de haberles robado el desayuno a los osos. Este plato vacío es la evidencia que prueba que fue ella quien se comió la avena.

    —Pero, Su Señoría, yo creí que iba a salvar a Mamá Osa de la tarea de fregar todos esos platos.

    Pronto seguiremos informando sobre este fascinante caso.

En tus palabras

¿Qué va a suceder a continuación? Represéntalo con tu amigos. Usa tantas palabras del vocabulario como puedas.

¡La culpa la tiene el Lobo!

obra de teatro por Douglas Love

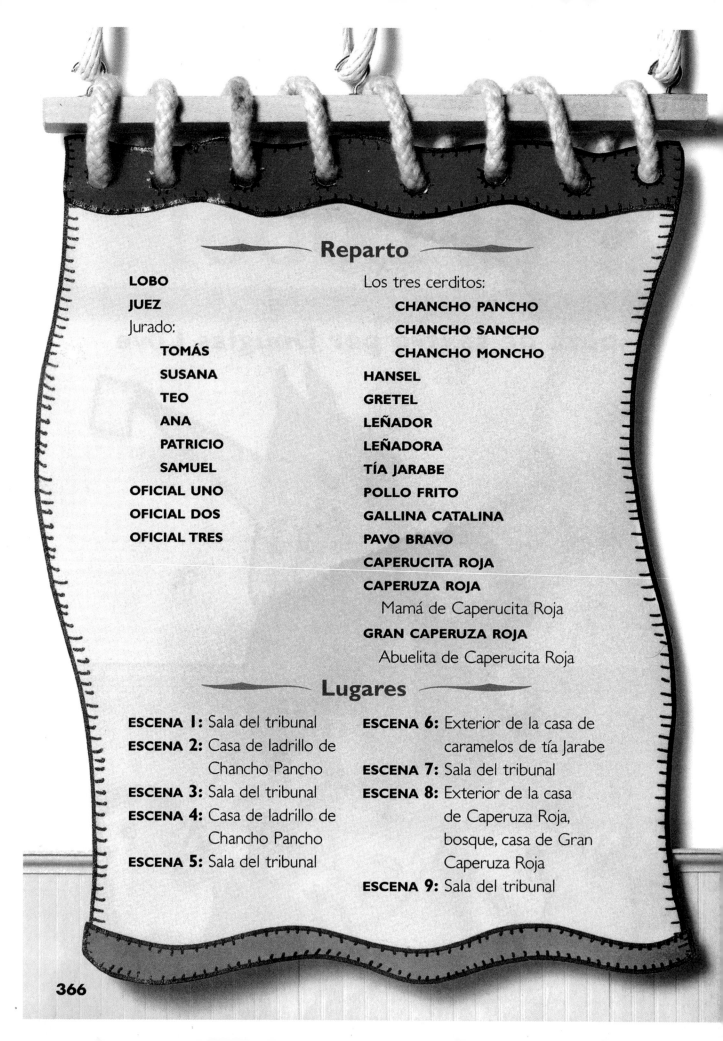

Reparto

LOBO

JUEZ

Jurado:

      TOMÁS

      SUSANA

      TEO

      ANA

      PATRICIO

      SAMUEL

OFICIAL UNO

OFICIAL DOS

OFICIAL TRES

Los tres cerditos:

      CHANCHO PANCHO

      CHANCHO SANCHO

      CHANCHO MONCHO

HANSEL

GRETEL

LEÑADOR

LEÑADORA

TÍA JARABE

POLLO FRITO

GALLINA CATALINA

PAVO BRAVO

CAPERUCITA ROJA

CAPERUZA ROJA

    Mamá de Caperucita Roja

GRAN CAPERUZA ROJA

    Abuelita de Caperucita Roja

Lugares

ESCENA 1: Sala del tribunal

ESCENA 2: Casa de ladrillo de Chancho Pancho

ESCENA 3: Sala del tribunal

ESCENA 4: Casa de ladrillo de Chancho Pancho

ESCENA 5: Sala del tribunal

ESCENA 6: Exterior de la casa de caramelos de tía Jarabe

ESCENA 7: Sala del tribunal

ESCENA 8: Exterior de la casa de Caperuza Roja, bosque, casa de Gran Caperuza Roja

ESCENA 9: Sala del tribunal

Escena 1

Los miembros del JURADO están sentados en el escenario.
El JUEZ entra y sube al podio. El LOBO está en el
frente del escenario, en el centro.

JUEZ: Miembros del jurado, ¿han llegado a un
veredicto? *(Cada miembro del jurado se
pone de pie para hablar.)*

TOMÁS: Sí,

SUSANA: Su…

TERESA: Señoría.

ANA: Nosotros…

PATRICIA: declaramos…

SAMUEL: al…

TOMÁS: Lobo…

LOBO: ¡Un momento! ¡Un momento!

(Todos los actores que están en el escenario, excepto el LOBO, se
inmovilizan como estatuas por arte de magia y el LOBO le habla
directamente al público.)

LOBO: ¡Yo no lo hice! No soy el culpable. Deben creerme.
¿Por qué siempre le echan la culpa al lobo? ¡Hasta ahora
nunca se han preocupado por escuchar mi versión
del cuento! Se las voy a contar. Pónganse en mi
pellejo. Vean con mis ojos. Ustedes decidirán si
soy culpable. Por ahí dicen que me comí a
la abuelita de Caperucita Roja, la Gran
Caperuza Roja. Presentaré mi caso
para que ustedes decidan si soy
culpable o no. Sé que serán justos.
Todo comenzó hace algunos días en esta
sala del tribunal, cuando le pedí a uno
de los tres cerditos que le contara
al tribunal lo que pasó el día
que me conocieron.

(Los actores se mueven como en cámara lenta para mostrar el transcurso del tiempo, y toman sus posiciones en la sala del tribunal para poner en escena lo ocurrido unos días atrás, cuando comenzó el juicio. CHANCHO PANCHO *está en el banquillo de los testigos.)*

JUEZ: Por favor, diga su nombre completo al jurado.

PANCHO: Chancho Pancho.

JUEZ: El testigo es suyo, Sr. Lobo.

LOBO: Pancho, ¿desde hace cuánto tiempo conoce al acusado?

PANCHO: ¿Quién es el acusado?

LOBO: ¡Yo! ¡El lobo!

PANCHO: ¡Ah! Dos semanas, supongo.

LOBO: ¿Supone? ¿Siempre supone las cosas cuando contesta preguntas ante un tribunal de justicia?

PANCHO: No lo sé.

LOBO: ¿No lo sabe?

PANCHO: Nunca antes he estado ante un tribunal de justicia.

LOBO: Yo tampoco. Está nervioso, ¿no?

PANCHO: Pues, sí. *(Señalando al* JURADO.*)* ¿Quién es esa gente?

LOBO: Son el jurado. Ellos deciden si soy culpable o no.

JUEZ: *(Impacientándose.)* ¿Podemos continuar?

LOBO: Disculpe, Su Señoría. *(Dirigiéndose a* PANCHO.*)* Por favor, cuéntele al tribunal lo que pasó el día en que nos conocimos.

PANCHO: Mis dos hermanos estaban de visita en mi casa de ladrillo.

LOBO: Que conste oficialmente, Su Señoría, que Chancho Pancho se refiere a sus hermanos Sancho y Moncho.

JUEZ: *(Sorprendido por los nombres chistosos.)* ¿Pancho, Sancho y Moncho?

PANCHO: Bueno, Su Señoría, mis padres ya tenían un Pancho y un Sancho, y pensaron que deberían tener un Moncho.

Se apagan las luces.

Escena 2

Casa de ladrillo de PANCHO. PANCHO, SANCHO *y* MONCHO *están apretujados en una esquina, temblando de miedo. El* LOBO *aparece por un lado del escenario, con aspecto malvado.*

LOBO: *(Con voz malévola.)* ¡Cerditos! ¡Cerditos! ¡Déjenme entrar!

PANCHO: ¡Nunca! ¡Nunca jamás!

SANCHO: ¡Eso es, Pancho!

PANCHO: ¡Gracias, Sancho!

LOBO: ¡Entonces soplaré y soplaré y mandaré la casa hasta la próxima galaxia! *(Trata de soplar y soplar pero no puede tumbar la casa.)* ¡Déjenme entrar, cerditos, o me los comeré de cena!

MONCHO: ¿Qué dijo?

SANCHO: ¡Dice que nos comerá de cena!

PANCHO: ¿Que nos comerá de cena? No se preocupen, hermanos. ¡Mi casa de ladrillo es muy resistente y nos protegerá del lobo feroz!

(El LOBO *trata de tumbar la casa con soplidos y no puede. Los cerditos celebran bailando.)*

Las luces bajan hasta apagarse.

Escena 3

De regreso en la sala del tribunal, en el juicio.

JUEZ: Gracias, Chancho Pancho. ¿Tiene algo más que preguntar, Sr. Lobo?

LOBO: Sí, Su Señoría, me gustaría llamar como testigos a Sancho y a Moncho.

JUEZ: Sancho y Moncho, por favor acérquense al banquillo de los testigos.

(SANCHO y MONCHO suben al banquillo, donde está PANCHO. Los tres se sientan en la misma silla.)

LOBO: ¿Qué creen que dije cuando estaba frente a la casa de ladrillo el día en cuestión?

PANCHO: Me pareció que dijo: "¡Soplaré y soplaré y mandaré la casa hasta la próxima galaxia!"

SANCHO: A mí me pareció que dijo: "Tengo las manos resecas. ¿Tienen un poco de crema humectante?"

MONCHO: Y a mí me pareció que dijo: "Quiero un sándwich de pavo y lechuga, ¡sin mayonesa!"

LOBO: Así que admiten que en realidad no están seguros de lo que dije. *(Al JURADO.)* Quiero probar que no siempre oímos las cosas con claridad. Hay quienes no prestan la atención necesaria…

JUEZ: *(Tratando de interrumpir al LOBO)* Sr. Lobo…

LOBO: *(Continúa, sin escuchar al JUEZ.)* Hay quienes sólo oyen lo que quieren oír…

JUEZ: *(Tratando de interrumpir de nuevo al LOBO.)* Sr. Lobo…

LOBO: *(De nuevo no escucha.)* Y algunas personas tienen cerilla…

JUEZ: *(Interrumpiendo finalmente.)* Sr. Lobo, por favor, déjese de rodeos y diga lo que tenga que decir.

LOBO: Su Señoría, con su permiso, me gustaría explicar lo que en verdad ocurrió el día en que conocí a los tres cerditos.

JUEZ: De acuerdo, Sr. Lobo. ¡Pero vaya al grano!

Se apagan las luces.

Escena 4

De regreso en la casa de ladrillo, los cerditos están sentados jugando al Monopolio®.

MONCHO: *(Moviendo su ficha sobre el tablero.)* 1… 2… 3…
¿Directo a la cárcel? ¡Qué mala pata!

PANCHO: *(Quitándole los dados a* MONCHO.*)* ¡Me toca a mí!

(Continúan jugando mientras el LOBO *entra en escena, frente a la casa.)*

LOBO: *(Hablando para sí.)* ¡Siempre se me revienta una llanta justo
cuando estoy en los lugares más lejanos! Ahora tengo que
encontrar un teléfono. *(Se fija en la casa de ladrillo.)* ¡Quizás las
personas que viven en esta casa me dejen usar el teléfono para
llamar al mecánico!

(El LOBO *comienza a llamar a la puerta de la casa de los cerditos.)*

LOBO: ¡Hola, hola!

PANCHO: *(A sus hermanos.)* ¿Quién es?

SANCHO: Bueno, ya sabemos que no puede ser la comida del
restaurante chino. Ésa ya nos la acabamos.

MONCHO: Quizás son los tres osos: Goloso, Hermosa y Zarrapastroso.

SANCHO: Ésos son los tres mosqueteros. Los tres osos se llaman
Fulano, Mengano y Perencejo.

PANCHO: No, no. ¡Ésos son los tres chiflados! Los tres osos se llaman Hugo, Paco y Luis.

(Los tres empiezan a discutir, hablando todos al mismo tiempo. El LOBO *llama a la puerta nuevamente para detener la discusión.)*

MONCHO: Voy a asomarme por la ventana para poder ver quién es. *(Se asoma.)* ¡Oigan, es el lobo feroz!

PANCHO: *(Abrazando a su hermano.)* Un lobo feroz, ¡qué miedo!

SANCHO: Tranquilos, hermanos. No puede hacernos daño en esta sólida casa de ladrillo.

LOBO: *(Aún hablando consigo mismo.)* ¿Qué dice este felpudo de bienvenida? "La casa de los tres cerditos". *(Llamando a la puerta y a voces.)* ¡Cerditos… cerditos! ¡Déjenme entrar! ¡Se me reventó una llanta en la autopista y tengo que llamar a una grúa!

PANCHO: ¡Nunca! ¡Nunca jamás!

SANCHO: ¡Eso es, Pancho!

PANCHO: ¡Gracias, Sancho!

LOBO: ¡Por favor! Estoy sin aliento porque vengo caminando desde el carro. Estoy resoplando del esfuerzo y necesito tumbarme a descansar un rato.

(No lo dejan entrar.)

SANCHO: ¿Qué dijo?

LOBO: Por favor, cerditos, ayúdenme. Tengo mucha hambre. ¡Aún no he comido la cena!

MONCHO: ¿Qué dijo?

SANCHO: ¡Dijo que nos comerá de cena!

PANCHO: ¿Que nos comerá de cena? No se preocupen, hermanos. ¡Mi casa de ladrillo es muy resistente y nos protegerá del lobo feroz!

LOBO: (*Aún golpeando.*) ¡Por favor, ayúdenme!

Se bajan las luces hasta apagarse.

Escena 5

Sala del tribunal.

JUEZ: Miembros del jurado, por favor comprendan que los cerditos han declarado como testigos de conducta y carácter. Les toca a ustedes decidir quién dijo la verdad. Ahora vamos a escuchar a dos testigos más. (*Al* OFICIAL UNO.) ¿Oficial Uno? Por favor llame a Hansel y Gretel a declarar.

OFICIAL UNO: (*Volviéndose hacia el* OFICIAL DOS.) ¿Oficial Dos? Por favor llame a Hansel y Gretel a declarar.

OFICIAL DOS: (*Volviéndose hacia el* OFICIAL TRES.) ¿Oficial Tres? Por favor llame a Hansel y Gretel a declarar.

OFICIAL TRES: Oficial Cuaaaa… (*Viendo que no hay nadie más en quien delegar.*) Hansel y Gretel, hagan el favor de pasar al banquillo de los testigos.

(HANSEL *y* GRETEL *se sientan en el banquillo.*)

LOBO: Su Señoría, pienso revelarle al tribunal que es imposible que me haya comido a la Gran Caperuza Roja, la abuela de Caperucita, porque en esos momentos les estaba salvando la vida a estos dos niños. (*A los niños.*) Por favor, digan su nombre al tribunal.

HANSEL: Hansel.

GRETEL: Gretel.

LOBO: ¿Dónde nos conocimos?

GRETEL: En casa de la tía Jarabe.

LOBO: ¿Y cómo fue que llegaron allí?

HANSEL: Mi hermana y yo nos perdimos en el bosque…

GRETEL: No fue mi culpa. Yo le dije que fuera marcando el camino.

HANSEL: ¡Y yo te sigo diciendo que sí lo marqué!

GRETEL: ¡Es que para marcar el camino, no se deja un rastro de migas de pan en un bosque lleno de animalitos hambrientos!

Se apagan las luces.

Las luces iluminan la escena de HANSEL *y* GRETEL.

Escena 6

Unos días antes en el bosque, frente a la casa de caramelos de la TÍA JARABE.
El LEÑADOR *y la* LEÑADORA *entran con una linterna, buscando a sus hijos.*

LEÑADOR: ¡Hansel! ¡Gretel!

LEÑADORA: ¡Gretel! ¡Hansel!

LEÑADOR: ¡Niños! ¿Dónde están?

LEÑADORA: ¡No están por ninguna parte! ¿Qué vamos a hacer? ¡Ay, es mi culpa! ¡Si no le hubiera dado tanta importancia a la leña! Nunca debí mandarlos solos al bosque. ¿Qué será de ellos?

LEÑADOR: Ya, ya. Los encontraremos. Conozco este bosque de arriba a abajo. No me daré por vencido hasta encontrar a nuestros bienamados hijos. Tienen las piernas cortas. No creo que se hayan ido tan lejos…

LEÑADORA: *(Asustada.)* Ay, mis pobres niños. ¿Qué será de ellos?

LEÑADOR: ¡No te preocupes! ¡Los hallaremos!

(*Salen de la escena.*)

POLLO FRITO: *(Entrando asustado.)*

¡Se cae! ¡Que se está cayendo!

Muy pronto estarán lloviendo

pedazos de nubes y cielo.

¡Es horrible! ¡Es espantoso!

Inevitable. ¡Horroroso!

Que mis alas me llevaran…

¡cómo me gustaría!

Por los cielos volaría,

y a Venus me mudaría.

Mi vecino el sol sería,

y no habría quien avisara…

¡Se cae! ¡Que se está cayendo!

A todo pulmón voy gritando

estas noticias fatales

que por todas partes corren

cual fuego en los pastizales.

Ya estoy cansado de andar.

¡Se cae! ¡Que se está cayendo!

Muy pronto estarán lloviendo

pedazos de nubes y cielo.

(POLLO FRITO *sale de la escena.*)

(*Entran* HANSEL *y* GRETEL *con cara de estar perdidos.*)

GRETEL: ¿Dónde estamos, Hermano? ¡Creí que habíamos dejado un rastro!

HANSEL: Lo dejamos, Hermana. Pero me temo que no encontré piedrecitas para marcar el camino que seguimos.

GRETEL: ¿Con qué marcaste el camino, Hermano?

HANSEL: Con migas de pan del sándwich de mantequilla de cacahuate y pepinillos que llevaba.

GRETEL: *(Muy enojada.)* ¡CON MIGAS DE PAN? ¡Los pájaros y los animales del bosque ya se las deben haber comido!

HANSEL: ¿Qué vamos a hacer?

GRETEL: Debemos buscar el camino por nuestra cuenta.

(Llegan a una casa hecha de galleta y caramelos.)

HANSEL: Mira esa casa de caramelos.

GRETEL: ¡Se ve como para chuparse los dedos!

HANSEL: Me está dando hambre.

GRETEL: Tomemos un pedacito. ¡Nadie se va a dar cuenta!

TÍA JARABE: *(Desde dentro de la casa.)* ¿Quién está mordisqueando mi casa?

HANSEL: ¿Qué fue eso?

TÍA JARABE: *(Entrando.)* ¿Quién está mordisqueando? ¿Quién mordisquea mi casa?

GRETEL: Disculpe, señora. Estamos perdidos y no hemos comido nada en todo el día.

HANSEL: Tenemos mucha hambre. ¿Podemos comernos un pedacito de puerta?

(POLLO FRITO entra con PAVO BRAVO y GALLINA CATALINA. HANSEL, GRETEL y TÍA JARABE miran a las tres aves como si se hubieran equivocado de cuento.)

LAS TRES AVES: ¡Se cae! ¡Que se está cayendo!

Muy pronto estarán lloviendo

pedazos de nubes y cielo.

GALLINA CATALINA: ¡Es horrible! ¡Es espantoso!

Inevitable. ¡Horroroso!

PAVO BRAVO: (*Sacudiendo las alas.*) Que mis alas me llevaran…

¡cómo me gustaría!

Por los cielos volaría,

y a Venus me mudaría.

POLLO FRITO: Mi vecino el sol sería,

y no habría quien avisara…

LAS TRES AVES: ¡Se cae! ¡Que se está cayendo!

A todo pulmón voy gritando

estas noticias fatales

que por todas partes corren

cual fuego en los pastizales.

Ya estoy cansado de andar.

¡Se cae! ¡Que se está cayendo!

Muy pronto estarán lloviendo

pedazos de nubes y cielo.

(*Los tres salen.*)

TÍA JARABE: Pasen, niños, y les daré algunos dulces.

Se apagan las luces.

Escena 7

Sala del tribunal. HANSEL *y* GRETEL *están terminando de contar su historia.*

HANSEL: Luego nos metió en una jaula hasta que pasó el lobo

y nos rescató.

LEÑADOR: (*Desde su lugar en el escenario, llorando de alegría.*) ¡Gracias,

Sr. Lobo, por salvar a mis hijos!

JUEZ: ¡Orden en la sala! Sr. Lobo, ¿tiene más preguntas para estos testigos?

LOBO: Una que otra, Su Señoría. Hansel, Gretel, ¿cómo me describirían?

GRETEL: Bueno… usted mide unos 4 pies y 9 pulgadas y es peludo…

LOBO: No, quiero decir como persona…

HANSEL: ¡Usted fue muy bueno con nosotros!

LOBO: ¡Concluyo mi defensa!

(HANSEL *y* GRETEL *abandonan el banquillo de los testigos.*)

JUEZ: Oficial Uno, por favor llame a Caperucita Roja a declarar.

OFICIAL UNO: (*Volviéndose hacia el* OFICIAL DOS.) Oficial Dos, por favor llame a Caperucita Roja a declarar.

OFICIAL DOS: (*Volviéndose hacia el* OFICIAL TRES.) Oficial Tres, por favor llame a Caperucita Roja a declarar.

OFICIAL TRES: Oficial Cuaaa… (*Volviéndose y dándose cuenta de que no hay otro oficial.*) …eh… Caperucita Roja, haga el favor de pasar al banquillo de los testigos.

(CAPERUCITA ROJA *llega brincando de alegría al banquillo y se sienta.*)

CAPERUCITA ROJA: ¡El lobo se comió a mi abuelita! ¡Fue a su casa y se la comió! ¡Yo siempre la visito los jueves, y el último jueves había desaparecido! Sé que se la comió. ¡Solicito que se le saque al lobo una radiografía del estómago para buscar los anteojos de mi abuelita!

LOBO: Jamás conocí a su abuelita. Voy a explicar lo que realmente ocurrió ese día.

Fin de la escena.

Escena 8

CAPERUZA ROJA, la mamá de CAPERUCITA ROJA, envía a ésta con una canasta de comida a casa de su abuelita, la GRAN CAPERUZA ROJA.

CAPERUZA ROJA: Recuerda, hija, ve a casa de la abuelita con esta cesta de comida y no dejes el camino por coger la vereda. No hables con ningún extraño. No cortes las flores. No hagas un viraje en U. No pises el césped. No corras por los pasillos. No comas goma de mascar en la escuela. ¡Y no hagas como la lechera, contando los pollos que todavía no tiene!

(POLLO FRITO entra junto a PAVO BRAVO y la GALLINA CATALINA.)

POLLO FRITO: ¿Dijeron algo de los pollos?

PAVO BRAVO: ¿O de los pavos?

GALLINA CATALINA: ¿O de las gallinas?

LAS TRES AVES: ¡Se cae! ¡Que se está cayendo!

Muy pronto estarán lloviendo

pedazos de nubes y cielo.

GALLINA CATALINA: ¡Es horrible! ¡Es espantoso!

Inevitable. ¡Horroroso!

PAVO BRAVO: Que mis alas me llevaran…

¡cómo me gustaría!

Por los cielos volaría,

y a Venus me mudaría.

POLLO FRITO: Mi vecino el sol sería,

y no habría quien avisara…

LAS TRES AVES: ¡Se cae! ¡Que se está cayendo!

A todo pulmón voy gritando

estas noticias fatales

que por todas partes corren

como fuego en los pastizales.

Ya estoy cansado de andar.

¡Se cae! ¡Que se está cayendo!

Muy pronto estarán lloviendo

pedazos de nubes y cielo.

(Los tres salen.)

(CAPERUCITA ROJA camina por el escenario, y se detiene frente a la casa de su abuela, la GRAN CAPERUZA ROJA. Llama a la puerta. TÍA JARABE está adentro, disfrazada de lobo.)

TÍA JARABE: *(Con expresión malvada.)* Gracias a este disfraz, Caperucita Roja pensará que fue el lobo el que se comió a su abuelita. ¡Así puedo vengarme de ese lobo tan antipático que ayudó a que se escaparan esos sabrosos niñitos Hansel y Gretel! ¡Y al mismo tiempo podré vengarme de la empalagosa abuelita de Caperucita Roja, mi hermana gemela! ¡Ya verás, horrible hermanita!

(TÍA JARABE abre la puerta. CAPERUCITA ROJA cree que se trata de su abuelita.)

CAPERUCITA ROJA: ¡Aquí traigo una canasta de comida para la mejor abuelita del mundo!

TÍA JARABE: ¡No soy tu abuelita! ¡Soy el lobo feroz!

CAPERUCITA ROJA: *(Sin prestar atención.)* ¡Abuelita! ¡Qué ojos tan grandes tienes!

TÍA JARABE: ¡Son ojos de lobo! ¿Por qué no abres bien los tuyos y te fijas más?

CAPERUCITA ROJA: ¡Abuelita! ¡Qué orejas tan grandes tienes!

TÍA JARABE: ¡No soy tu abuelita! ¡Afina tu oído para que escuches que soy el lobo feroz!

CAPERUCITA ROJA: *(Sin prestar atención.)* ¡Abuelita! ¡Qué dientes tan grandes y afilados tienes! ¡Parecen de lobo!

TÍA JARABE: ¡Pues eso mismo son! ¿Qué te parecen?

CAPERUCITA ROJA: ¿Cómo has estado, abuelita?

(TÍA JARABE ruge enfurecida.)

CAPERUCITA ROJA: ¿Todavía te duele la garganta?

(TÍA JARABE ruge de nuevo.)

CAPERUCITA ROJA: ¡Ayy, qué susto!

(La escena continúa con una persecución que involucra a muchos miembros del reparto. Terminamos en la sala del tribunal, con el jurado a punto de anunciar el veredicto.)

Escena 9

Sala del tribunal. El JUEZ *y el* JURADO *están sentados. El* LOBO *está en la parte del frente del escenario, en el centro.*

LOBO: *(Al público.)* ¿Lo ven? ¡No pude haberme comido a Gran Caperuza Roja! He aquí toda la evidencia. Todos los testigos han declarado. Me imagino que tarde o temprano me tendré que enterar de la decisión del jurado. ¿Se han formado una opinión ustedes? No creen que soy culpable, ¿verdad? *(Señalando al jurado.)* Veamos lo que piensan ellos.

(El JUEZ *y el* JURADO *cobran vida y el* JURADO *está a punto de declarar el veredicto.)*

JUEZ: Miembros del jurado, ¿han llegado a un veredicto?

TOMÁS: Sí,

SUSANA: Su…

TERESA: Señoría.

ANA: Nosotros…

PATRICIO: declaramos…

SAMUEL: al…

TOMÁS: Lobo…

SUSANA: culpable…

TERESA: de los…

ANA: cargos.

PATRICIO: Culpable.

SAMUEL: Culpable.

TOMÁS: Culpable.

SUSANA: Culpable.

TERESA: Culpable.

ANA: ¡Culpable…

PATRICIO: de los…

SAMUEL: cargos!

(Repentinamente, la GRAN CAPERUZA ROJA *entra por la izquierda del escenario.)*

GRAN CAPERUZA ROJA: *(Cantando para sí misma.)* Ay, ¡cómo quisiera volver a mi choza de paja en Ka Wala Ka Kú Hawai! La La La La La La La La La.

*(*CAPERUCITA ROJA *se sorprende.)*

CAPERUCITA ROJA: ¡Abuelita!

TÍA JARABE: *(Dándose cuenta de que pronto sabrán lo que ha hecho.)* ¡Ay, no!

LOBO: ¿Ven? ¡Les dije que no me la había comido!

GRAN CAPERUZA ROJA: ¡Ya regresé! *(A* TÍA JARABE.*)* Muchísimas gracias, queridísima hermana, por enviarme a esas encantadoras vacaciones. ¿Sabes qué? Nunca olvidaré la sorpresa que me diste al ofrecerme ese viaje. Siempre pensé que no te caía bien. Ahora sé que no es así, ¡mi dulce hermanita!

TÍA JARABE: No me vengas con ésas… ¡Siempre apareces cuando menos me conviene!

JUEZ: Jurado, creo que todos le debemos una disculpa al Sr. Lobo. Esperemos que la acepte.

LOBO: Claro que la acepto. No es fácil ver las dos caras de la moneda, ¡pero nunca podrán ver la otra cara si no la buscan!

TÍA JARABE: Tanta cursilería me está empalagando. Quédense celebrando, que yo me voy a casa.

CAPERUCITA ROJA: ¡Espera! ¡Quédate y celebra con nosotros! ¡La abuelita nos va a enseñar el hula!

*(*TÍA JARABE *se queda en el escenario, con un gesto de frustración.)*

LOBO: ¿Qué es el hula?

CAPERUCITA ROJA: ¡Es un baile!

GRAN CAPERUZA ROJA: Lo aprendí en Hawai. ¡Les va a encantar!

(De repente se escucha un ruido estrepitoso y caen nubes en el escenario.)

LAS TRES AVES: *(Entrando.)*

¡Se cae! ¡Que se está cayendo!

¡Les dijimos que caería!

¿Y acaso nos escucharon?

Nosotros se lo dijimos.

Nosotros les avisamos.

No quisimos olvidarlos.

Ahora ven lo que ha pasado.

Siempre es mejor escuchar

distintos puntos de vista.

Saber todas las versiones

te dará más de una pista.

Por fin estamos felices.

Aquí se hizo justicia.

Lo que decimos es cierto.

Pregónenlo por las calles

sin dejar a nadie a un lado,

¡que colorín colorado,

este cuento se ha acabado!

Telón.

Douglas Love

Conozcamos al autor

Douglas Love comenzó a actuar cuando era un niño. "Desde el primer momento en que pisé un teatro", dice, "descubrí que era el lugar más mágico del mundo. Mi vida cambió para siempre". Durante su niñez, actuó en más de cincuenta obras de teatro.

Douglas Love escribe obras infantiles porque quiere que los niños tengan la oportunidad de disfrutar del placer que da la actuación. A los que nunca han participado en el teatro, les explica cómo montar una obra. También presenta nuevas ideas a sus lectores. Al escribir ¡La culpa la tiene el Lobo! desde el punto de vista del Lobo, permite que los lectores vean el cuento desde un ángulo distinto.

Además de escribir, Douglas Love organiza talleres de teatro y participa en el Teatro Infantil de Broadway. Con respecto al teatro infantil en general, comenta: "En el mundo de la actuación infantil no hay papeles pequeños, sólo actores pequeños".

Reacción del lector

Comprensión de lectura

1. Es probable que en el pasado hayas leído algo sobre algunos de los personajes. ¿Cuáles te parecen conocidos? ¿En qué se diferencian de lo que recuerdas de ellos?

2. "Hay quienes no prestan la atención necesaria… Hay quienes sólo oyen lo que quieren oír". ¿Crees que el Lobo tiene una buena razón para decir esto? ¿Te parece que su argumento es válido?

3. Recuerda que un tema es una idea amplia expresada en un texto. ¿Qué tema descubres al leer esta obra de teatro?

4. Contrasta a tía Jarabe con el Lobo. ¿En qué se diferencian los dos personajes?

5. Compara esta obra de teatro con el cuento *Mediopollito*. ¿En qué se parecen estas dos selecciones?

Teatro de lectores

Representen *¡La culpa la tiene el Lobo!* en el teatro de lectores, como si se tratara de una radionovela. Una persona lee las descripciones de los escenarios y otros leen los diálogos de los personajes. Un director da instrucciones para que la obra tenga un ritmo rápido y chistoso.

Estructura del texto

- La **estructura del texto** es la manera en que se organiza un trabajo escrito. Hay dos clases principales de textos: los de ficción y los de no ficción.

- La ficción trata de personas y sucesos imaginarios. Por lo general, los sucesos se cuentan en orden.

- Los textos de no ficción tratan de personas y sucesos reales, o dan información de la vida real. Se pueden organizar por causa y efecto, problema y solución, y comparación y contraste.

Lee "La fiesta de invierno", de *Me llamo María Isabel*, por Alma Flor Ada.

Escribe

1. ¿Es el texto ficción? ¿Cómo lo sabes?

2. Enumera los sucesos del principio, el medio y el final del texto.

La fiesta de invierno

por Alma Flor Ada

Durante los días siguientes parecía que todo lo que se hacía en la escuela tenía que ver con la Fiesta de Invierno. Estaban haciendo guirnaldas y farolitos. La maestra les explicó que la Navidad se celebra de distintas maneras en distintos países y que muchas personas no la celebran. Habían hablado de cómo empezó la tradición de Santa Claus y cómo en algunos países se le llama San Nicolás y en otros Papá Noel. Y habían hablado de Hanukah, la fiesta hebrea para celebrar la rededicación del templo, y del sentido especial de las nueve velitas de la *menorah*.

La maestra les pidió que trajeran fotos y otros recuerdos relacionados con estas fechas.

Muchos de los niños trajeron fotos en que se los veía junto al arbolito de Navidad. Mayra trajo unas fotos de cuando estuvo en Santo Domingo para Año Nuevo. Michelle trajo una foto de cuando era más

pequeña, sentada en las piernas de Santa Claus. Gabriel trajo fotos de la parada del Día de Reyes en Miami, Florida. Había ido el año anterior, cuando estaba pasando las Navidades con su abuelita cubana. Marcos trajo una piñata en forma de un loro verde, sentado en su aro, que le había traído su tío de México. Emmanuel mostró un álbum de fotos del viaje que había hecho con sus padres a Israel y Esther varias tarjetas que le había mandado su abuelito que vivía en Jerusalén.

Un día la cantante Suni Paz vino a la escuela y después de cantarles varias canciones de Navidad de distintos países, les enseñó a cantar la canción "Una velita, dos velitas…"

María Isabel se fue a casa musitando "Hanukah… Hanukah… para celebrar…" El viaje en el autobús se le hizo menos largo, porque parecía que seguía oyendo las canciones. Y casi, casi le parecía que había viajado a todos esos países y que había compartido un poquito sus fiestas.

OJO A LO QUE VIENE

El Día de Acción de Gracias

Lee sobre las preocupaciones de Felita cuando su clase se prepara para presentar una obra de teatro. Fíjate en el orden de los sucesos.

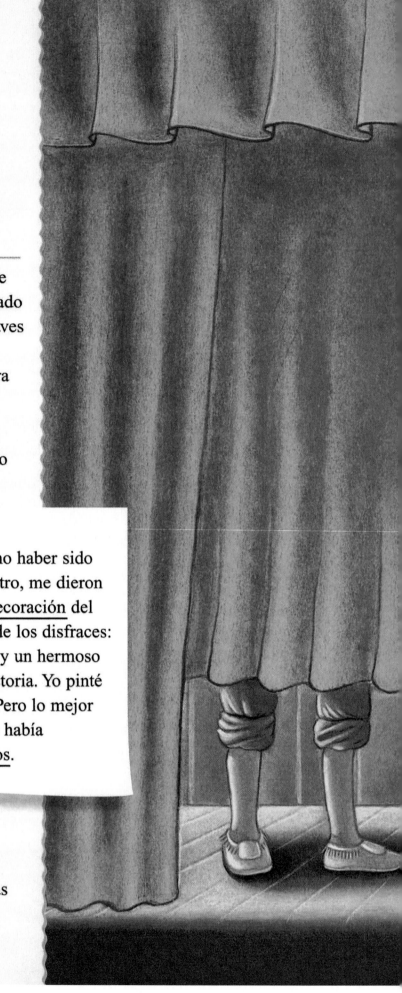

Palabras nuevas

colonizadores	decoración
desilusionado	heroína
voluntarios	

Al leer, quizás encuentres palabras que no conoces. Para averiguar el significado de una palabra desconocida, busca claves en las oraciones cercanas. Tal vez encuentres una definición de la palabra en el párrafo.

Mira cómo se usa *desilusionado* en el siguiente párrafo. Busca su significado en la oración. ¿Qué significa?

El trabajo en la obra

Aunque me sentía desilusionado por no haber sido escogido como actor en la obra de teatro, me dieron la oportunidad de encargarme de la decoración del escenario. Mi amiga Rita se encargó de los disfraces: diseñó los trajes de los colonizadores y un hermoso vestido verde para la heroína de la historia. Yo pinté fachadas y construí vallas de cartón. Pero lo mejor de trabajar en la obra era que siempre había refrescos y comida para los voluntarios.

Escribe

Escribe una reseña sobre alguna obra de teatro que hayas visto. Usa palabras del vocabulario.

El Día de Acción de Gracias

tomado de *Felita*

por **Nicholasa Mohr**

ilustrado por **Shelly Hehenberger**

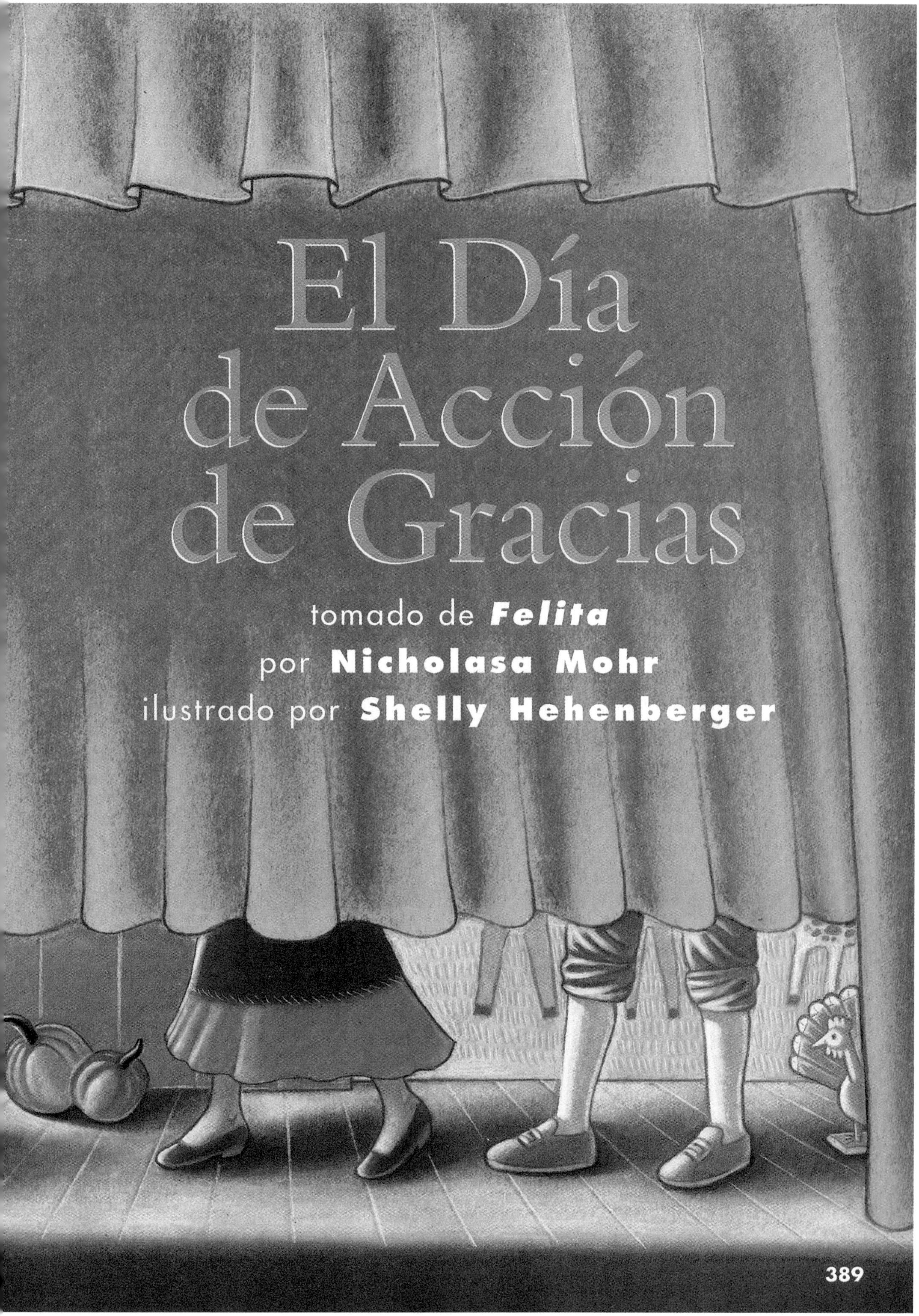

Este año escolar ocurrió algo maravilloso. Gigi, Consuela, Paquito y yo íbamos a empezar el cuarto grado, y nos pusieron a todos en la misma clase. Era algo que no nos había pasado jamás. Un año estuve en la misma clase que Consuela, y el año pasado Gigi y Paquito estuvieron juntos. ¡Pero esto era increíble! De todos modos, claro, lo que más me emocionaba era estar en la misma clase que Gigi.

Nuestra maestra, la señorita Lovett, era simpática y se reía mucho. A principios de octubre, cuando ya estábamos bien acomodados en nuestra clase y nos habíamos acostumbrado de nuevo a la rutina escolar, la señorita Lovett nos dijo que ese año nuestra clase iba a preparar una obra de teatro para el Día de Acción de Gracias. La obra que íbamos a representar se basaba en un poema de Henry Wadsworth Longfellow llamado "El noviazgo de Miles Standish". Era sobre los colonizadores europeos y su estilo de vida cuando llegaron a Norteamérica.

Todos estábamos entusiasmados con la obra. La señorita Lovett pidió voluntarios para que prepararan la decoración y el vestuario. Paquito y yo nos ofrecimos para trabajar en la decoración. Consuela iba a encargarse del maquillaje. Gigi no se había ofrecido de voluntaria. Le preguntamos por qué, pero se encogió de hombros y no nos contestó.

La señorita Lovett nos dijo que todos podíamos presentarnos a la prueba para decidir quién haría el papel de cada personaje. Yo quería ser Priscilla, que es la heroína de la obra. El capitán Miles Standish y el apuesto y joven John Alden están enamorados de ella. Priscilla es la doncella más hermosa de Plymouth, Massachusetts, que es donde vivían los colonizadores. Les dije a mis amigos lo mucho que quería conseguir ese papel. Todos me decían que era el personaje ideal para mí… todos menos Gigi. Gigi decía que era un papel demasiado difícil, y que quizás yo no sabría hacerlo bien. Me enfadé mucho, y le pregunté por qué se le ocurría decirme algo así.

—Es que no creo que tú seas la persona más indicada para representar a Priscilla. Eso es todo —dijo.

—¿Cómo que "la persona más indicada"? —le pregunté.

Pero Gigi se encogió de hombros y no dijo ni una palabra más. Ya estaba empezando a ponerme molesta.

Las pruebas para los papeles de la obra empezaban el martes. Se iban a presentar muchos niños. Paquito dijo que se quería presentar para el papel del valiente capitán Miles Standish. Consuela dijo que le daba demasiado miedo subirse a un escenario delante de todo el mundo y hacer el ridículo. Gigi no mostró ningún interés en la obra, y no dijo ni media palabra del asunto. Al fin, llegó el día de la prueba para el papel de Priscilla. Yo me moría de ganas de que me escogieran. La señorita Lovett nos había dado unos fragmentos del diálogo para que los estudiáramos. Yo los había preparado muy bien. Dijo en voz alta los nombres de todas las que nos íbamos a presentar a la prueba. Me sorprendió oír el nombre de "Georgina Mercado". Yo ni sabía que Gigi quería presentarse para el papel de Priscilla. La miré, pero no me hizo caso. La prueba comenzó. Me llegó el turno. Estaba nerviosa, y se me olvidaron varias partes. Tuve que estar mirando el guión constantemente. Había otras niñas que estaban casi tan nerviosas como yo. Y le llegó el turno a Gigi. Recitó su parte casi de memoria. Apenas consultó el guión. Noté que se había puesto uno de sus mejores vestidos.

Nunca la había visto tan elegante en la escuela. Cuando terminó, todos aplaudieron. Estaba claro que Gigi era la mejor. Y la señorita Lovett estaba emocionadísima.

—¡Estuviste magnífica, Georgina! —dijo—. Ideal para este papel.

Me habría encantado que me dieran otra oportunidad. Seguro que lo habría hecho mejor que Gigi.

¿Por qué no me había dicho que quería ese papel? Después de todo, cada quien tiene el derecho de hacer lo que mejor le parezca… Podía presentarse para el mismo papel que yo; ¡no se me ocurriría hacer nada para impedirlo! Me enfadé mucho con ella.

Después de clase, todo el mundo seguía elogiando a Gigi. Hasta el tonto de Paquito abrió la boca.

—¡Qué cosa, Gigi! —dijo—. Eres muy buena. Me gustó la parte en que John Alden te pidió que te casaras con el capitán Miles Standish y tú le contestaste: "¿Por qué no me hablas de lo que sientes tú, John?" Volteaste la cabeza así.

Paquito imitó a Gigi, cerrando los ojos.

—¡Fue tremendo!

Consuela y los demás rieron y dijeron que estaban de acuerdo.

393

Decidí que no quería regresar a casa con ellos.

—Tengo que encontrarme con mis hermanos en la calle de al lado —dije—. Me voy. Nos vemos.

Ni cuenta se dieron. Sólo Consuela se despidió de mí. Los demás siguieron elogiando a Gigi. "No es para tanto", pensé.

Obviamente, no tenía muchas ganas de regresar a casa sola por miedo a encontrarme por el camino con algún niño que me diera problemas. El viernes pasado le acababan de dar una paliza a Hilda González. Le robaron todo el dinero que le habían dado sus padres para la semana. Y al principio del año, a Paquito lo asaltaron también cuando regresaba solo a casa. Unos grandotes abusivos le quitaron la mochila, con su estuche para los lápices y las plumas, y lo dejaron con un labio hinchado. No, señor... ya ninguno de nosotros regresaba a casa solo, si podíamos evitarlo. Sabíamos que era un peligro, pero si íbamos en grupo, nos dejaban en paz. Me fijé con cuidado para averiguar si había algún peligro a la vista. Asumiendo el riesgo, me puse alas en los pies y me fui corriendo a casa.

Poco antes de que terminaran las pruebas, la señorita Lovett me ofreció el papel de una de las colonizadoras. Lo único que tenía que hacer era quedarme parada como una estatua en la parte de atrás del escenario. No tenía ni que abrir la boca.

—¡No me toca decir ni jota! —me quejé.

—Felicidad Maldonado: tú vas a encargarte del diseño de la decoración, y serás también la ayudante del director de escena.

Creo que no está mal. Además, todos los papeles con diálogo ya se han asignado.

—No me interesa, gracias —contesté.

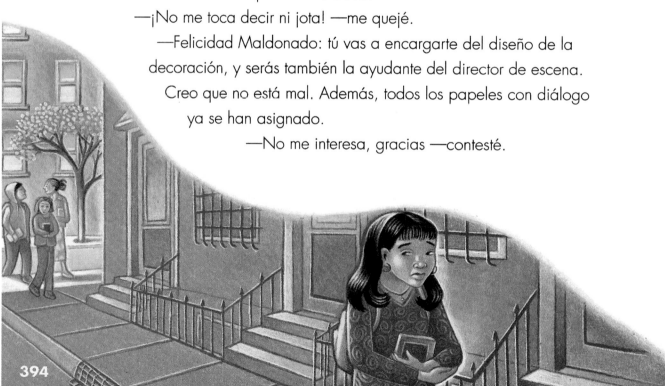

—Has de entender —dijo, moviendo la cabeza de lado a lado— que no puedes ser la mejor en todo.

Di media vuelta y me fui. Yo no necesitaba participar en lo absoluto. ¿Qué me importaba?

Gigi se me acercó al día siguiente con una sonrisa de oreja a oreja. Yo me di media vuelta como si ella no existiera.

—Felita, ¿vas a hacer el papel que te ofrecieron? —me preguntó en el más dulce de los tonos, como si nada hubiera ocurrido.

—No —contesté sin mirarla.

Si Gigi pensaba que me iba a poner a halagarla como el resto de esos tontos, estaba perdiendo el tiempo.

—Ah…

Y se fue. "Perfecto", pensé. "No me hace ninguna falta".

Pero en casa, mami se dio cuenta de que algo no andaba bien.

—Felita, ¿qué te pasa? No sales de casa. Y hace buen tiempo que no veo a Gigi. De hecho, no he visto a ninguno de tus amigos últimamente.

—No me pasa nada, mami. Es que tengo muchas cosas que hacer.

—No estarás enfadada porque no pudimos hacerte fiesta de cumpleaños este año, ¿verdad? —me preguntó mami—. Ya sabes cómo está la situación con el dinero…

Mi cumpleaños había sido a principios de noviembre. Lo celebramos con un pequeño bizcocho después de la cena, pero no hubo fiesta.

—No, no es eso.

Lo decía en serio. Aunque me había desilusionado un poco, yo sabía que mami y papi habían hecho todo lo que pudieron.

—El año que viene sí que lo vamos a celebrar, Felita, ya tú verás.

—No te preocupes, mami. Ya eso no importa.

—¿No será que te has peleado con Gigi?

—¿Y por qué me iba a pelear con nadie?

—No me levantes la voz, muchachita —dijo mami—. Siento haberte preguntado, pero te me tranquilizas.

La obra de teatro iba a ser la víspera del Día de Acción de Gracias. Yo hice los dibujos de casi toda la decoración. Hice un establo, una iglesia, árboles y hierba, vacas y un caballo. También ayudé a los demás a hacer un espantapájaros de verdad. Lo hicimos con una escoba y ropa vieja. A Paquito no le dieron el papel del capitán Miles Standish, pero hizo una valla de cartón muy linda. Parecía una valla de madera de verdad. Consuela trajo maquillaje viejo que le sobraba a su madre, y maquilló a todo el mundo muy bien.

Para cuando montamos el escenario, todo estaba precioso. Gigi había tratado de hablar conmigo varias veces. Pero yo no podía ser amable con ella. Se comportaba como si nada hubiera ocurrido, como si yo me fuera a olvidar de que nunca me dijo que se iba a presentar para el mismo papel que yo anhelaba. No iba a olvidarlo sólo porque ahora ella era la gran reina de la escuela. Ojalá le fuera muy bien con todos sus nuevos amigos. ¿A mí qué me importaba?

El día de la obra durante el desayuno, todo el mundo se dio cuenta de lo emocionada que yo estaba.

—Felita —exclamó papi—, deja de brincar como un mono y desayuna.

—Está emocionada por la obra de teatro de la escuela, que es hoy —dijo mami.

—Ah, es verdad. ¿Tienes un papel en la obra? —me preguntó papi.

—No —contesté.

—Pero ha hecho casi toda la decoración. El diseño y el dibujo. ¿Verdad, Felita?

—Mami, no fue nada del otro mundo.

—Qué bien —dijo papi—. Cuéntanos.

—¿Qué tipo de decoración hiciste? —preguntó Johnny.

—No sé. Mira, no tengo ganas de hablar del tema.

—Vaya, ¡pero qué delicada estás hoy! —dijo Tito riéndose.

—¡Déjame en paz! —le grité.

—Muy bien —dijo mami poniéndose de pie—. Se acabó. Felita: ¿terminaste?

Yo asentí con la cabeza.

—Bien. A la escuela. Y cuando regreses, ven de mejor humor. Sea lo que sea lo que te molesta, no veo por qué nosotros tenemos que soportarlo.

Me levanté de la mesa enseguida.

—Rosa —oí que decía papi—, me parece que a veces eres demasiado estricta con ella.

—¡Y tú a veces la malcrías, Alberto! —exclamó mami—. Mis hijos no van a ser ningunos frescos.

Yo me alegré de irme de allí. "¡Que se las arreglen solos!", pensé.

La obra tuvo un éxito tremendo. Todo el mundo estuvo magnífico, y representó su papel muy bien. El escenario estaba precioso con los colores que había usado en mis dibujos. La decoración de la escena campestre, el establo y todo lo demás se veía muy bien. Ernesto Bratter, el director de escena, me dijo que yo era buena ayudante. Me alegró oír eso, porque unas cuantas veces había tenido que contenerme para no responderle mal cuando me daba órdenes sin parar. Pero todo había salido muy bien.

Sin duda, Gigi representó el papel de Priscilla a la perfección. Aunque los niños aplaudieron y vitorearon muy efusivamente a todos los actores, Gigi se llevó la ovación más grande. Saludó al público una y otra vez.

Después, la señorita Lovett hizo una fiesta en honor de toda la clase. Había muchas cosas ricas y hasta música, y todos bailamos. La pasamos tremendo.

Por supuesto, Priscilla (alias Gigi) fue la gran estrella de la fiesta. Le encantaba que todo el mundo la halagara, pero yo no le dije ni pío. Después de la fiesta, Gigi habló conmigo.

—La decoración que hiciste estuvo preciosa. Todos dicen que el escenario quedó muy bien.

—Gracias —y miré hacia otra parte.

—Felita, ¿estás enfadada conmigo?

—¿Y por qué iba a estarlo?

—Bueno, ya sé que me dieron el papel de la protagonista a mí, pero…

—¿Y qué? —dije—. Me da igual.

—¿De veras? Pero… yo…

—Mira —la interrumpí—, tengo que irme. Le prometí a mami que llegaría a casa temprano. Tenemos que ir a un sitio.

Regresé a casa deprisa. No sabía por qué, pero estaba furiosísima con Gigi. Y lo peor era que esa sensación no me gustaba. Gigi y yo éramos muy buenas amigas de toda la vida. El no poder contarle mis cosas me molestaba de verdad.

Conozcamos a la autora

Nicholasa Mohr

Nicholasa Mohr nació en la ciudad de Nueva York. Sus padres, Pedro Golpe y Nicholasa Rivera, eran originalmente de Puerto Rico. Ella creció en "El Barrio", o *Spanish Harlem,* junto con sus seis hermanos mayores, y desde pequeña le gustaba contar cuentos. Nicholasa Mohr trabajó como diseñadora gráfica por dieciocho años y tuvo éxito como pintora antes de dedicarse a escribir cuentos. Aunque no se le había ocurrido antes, decidió seguir el consejo de un amigo que la animó a escribir. En sus primeras obras, decidió describir las experiencias de su niñez en "El Barrio". Sus libros, en los que comparte con los lectores su propia historia y la de otros miembros de la comunidad puertorriqueña de Nueva York, han recibido numerosos premios.

Reacción del lector

Coméntalo

Si fueras Felita, ¿cómo crees que te haría sentir la manera en que se comportó Gigi antes de la prueba?

Comprensión de lectura

1. ¿Qué crees que causó que Felita se molestara con Gigi?

2. Felita expresa su opinión cuando piensa: "Seguro que lo habría hecho mejor que Gigi". ¿Estás de acuerdo con esta opinión? ¿Sigue Felita pensando lo mismo al final del cuento? Explica tu respuesta.

3. ¿Crees que Felita tenía razón de estar molesta con Gigi? ¿Por qué?

4. La **estructura del texto** es la forma en que un trabajo escrito está organizado. Hay dos tipos principales de textos: de ficción y de no ficción. ¿Cómo sabes que ésta es una obra de ficción?

5. El orden cronológico es una de las maneras de organizar la **estructura de un texto.** Escribe el orden de los sucesos importantes del cuento.

Entrevista

Imagina que vas a entrevistar a uno de los personajes del cuento que no sea Felita, como su mamá, uno de sus hermanos, Paquito o Gigi. ¿Qué preguntas le harías? Haz una lista de preguntas que te ayuden a saber lo que piensa ese personaje sobre lo que sucede en el cuento.

Lección de destrezas

Resumir

- Un **resumen** es una declaración corta, de pocas oraciones, que dice la idea principal de una selección.

- El resumen de un cuento dice los objetivos de los personajes, lo que hacen para lograrlos, y si los logran o no.

- El resumen de un artículo dice la idea principal, y no incluye detalles innecesarios.

Lee "El sueño de tejer", por Michèle Solá.

En tus palabras

1. ¿Cuál de estas declaraciones es el mejor resumen de este texto? Explica tu respuesta.
   a. Ángela quiere que su abuelita le enseñe a tejer.
   b. Ángela memoriza las partes de un telar.

2. ¿En qué se diferenciaría una paráfrasis de "El sueño de tejer" de un resumen del mismo texto?

402

El sueño de tejer

por Michèle Solá

Ángela tenía muchísimas ganas de empezar a tejer en cuanto aprendiera a hilar y a teñir bien. Con sus amigas, a veces armaba telares de juguete atando haces de palitos con hebras de algodón desechado y estambre. Otras veces, le rogaban a su abuelita que les bajara el telar de la pared, atara uno de los extremos a un árbol, y les enseñara cómo funcionaba. Ángela memorizó todas las partes, y podía nombrarlas cuando su abuelita las iba señalando: urdimbre, trama, lanzadera, lizo y listón.

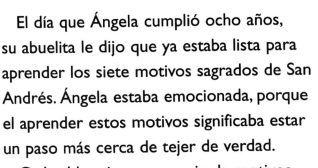

El día que Ángela cumplió ocho años, su abuelita le dijo que ya estaba lista para aprender los siete motivos sagrados de San Andrés. Ángela estaba emocionada, porque el aprender estos motivos significaba estar un paso más cerca de tejer de verdad.

Cada aldea tiene una serie de motivos típicos que van pasando de generación en generación a través de los antiguos cuentos mayas. Aunque los colores de los motivos y las combinaciones de éstos varían, los siete motivos siguen siendo los mismos. Según la tradición maya, el encargado de pasar estos cuentos de una generación a otra es el miembro más anciano de cada familia. El abuelito de Ángela fue quien se los enseñó a ella.

Mayeros

En la siguiente selección, leerás acerca de la vida de una familia maya de la actualidad. Lee y piensa en cuáles son las ideas más importantes de la selección.

403

Vocabulario

Palabras nuevas

aldea	cacao	entristece
fogón	método	novillo
reses	atracciones	

Las palabras que tienen significados opuestos son **antónimos.** Puedes averiguar el significado de una palabra buscando claves en las palabras cercanas. A veces la clave es un antónimo.

Lee el siguiente párrafo. Mira cómo la palabra *alegra* te ayuda a entender el significado de *entristece*.

La vida en una aldea maya

Carlos vive en una aldea maya. Todas las mañanas junto al fogón, su mamá prepara chocolate con barras de cacao. Utiliza un antiguo método maya. Después de ir a clases, Carlos ayuda a su papá a cuidar las reses. Cuando se celebra alguna festividad, se organizan corridas y se monta un parque de atracciones. Carlos y su padre escogerán al mejor novillo para enviarlo a la corrida de toros. A Carlos le entristece que las festividades sean tan cortas, pero le alegra saber que habrá otras el año que viene.

En tus palabras

La vida en una aldea maya es distinta a la tuya. Explica las diferencias usando palabras del vocabulario.

Mayeros

por George Ancona

Leidi

Don Víctor y María Rosa

Doña Satulina

Tía Berta

Tío Elías & Alberto

Luis

Adela

Chichí

Abuelito

 Un martilleo resuena por la plaza de Teabo, una
pequeña aldea que se encuentra en la península
de Yucatán, en México. Armando y Gaspar, su
hermano menor, corretean por entre las gradas de una plaza
de toros todavía por terminar, jugando al escondite con sus
amigos. Su padre, don Víctor, y otros hombres del poblado
están construyendo la plaza de toros para la fiesta en honor del
santo patrón del pueblo, que se celebrará la semana siguiente.

A unas cuadras de la plaza está la casa donde Armando y
Gaspar viven con sus padres y su hermanita, María Rosa. Su
hermana de trece años, Leidi, se ha ido a trabajar a la ciudad
de Mérida como niñera. La casa es ovalada y tiene el tejado de
paja, igual que la casa que hay labrada encima de la entrada
a un templo en las ruinas de Uxmal. Uxmal es una de las
grandes ciudades de piedra que los antiguos mayas
abandonaron. Armando y su familia son mayeros, llamados
así porque hablan la lengua de los mayas.

Por la mañana, la madre de Armando, doña Satulina, prepara el desayuno para la familia. Hace una bebida caliente y espumosa de chocolate batiendo una barra de cacao y canela con agua caliente en una batidora de madera. Cuando los españoles llegaron a la península de Yucatán en 1527, los antiguos mayas les ofrecieron esta bebida.

Después de desayunar, los días de semana, don Víctor va en bicicleta a trabajar a la *milpa*, que es el huerto donde cultiva los alimentos para la familia. Con las camisas limpias y bien peinados, los niños van a la escuela y doña Satulina comienza con sus quehaceres. Primero saca agua del pozo que hay detrás de la casa. Como en Yucatán no hay ríos de agua dulce, los pozos subterráneos, o *cenotes*, les proveen el agua que necesitan. Doña Satulina lava la ropa en una tina de madera llamada *batea*. Mientras los hombres trabajan en las milpas, muchas mujeres ganan dinero cosiendo y bordando *huipiles*, que son los vestidos tradicionales mayas, y tejiendo hamacas.

Las mujeres mayas han usado el mismo tipo de *metate* de piedra para moler el maíz y las especias durante siglos. Hoy en día, sin embargo, llevan el maíz ya cocido al molino que hay junto a la plaza, donde platican mientras esperan su turno para moler el maíz y convertirlo en masa para tortillas.

Plato maya antiguo con una mujer moliendo en un *metate*

Al mediodía, doña Satulina y su sobrina Adela están atareadas haciendo tortillas para el almuerzo familiar, que es la comida más importante del día. En México es común usar la tortilla como alimento y como cuchara.

Alrededor de las dos de la tarde, don Víctor, Armando y Gaspar llegan a casa a comer. Los mayas son muy hospitalarios, e invitan a comer a todo el que pasa por su casa.

Doña Satulina muele especias en un *metate* de piedra.

Dos mujeres llevan el maíz al molino.

En el molino, las mujeres muelen el maíz para convertirlo en masa.

Las tortillas se cuecen en el *comal*.

Gaspar, Armando, María Rosa
y don Víctor almuerzan.

411

 Después del almuerzo, se baja las hamacas de las vigas del techo para que todos descansen y le huyan al calor del mediodía. Como en Yucatán hace mucho calor, es preferible dormir en las frescas hamacas de hilo de colores que en camas. A las visitas se les invita a pasar las calurosas tardes meciéndose, platicando y durmiendo.

Cuando llegaron los exploradores españoles a las islas de las Antillas, descubrieron que los nativos dormían en hamacas. Años después, cuando desembarcaron en las costas de Yucatán, les llevaron estas hamacas a los mayas.

Avanzada la tarde, cuando se apaga el calor del día, se guarda las hamacas y el pueblo se despierta. Las tiendas se abren de nuevo y la gente regresa a su trabajo.

Don Víctor se dirige a la plaza. Hasta el día de la fiesta, estará trabajando en la construcción de la plaza de toros todas las tardes. Armando recoge leña con una cuerda que lo ayuda a soportar el peso sobre la espalda. Los antiguos mayas no tenían ruedas ni animales de carga, por lo que usaban este sistema para transportar objetos a largas distancias.

Satulina y su cuñada Berta le pagan a un joven con un triciclo para que las lleve a hacer mandados por el pueblo. Como ya ha salido de la escuela, Gaspar las acompaña para cortarse el pelo.

Al acercarse la noche, la familia regresa a casa. Gaspar ha estado jugando y ha cazado una *tusa*, que es un animal parecido a un topo. Tía Berta la cocina quemándola y quitándole el pelaje, envolviéndola en una hoja de plátano y enterrándola bajo el carbón del fogón hasta que se asa. Es todo un manjar que comerán de cena.

Mientras doña Satulina hace tortillas, don Víctor enciende el radio, y los niños bailan con Rosa. Sólo unas pocas familias de la aldea tienen televisión.

Tras una comida ligera, los niños se van a dormir. Sus padres tejen, cosen o pasean hasta la plaza, donde se sientan y platican con sus amigos aprovechando la frescura del anochecer. Poco a poco, las hamacas van llenando la única habitación de la casa, y todos se acuestan a dormir.

El domingo, doña Satulina, tía Berta y los niños van de visita al rancho y a la milpa de la familia, y traen alimentos frescos de vuelta a la aldea. Don Víctor se queda en el pueblo para seguir trabajando en la plaza de toros, pero Leidi sí va con ellos, porque en el trabajo le han dado unas vacaciones para que pueda regresar a Teabo a pasar las fiestas.

Salen en la mañana muy temprano. Los rayos del sol atraviesan la bóveda que forman las hojas. Los pájaros cantan y los insectos zumban. Armando, Gaspar y su primo Jaime corretean por delante. Los siguen las mujeres con los bebés a la cintura.

Tía Berta se detiene para anudarse el chal, o rebozo, en la fuente y así llevar más cómodamente a su hijo Alberto. Pero después se encuentran en el sendero con Luis, su hijo mayor, que monta a Alberto en su bicicleta. Luis vive en la aldea con su esposa y su hijo, pero trabaja en el rancho.

El rancho es un grupo de casas que están junto a una ceiba enorme. Leidi se esconde tras la ceiba para darles un susto a sus primos. Cuando salta para sorprenderlos, los primos gritan.

Los perros del rancho salen a recibir a tía Berta, doña Satulina y María Rosa.

Los abuelos de Armando y Gaspar viven en el rancho con otras tías, tíos y primos. Las personas que trabajan o viven en el rancho sólo hablan maya entre sí, porque no tienen contacto con pobladores que hablen español. Las mujeres y los niños que se quedan en la aldea todo el día hablan principalmente español. A don Víctor le entristece ver que Leidi ya no lo entiende.

 Antiguamente, los mayas cazaban venados, tapires, monos y guajolotes silvestres para comer. Los españoles trajeron caballos, reses, cerdos y pollos al Nuevo Mundo. En el rancho, la familia tiene reses que le proporcionan carne y leche. Armando se monta en un caballo para ayudar a enlazar y marcar con un hierro a un novillo. Los niños chillan y dan de gritos y, en poco tiempo, el novillo está enlazado en el suelo. Entonces Luis le marca la piel con el hierro.

En la antigüedad, los mayas criaban abejas en troncos huecos para usar la miel y la cera. Actualmente, Yucatán es famosa por su miel, que se exporta a otros países. Desde lejos, los niños observan la forma en que Luis echa humo en la colmena para apaciguar a las abejas y poder sacar la miel.

Armando y Chichí

Armando va a visitar a su abuelita, o *chichí*, que se cayó hace poco y se lastimó la muñeca. Como ella no puede caminar hasta la aldea, la familia la cuida en su casa. Más tarde su abuelito le enseña el antiguo método para obtener cáñamo de una hoja de henequén.

Con un raspador de madera, exprime la pulpa y el jugo hasta dejar sólo las hebras del cáñamo de henequén. Con estas fibras tejerá cuerdas y cordeles.

Antes de que se inventara la fibra sintética, las cuerdas y los cordeles se hacían con cáñamo de henequén, y gran parte de la producción mundial tenía su origen en Yucatán.

Abuelito corta una hoja de henequén. Luego tritura la pulpa y el jugo de la hoja, y ata las fibras para tejerlas.

418

Los campesinos mayas tienen la creencia de que la tierra es prestada. La cultivan durante dos años, y luego se la devuelven a la selva y sus animales.

Hace meses, al principio de la estación seca, los hombres despejaron una zona del bosque para hacer una nueva milpa. Se llevaron la madera que necesitaban para cocinar y construir, y dejaron la maleza a secarse al sol. Ahora que se está terminando la estación seca, los hombres y los muchachos le prenden fuego a la maleza. Cuando las llamas se extinguen, las cenizas que quedan fertilizan la fina capa superior del suelo. Los mayas han utilizado este método de talar árboles y quemarlos para cultivar la tierra por más de cuatro mil años.

Dentro de unas semanas, cuando comiencen las lluvias, don Elías plantará el maíz en la nueva milpa del mismo modo que lo hacían sus antepasados. Con una vara afilada, hará un agujero en la tierra ennegrecida. Después pondrá en el agujero unos granos de maíz y cubrirá las semillas con el pie. Plantará también frijoles, calabazas, papas, calabacines, chiles, melones y especias entre el maíz.

Armando y Gaspar ayudan a su tío Elías a recoger de la antigua milpa el maíz y las otras hortalizas para traerlas de vuelta al rancho.

 De vuelta en el rancho, los niños ponen manos a la obra quitando los granos secos de las mazorcas de maíz. Luego, los granos de maíz son puestos en remojo y cocinados para ablandarlos. De este modo, Satulina y Adela los pueden moler y hacer *atole*, una bebida refrescante de harina de maíz con agua.

Ya es hora de comer. Para el almuerzo, las mujeres sirven un *puchero*, que es un sabroso guiso de pollo. En la antigüedad se habría hecho con guajolote silvestre, en lugar de pollo. Tres generaciones de hombres se sientan juntos a la mesa. En el rancho, las mujeres y los niños más pequeños comen en una mesa aparte, fieles a la tradición.

Tras el almuerzo, los niños se sientan en torno al abuelo para que les cuente un cuento. Después es hora de irse. Los niños se despiden de sus abuelos y tíos con un beso, y la familia, cargada de frutas y verduras, regresa caminando a la aldea.

Venta de refrescos junto a la plaza de toros

Durante los días siguientes, crece el entusiasmo por la fiesta. En la plaza se monta un parque de atracciones y puestos de venta de comida. La plaza de toros ya está terminada, y todos los adornos están listos.

El primer día de la fiesta, doña Satulina encabeza una procesión de señoras de la aldea. Llevan flores y velas a la iglesia para dejarlas a los pies de su santo patrón.

Los hombres caminan junto a ellas y lanzan cohetes para dar comienzo a la fiesta. Durante los próximos seis días, habrá corridas de toros y bailes que atraerán a muchos visitantes de los pueblos y aldeas de los alrededores.

Esa noche, toda la familia viste sus mejores galas y va a la plaza. Han venido a la aldea músicos para tocar en los bailes tradicionales llamados *jaranas*. Los bailes duran hasta bien entrada la noche, y los fuegos artificiales iluminan el cielo. Armando y Gaspar se montan en el carrusel y pasean por entre la muchedumbre.

Al día siguiente, el viernes, unos bailarines con vestidos majestuosos se reúnen bajo el pórtico del ayuntamiento. Las mujeres y las jóvenes se ponen huipiles y rebozos con preciosos bordados. Se colocan flores y lazos en el pelo, y se adornan con aretes y collares de filigrana de oro. Los hombres y los muchachos llevan unas camisas blancas llamadas *guayaberas*, pantalones blancos, sandalias y sombreros de paja. Los hombres, las mujeres, los niños y las niñas bailan entre sí.

Los próximos cuatro días son para las corridas de toros. Los vaqueros conducen a los toros por las calles hasta la plaza de toros. Los toreros vienen desde la ciudad para poner a prueba su destreza y su valor ante los toros. El público grita y vitorea a los toros y a los toreros.

Cada noche, Armando y Gaspar tratan de mantenerse despiertos todo el tiempo que pueden para ver a los bailarines, los juegos y las atracciones del parque. Pero tarde o temprano los niños regresan a casa. Y pronto las hamacas se mecen en silencio, y la familia duerme mientras los últimos acordes de las jaranas resuenan en la noche.

El miércoles, la vida vuelve a su ritmo normal. La fiesta ha terminado. Los mayores regresan al trabajo, y los niños vuelven a la escuela. Los maestros de Armando y de Gaspar los preparan para el futuro, enseñándoles español y todo lo que necesitan saber para desenvolverse con éxito en un mundo que va cambiando rápidamente. Al trabajar junto a su padre, seguirán hablando la lengua maya, y tal vez lleguen a ser milperos, pero además hablarán español. Armando y Gaspar son el futuro de los mayas, un pueblo con una rica herencia cultural que se labra un futuro mejor en un mundo que cambia.

Conozcamos al autor y fotógrafo

George Ancona

George Ancona nació en Nueva York, pero sus padres, que provenían de Yucatán, en México, decidieron que su hijo creciera como un mexicano. Fue así como aprendió a hablar español antes que inglés y a amar las costumbres y la cultura de la tierra de sus padres.

George Ancona crea libros que cuentan historias o ideas nuevas, o que revelan aspectos de otras culturas mediante fotografías acompañadas de texto. Su interés en la fotografía empezó cuando era pequeño, gracias a la influencia de su padre, que era un fotógrafo aficionado. Una vez en la universidad, George Ancona estudió arte y diseño.

La curiosidad, según él, es el elemento que lo impulsa a crear cuentos y a contar historias. Le fascina conocer a todo tipo de personas y le encanta aprender cómo son y de dónde provienen. En *Mayeros*, George Ancona no sólo se vuelve a poner en contacto con sus raíces mexicanas, sino que a la vez logra compartirlas con sus lectores.

Reacción del lector

Coméntalo

Si fueras mayero, ¿te gustaría aprender español, a pesar de que el idioma de tu aldea es el maya?

Comprensión de la lectura

1. ¿Por qué crees que los mayas creen que tienen la tierra prestada? ¿Estás de acuerdo con ellos?

2. ¿Por qué duermen los mayas en hamacas por la tarde?

3. ¿Cuáles son algunas de las destrezas que Armando aprende de los miembros de su familia? ¿Qué destrezas aprende Armando en la escuela?

4. ¿Cuáles de las siguientes afirmaciones no incluirías en un **resumen** de la selección? ¿Por qué?

    a. La mayoría de los mayas duermen en camas.

    b. Los antiguos mayas cazaban venados, tapires, monos y guajolotes silvestres para comer.

    c. Los españoles hallaron caballos, vacas, cerdos y pollos cuando llegaron a América.

5. Para **resumir** un texto, piensa en los sucesos relatados. ¿Qué sucesos se describe en *Mayeros*? ¿Quiénes son los protagonistas? ¿Qué es lo que hacen?

Escribe en el diario

Imagina que eres Armando. Escoge un día narrado en la selección y escribe en tu diario lo que hiciste. Por ejemplo, podrías escoger el día de la fiesta o el día en que Armando y Gaspar ayudaron a su tío Elías a recoger maíz y verduras.

424

La sabiduría de los antiguos mayas

por Pilar Tutor

De entre todas las culturas mesoamericanas antiguas, la de los mayas destacó porque alcanzó un nivel privilegiado, especialmente debido a sus logros matemáticos, astronómicos, artísticos, políticos, agronómicos y sociales.

Hasta finales del primer milenio de nuestra era, los mayas habían existido como una compleja sociedad urbana que habitaba el área que hoy abarcan Guatemala, Belice, parte de Honduras, El Salvador y los estados de Yucatán, Campeche, Chiapas y Quintana Roo en México.

En estas regiones, unas selváticas y otras montañosas, aparentemente inhóspitas, los mayas crearon verdaderas obras maestras de la ingeniería. Erigieron centros religiosos ceremoniales, como Tikal, Palenque, Quiriguá y Piedras Negras. Cavaron canales y depósitos, y construyeron redes de irrigación, terrazas y calzadas para unir centros que distaban entre sí cientos de kilómetros. Y todo ello lo lograron utilizando simplemente instrumentos de cobre, o mazas y cuchillos de piedra y obsidiana.

Templo de las Inscripciones: pirámide principal y tumba del rey Pacal. Estas ruinas, localizadas en el estado de Chiapas, en México, datan del periodo clásico maya, aproximadamente entre los años 615 y 683 de nuestra era.

425

Conocimientos científicos

Los mayas poseían unos conocimientos matemáticos avanzados. Utilizaban un sistema de numeración vigesimal y conocían la existencia del cero. Conocieron la división de fracciones y llegaron al conocimiento de los logaritmos. Toda esta sabiduría había sido elaborada por generaciones de sacerdotes, que la guardaban celosamente. El pueblo sólo conocía un sistema de numeración mucho más simple, el necesario para los intercambios comerciales.

Con esta base de conocimientos matemáticos y una paciente observación de los astros, los sacerdotes elaboraron un sistema calendárico muy complejo. Poseían dos calendarios. El *Tzolkin*, calendario sagrado o ritual, tenía 260 días y estaba formado por 13 meses de 20 días. Este calendario era adivinatorio y llevaba el orden de la vida oficial y ceremonial. El otro era el *Haab*, o calendario solar, que regía la vida cotidiana. Tenía 360 días, es decir, 18 *tunes*, o meses, de 20 días —que hacen un total de 360 días— más 5 días aciagos que no tenían nombre. Combinando los dos calendarios se formaba el ciclo de 52 años, llamado por los mayas Cuenca Corta.

Números del sistema vigesimal maya

Observatorio astronómico de Chichen Itza, conocido también como El Caracol, en Yucatán, México.

Las elaboradas figuras de este bajorrelieve representan periodos de tiempo.

Estas construcciones en Chiapas, México (año 750 de nuestra era) son un ejemplo de los avanzados conocimientos arquitectónicos de los mayas.

Sus conocimientos astronómicos y matemáticos les permitieron hacer cálculos sobre el ciclo del planeta Venus e incluso predecir los eclipses.

El pueblo maya tenía la costumbre de llevar constancia del tiempo que iba pasando, erigiendo cada periodo de 20 años, o *katún*, una estela de piedra conmemorativa con la fecha. Esto ha permitido saber cuándo fueron fundadas las ciudades mayas. Además de las estelas existen muchos textos en los relieves de los templos, en las escaleras y en los dinteles de las puertas, de los cuales sólo se ha podido descifrar la parte que trata del calendario. Es posible que conozcamos absolutamente todos los misterios en que aún está envuelta la cultura maya el día que se logre descifrar toda su escritura.

El altar de Chac Mool, en el templo de los Guerreros, Chichen Itza (111 al 113 de nuestra era)

En Chichen Itza, serpiente emplumada en el Templo de los Jaguares y las Águilas. Al fondo, la pirámide El Castillo (Kukulkan)

Argumento

- Los cuentos tienen un **argumento,** que es una serie de sucesos en torno a un problema o conflicto.

- El conflicto puede ser un problema entre dos personas o grupos, o entre una persona y la naturaleza. Los conflictos pueden ser también problemas internos de cada personaje.

- El clímax es la parte donde la acción del cuento llega a su punto máximo y se debe enfrentar el conflicto.

- El desenlace es la parte donde se resuelve el problema.

Lee "Ese muchachito tan listo", por Shari Lewis.

Escribe

1. Escribe una oración que explique el conflicto de este cuento.

2. Describe el clímax del cuento. Explica qué clase de voz usarías para leer esa parte del cuento en voz alta.

3. ¿Cuál es el desenlace del cuento?

Ese muchachito tan listo

por Shari Lewis

Un muchachito iba caminando del pueblo a su casa con un huevo y un poco de sal en los bolsillos. De repente, un gigante enorme y malvado apareció detrás de un árbol y le dijo:

—¡Muchachito! ¡Te voy a comer de almuerzo!

El niño, que era pequeño pero muy inteligente, le dijo enseguida:

—Oh, gran gigante, ya sé que eres muy fuerte, pero yo también lo soy. Compitamos para ver quién es más fuerte.

El gigante se burló.

—Comparado conmigo, no eres más que una brizna de pasto. Te voy a aplastar ahora mismo. ¡Adelante con la competencia!

Muy rápido, el niño sacó del bolsillo el huevo que llevaba y lo escondió en la

palma de la mano para que el gigante no lo viera.

Con esa misma mano, levantó una piedra y dijo:

—¡A que no aprietas esta piedra hasta que le salga agua! ¡Verás que yo sí lo haré!

Entonces, el niño apretó el huevo y la piedra con la mano. La cáscara se rompió, y el huevo se le salió por entre los dedos. Claro, el gigante creyó que el agua salía de la piedra, y se quedó atónito.

Entonces, el muchachito sacó a escondidas un puñado de sal del bolsillo, agarró otra piedra y le dijo:

—Ahora voy a convertir esta piedra en sal.

Y después de apretarla un rato, dejó que se derramara la sal. Luego se volvió hacia el gigante y le dijo:

—¡Y ahora, dame la mano y te la apretaré hasta convertirla en lodo!

Pero el gigante exclamó:

—¡Oh, no, no lo hagas!

Así que se alejó corriendo.

Y nunca más volvió a molestar a ese muchachito tan listo.

OJO A LO QUE VIENE

Guardianes

Kenyon adora a su abuela, la guardiana de los cuentos de la familia. Lee sobre el problema que afronta Kenyon al buscar el regalo perfecto para su abuela, que cumple noventa años.

Vocabulario

Palabras nuevas

apoplejía	remediarlo	clamor
flamante	guardianes	legítimo
antigüedades		oferta

Las palabras que se escriben y se pronuncian de la misma manera pero que tienen un significado diferente son **homónimos**. Para entender el significado correcto, busca claves en las palabras y oraciones cercanas.

Lee el siguiente párrafo. Averigua si *oferta* significa "propuesta" o "precio rebajado".

Objetos antiguos

El señor Soto, encargado de la tienda de antigüedades, había sufrido una apoplejía. Aunque yo no podía hacer nada para remediarlo, podía ayudarlo encargándome de la tienda. Allí había cosas fascinantes: libros, mapas, un juguete que alguna vez fue el flamante regalo de un niño. El señor Soto tenía algunas cosas en oferta para que los clientes ahorraran dinero. Mi favorita era una medalla de oro legítimo con una inscripción que decía "Guardianes del honor". Supongo que en otra época un soldado la recibió ante el clamor de una multitud.

Escribe

¿Has estado en una tienda de antigüedades alguna vez? Descríbela, usando tantas palabras del vocabulario como puedas.

Guardianes

por Jeri Hanel Watts   ilustrado por Tyrone Geter

Al oírla roncar, Kenyon supo que su abuela había terminado de contar el cuento. A él le gustaba escucharla con los ojos cerrados, por lo que no se dio cuenta de que había llegado al final hasta oír el ronquido. Le encantaban esos cuentos, y los conocía tan bien como si le hubieran sucedido a él, pero sabía que su abuela se cansaba con facilidad desde que tuvo el ataque de apoplejía, así que se levantó en silencio y fue a la cocina a ver la hora.

—Casi las cuatro en punto —susurró.

Si se marchaba en ese momento llegaría justo a tiempo al campo de béisbol. Su guante viejo y desgastado estaba en su habitación, junto al recordatorio que había escrito en letras grandes y gruesas: "noventa dentro de dos sábados". No quería olvidarse de comprar un regalo para el cumpleaños número noventa de su abuela. Kenyon iba golpeando el agrietado guante con el puño. Todavía no tenía que preocuparse por eso. Caminó de puntillas hacia la puerta principal.

—¿Adónde crees que vas, niño?

El avance de Kenyon hacia la libertad se detuvo con las palabras de su abuela.

—A jugar al béisbol —respondió entre dientes.

—¿Terminaste la tarea? —preguntó.

—Casi, casi, mamá Chiqui.

Con el rabillo del ojo, notó que el cabello blanco de la abuela se sacudía. Kenyon dejó que la puerta se cerrara y se volvió. Su abuela empezó con el discurso.

—¿Casi, casi? Casi no es suficiente, hijo. Hay cosas que no se pueden hacer *casi* completas. No se puede estar *casi* muerto: o estás muerto o no lo estás. No se puede estar *casi* loco: o estás loco o no lo estás. Y...

—La terminaré —interrumpió Kenyon. ¡Cuántas palabras usaba la abuela para decir que no!

La voz de mamá Chiqui siguió mascullando una lista de cosas "casi completas", pero Kenyon abrió su libro de historia y dejó de prestar atención a esas palabras. Desde que su madre había muerto, seis años atrás, él y su papá habían vivido con mamá

Chiqui. Todavía no sabía por qué la llamaban así. De chiquita no tenía nada. Era una mujer gruesa, de manos enormes, con una voz poderosa y una gran cantidad de palabras.

Kenyon trató de estudiar historia lo mejor que pudo, pero no era capaz de concentrarse en todas esas fechas y nombres antiguos. Su mente estaba llena de cosas más importantes, como la pelota rápida de Mo Davis y si podría sacarla del campo de un batazo como lo había hecho ayer.

Mo creía que su guante de cuero legítimo lo hacía un gran lanzador, pero a Kenyon no le molestaba eso en días como el de ayer, días en los que se sentía como una máquina invencible de bateo. Había sido un día de batazos fenomenales.

Cuando Kenyon llegó al campo de béisbol, tuvo que conformarse con el equipo y la posición que quedaban.

—Ya era hora —se burló Mo—. ¿Tuviste que asolear a tu abuelita?

Kenyon apretó tanto los puños que le ardían los nudillos. No le gustaba que hablaran mal de mamá Chiqui. "Hasta aquí llegó la idea de otro día de batazos fenomenales", pensó.

Esa tarde, Kenyon se sentó en el piso del porche, mientras su abuela descansaba en el columpio.

—Cuéntame un cuento, mamá Chiqui —le pidió.

—Mejor cuéntame uno tú —respondió ella—. Cuéntame lo que leíste en tu libro de historia.

—Bah, esos cuentos son aburridos —Kenyon empujó el columpio suavemente—. Los únicos cuentos divertidos que sé son sobre el béisbol. Y eso a ti no te interesa.

—Supongo que tienes razón —aceptó mamá Chiqui—, pero un buen cuentista debe ser capaz de despertar el interés por la manera en que teje el relato. Pero claro, no tengo por qué decirte estas cosas. Esos consejos son para la siguiente guardiana.

—¿Guardiana? —preguntó Kenyon.

—Sí, guardiana. De cuentos y leyendas. Mi abuela decía que allá en África había guardianas en cada tribu, pero no sé mucho de eso. Lo que sí te puedo decir es que desde siempre han habido guardianas en nuestra familia. Mi bisabuela, Daisy, mi abuela Dormeen y yo. La guardiana conserva el pasado y se lo transmite a la siguiente.

Mamá Chiqui entrecerró los ojos de color café.

—Sin embargo, no sé quién se hará cargo de mis cuentos.

Sus largos dedos tironeaban de la manga de su blusa.

Kenyon dejó de columpiarla y se arrodilló junto a ella y le dijo:

—Mamá Chiqui, yo seré el guardián. Yo adoro tus cuentos.

Ella lo miró a los ojos de una manera muy profunda, como si buscara algo en ellos.

—Dios mío, cariño, es muy lindo eso que dices, pero tú eres un varón. Debo encontrar a una guardiana que sea niña. No puedes ser guardiana si eres un niño.

Al día siguiente, Kenyon sacó una vieja caja de zapatos y la llevó a su cama. Abrió la tapa y vació el contenido sobre la colcha. Había ahorrado todo el dinero de sus trabajos por el vecindario para comprarle algo a su abuela en su cumpleaños número noventa. Aunque lo volvía loco con el asunto de las tareas, Kenyon pensaba que no había nadie mejor que mamá Chiqui. Salió de casa a ver qué encontraba.

Primero fue a la pastelería: —¡Hola, Sra. Montgomery!

La señora que estaba detrás del mostrador metió la mano en la vidriera y sacó una galleta de avena.

—Es bueno comer avena por la mañana —le dijo a Kenyon con un guiño, y le pasó la galleta, que aún estaba calentita—. ¿En qué puedo ayudarte?

—Estoy tratando de decidirme por un regalo de cumpleaños para mamá Chiqui.

Kenyon pronunció con dificultad porque tenía la boca llena de galleta:

—Algo que se me ocurrió fue regalarle uno de sus pasteles de fresa. Según mamá Chiqui no hay mejores pasteles que los que usted hace. ¿Me puede preparar uno?

La Sra. Montgomery sonrió gentilmente.

—Si quieres. Pero recuerda que cuestan quince dólares.

—Oh, tengo eso y más —le dijo—. Pero por ahora estoy mirando solamente.

Kenyon fue por la Calle Central, entrando y saliendo de las tiendas, comentando con todos los tenderos las ideas que se le habían ocurrido para el regalo de su abuela, ya que en todas partes la conocían. Fue a la tienda de antigüedades, donde ella podía tomar casi cualquier artículo y contar sobre él una historia muy entretenida. Fue al puesto de los carruajes, donde mamá Chiqui siempre deleitaba a los turistas con sus cuentos. Fue al cementerio de soldados, donde ella y Kenyon ayudaban al encargado a poner banderas en días festivos.

Kenyon iba pasando los dedos por las vitrinas cuando vio, justo bajo su mano, un guante de béisbol en oferta. Un guante de cuero legítimo.

Entró a la tienda y se lo puso. Le calzó como si lo hubieran hecho a su medida. Lo golpeó con el puño y el delicioso aroma a cuero nuevo colmó sus sentidos. Pensó en Mo Davis, y antes de que pasaran cinco minutos, el flamante guante de cuero estaba en una bolsa de compras.

Kenyon corrió al campo de béisbol a estrenarlo. Aunque Mo no estaba por allí, había muchos niños que decían "ahhh" y "ooooh" al ver su compra. Interceptó muchas pelotas con su nuevo guante, luego le escupió dentro y le grabó su nombre con un cortaplumas.

Más tarde, cuando regresaba a casa a comer, cubierto de polvo y lleno de orgullo, se acordó de su abuela.

Kenyon sintió como si le faltara la respiración. Sus ojos se abrieron como platos y sentía el corazón latiéndole contra las costillas, como un bate cuando se conecta con la pelota para pegar un jonrón.

"¿Qué voy a hacer? ¿Qué voy a hacer?"

Durante todo el camino a casa, la gente le preguntaba si ya había decidido qué regalarle a su abuela. Kenyon murmuraba cualquier cosa. Cuando la Sra. Montgomery vio el guante, Kenyon supo que se había dado cuenta de lo que sucedía.

Cuando lo invitaron a participar en un juego un poco más tarde, Kenyon dijo que no y se fue a su cuarto. Su papá entró, le tocó la frente y le pidió que sacara la lengua.

—No estoy enfermo —le dijo a su padre.

—Nunca te has negado a participar en un juego de béisbol, hijo. Nunca.

Kenyon se desplomó en su cama.

—No estoy enfermo. Es que soy un tonto.

—Pero, ¿por qué dices eso?

—Papá, ¿alguna vez has hecho algo de lo que te hayas arrepentido cuando ya no podías remediarlo?

Kenyon miró a su padre a los ojos.

Su papá dejó escapar un suspiro y le respondió: —Bueno, claro. Creo que eso nos ha pasado a todos.

—¿Y qué hiciste?

—Me dije que en la siguiente ocasión haría las cosas de mejor manera y seguí adelante. No se puede volver atrás, sólo seguir adelante.

Pero mamá Chiqui no cumpliría noventa años de nuevo. Kenyon no podría remediar lo que había hecho. No habría una siguiente ocasión.

¡Caray! Mamá Chiqui tenía razón en no confiarle sus cuentos. Ni siquiera era capaz de conservar el dinero…

¡Los cuentos! Ésa era la respuesta. Sí que podría darle un regalo.

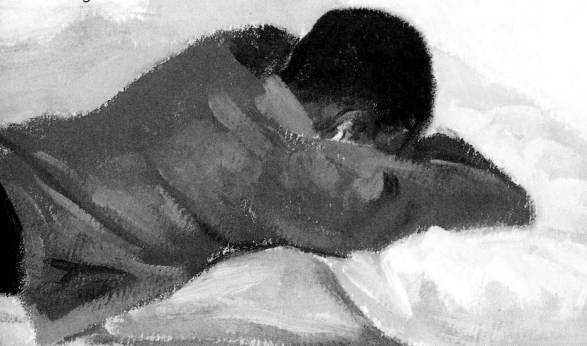

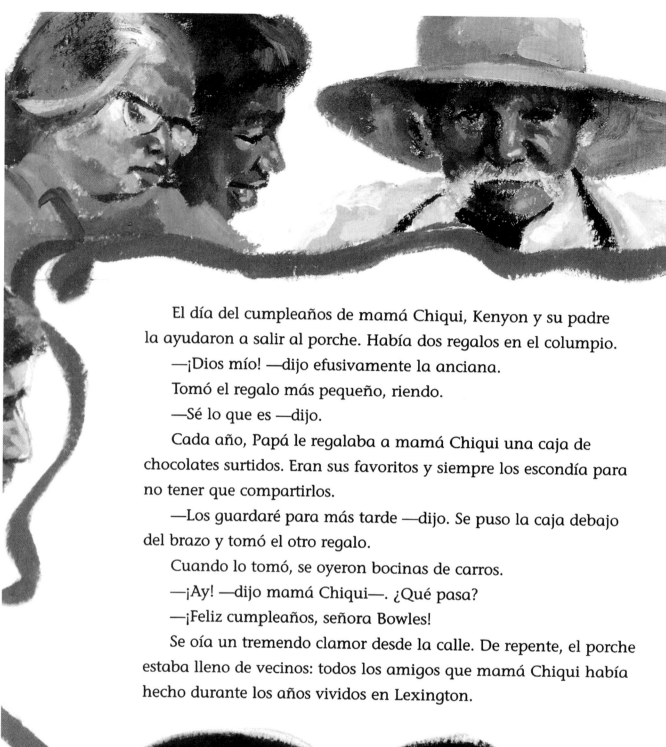

El día del cumpleaños de mamá Chiqui, Kenyon y su padre
la ayudaron a salir al porche. Había dos regalos en el columpio.

—¡Dios mío! —dijo efusivamente la anciana.

Tomó el regalo más pequeño, riendo.

—Sé lo que es —dijo.

Cada año, Papá le regalaba a mamá Chiqui una caja de
chocolates surtidos. Eran sus favoritos y siempre los escondía para
no tener que compartirlos.

—Los guardaré para más tarde —dijo. Se puso la caja debajo
del brazo y tomó el otro regalo.

Cuando lo tomó, se oyeron bocinas de carros.

—¡Ay! —dijo mamá Chiqui—. ¿Qué pasa?

—¡Feliz cumpleaños, señora Bowles!

Se oía un tremendo clamor desde la calle. De repente, el porche
estaba lleno de vecinos: todos los amigos que mamá Chiqui había
hecho durante los años vividos en Lexington.

La Sra. Montgomery se acercó con un pastel de fresas grandote.

—Feliz cumpleaños —dijo, poniendo el pastel delante de la anciana y dándole un abrazo a Kenyon—. Pida un deseo y apague todas las velas. No todos los días se cumple noventa, ¿verdad?

El pastel estaba delicioso y todos lo pasaron muy bien.

—Mejor, imposible —dijo mamá Chiqui cuando todos se marcharon—. Es el mejor cumpleaños que...

Mamá Chiqui se detuvo cuando sintió el regalo de Kenyon con el pie.

—Bueno, parece que la fiesta no ha terminado todavía —dijo—. Pásame esa caja, Kenyon.

Mamá Chiqui empezó a desenvolver el regalo mientras Kenyon se balanceaba de un pie a otro. Kenyon comenzó a disculparse:

—Sé que no es gran cosa, lo sé. No es un paseo en carruaje ni un pastel de fresas...

Se detuvo cuando vio los ojos de su abuela brillar. Mamá Chiqui sacó el regalo de la caja cuidadosamente y tocó con delicadeza el libro hecho a mano.

—Nos enseñaron a hacerlo en la escuela —explicó Kenyon—. Cómo encuadernarlo y todo eso. Adentro puse...

—Mis cuentos —terminó ella—. Un libro con mis cuentos.

—Sí, señora.

La anciana abrazó a su nieto. Un par de lágrimas bailarinas le iban bajando por las mejillas:

—Creo que estaba equivocada, Kenyon —le dijo—. Para llegar a ser guardián, no se necesita ser niña. Has hecho un buen trabajo, hijo. Ahora voy a tener que enseñarte las cosas que todos los guardianes deben saber. Y después, bueno, tendrás que agregar tus propios cuentos. Quizás algunos cuentos sobre el béisbol, ¿no?

Kenyon sonrió y le tomó la mano a su abuela. Definitivamente, había sido un día de batazos fenomenales.

Conozcamos a la autora
Jeri Hanel Watts

Jeri Hanel Watts estaba en séptimo grado cuando escribió un cuento para la clase de lenguaje. "La maestra leyó mi cuento (y otro) a la clase como ejemplos de un trabajo bien escrito", recuerda. "No dijo los nombres, pero yo sabía que era mi cuento. A ella le encantó la repetición que usaba (¡mi primera técnica!) y me dijo que debería seguir escribiendo. Fue un momento muy emocionante".

Ya en la universidad, Jeri Hanel Watts pensó que le gustaría ser escritora. Sin embargo, cuando le devolvieron su primer trabajo con "marcas rojas por todas partes", cambió de parecer y comenzó la carrera de maestra. Sólo después de que naciera su segundo hijo decidió tratar de escribir de nuevo. "Necesitaba algo propio, algo que me hiciera especial. *¡Guardianes* se publicó diez años más tarde!", dice.

Y añade: "No es fácil escribir... Todavía tengo que generar ideas, planificar, hacer borradores, revisar; en fin, todas las cosas que deben hacer los que quieren llegar a ser escritores. Los pasos siguen siendo los mismos. Pero me encanta poner mis ideas en el papel y que otra persona las lea, así que el trabajo vale la pena".

Conozcamos al ilustrador
Tyrone Geter

Tyrone Geter creció en Estados Unidos, pero también ha viajado por África Occidental y vivió durante siete años en Zaria, Nigeria. Sus obras se han expuesto en muchos países, entre ellos Nigeria, los Estados Unidos, Senegal, Inglaterra, Japón y China. Actualmente vive con su familia en Ohio, donde enseña en la Escuela de Arte de la Universidad de Akron e ilustra libros para niños.

Reacción del lector

Coméntalo

¿Le recomendarías este cuento
a un amigo o amiga? ¿Por qué?

Comprensión de lectura

1. ¿Qué piensa Kenyon de su abuela? Da ejemplos para explicar
tu respuesta.

2. Vuelve a leer la conversación entre Kenyon y su papá, cuando
Kenyon se queda en casa en lugar de ir a jugar al béisbol. ¿Qué
te dice de cada personaje ese diálogo?

3. ¿Qué es un guardián en este cuento? Al final, ¿cómo cambia lo que
la abuela piensa acerca de los guardianes?

4. Recuerda qué es el **argumento.** Describe el conflicto del cuento.

5. En un **argumento,** la acción alcanza un clímax. ¿Cuál es el clímax
del cuento? ¿Cómo se resuelve finalmente el conflicto?

Ser guardián

Recuerda alguna historia que
hayas oído en el pasado. Puede ser
una historia familiar o un cuento
de un libro. Escríbela con tus
propias palabras. Si lo desean,
la clase puede crear un libro de
cuentos y llamarlo *Guardianes.*

444

Recuerdos de familia

por Arlene Erlbach

A continuación tienes dos ideas de cosas divertidas que puedes hacer, para ti o para regalárselas a otros miembros de tu familia.

Cómo hacer una cronología de la familia

Seguramente habrás visto cronologías en los libros de historia en la escuela. Las cronologías son diagramas que contienen hechos importantes de la historia y las fechas en que ocurrieron. Tu familia también tiene su propia historia con fechas importantes.

Esto es lo que necesitarás para hacer una cronología de tu familia:

- papel para escribir
- un lápiz
- varias hojas de papel en blanco (sin rayas) o de papel continuo para computadora
- cinta adhesiva (si no tienes papel continuo para computadora, tendrás que pegar unas hojas con otras)
- rotuladores y creyones
- pegamento
- fotografías y recuerdos de acontecimientos familiares importantes

Relacionar lecturas

Leer un artículo con instrucciones

✓ **Dale un vistazo al artículo entero.** ¿Qué es lo que vas a aprender a hacer? ¿Qué materiales necesitas?

✓ **Observa las ilustraciones.** Probablemente encontrarás algún dibujo o fotografía que te indique el aspecto que tendrá el objeto cuando termines de hacerlo.

✓ **Sigue los pasos numerados.** Te indican lo que tienes que hacer y en qué orden. Sigue cuidadosamente las instrucciones.

Enfoca tu lectura

Después de leer este artículo, compáralo con *Guardianes*. ¿Qué fechas importantes crees que Kenyon incluiría en la cronología de su familia si hiciera una para mamá Chiqui?

445

Así se hace una cronología de la familia:

1. Haz una lista de acontecimientos familiares importantes incluyendo sus fechas. Si nadie recuerda la fecha exacta de algún acontecimiento, bastará con que se sepa el año. No importa en qué orden hagas la lista.

2. Anota los acontecimientos, con su fecha, cada uno en una hoja aparte. Si quieres, también puedes describir el acontecimiento. ¿Qué recuerdas de él? ¿Qué recuerdan otros miembros de la familia? ¿Ocurrió algo divertido o importante? Intenta recordar algunos detalles importantes para incluirlos en la cronología.

3. Ilustra cada acontecimiento con fotografías o dibujos. Si tienes algún objeto de recuerdo, como los folletos turísticos de algún viaje que hayas hecho con tu familia, pégalos en la cronología.

4. Coloca las hojas en orden cronológico y pégalas con cinta adhesiva. Incorpora nuevos acontecimientos a tu cronología a medida que sucedan.

Cómo hacer una colcha familiar

Una colcha familiar muestra datos interesantes de tu familia a través de imágenes. No hace falta que sepas coser para hacer la colcha de tu familia. Lo único que necesitas es dibujar o recortar.

Esto es lo que necesitarás para hacer una colcha familiar:

- varios trozos cuadrados de papel de seis pulgadas por lado (el número de cuadrados depende de cuántos datos y acontecimientos quieras incluir en tu colcha)
- una lámina de cartón o una cartulina grande
- pegamento
- rotuladores, creyones y/o papel de colores
- tijeras

Así se hace una colcha familiar:

1. Haz una lista con los datos y acontecimientos familiares que te gustaría incluir en tu colcha. Si quieres incluir nueve datos o acontecimientos, necesitarás nueve cuadrados de papel de seis pulgadas por lado. Si quieres incluir doce datos o acontecimientos, necesitarás doce cuadrados.

2. Cada uno de los cuadrados de la colcha será un dibujo de alguien o de algo importante para ti y para tu familia. ¿Toca alguien un instrumento musical? Dibújalo rodeado de notas musicales. ¿Tienes un acuario? Pega peces en uno de los cuadrados. ¿Fueron de vacaciones el año pasado? Dibuja algo relacionado con ese viaje.

3. Si quieres, pídeles a tus padres y hermanos que hagan cuadrados para la colcha. Cuando los terminen, diles que escriban en ellos su nombre y la fecha.

4. Pega los cuadrados en el cartón o cartulina. Es una buena idea laminar la colcha para que toda la familia pueda disfrutar de ella durante mucho tiempo. Puede que llegue a convertirse en toda una reliquia familiar.

Es verdad

por Gary Soto

Es verdad

que papá serrucha dos tablas el sábado por la mañana,
que martilla un clavo y se enjuga la frente.

Es verdad

que mamá sacude la alfombra desde la escalera de atrás,
que grita "¡Chihuahua!" cuando Slinky, el gato,
vuelca el bote de la basura.

Es verdad

que golpeo el puño contra el guante
y escupo un puñado de semillas de girasol.
Lanzo una pelota invisible al cielo y pienso:
"¡Mía! ¡Es mía!"
Y el guante, como una boca abierta de par en par,
se traga la pelota de un bocado.

Soy un héroe.

Por eso papá serrucha las tablas: un lugar para los trofeos.
Por eso mamá sacude la alfombra: para recibir al rey
en su rumbo al almuerzo.
Por eso recojo primero la basura desparramada:
un humilde comienzo
y más tarde, quién sabe, ¡campeón del jardín central!

Cinco de mayo

por Francisco X. Alarcón

una batalla
en los libros
de historia

una fiesta
de música
y colores

una ocasión
para agitar
banderas

un baile
con piropos
y piñata

orchata
tostaditas
y guacamole

un mango
con chile
y limón

un grito
de alegría
y primavera

¡sí, ya mero
salimos
de vacaciones!

El tejoncito maya

(En el Museo Arqueológico de Tuxtla)

por Rosario Castellanos

Cubriéndote la risa
con la mano pequeña,
saltando entre los siglos
vienes, en gracia y piedra.

Que caigan las paredes
oscuras que te encierran,
que te den el regazo
de tu madre, la tierra;

en el aire, en el aire
un cascabel alegre
y una ronda de niños
con quien tu infancia juegue.

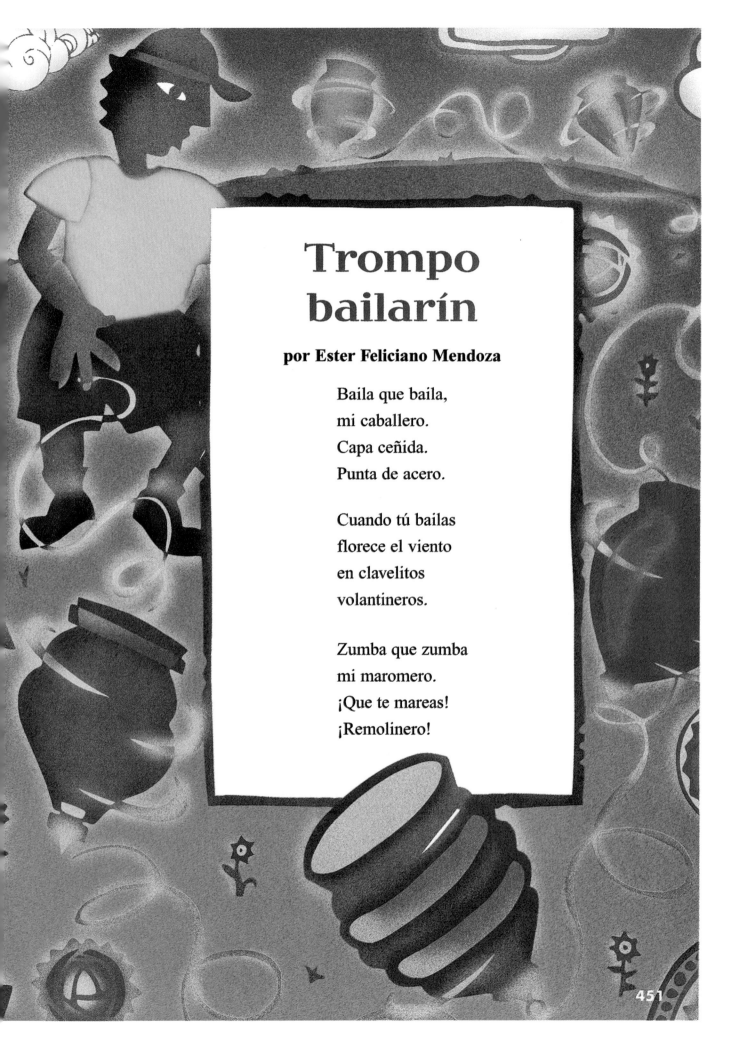

Trompo bailarín

por Ester Feliciano Mendoza

Baila que baila,
mi caballero.
Capa ceñida.
Punta de acero.

Cuando tú bailas
florece el viento
en clavelitos
volantineros.

Zumba que zumba
mi maromero.
¡Que te mareas!
¡Remolinero!

Tiempo pasado, tiempo deseado.

Otros tiempos, otros lugares

¿Qué aprendemos al leer sobre lugares y tiempos en los que no hemos vivido?

Resumir

- Un **resumen** presenta las ideas principales de un artículo o dice lo que sucedió en un cuento.

- Un resumen es corto y no incluye detalles innecesarios.

- Un resumen te ayuda a recordar y organizar la información.

Lee "El relojero", de *Toby*, por Graciela Cabal.

En tus palabras

¿Cuál de estas afirmaciones resume mejor el texto? Explica tu respuesta.

a. El abuelo arregla relojes rotos, aunque hoy en día tiene menos clientes que en el pasado.

b. La gente está cada día más loca porque compra relojes que se usan y se tiran.

c. Arreglar relojes es un trabajo muy difícil.

El relojero

por Graciela Cabal

Al lado de la cama está la mesa de mi abuelo.

Yo no puedo tocar nada de la mesa de mi abuelo.

Mirar sí puedo. Tocar, no.

Relojes rotos hay en la mesa. Y pinzas.

También hay una lámpara, para que mi abuelo encuentre rápido las rueditas con dientes, los tornillos que ni se ven, y todas esas cosas que van adentro de los relojes.

Lo más importante es una especie de copita que mi abuelo se calza en el ojo, porque mirando por ahí las cosas chicas parecen grandes.

Mi abuelo arregla los relojes rotos. Y cuando los relojes están arreglados, mi

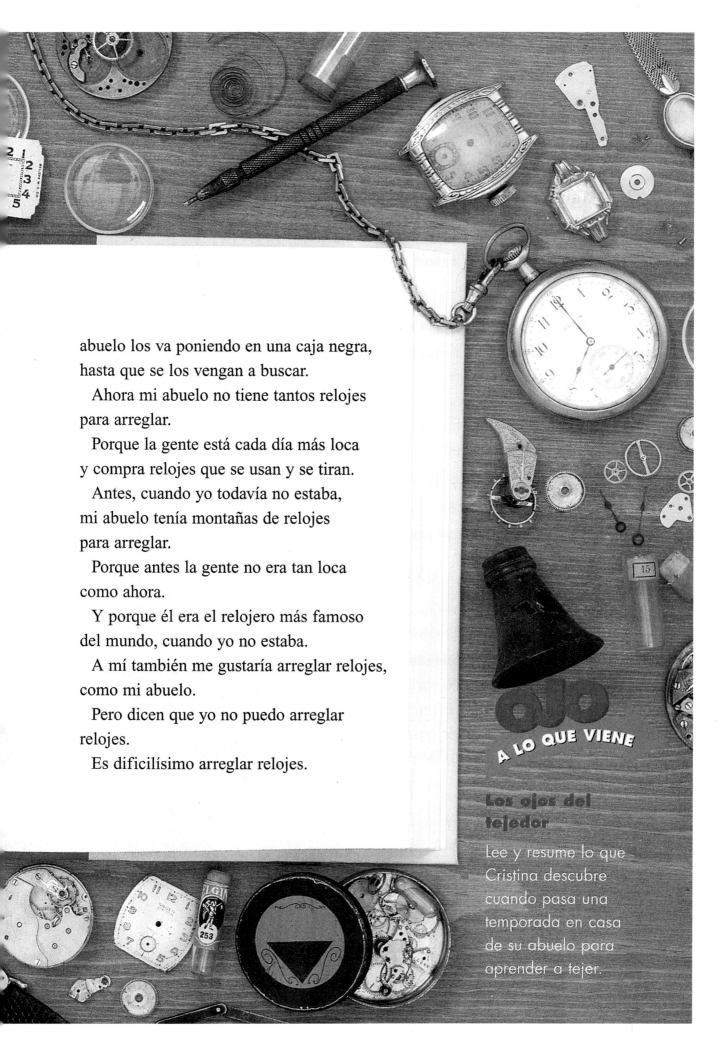

abuelo los va poniendo en una caja negra, hasta que se los vengan a buscar.

Ahora mi abuelo no tiene tantos relojes para arreglar.

Porque la gente está cada día más loca y compra relojes que se usan y se tiran.

Antes, cuando yo todavía no estaba, mi abuelo tenía montañas de relojes para arreglar.

Porque antes la gente no era tan loca como ahora.

Y porque él era el relojero más famoso del mundo, cuando yo no estaba.

A mí también me gustaría arreglar relojes, como mi abuelo.

Pero dicen que yo no puedo arreglar relojes.

Es dificilísimo arreglar relojes.

ojo
A LO QUE VIENE

Los ojos del tejedor

Lee y resume lo que Cristina descubre cuando pasa una temporada en casa de su abuelo para aprender a tejer.

Palabras nuevas

carretes	hebras	lanzaderas
madejas	motivos	telar
típicos		

A las palabras con significados parecidos se les llama **sinónimos.** En muchas ocasiones, puedes averiguar el significado de una palabra que no conoces buscando un sinónimo en las palabras y oraciones cercanas.

Lee el siguiente párrafo. Mira cómo *diseños* te ayuda a entender el significado de su sinónimo, *motivos*.

Preparativos para nuestro tejido

Antes de empezar a tejer tuvimos que completar algunos preparativos. Abuela y yo compramos varios carretes de hilo, de hebras delgadas y de hebras gruesas, y madejas de lana de varios colores. Examinamos las lanzaderas del telar y después lo colocamos todo en el salón de costura. Finalmente escogimos los motivos para nuestro tejido: diseños aztecas típicos.

Escribe

Usa palabras del vocabulario para describir una visita a una tienda de tejidos.

Los ojos del tejedor

por Cristina Ortega

ilustrado por Patricio García

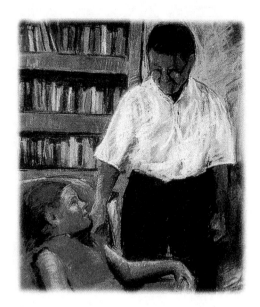

Alejándose del teléfono, mi papá me puso la mano en el hombro y sonrió.

—¡Ya está, Cristina! —dijo—. Puedes quedarte con tu abuelito. Él te enseñará a tejer.

¡Huy! ¿Cómo iba a quedarme sola con mi abuelito? Sin la ayuda de otras personas mayores, no entiendo el español. ¡Nadie me podría traducir al inglés lo que él dijera en español!

Mamá notó mi cara de preocupación.

—Tranquila, *'jita*, ésta es la ocasión perfecta para aprender a tejer. ¡Y además aprenderás a hablar bien el español! —dijo.

—Tu mamá tiene razón —añadió mi papá—. En la familia Ortega llevamos siete generaciones haciendo hermosos tejidos de Chimayó. ¡Imagínate! Desde la época de tu tátara-tátara-tátara-tátara-tatarabuelo. ¿Qué te parece pasar a ser parte de la octava generación de tejedores?

—Supongo que bien...

¿Qué iba a contestarle?

La casa de mi abuelito en Chimayó era mi lugar favorito de todo Nuevo México, y me encantaba ir allí. Pero esta vez estaba preocupada. Esta mañana, mi mamá me había dicho que era responsable de tender mi cama. ¡Pero ahora mis papás querían que me convirtiera en la octava generación de tejedores!

—Escucha, Cristina —dijo mamá—. ¿Por qué no llamas a tu tía Elsia? Pregúntale si tu prima Annalisa puede quedarse contigo y con tu abuelito.

Me encantó la idea de llamar a mi tía Elsia.

Mi prima Annalisa era muy lista, y sabía hablar español.

Mi tía le dio permiso a Annalisa para quedarse con mi abuelito y conmigo. Quedamos en que mi tía vendría a Santa Fe y nos llevaría a casa del abuelito en Chimayó.

Al vernos en Santa Fe, Annalisa y yo nos abrazamos y gritamos de contentas. ¡Nos sentíamos tan mayores porque nos habían dejado quedarnos solas con el abuelito! Mi papá nos dijo que nos apuráramos, para que el abuelito no tuviera que esperarnos mucho. Al fin estábamos de camino.

Sentada en el asiento de atrás del carro, se me perdió la mirada en las ondulantes colinas salpicadas de enebros verdes y, tras ellos, contemplé las imponentes montañas de Sangre de Cristo.

Viajamos en silencio por muchas millas.

Mi tía me miró por el espejo retrovisor y me dijo:

—Tu abuelito está orgulloso de que quieras aprender a tejer.

—¿Y si no logro aprender a tejer como el abuelito?

—¡Nadie espera que aprendas a tejer como él! El abuelito es un maestro tejedor. Lleva tejiendo desde que tenía quince años —dijo—. Cristina, lo único que tienes que hacer es escuchar y aprender lo más que puedas.

Al norte de Santa Fe, mi tía fue por una carretera estrecha
que serpenteaba rumbo a las montañas como una cinta sin fin.
Al poco rato vimos el valle de Chimayó, y la aldea en la que habían
vivido tantas generaciones de mi familia. Y ahí estaba la casa de
mi abuelito.

Tenía la mente llena de los recuerdos de las reuniones
familiares, los paseos en carreta, los huevos de gallina que
buscábamos y las noches en que se me perdía la mirada en
el cielo estrellado.

Esta visita iba a ser distinta.

Esta vez iba a aprender a tejer mantas de Chimayó. Yo quería a
mi abuelo con toda el alma, pero ¿cómo íbamos a encontrar la forma
de comunicarnos Juan Melquiades, alias "el tejedor", y yo?

Tía Elsia aparcó el carro frente a la casa, y mi abuelito salió por
la puerta. Nos regaló una sonrisa cálida como el sol.

Fui hasta él para darle un abrazo y un besito. Mis abrazos y besitos siempre le hacían brillar los ojos. Como yo era su única nieta pelirroja como él, me encantaba pensar que sus ojos brillaban más porque se trataba de mí, María Cristina.

Entramos las bolsas y yo me excusé. Me fui a la casita en la que mi abuelito tejía con su viejo telar y sus lanas de colores. Entré en la casita y cerré la puerta.

Respiré profundamente. La dulce fragancia de la lana colmaba la habitación fresca y oscura. Me acerqué al telar grande del abuelito y toqué las múltiples hebras de la áspera urdimbre blanca como si se tratara de un arpa. Sabía que pronto los coloridos motivos de Chimayó que mi abuelito sabía hacer decorarían esas blancas hebras de la urdimbre.

Nadie sabía de mi deseo secreto. Siempre había querido aprender a tejer una manta de Chimayó. Ahora mi deseo estaba a punto de hacerse realidad. Pero, ¿sería capaz de aprender lo suficiente como para ser tejedora de verdad, como el resto de los Ortega? ¿Lograría continuar la tradición de mi familia?

Antes de irse, tía Elsia nos dio unas cuantas instrucciones finales. Nos recordó a Annalisa y a mí que el abuelito era muy madrugador, así es que tendríamos que acostarnos temprano.

Nos dijo que apagáramos el televisor (el "mono") cuando el abuelito nos lo pidiera.

—¿Entienden? No le gusta que la televisión se quede prendida hasta tarde.

—Entendemos —le contestamos Annalisa y yo mientras ella iba saliendo hacia el carro.

Desde los escalones, el abuelito, Annalisa y yo le dijimos adiós con un ademán, y su carro desapareció por la estrecha carretera de tierra, uniéndose a la oscuridad y al polvo de la noche.

Estaba tan nerviosa y tan entusiasmada esa noche, que tardé un buen rato en quedarme dormida.

Me pareció que recién acababa de cerrar los ojos cuando escuché en la distancia el cacareo de un gallo.

Me apretaron el brazo suavemente, así que abrí los ojos.

—Levántate —susurró mi abuelito.

"¿Que me levante? ¿Ahora?", me pregunté medio dormida.

—Tenemos mucho que hacer.

"¿Qué querrá decir?", pensé.

—Ya está el desayuno.

El desayuno… Mmmm… Ya olía a sus tortillas caseras.

Me levanté trabajosamente. ¡Ayayay! Nunca había madrugado tanto. ¿Cómo se dirá en español que esperemos a que salga el sol?

Me puse los chopos. Con estos suelos helados, no hay más remedio que andar por casa calzada en esas pantuflas todo el año.

Pasé de puntillas junto a la cama de Annalisa y la dejé dormir largo y tendido.

Mi abuelito y yo desayunamos huevos con tocino, tortillas caseras y atole.

El atole es un cereal caliente hecho con harina de maíz azul. Era todo un banquete para mí desayunar así, y siempre me ilusionaba cuando venía a visitar a mi abuelito.

Luego mi abuelito comenzó a enseñarme a tejer en su pequeño taller. Comenzó a hablar sobre las "canillas", el "campo" y la "labor". ¡Qué vergüenza! ¡No tenía ni idea de qué hablaba!

Entonces señaló la caja enorme de madera en donde guardaba la lana.

Me acerqué a la caja y levanté la tapa. La fragancia familiar de la lana me reconfortó. Las madejas de colores y los carretes de lana parecían joyas de un tesoro.

Había carretes de lana azul turquesa, negro azabache, blanco perla, rojo rubí y verde esmeralda. Y las madejas de lana café rojizo, de color ladrillo y grises me recordaban a las colinas de arenisca cercanas.

El abuelito me sugirió que escogiera siete colores. Uno para el fondo (el "campo"), y los otros seis para el borde (la "cenefa") y para el motivo (la "labor"). El abuelito me enseñó a enrollar la lana en los carretes (las "canillas"). Colocó los carretes en lanzaderas talladas a mano.

El abuelito quería que yo comenzara con un telar más pequeño. Este telar se usaba para tejer alfombras estrechas y otras prendas llamadas "congas".

Primero introdujo un pedazo de estambre grueso para que el comienzo quedara parejo. Luego entretejió una lanzadera de lana roja por la urdimbre y pisó uno de los pedales. El pedal hizo que la urdimbre de abajo pasara arriba, y que la urdimbre de arriba pasara abajo.

Entonces golpeó con decisión la trama dos veces con el sacudidor para apretar la lana. La trama es la lana que forma el motivo.

El abuelito se apartó del telar para que yo pudiera comenzar.

Yo me acerqué y me puse frente al telar. Deslicé la lanzadera por entre las hebras de la urdimbre, pisé el pedal izquierdo... no, el derecho... no, ¡era el izquierdo! Alargué el brazo para alcanzar el sacudidor y apretar las hebras de la trama para que quedaran bien pegadas. ¡Qué torpe me sentí! Miré a mi abuelito por encima del hombro, y con un gesto tranquilo, él me indicó que continuara. Y mi abuelito, el tejedor, se volteó hacia su telar.

Comenzó inmediatamente a tejer. Escuchaba el ruido de su lanzadera a medida que recorría la urdimbre de un lado al otro. Entonces *¡pam-pam!* Tiró del sacudidor dos veces, apretando la trama. Los pedales le repiqueteaban bajo los pies.

¡Sis-pam-pam-clap, sis-pam-pam-clap...!

¡Al fin estaba tejiendo! Mi telar pequeño hacía el mismo sonido que el suyo. *¡Sis-pam-pam-clap...* una y otra vez! ¡Pero qué sencillo era!

Ya estaba pensando en mi próxima conga.

La hora del almuerzo se me hizo muy larga. Ayudé a Annalisa a lavar los platos, y le ofrecí que viniera con nosotros al taller.

El abuelito me enseñó cómo y cuándo cambiar los colores para hacer los motivos típicos de Chimayó. ¡Me sentía segura de mí misma! Ahora que estaba presente Annalisa, quería lucirme un poquito.

El abuelito y yo creábamos una melodía. *Sis-pam-pam-clap, sis-pam-pam-clap, sis-pam.*

De pronto sentí que mi abuelito me miraba.

"Huy…", pensé.

Levanté la mirada y le pregunté:

—¿Qué pasó, abuelito?

¿Qué había hecho?

Los dedos del abuelito tocaron la tela con delicadeza. Movió la cabeza de lado a lado y me preguntó:

—¿Por qué estás tan apurada?

—El abuelito quiere saber por qué tienes tanta prisa —me tradujo Annalisa.

—Cuida las orillas.

—Dice que tengas cuidado con los bordes —me explicó.

—¿Que no vas a usar el azul aquí en la labor?

Sentí vergüenza. Se me congelaron las manos.

Annalisa se acercó a mi telar y me susurró:

—El abuelito quiere saber si vas a usar el azul para hacer el motivo.

Aunque mi abuelito hablaba con un tono comprensivo, me sentí como una tonta.

Annalisa siguió traduciendo. Me dijo que el abuelito quería que me concentrara y que trabajara un poco más despacio.

El abuelito continuó tejiendo y Annalisa regresó a la casa. Miré mi conga y, con calma, comencé a deshacer lo que acababa de tejer.

Mi tía me había dicho que lo único que tenía que hacer era escuchar y aprender lo más que pudiera. Pero yo quería hacer el máximo esfuerzo. Decidí deshacerlo todo y comenzar de nuevo.

Esa noche me llamaron mi papá y mi mamá.

Mi abuelito habló con ellos primero.

—Sí, sí, la Cristina está aprendiendo muy bien.

Yo no entendía el español lo suficientemente bien como para comprender el resto de la conversación, pero poco después el abuelito me pasó el teléfono.

—Hola, 'jita, ¿cómo va todo? —me preguntó mi papá.

—Pues muy bien, papá.

—Y ¿qué tal va tu aprendizaje?

Ya me temía que me lo preguntara.

—Hoy no ha ido muy bien. Los bordes me salieron disparejos y se me olvidó poner uno de los colores.

—Y, ¿qué hiciste?

—Deshacerlo todo y comenzar de nuevo desde el principio.

—Bueno, creo que fue una buena decisión, porque el abuelo dice que estás aprendiendo muy bien. Oye, no seas tan exigente contigo misma.

Me hizo sentir mucho mejor.

A la mañana siguiente, mi abuelito y yo regresamos a nuestros telares. Yo trabajé a un ritmo mucho más lento. Decidí que ese día iba a hacerlo todo bien.

Coloqué los carretes de lana (las "canillas") en la mesa que había junto al telar en el mismo orden en que iba a utilizarlos. ¡No quería tropezar dos veces con la misma piedra!

Mi abuelito y yo fuimos pasando las lanzaderas de un lado al otro con el ritmo familiar durante muchas horas, *sis-pam-pam-clap, sis-pam-pam-clap*.

Al final de la jornada, ya había terminado la mitad del trabajo. Sentí que había avanzado bastante.

El día siguiente era sábado. Para el abuelito era el día de regar. Annalisa y yo le pedimos que nos dejara ayudarlo con el riego.

Los tres contemplamos el agua vertiéndose por entre las hileras de verduras. El abuelito nos enseñó a despejar el terreno con las azadas para que el agua corriera libremente.

Siempre cultivaba muchos vegetales. Tenía frijoles, chiles, maíz, pepinos y calabacitas.

Las calabacitas eran unos pequeños calabacines que el abuelito ponía en uno de sus platillos favoritos. Freía juntos maíz fresco, chiles verdes y cebollas. Luego esparcía queso por encima.

Comimos tomates recién arrancados de la mata. ¡Cuánto me encantaban esos tomates tan jugosos y sabrosos!

Le preguntamos al abuelito si íbamos a regar los cerezos también.

Nos explicó que había otros agricultores que también necesitaban regar. Había que compartir el agua de la acequia.

A primera hora de la tarde, los tres pusimos a secar los zapatos llenos de lodo y nos lavamos. Yo me dejé caer en el viejo sofá. Annalisa se rio entre dientes y dijo:

—No te pongas tan cómoda. El abuelito tiene algo preparado para ti. ¡Prima, te van a enseñar cómo cocinar tortillas de trigo!

Y efectivamente, el abuelito se había lavado las manos y estaba sacando una fuente grande del estante.

—Cristina, *venga'cá* por favor —me dijo desde la cocina.

Annalisa se rio al vernos a los dos pelirrojos preparándonos para hacer tortillas. Mezclamos harina de trigo, sal y levadura en polvo con manteca de jamón y agua tibia. Una vez mezclados todos los ingredientes, el abuelito hizo una pelota grande con la masa. Tapó el tazón con un trapo y lo dejó descansar por unos veinte minutos.

Más tarde, el abuelito y Annalisa fueron sacando pedacitos de masa e hicieron bolitas con ellos.

Nos reímos cuando empecé a aplanar las bolitas con un rodillo hecho a mano que se llama "bolillo". Mis tortillas no salieron del todo redondas. Me salieron con formas raras, como las de los países que había visto en los mapas de la escuela.

El abuelito fue colocándolas una por una en el comal caliente. El comal era la plancha redonda de hierro en la que hacía y calentaba las tortillas todos los días.

En poco tiempo, el aroma de las tortillas inundó la cocina, y nos abrió el apetito.

El domingo por la mañana, Annalisa, el abuelito y yo salimos al sol. Emprendimos nuestra caminata carretera arriba, hacia la iglesia. Sin duda, para el abuelito el domingo era el día de ir a la iglesia y descansar.

Después de misa, el abuelito nos presentó a los muchos amigos que tenía, y que le llamaban "Colorado". Le pusieron ese apodo cuando era pequeño, porque era pelirrojo. E incluso hoy en día, que ya tiene el pelo casi blanco, sus viejos amigos siguen llamándolo "tío colorado" o "el colorado".

Saludé a varios parientes que me dieron recuerdos para Ambrosio y Eva, mis padres. El abuelito les dijo a todos lo contento que estaba por tener de visita a dos de sus nietas.

El abuelito y yo estábamos tejiendo la mañana siguiente cuando sonó el claxon del carro de tía Elsia. Venía a recoger a Annalisa para ir a la tienda de comestibles. La tía entró en el taller y fue directamente hacia la lámpara que había encima del telar. *¡Clic!*, la prendió.

—¿Papá, por qué no prende la luz? —le preguntó al abuelito.

Mi abuelito siguió tejiendo sin responder, y le recordó a su hija que trajera leche y mantequilla de la tienda.

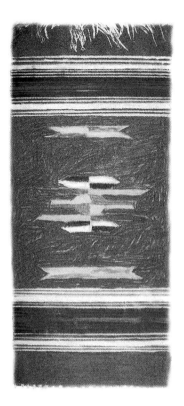

La tía miró mi trabajo, me dio un abrazo, y dio media vuelta para irse. Sonriendo me dijo:

—En cuanto me vaya, la apagará. No quiere malgastar la electricidad.

El abuelito esperó a que el carro de tía Elsia se fuera. Alargó el brazo, estiró el cordel y apagó la luz.

—¿Por qué usar la luz cuando hay sol? —preguntó.

Ahora sí estaba a solas con el abuelito.

Entre el *sis-pam-pam-clap* de nuestros telares, oí un tarareo bronco. Pronto me di cuenta de que mi abuelito estaba cantando.

Pensé que tal vez se habría olvidado de que yo estaba allí, porque parecía estar cantando para sí mismo. Después de un rato empezó a contarme cuentos de cuando era joven.

—Yo viajé en el tren —me dijo.

Mi abuelito viajaba en tren por el sur de Colorado para ir a trabajar en los ranchos y en el ferrocarril. Me contó sus aventuras de cuando pastoreaba borregos en las escarpadas Montañas Rocosas.

Yo no entendía todo lo que me contaba, pero sí lo suficiente como para disfrutar de sus cuentos. ¡Era un narrador excelente!

Casi había terminado mi conga cuando el sol llegó al oeste del cielo. Era el último día que tenía para tejer. Me di cuenta de que no quería que terminara. Me llené de tristeza.

La lanzadera se deslizó por la urdimbre por última vez. El tejedor tomó las tijeras y comenzó a cortar los bordes para soltar la tela. Contuve la respiración cuando colocó la tela en mis manos.

Entonces se fue. ¿Lo había hecho tan mal? ¿Lo había decepcionado?

Cuando entró de nuevo en la habitación, yo me estaba enjugando una lágrima.

Llevaba en el brazo un tejido del mismo tamaño que el mío. Lo había tejido hacía años. Mi abuelito dobló mi conga dos veces y la dejó en la mesa. Quedó rígida, muy tiesa. Hizo lo mismo con la conga más vieja y la colocó junto a la mía. Cayó suavemente, como si fuera de terciopelo. El abuelito sonrió y dijo:

—Mira, así es como la quieres.

Alcé la mirada para verlo, y luego volví a mirar la conga vieja. Me estaba indicando cómo tenía que quedar mi conga.

Yo lo entendí.

—Sí, abuelito, entiendo —susurré.

El tejedor trató de consolarme.

—No te pongas tan triste —me dijo—. Has tejido una buena conga, pero se necesita práctica y paciencia.

Suspiré de alivio al escucharlo. Había tejido una buena conga, pero mi abuelito tenía razón: me hacía falta más práctica y paciencia.

Mi abuelito me puso la conga más vieja en el brazo y me dijo:

—La conguita vieja es para ti.

¡Para mí!

—Muchísimas gracias, abuelito —respondí.

Me vinieron a la cabeza el papá de mi abuelito y todos los demás miembros de la familia Ortega que habían sido tejedores antes que él. Comprendí lo feliz que él estaba por haber pasado la tradición familiar a la próxima generación. Le sonreí, y vi el brillo especial de los ojos del tejedor.

Conozcamos a la autora

Cristina Ortega

Cristina Ortega es descendiente de los colonos españoles que se asentaron en el suroeste de los Estados Unidos. *Los ojos del tejedor* está basado en la vida de Juan Melquiades Ortega, el abuelo de la autora, y en sus propias experiencias de niña en la región. Su abuelo fue un tejedor experto hasta los cien años de edad. Vendió sus primeros tejidos de Chimayó a los quince años.

Cristina Ortega cree que muy pocos libros para niños difunden la cultura hispana tradicional del suroeste de los Estados Unidos. Como autora y como maestra de primer grado en Albuquerque, Nuevo México, Cristina Ortega usa su talento para ayudar a los niños a valorar y preservar su identidad cultural.

Reacción del lector

Coméntalo

Imagina que viajas con Cristina a visitar a su abuelo. ¿Cuál es el momento más interesante de la visita? Cuéntalo.

Comprensión de lectura

1. ¿Cuál crees que es el propósito de la autora al escribir este cuento? ¿Por qué?

2. ¿Qué es lo que hace al abuelo de Cristina una persona interesante? Explica tu respuesta.

3. Menciona una lección importante que Cristina aprende de su abuelo. ¿Por qué es importante esa lección?

4. ¿Cuál de los siguientes detalles no incluirías en un **resumen** de la visita de Cristina a su abuelo? ¿Por qué?
   a. Cristina aprende a hacer tortillas y a tejer mantas de Chimayó.
   b. Cristina se despierta muy temprano.

5. Haz un **resumen** del cuento escribiendo y numerando los sucesos más importantes en él.

Escribe un cuento

Escribe un cuento sobre una ocasión en la que un adulto te haya enseñado una tarea o lección importante.

LOS TEJEDORES DE CHIMAYÓ

POR JUANA RIVERA

La comunidad hispana de Chimayó, en Nuevo México, es conocida por su producción de tejidos tradicionales. Los tejidos de Chimayó son apreciados por consumidores y coleccionistas en todo el país y a nivel mundial. Se les reconoce por su calidad y su belleza, y se venden hoy en día en la forma de productos típicos (por ejemplo, mantas y sarapes) así como en muchos otros artículos y prendas de vestir.

Chimayó se encuentra en una región de Nuevo México conocida como Río Arriba, por hallarse remontando la corriente del río Grande. En Río Arriba se dan la mano influencias indígenas norteamericanas, mexicanas, españolas de la época colonial y norteamericanas de origen europeo. Todas estas influencias se ven integradas en los tejidos de Chimayó.

Relacionar lecturas

Leer un artículo informativo

✓ **Leer el título.** Generalmente el título te indica de qué trata el artículo que vas a leer.

✓ **Mira las fotografías y sus leyendas.** Las fotografías ilustran lo que dice el texto.

✓ **Dale un vistazo al artículo.** Mira el artículo por encima antes de leerlo cuidadosamente.

Enfoca tu lectura

Este artículo trata de los tejedores de Chimayó, en Nuevo México. Mientras leas, imagina por qué es importante para Cristina convertirse en la octava generación de tejedores de la familia Ortega.

Indígenas navajos tejiendo mantas

En la época de la colonización española, el territorio de Nuevo México se distinguió por su producción ganadera. Tanto así, que para el siglo diecinueve la crianza de ovejas y la elaboración de tejidos de lana y otros productos eran dos de las principales actividades económicas en Nuevo México.

Los tejidos de la zona del río Grande, como las frazadas y los sarapes, se hacían en un principio para el uso de los pobladores locales. Luego se los empezó a llevar a Nueva España, que es como se conocía a México durante la época colonial. Estos tejidos se vendían en las ferias que algunas ciudades de Nueva España realizaban cada año. Los productores de muchos lugares traían sus mercancías a estas ferias para venderlas e intercambiarlas.

La producción de tejidos en Nuevo México continuó a través de los años. La venta de productos típicos era una actividad muy importante a principios del siglo diecinueve, y siguió después de declararse la independencia de México en 1821. Entre esos productos típicos se encontraban los tejidos hechos a mano. La industria productora de tejidos de la zona de Río Arriba se desarrolló primero en Santa Fe. Esta ciudad era el centro de producción más importante durante la época colonial.

Desde sus orígenes, como ya hemos visto, los tejidos fabricados por los

Manta del período clásico de la zona de Río Arriba, tejida antes de 1860

pobladores y artesanos hispanos incorporaron diversos elementos, entre ellos la influencia de las culturas indígenas mexicanas y norteamericanas de la región. Un ejemplo son los famosos sarapes de Saltillo. Estos sarapes son considerados entre los tejidos más finos del mundo, y eran producidos originalmente por los indígenas de Tlaxcala. Otra influencia es la de la cultura navajo, un pueblo indígena norteamericano que también es famoso por sus mantas y alfombras.

En la segunda mitad del siglo diecinueve empezó a desarrollarse una nueva industria en Nuevo México: el turismo. La producción de tejidos en Chimayó empezó a crecer impulsada por el aumento del turismo a partir de esa época. En la primera mitad del siglo veinte, Chimayó se convirtió en uno de los centros principales de la producción textil de Nuevo México. Muchas textilerías familiares se establecieron como empresas comerciales modernas, tanto en Chimayó como en algunos pueblos cercanos. Y así ha continuado toda una tradición.

Interior de la tienda artesanal Centinela

Argumento

- Los cuentos tienen un **argumento**, o sea una serie de sucesos en los que se expresa un conflicto.

- El *conflicto* puede ser un problema entre dos personas o grupos, o entre una persona y la naturaleza. Los conflictos pueden ser también problemas internos de uno o varios personajes.

- El *clímax* es la parte donde la acción llega a su punto máximo y donde el conflicto debe enfrentarse.

- El *desenlace* es la parte donde se resuelve el conflicto.

Lee el mito griego "La carrera de Atalanta", narrado por Geraldine McCaughrean.

Escribe

1. Escribe una oración que explique el conflicto del mito.

2. Haz una lista de los sucesos que desarrollan el argumento. Encierra en un círculo el suceso que marca el clímax.

3. Explica el desenlace del cuento.

LA CARRERA DE ATALANTA

narrado por Geraldine McCaughrean

La bella Atalanta ha declarado que sólo se casará con el hombre que pueda ganarle en una carrera. Los hombres que lo intenten y pierdan serán condenados a muerte. Muchos han muerto ya. El apuesto Hipómenes se enamora de Atalanta y no puede resistirse al desafío. La diosa Venus lo ayuda dándole tres manzanas de oro.

—¡En sus marcas, listos, ya! —exclamó el juez de la carrera.

Hipómenes salió corriendo más rápido que nunca. Atalanta también salió corriendo, veloz como un rayo. Muy pronto ella llevaba la delantera.

Hipómenes lanzó una manzana de oro por encima de la cabeza de Atalanta. La manzana reflejaba los destellos del sol. Atalanta fue corriendo hasta el lugar en que cayó la manzana, y la recogió. Hipómenes tomó la delantera.

Pero Atalanta lo alcanzó y lo pasó, con su

cabello ondeando como una bandera.

Hipómenes corrió más rápido que todos los pretendientes anteriores, pero no era lo suficientemente veloz.

Así es que Hipómenes lanzó otra manzana. Atalanta se detuvo nuevamente a recogerla y otra vez Hipómenes tomó la delantera. Pero Atalanta era tan veloz, que pudo detenerse, admirar y recoger la reluciente manzana, y aun así alcanzarlo.

Hipómenes iba corriendo más rápido que todos los hombres del mundo, pero no era lo suficientemente veloz. Así es que lanzó la última manzana. ¿Se dejaría engañar Atalanta por tercera vez? Ella la vio, disminuyó la velocidad, miró las dos manzanas que llevaba en la mano… y se detuvo por la tercera. La multitud vitoreó a Hipómenes cuando se adelantó a toda velocidad, con los pulmones a punto de estallar. Hipómenes se abalanzó sobre la meta. ¡Había ganado una novia!

Y para ser una campeona que acababa de perder una carrera por primera vez en su vida, Atalanta se veía inmensamente feliz.

OJO
A LO QUE VIENE

El sueño del vendedor

Sigue la serie de sucesos de la vida de un inmigrante que vende sus mercaderías por las calles. Fíjate en los obstáculos que debe vencer para alcanzar su sueño en una nueva patria.

Vocabulario

Palabras nuevas

ambulante	fenicios	prometida
morral	dote	abastecida
temporal	dependiente	

Las palabras con significados opuestos se llaman **antónimos.** A menudo puedes averiguar el significado de una palabra buscando claves en las palabras cercanas. A veces la clave es un antónimo.

Lee el siguiente párrafo. ¿De qué manera te ayuda *fijo* a entender el significado de *temporal?*

El comerciante

Llevo la sangre de los fenicios en las venas, y por eso amo los viajes y el comercio. Viajé a los Estados Unidos buscando prosperidad económica para mí y para Elena, mi prometida. Allí me convertí en vendedor ambulante: viajaba con un morral lleno de productos que vendía de puerta en puerta. Ésa fue mi ocupación temporal, hasta que conseguí un puesto fijo como dependiente en una tienda bien abastecida. Con mis ahorros y la dote de Elena tendremos un lindo hogar.

En tus palabras

Imagina que vas a abrir un negocio en otro lugar. Cuenta lo que harías para establecerte como comerciante. Usa palabras del vocabulario.

El sueño
del vendedor

por Janice Shefelman
ilustrado por Tom Shefelman

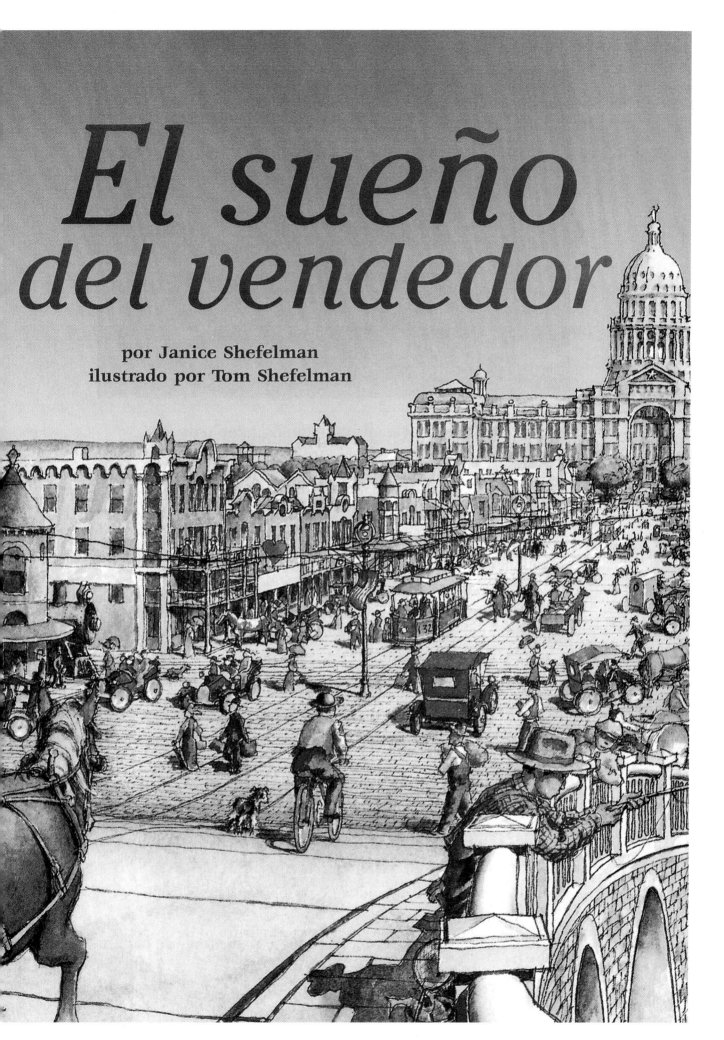

Salomón Josef Azar vivía en un pequeño pueblo de las
montañas del Líbano, pero tenía un gran sueño. Quería
ir a probar suerte en los Estados Unidos.

Estudió inglés durante un año en la misión
estadounidense. Cuando llegó la primavera siguiente,
se despidió de su familia y amigos y de María, su novia.

—¿Cuándo volverás? —le preguntó el padre de María.

—Volveré a buscarla tan pronto como me haya
establecido, *amm* —respondió Salomón.

—Aquí te espero —dijo María suavemente.

Le tomó cuatro semanas cruzar el océano. El barco
estaba lleno de personas, todas ellas cargadas con sus
propios sueños. Cuando el tiempo se puso turbulento,
a muchos de los pasajeros se les revolvió el estómago.

Pero a Salomón no. Él se paró junto a la barandilla
a sentir la brisa del mar en el rostro. Después de todo,
por sus venas corría la sangre de los navegantes fenicios.

La costa de los Estados Unidos era diferente a las
montañas con picos nevados de su patria. Hasta donde
podía ver, la tierra era plana.

Además, Salomón tenía un aspecto distinto al de la gente
que había en las calles.

"Si voy a vivir en los Estados Unidos, necesitaré ropa estadounidense", pensó.

En la calle Market halló una tienda que vendía ropa para hombres y niños. Compró un par de pantalones nuevos y una gorra.

El dueño de la tienda también era del Líbano, y Salomón le preguntó si necesitaba un dependiente.

—Lo siento —le contestó—, no te puedo dar trabajo, pero te daré un consejo: la mejor manera de comenzar aquí es como vendedor ambulante. Cómprate un *quashaat* —un morral— y llénalo de las cosas que usan las esposas de los granjeros. Y échate a andar.

Salomón le agradeció el consejo. Compró un morral y lo llenó de telas de algodón, cintas e hilos de colores que hicieran juego con ellas, además de encajes, tirantes y algunas especias. Y se echó a andar.

Caminó de granja en granja mostrando sus mercancías. Vendía las telas a ocho centavos la yarda y los encajes elegantes a diez.

Cuando estaba de suerte, al final de la jornada la esposa de algún granjero lo invitaba a cenar y le permitía dormir en el granero. Esas noches, Salomón soñaba con tener un verdadero almacén y con regresar a buscar a María.

Una noche fría y lluviosa, mientras caminaba cansado por las colinas, se le acercaron dos jinetes. Se detuvieron, bloqueándole el paso.

—Es muy pequeño para llevar un morral tan grande —dijo uno—. ¿Por qué no le aliviamos la carga?

—Me parece muy bien —dijo el otro.

Y así lo hicieron.

Cuando Salomón se despertó, le dolía la cabeza, tenía las manos y los pies atados y el morral había desaparecido. Tampoco tenía consigo su bolso de mano. No le quedaba nada más que su sueño.

Ya había oscurecido cuando logró deshacer los nudos. Se levantó y empezó a caminar de nuevo. Aunque ya no llevaba la carga del morral, sentía un gran peso en el corazón.

En la distancia vio una luz tenue que salía de una granja. "Quizás me permitan dormir en el granero", pensó.

—*Wer ist er,* papá? —preguntó un niño pequeño en alemán—. ¿Quién es él?

Después de que Salomón les contó quién era y lo que le había ocurrido, el señor Lindheimer lo invitó a pasar a su casa. Su esposa le dio ropa seca y una manta.

—Salomón, tu ayuda no nos vendría nada mal —dijo el señor Lindheimer—. No puedo pagarte mucho, pero por lo menos tendrás un techo y comida hasta que se te ocurra qué hacer.

De modo que Salomón se quedó. Pintó el granero y cortó suficiente leña para muchos meses. En ocasiones, mientras batía la leche para hacer mantequilla, entretenía a los pequeños Lindheimer con cuentos del Líbano.

Siempre seguía soñando con el almacén que tendría algún día, el cual era cada vez más alto en su mente, hasta llegar a cuatro pisos.

Por las tardes después de la cena, Salomón a menudo escribía cartas a casa:

12 de abril de 1909

Saludos a la familia de mi prometida:

Espero que todos estén bien y que la cosecha de uvas haya sido abundante.

Las colinas de aquí no son tan altas como nuestras montañas, pero la gente es amistosa y amable, al menos la mayoría.

Espero el día en que pueda volver y casarme con su adorada hija. Por favor, denle mis saludos.

Que Dios los bendiga,
Salomón

Un día, el señor Lindheimer dijo: —Mañana voy a la ciudad, Salomón. ¿Por qué no me acompañas? Te presentaré a un amigo que tiene una tienda de telas. Es posible que necesite un dependiente.

A la mañana siguiente prepararon la carreta y salieron hacia Arcadia.

Era el mediodía cuando llegaron a la bulliciosa ciudad, ubicada junto a un río. La carreta iba dando tumbos por el puente cuando entraron a Arcadia, y Salomón miró calle arriba por la amplia avenida, hacia el capitolio estatal. Los tranvías hacían ruido al pasar y la gente andaba en coches sin caballos.

—Bueno, ¿qué te parece, Salomón? —preguntó el señor Lindheimer.

—Me parece que éste es el lugar donde debe estar mi almacén —dijo.

El señor Lindheimer se detuvo frente a la tienda de telas del señor Hart. Salomón ató los caballos y lo siguió hasta el interior de la tienda. Las cajas estaban apiladas en los mostradores y el local era oscuro.

—Buenos días, señor Hart. Le presento a mi joven amigo Salomón Josef. Vendía mercancías por todo el estado hasta que lo golpearon y le robaron cerca de nuestra granja.

Le contó que Salomón había trabajado duro y que había aprendido a hacer las cosas con facilidad, y que soñaba con tener un almacén propio algún día.

—Pensé que sería un buen ayudante —le dijo.

—Bueno, lo cierto es que sí necesito un dependiente —dijo el señor Hart—. Alguien que viva en el departamento de arriba y que se encargue de la tienda. ¿Te parece bien, muchacho?

A Salomón le pareció perfecto. Trabajó por dos años en la tienda y enviaba dinero a casa cada vez que podía. Convenció al señor Hart para que instalara luces nuevas y ventiladores de techo. Despejó los mostradores, de manera que los clientes pudieran ver las hileras de cintas de colores, los paraguas de lujo, los sombreros de paja y los conjuntos de peine y cepillo. Siempre recibía a los clientes con una sonrisa, incluso cuando querían devolver algo. Cada vez llegaba más gente a comprar al Almacén Hart.

Ahora que se había establecido, había llegado la hora de regresar a buscar a María. El señor Hart estuvo de acuerdo y Salomón tomó el barco de regreso al Líbano.

El día de la boda, el padre de Salomón guió el caballo que llevaba a María por las calles camino a la iglesia, donde la esperaba Salomón. Ella estaba más hermosa de lo que él recordaba, especialmente con su bello tocado.

Después de días de festines y bailes, Salomón regresó a Arcadia acompañado de María.

María se dedicó a convertir el departamento en un hogar: puso cortinas en las ventanas y extendió una alfombra de colores que era parte de su dote. Los Hart le regalaron a la joven pareja un sillón y una palmera en una maceta.

En el jardín que tenían detrás del almacén, María sembró una higuera que había traído de su país.

Al poco tiempo tuvieron una niña y la llamaron Rebeca. Luego tuvieron otra y la llamaron Ruth.

Mientras Salomón trabajaba en la tienda, María cuidaba de sus niñitas. Por las tardes invitaba a algunas amigas a tomar un dulce café árabe mientras los niños jugaban en el jardín.

Un día, el señor Hart le dijo: —Salomón, le has dado nueva vida a esta vieja tienda. ¿Te gustaría ser mi socio?

—Eso es lo que más me gustaría —dijo Salomón, sonriendo de oreja a oreja.

Así que la tienda pasó a llamarse Almacén Hart y Josef. Aunque no era la tienda de sus sueños, sí era un comienzo.

Como Salomón se preocupaba de que la tienda estuviera siempre abastecida con artículos de buena calidad, el negocio creció. Los clientes sabían que los zapatos que compraban en Hart y Josef no se iban a deshacer, que sus telas no se iban a desteñir y que la ropa interior no se iba a encoger.

La familia de Salomón también creció. Cuando nacieron su hijo Isaac y otra hija, Nora, mandó a construir una casa en West Hill, tan cerca de la Avenida del Capitolio Estatal que podía ir a pie a la tienda.

Ahora la tienda se llamaba simplemente Almacén Josef, porque el señor Hart se había jubilado para irse a cuidar de su ganado, sus ovejas y sus cabras.

Salomón construyó un entrepiso para poner su oficina y remodeló el segundo piso del almacén para vender ropa fina para damas traída de Nueva York y de París. La ropa era tan elegante, que la propia esposa del gobernador iba al almacén cuando necesitaba un vestido nuevo para una fiesta en la mansión.

—¡Esto sólo ocurre en los Estados Unidos! —decía Salomón.

Tarde una noche, el estruendo de los camiones de bomberos lo despertó. Saltó de la cama y miró por la ventana. Un resplandor rojo inundaba el cielo por encima de la Avenida del Capitolio Estatal.

—¡La tienda! ¡María, es la tienda! —gritó.

—¡Ay, Salomón! —dijo ella sin aliento—. No puede ser.

Salomón se puso los pantalones apresuradamente y salió corriendo.

Pero sí era la tienda. Mientras Salomón miraba el edificio quemarse, María llegó a su lado, con Isaac y Nora de la mano. Rebeca y Ruth estaban detrás, con los ojos muy abiertos.

—¡Papá! —gritó Rebeca, con lágrimas en las mejillas—, se arruinó todo. Nuestra gran tienda está completamente destruida.

Salomón abrazó a Rebeca y a María: —Sí, Rebeca, destruida, pero no ha acabado aquí su historia.

Salomón fue fiel a sus palabras. Alquiló un local temporal y compró mercancía nueva. A las dos semanas volvió a abrir el negocio con una venta especial por incendio, colocando la mercadería en la acera. María preparó *baklawa,* que sirvieron con café a los clientes.

El día de Año Nuevo, Salomón decidió construir la tienda de sus sueños. Compró una propiedad en la esquina de la Avenida del Capitolio Estatal con la calle Hickory y contrató a un arquitecto, Elijah E. Clayton.

—Constrúyalo de cuatro pisos de altura y asegúrese de que sea el edificio más hermoso de toda la avenida —dijo Salomón.

Eso fue lo que Elijah E. Clayton hizo.

Todos los días, Elijah llegaba con su rollo de planos para asegurarse de que el edificio se construyera tal y como él lo había diseñado. Salomón también llegaba, para verificar que Elijah se había asegurado.

La noche de la inauguración, Salomón y María dieron una fiesta. Llegaron los Hart, los Lindheimer y también el gobernador. Cuando los músicos empezaron a tocar, Salomón tomó la mano de María y dijo: —*Habibati,* querida, ¿bailarías con un viejo vendedor ambulante cuyo sueño se ha cumplido?

Ella sonrió y le dijo: —Un vendedor ambulante con un sueño es mucho más que un vendedor ambulante.

Y empezaron a bailar.

493

Janice Shefelman y Tom Shefelman

Janice y Tom Shefelman están casados y trabajan en equipo. Concibieron *El sueño del vendedor* después de que un vecino les contó acerca de un pariente que llegó del Líbano a los Estados Unidos en busca del éxito. Janice Shefelman escribió el cuento sobre la vida de Salomón Josef. Tom Shefelman hizo las ilustraciones, que muestran un pueblo de las montañas del Líbano, las colinas de la parte central de Texas y una ciudad imaginaria que se parece mucho a Austin, Texas, donde viven la autora y el ilustrador.

Janice Shefelman escribe todos los días de nueve de la mañana a cinco de la tarde. No busca que su escritura sea perfecta desde el comienzo, pues sabe que revisará su trabajo, y cree que en el primer borrador lo más importante es llevar las ideas al papel.

Además de *El sueño del vendedor,* los Shefelman han creado juntos otros libros, entre los que se incluyen tres novelas históricas basadas en la vida de los bisabuelos alemanes de Janice Shefelman y su lucha por lograr una vida nueva en Texas.

Coméntalo

Escoge tres ilustraciones del cuento. Imagina que entras en cada imagen y cuenta lo que verías y oirías allí.

Comprensión de lectura

1. ¿Por qué deja Salomón su hogar en el Líbano para irse a vivir en los Estados Unidos?

2. ¿Qué pasos sigue Salomón para lograr sus objetivos?

3. ¿Qué papel cumple María en los sueños y logros de Salomón?

4. El **argumento** comienza con un problema o conflicto. El conflicto de este cuento, ¿es entre Salomón y otra persona, o se trata de un conflicto interno de Salomón? Explica tu respuesta.

5. En un **argumento** hay un clímax justo antes de que se resuelva el conflicto. ¿Cuál es el clímax de este cuento? ¿Cómo se resuelve el conflicto?

Represéntalo

Con uno o más compañeros de clase, escoge una escena del cuento para representarla ante los demás. Por ejemplo, podrían representar la escena en que Salomón llama a la puerta de la granja de los Lindheimer, o la escena en la casa de Salomón la noche del incendio. Imaginen lo que dirían los personajes y asegúrense de que su modo de hablar refleje lo que están sintiendo.

Fuentes gráficas

- Las ilustraciones, tablas, gráficas, mapas, diagramas, listas, cronologías y dibujos a escala son diferentes clases de **fuentes gráficas.**

- Si les das un vistazo a las fuentes gráficas antes de leer un texto, te ayudarán a predecir lo que vas a aprender.

- Las fuentes gráficas facilitan la lectura: muestran lo que dice el texto y organizan la información de manera útil.

- Los mapas muestran lugares. Un mapa físico muestra continentes y masas de agua. La clave explica los símbolos y la escala.

Lee "Las regiones polares", por Norman Barrett.

Escribe

1. ¿Cuál es el título del mapa? ¿Qué muestra la clave?

2. ¿Qué datos del artículo aparecen en el mapa? Enuméralos.

3. Estudia el mapa y haz una lista de preguntas sobre la región polar norte.

LAS REGIONES POLARES

por Norman Barrett

Las regiones polares son los territorios situados alrededor del Polo Norte y del Polo Sur de la Tierra. Son zonas frías y poco pobladas que están cubiertas de hielo y nieve durante todo o casi todo el año.

El Polo Norte es un mar —el océano Ártico— rodeado de tierra que está cubierto en su mayor parte de hielo. El Polo Sur es un continente helado —la Antártida— que está rodeado de mares. A pesar de las difíciles condiciones, algunas plantas crecen en las regiones polares, y algunos animales e incluso personas viven allí.

Las regiones que rodean el océano Ártico incluyen a Canadá, Alaska, Rusia, Escandinavia y una gran isla cubierta de hielo llamada Groenlandia. Muchas rutas aéreas importantes cruzan el Ártico, y las defensas de las grandes potencias mundiales se encuentran a lo largo de las costas del océano.

La Antártida es un enorme desierto congelado más extenso que Europa. Sin embargo, los mares que la rodean y algunas de sus regiones costeras poseen una rica vida animal.

REGIÓN POLAR NORTE

OCÉANO PACÍFICO
ALASKA (EE.UU)   RUSIA
CANADÁ   OCÉANO ÁRTICO
                  Círculo Ártico
ISLA DE ELLESMERE
ISLA DE BAFFIN   Polo Norte
                  SVALBARD
GROENLANDIA
                  Escandinavia
                  0   1,000 km
OCÉANO ATLÁNTICO
                  0   625 millas

OJO
A LO QUE VIENE

Travesía al Polo Norte

Lee acerca de los primeros exploradores que llegaron al Polo Norte, Matthew Henson y Robert E. Peary. Usa las fuentes gráficas al leer el texto para entenderlo mejor.

Vocabulario

Palabras nuevas

asistieran   camarero   morsas
travesía   infranqueables

Muchas palabras tienen más de un significado. Para averiguar cuál es el significado que se está usando en el texto, busca claves en las oraciones o párrafos cercanos.

Lee el siguiente párrafo. Averigua si *asistieran* significa "ayudar a alguien" o "estar presente en un lugar".

La clase de geografía

Antonio y Ana le pidieron un jugo y un sándwich al <u>camarero</u>. Mientras comían pensaban en las fotos. El director les había recomendado que <u>asistieran</u> a las clases de geografía del profesor Torres, quien había participado en una <u>travesía</u> al Polo Norte. No se arrepintieron: en su clase proyectaron las imágenes de manadas de <u>morsas</u> con largos colmillos, planicies heladas e <u>infranqueables</u> montañas. Era increíble la belleza de esta región terriblemente fría.

Escribe

¿Cómo imaginas que es el Polo Norte? Haz una descripción de la región polar usando las palabras del vocabulario.

Travesía al Polo Norte

por Laurie Rozakis

Matthew Henson

Robert Peary

Matthew Henson

Un día de primavera de 1887, en Washington D.C., Robert Peary se preparaba para llevar a cabo un estudio en Nicaragua, el país centroamericano. Su función era hallar el mejor lugar para excavar un canal que uniera el océano Atlántico y el Pacífico, pasando por la selva nicaragüense. Esa mañana, Robert salió a buscar un sombrero para protegerse la cabeza del candente sol tropical, y terminó en la sombrerería de B.H. Steinmetz e Hijos.

Dentro de la tienda, Robert le pidió un sombrero para el sol al Sr. Steinmetz. Mientras esperaba, le mencionó a Steinmetz que necesitaba un ayudante para su expedición. El dueño de la tienda lo pensó un momento y dijo:

—Es posible que mi asistente, Matthew Henson, quiera el trabajo. Es muy trabajador y se puede confiar en él.

En eso, un joven negro salió con el sombrero de Peary. Era Matthew Henson.

Peary (fila del medio, segundo desde la derecha)
con su cuadrilla en Nicaragua

Terror en el Sur

Matthew Alexander Henson nació el 8 de agosto de 1866, en la granja de sus padres en Maryland, apenas un año después de que terminara la Guerra Civil. A diferencia de la mayoría de sus amigos, los padres de Matthew nunca fueron esclavos. Pero, al igual que muchos afroamericanos que vivían en el Sur en esa época, los Henson sufrieron mucho a causa de ataques por parte del Ku Klux Klan y de otros grupos que no querían que los negros votaran ni asistieran a las escuelas públicas. Para escapar de la violencia racial, los Henson vendieron la granja y se mudaron a Washington, D.C.

La madre de Matthew murió cuando él tenía siete años de edad, y su padre lo envió a vivir con un tío, cerca de la ciudad. Allí Matthew asistió a la escuela durante los seis años siguientes. Su padre murió cuando Matthew tenía trece años, y su tío ya no pudo seguir cuidándolo. Para subsistir, Matthew trabajó como camarero en un restaurante en Washington, D.C. El dueño del restaurante le permitía dormir en la cocina y comer la comida que sobraba. Matthew tenía comida y albergue, pero deseaba tener aventuras.

Un marinero fuerte y sano

A Matthew le parecía que trabajar en un barco sería más emocionante. En el otoño de 1879 recorrió cuarenta millas a pie hasta el puerto de Baltimore, se dirigió al canoso capitán Childs del *Katie Hines* y le pidió trabajo. El capitán quedó tan impresionado con Matthew que lo contrató inmediatamente. Durante los siguientes cinco años, Matthew limpió el camarote del capitán Childs, le sirvió a éste la comida, lavó los platos y ayudó al cocinero. A los hombres del barco les agradaba este joven tan trabajador. Le enseñaron a reparar motores, a navegar guiándose por las estrellas y a construir de todo. Al capitán le caía tan bien Matthew que le enseñó geografía, historia y matemáticas. También le prestó sus libros.

—Estos libros son el comienzo —le dijo el capitán Childs a Matthew—. Conviértelos en tus herramientas.

Un buque de vela de finales del siglo XIX

Matthew navegó a China, Japón y las Filipinas. Cruzó el océano Atlántico para llegar a Francia, a África y al sur de Rusia. Navegó incluso por el Ártico. Siguió aprendiendo constantemente. Cuando Matthew tenía diecinueve años, el Capitán Childs murió y lo sepultaron en el mar. Matthew regresó a Baltimore con el corazón en pedazos.

Un encuentro crucial

Matthew intentó hallar trabajo en Baltimore, pero en 1885 no había muchas oportunidades para los negros. Pronto descubrió que a la gente no le importaban ni sus destrezas ni sus conocimientos, sólo el color de su piel. Trabajó como chofer, como botones, como mensajero y como guardia nocturno. Al poco tiempo decidió irse a Washington, D.C., donde obtuvo trabajo como dependiente en la sombrerería de Steinmetz e Hijos.

Ese día de 1887 en que se conocieron, Matthew Henson y Robert Peary se observaron el uno al otro por encima del mostrador. Matthew vio a un hombre alto y pelirrojo, con ojos de color azul grisáceo. Robert vio a un joven seguro, tranquilo y honesto. Aunque sólo tenía veinte años de edad, Matthew ya había recorrido el mundo. Robert decidió pedirle a Matthew que fuera su ayudante en Nicaragua.

—Me gustaría mucho ese trabajo, señor —contestó Matthew.

El primer proyecto en el que trabajaron juntos fue para estos hombres una manera singular de comenzar su asociación. Matthew Henson y Robert Peary, que más tarde harían historia al ser los primeros en llegar al Polo Norte, hicieron su primer viaje en dirección opuesta: ¡a la selva!

En noviembre de 1887, Matthew navegó a Nicaragua con cuarenta y cinco ingenieros estadounidenses y cien trabajadores jamaiquinos. Como ayudante de Robert, Matthew cocinaba y limpiaba mientras los ingenieros hacían mediciones y los trabajadores cortaban el camino a través de la selva. Sin embargo, en poco tiempo Robert se dio cuenta de la inteligencia y las destrezas de Matthew y le dio trabajos más importantes y exigentes.

Trabajando en la selva nicaragüense

La primera expedición a Groenlandia

El estudio en Nicaragua terminó en siete meses. Mientras navegaban de vuelta a Nueva York, Robert le pidió a Matthew que lo acompañara en su intento de cruzar Groenlandia, una isla cubierta de hielo y nieve ubicada cerca del Polo Norte. Matthew aceptó inmediatamente. En junio de 1891 zarpó la expedición. Su diminuto barco, el *Kite,* estaba bien abastecido con muchas clases de comida, incluyendo *pemmican,* una mezcla de carne, grasa y pasas que da mucha energía. También llevaban esquíes y zapatos para la nieve, armas, trineos, ropa de lana, una estufa, ollas y sartenes, cámaras y cien toneladas de carbón.

Robert quería alcanzar la fama por ser la primera persona en atravesar Groenlandia. Sin embargo, el nombre del país (que significa "Tierra Verde" en danés) no describía con mucha precisión al territorio. Groenlandia está cubierta de hielo en su mayor parte. Robert quería cruzar el extremo sur, que es la ruta más corta pero también la más peligrosa.

Camino a Groenlandia, el *Kite* se encontró con enormes glaciares blancos y se abrió paso a través de grietas entre hielos infranqueables y escarpados. El pequeño barco echó anclas finalmente en la bahía de McCormick, en Groenlandia. El 8 de agosto, el día de su cumpleaños, Matthew disfrutó de la primera fiesta de su vida. La esposa de Robert (que estaba con ellos en el barco) hizo caldo de cabeza de ternera, guiso de alca (un pájaro pequeño), arvejas, pato de flojel, maíz, tomates y pastel de albaricoque. La comida fue tan deliciosa que Matthew recordaría esa fiesta por el resto de sus días.

Poco después de echar anclas, los exploradores desembarcaron para conocer a los inuit que habitaban en ese lugar. Querían que los hombres inuit los ayudaran a cazar osos polares, focas, morsas, renos, caribúes y zorros para obtener comida y pieles. También querían que las mujeres inuit les hicieran ropa cálida con las pieles de los animales.

Tripulación de un barco en una
estación comercial de Groenlandia

El 18 de agosto, cuatro hombres inuit llegaron al campamento y se acercaron a Matthew señalándolo con los dedos. "¡Inuit! ¡Inuit!", decían, pensando que Matthew, a juzgar por el color de su piel, era un inuit que regresaba a la patria. Desde ese momento, los inuit lo llamaron "Miy Paluk", que quiere decir "querido pequeño Matthew". Le enseñaron a hablar la lengua inuit, a comer la carne cruda y con sangre y a conducir un trineo tirado por perros con un látigo de piel de foca de treinta pies de largo. Matthew aprendió incluso a construir un iglú con cincuenta bloques de nieve en sólo una hora. En el futuro, estas destrezas básicas resultarían muy importantes para Matthew: lo ayudarían a él y a sus compañeros exploradores a sobrevivir en el peligroso y difícil mundo helado que estaban por explorar. Pero a pesar de que Matthew era el que más sabía acerca de la supervivencia en el Ártico, Robert escogió a otro hombre del campamento para viajar con él en esta histórica travesía a través de Groenlandia.

La primera expedición a Groenlandia regresó el 24 de septiembre de 1892. Robert se había convertido en un héroe. Matthew, en cambio, pasó casi desapercibido.

Hacia el Polo Norte

Los eternos hielos marinos del Ártico están apilados en montañas que se elevan a grandes alturas. El hielo se mueve y se quiebra repentinamente bajo los pies de las personas. Un paso en falso y uno puede caer al agua y morir. El turbulento y negro océano es frío, oscuro y mortífero. Con todos estos peligros, no es de extrañarse que pocas personas hayan llegado al Polo Norte.

Los inuit sabían muy bien lo peligroso que podía ser el océano Ártico. Creían que en él habitaba un feroz demonio llamado Tornasuk, el espíritu del mar helado. El océano era peligroso porque Tornasuk podía arrastrar a las personas a la muerte. Pero el Polo Norte tenía un demonio aun más cruel, al que llamaban Kokoyah. Creían que sólo la persona más valiente podría aventurarse a acercarse al Polo Norte.

El intento de llegar al Polo Norte

El 26 de junio de 1893, Robert, Matthew y una tripulación de diez personas salieron nuevamente hacia los hielos del norte. Matthew estaba seguro de que esta vez lo escogerían como uno de los hombres que haría el recorrido con Robert hacia el Polo Norte, pero una vez más Robert escogió a otros para que lo acompañaran y Matthew tuvo que quedarse en el campamento.

A diferencia del primer viaje, esta expedición fue un fracaso. Los hombres sólo alcanzaron a recorrer 128 millas antes de que los perros enloquecieran o murieran congelados en las tormentas de hielo. Al volver al campamento, todos los hombres de la tripulación de Robert querían regresar a casa; todos excepto uno: Matthew Henson. Robert sólo pudo convencer a un hombre más, Hugh Lee, de que se quedara. El 1° de abril de 1895, los tres salieron nuevamente rumbo al Polo Norte.

Cruce de un pequeño canal en un campo helado

"Una larga carrera contra la muerte"

Hacía calor ese día para ser el Ártico: ¡sólo catorce grados bajo cero! Hacía sol y las planicies heladas relucían con un resplandor que cegaba a los exploradores. Los tres hombres se dirigieron hacia donde Robert había dejado una enorme pila de provisiones, pero todo estaba enterrado en la nieve.

—Iremos de todas maneras —dijo Robert—. Tenemos suficiente carne de morsa.

Los demás estuvieron de acuerdo. Sin embargo, no resultaría fácil comerse la carne de morsa. La carne estaba tan congelada, que les cortaba la boca como si fuera vidrio cuando intentaban hincarle el diente. Intentaron calentarla en el té, pero los trozos resbaladizos, crudos y rojos se veían demasiado sanguinolentos como para comérselos. Sin suficiente comida, se fueron debilitando cada vez más.

Finalmente, los hombres hallaron una manada de morsas y Matthew le disparó a una de ellas justo cuando se disponía a embestir a Robert. Los tres hambrientos exploradores devoraron la carne tibia y llena de sangre y les lanzaron trozos a sus enflaquecidos perros. Con el estómago lleno, los hombres continuaron la marcha. Lograron llegar hasta la Bahía de la Independencia, pero no pudieron ir más allá. El camino estaba cortado por imponentes murallas de hielo imposibles de cruzar. Amargamente desilusionados, regresaron al campamento el 1º de junio. Años después, Matthew llamó al viaje de regreso al campamento "una larga carrera contra la muerte".

Los hombres habían comido tan pocos alimentos nutritivos que se les habían empezado a caer los dientes. Una vez de regreso, sólo Matthew tuvo la valentía de hacer lo que los inuit le habían dicho que hiciera: bebió tazones y tazones de sangre de foca. Efectivamente, fue el primero en recuperarse.

El 3 de agosto de 1895, los tres regresaron a Washington, D.C. Robert tenía que justificar los dos años que había pasado en Groenlandia, así que trajo dos grandes meteoritos que había encontrado. Hoy en día, los visitantes pueden ver estos meteoritos en el Museo de Historia Natural de Nueva York.

Llega la tragedia

El 4 de julio de 1898, Robert y Matthew volvieron a salir hacia el Polo Norte, pero esta vez el barco quedó atrapado en el hielo, a setecientas millas de la meta. Robert se preocupó muchísimo al descubir que un valiente explorador noruego llamado Sverdrup se dirigía también hacia el Polo. ¡Sabía que si su barco se quedaba atascado, Sverdrup les ganaría! Robert decidió que marcharían durante toda la larga noche ártica a como diera lugar. Robert, Matthew y la expedición llegaron finalmente a un punto de descanso —el Fuerte Conger— y le llevaban la delantera a Sverdrup. Pero el viaje había tenido un precio muy alto. Los dedos de los pies de Robert le habían quedado completamente congelados. Entonces, una feroz tormenta dejó a los hombres atrapados en su refugio. Matthew cuidó de Robert hasta que cesó la tormenta. Finalmente, el 18 de febrero, Matthew ató a Robert con correas a un trineo y emprendieron el camino de regreso al barco. Allí tuvieron que amputarle a Robert los dedos de los pies, excepto dos de ellos. Tendría dificultades para caminar por el resto de su vida.

Primeros intentos de Peary de alcanzar el Polo Norte

Año	Los que fueron	Lo que sucedió
1893	Matthew, Robert y una tripulación de diez hombres	La expedición recorrió 128 millas y entonces fracasó
1895	Matthew, Robert y Hugh Lee	Los tres hombres sólo llegaron a la Bahía de la Independencia
1898–1899	Matthew, Robert y la expedición	La expedición terminó en el Fuerte Conger, donde a Robert le amputaron ocho dedos de los pies
1902	Matthew, Robert y cuatro ayudantes inuit	La expedición llegó a 84° 16', lo más al norte que se había llegado hasta entonces

**El equipo de Peary forcejeando para
arrastrar trineos con provisiones por un cerro de hielo**

El 6 de abril de 1902, Robert, Matthew y cuatro ayudantes
inuit pisaron una vez más la helada superficie ártica. Matthew vio
nuevamente por qué los inuit le temían tanto a la región. El hielo se
quebraba y chocaba con rugidos feroces. Al quebrarse se formaban
témpanos, o islas de hielo. Los hombres intentaban saltar de
témpano en témpano, pero con frecuencia quedaban varados sobre
un trozo de hielo y tenían que esperar hasta que se formara más
hielo. Como Robert aún estaba débil por sus problemas con los pies,
Matthew dirigió la marcha. Buscó en vano una mejor ruta a través
del traicionero hielo, pero no pudo evitar el castigo del Ártico.

El 21 de abril, a los expedicionarios se les agotó la comida
y no pudieron seguir avanzando. Habían llegado al punto 84° 16'
de latitud norte (el punto más al norte al que ningún estadounidense
había llegado), pero todavía no habían llegado al Polo.
Desilusionados y cansados, regresaron a casa. Pasarían más de tres
años antes de que Robert y Matthew se sintieran preparados para
enfrentar nuevamente los desafíos del Ártico.

Lograr lo imposible

El 16 de julio de 1905, Matthew y Robert navegaron nuevamente
hacia el norte con tres ayudantes. A medida que navegaban a lo largo
de la costa de Groenlandia, recogieron a treinta y tres familias inuit,
doscientos perros y toneladas de carne de ballena y de morsa. El
barco apestaba a carne, perros y gente sin bañar.

Abatido por sus intentos anteriores, Robert elaboró un nuevo plan. Un grupo hallaría la mejor ruta y abriría un sendero. Cinco grupos pequeños los seguirían después, y cada cincuenta a setenta y cinco millas uno de los cinco grupos regresaría con los perros más débiles. Esto ahorraría comida para los más fuertes.

El 1° de marzo, Matthew y su equipo de inuits salieron para intentar una vez más convertirse en los pioneros del Polo Norte. El 21 de abril estaban a sólo 175 millas del Polo, pero se les acabó la comida y se vieron forzados a comerse a sus perros. Cuando llegaron de regreso al barco, sólo les quedaban dos perros. Habían establecido una nueva marca mundial, pero aún no habían alcanzado el Polo.

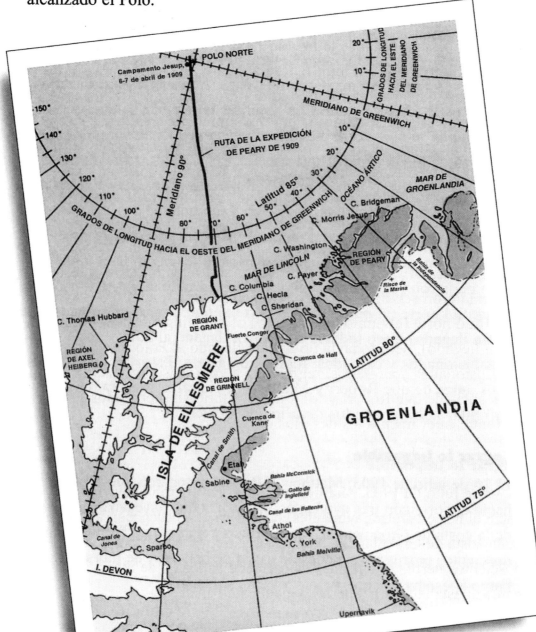

Matthew Henson (al centro) y los inuits celebran en el Polo Norte.

¡Victoria al fin!

Robert sabía que no tendría muchas más oportunidades para llegar al Polo Norte. Tenía casi cincuenta años, y el tiempo y el dinero se le estaban agotando. El 6 de julio de 1908, Robert cargó una vez más un barco. Escogió a los seis hombres más fuertes y valientes que encontró. Volvieron a emprender la marcha en equipos, pero esta vez Robert sabía que debía pedirle a Matthew que lo acompañara hasta el Polo.

Para el 5 de abril, estaban a sólo un día de marcha de su objetivo. Al día siguiente, el 6 de abril, Robert hizo mediciones con sus instrumentos. Al principio no lo podía creer. ¡Sus instrumentos indicaban el norte a noventa grados! ¡Lo habían logrado!

—¡Pongamos la bandera estadounidense en el Polo Norte! —gritó.

Los hombres vitorearon y se tomaron fotos con la bandera. También soñaban con el brillante futuro que los esperaba.

El futuro no resultó ser tan brillante como Henson y Peary soñaron. El verano siguiente, el Dr. Frederick Cook, otro explorador, afirmó que él había alcanzado el Polo Norte primero. Mucha gente creyó en las afirmaciones de Cook, pero meses después, la National Geographic Society dictaminó que Peary había sido el primero en alcanzar el Polo. Peary y otro miembro del equipo recibieron medallas, pero no fue hasta 1944 que Matthew Henson recibió una medalla del Congreso por su participación en la expedición al Polo Norte.

Laurie Rozakis

Laurie Rozakis no sabe exactamente cuándo se sintió motivada a escribir por primera vez. "Supongo que siempre he sido escritora", dice. "Cuando era bebé y apenas aprendía a caminar, garabateaba mensajes chistosos, de adolescente escribía chismes en pedacitos de papel, y en la universidad escribía cartas muy densas".

Laurie Rozakis pensó más en serio en escribir un libro cuando dejó de enseñar por un tiempo, después del nacimiento de su hijo. Empezó a escribir en su tiempo libre, entre los cambios de pañales y la alimentación del bebé. Su primer libro fue para estudiantes de secundaria que se preparaban para una prueba de inglés avanzado.

Desde entonces Laurie Rozakis ha escrito otros libros para ayudar a los estudiantes a prepararse para pruebas importantes. También ha escrito varias biografías de personas famosas, además de la de Matthew Hanson y Robert Peary. Si te gusta ver los dibujos animados, disfrutarás de la lectura de la biografía de Bill Hanna y Joe Barbera que Laurie Rozakis escribió. Estos dos dibujantes fueron los creadores de *Los Picapiedra, Scooby Doo* y *Los Supersónicos*.

Laurie Rozakis sigue una rutina para escribir. Siempre tiene un lápiz con punta detrás de la oreja, una taza de té cerca en el estante de libros, y la radio sintonizada en una estación de éxitos del ayer. Dice: "Nunca uso el lápiz, sé que debo evitar el té y rara vez recuerdo la letra de ninguna canción, pero ésa es la rutina".

Reacción del lector

Si hubieras tenido la oportunidad, ¿te habrías ofrecido como voluntario para acompañar a Robert Peary en su expedición al Polo Norte? ¿Por qué?

Comprensión de lectura

1. ¿Qué peligros enfrentaron Robert Peary y sus acompañantes mientras viajaban por el Ártico?

2. ¿Qué cualidades vio Peary en Matthew Henson cuando se conocieron en la tienda de sombreros? ¿Cómo se manifestaron esas cualidades durante las expediciones?

3. Si hubieras estado en el viaje final al Polo Norte, ¿qué habrías dicho después acerca del papel de Henson en la expedición?

4. Las **fuentes gráficas** son útiles para hacer predicciones antes de leer. ¿Cuáles fueron tus predicciones a partir de las ilustraciones, del mapa y de la tabla?

5. Las tablas son un tipo de **fuente gráfica.** Usa la tabla de la página 508. Haz una lista de las diferentes expediciones que realizaron Robert Peary y Matthew Henson entre 1893 y 1902. ¿Cuál de esos viajes llegó más al norte?

Discurso

Planifica un discurso para honrar a Matthew Henson por su participación en la expedición final al Polo Norte. Destaca sus logros. Escribe o presenta tu discurso.

Propósito del autor/de la autora

- El **propósito del autor** es la razón que tienen los autores para escribir un texto.

- Entretener, informar, expresar y persuadir son algunos propósitos que se tiene para escribir un texto.

- Predecir el propósito del autor te ayuda a decidir si lees algo lentamente y con cuidado, o rápidamente para entretenerte.

Lee un fragmento de "El *Celeste*", por Jesús María Merino Agudo.

Escribe

1. ¿Cómo te ayuda la estructura del texto a averiguar el propósito del autor?

2. ¿Qué propósito o propósitos crees que tuvo el autor? Explica tu respuesta.

3. ¿Cómo se siente el *Celeste* al despertarse? ¿Qué aprendiste sobre los barcos al leer?

El *Celeste*

por Jesús María Merino Agudo

En la oscuridad de la noche recobró el ánimo el *Celeste*. Una vez que había expulsado todas sus aguas por el boquete abierto en su quilla y por los múltiples arañazos de sus costados.

Los ojos de sus escotillas de proa y de popa se iluminaron con la sonrisa parpadeante que le llegaba de las estrellas.

Al sentirse vivo se le puso la piel de su madera como carne de gallina, y notó la humedad en su base externa y el oreo en los flancos del calado, que es la zona sumergible desde la línea de flotación.

Flotar: surcar los ríos, el mar, el océano, con los pies nadando y manteniendo el tronco fuera del agua.

¡Flotar!

Tenía presente ahora el *Celeste* que sus bajos fondos se habían inundado, que se había asustado mucho cuando las olas alcanzaron la cubierta principal, e incluso que había sufrido un vértigo.

¿Qué pasó después? Por más esfuerzos que hacía por recordar, ningún otro dato le llegaba a su cerebro.

Pero ¡y qué importaba, si él, ahora, allí, continuaba vivo!

OJO A LO QUE VIENE

El Capitán

Dale un vistazo previo a *El Capitán* y predice el propósito de la autora. ¿Qué claves te ayudaron a hacer tu predicción? Después de leer, mira cuánto se acercó tu predicción a lo que ocurre en el cuento.

Vocabulario

Palabras nuevas

acompasado	entusiasta
extirpan	fragata
popa	proa

Muchas palabras tienen más de un significado. Para averiguar cuál es el significado que se usa, busca claves en el párrafo o en las oraciones cercanas.

Lee el siguiente párrafo, prestando especial atención a lo que significa en conjunto. Decide si *fragata* significa "una clase de ave" o "una clase de barco".

Capi Núñez

El señor Núñez es el encargado de una vieja fragata que flota en el puerto para el disfrute de curiosos y visitantes. Como todos los marineros, es un entusiasta de la limpieza, así que el barco brilla desde la proa hasta la popa. Cuando al Capi Núñez (como le llaman cariñosamente) le anunciaron el retiro, se sintió como a quien le extirpan el corazón. Pero enseguida le ofrecieron este trabajo. Ahora vive feliz, durmiendo en su camarote al vaivén acompasado de las olas.

En tus palabras

Imagina que eres parte de la tripulación de un barco. Cuenta tu rutina diaria usando palabras del vocabulario.

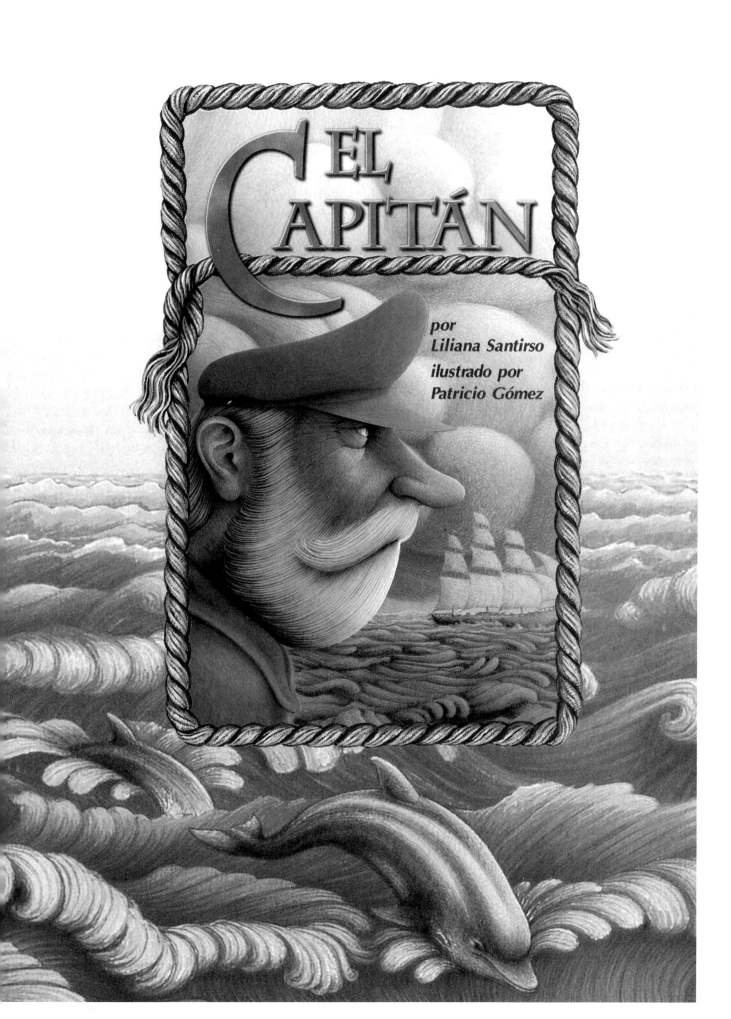

EL CAPITÁN

por
Liliana Santirso

ilustrado por
Patricio Gómez

518

"S"ebastián" se leía en el casco de la nave que se mecía en altamar. Era un barco que llevaba prendidas de fuertes sogas unas sábanas gigantescas para atrapar el viento. Un barco perezoso como todas las fragatas, que sólo se mueven cuando las empujan las fuertes ráfagas marinas.

Pero también, como todas las fragatas, podía convertirse en una enorme flecha disparada sobre las aguas cuando se aliaba con el viento.

En la fragata *"Sebastián"* había, por supuesto, a la cabeza de la tripulación, un viejo Capitán.

El Capitán era un niño cuando lo subieron a la fragata. El niño se hizo grumete y después de pasar muchas tormentas se volvió marinero.

Lo nombraron timonel cuando en cubierta se oyó el primer crujido. El barco estaba envejeciendo.

Y un día, cuando los crujidos fueron muchos, ya que las maderas tenían tantos hoyos como familias de ratones albergaba la bodega, sólo un hombre pudo izar las velas, rasgadas y cosidas infinitas veces, para encontrar el viento.

Ese hombre, desde ese día, fue el Capitán.

Nadie recordaba cuándo había sucedido exactamente porque es difícil pensar que, tanto los barcos viejos como las personas mayores, alguna vez fueron jóvenes.

Parecía que desde siempre, el Capitán y la fragata eran una sola cosa. Si el viento del norte anunciaba la borrasca, el viejo Capitán corría a amarrar las velas, se aferraba al timón y cantaba, como en las horas de máxima alegría, los cantares flamencos de su tierra andaluza.

Cuanto más arreciaba la tormenta, más fuerte se oía su voz entre los bramidos del viento:

—¡Olé por tu gracia! ¡Olé por tu gracia, "Sebastiana"!

Aquello de "Sebastiana" era un secreto entre tres: sólo el mar, la fragata y el Capitán lo conocían.

Cuando hablaba con la nave, que era muy seguido, dejaba escapar el secreto, tomando la precaución de que no estuvieran cerca alguno de los tres marineros que quedaban, o el malhumorado cocinero. Entonces se soltaba en medio de las furias marinas a darle ánimos a la "Sebastiana".

Le cantaba y le hablaba con tan tierna galanura que seguramente algo debía de estremecerse en el atornillado interior de la fragata, porque era el asombro de los curiosos que un barco tan antiguo y tan frágil pudiera seguir aventurándose en alta mar y regresar a puerto sin novedad.

—¡Guapa! ¡Tú sí que eres guapa, "Sebastiana"! —decía el Capitán, tan convincente que más de una vez alguna sirena extraviada en la tormenta llegó a oírlo y recobró fuerzas para seguir su viaje, pensando que la habían reconocido.

(Y es que todas las sirenas se sueñan guapas.)

Cuando el mar recobraba la calma, el Capitán hacía un tremendo esfuerzo para soltar el timón que llevaba incrustado en el pecho, por haberlo abrazado intensamente durante muchas horas, y caía redondo sobre la cubierta dejándose acariciar por el sol que siempre brilla después de la borrasca.

Entonces decía con voz agotada:

—Eres de fierro, muchacha. Te portaste como las buenas. Ya te quisieran imitar esas barcazotas nuevas que se hunden al primer relámpago.

Y se dormía después de horas tan tremendas. Porque la fragata comenzaba a moverse como una inmensa mecedora: suave, suave...

Tan acompasado era el movimiento, que hasta el seriesísimo cocinero se meneaba sobre su pata de palo cantando:

La mar estaba serena, serena estaba la mar...

Una tarde, el barco estaba anclado en un puerto ruidoso como todos los puertos. Era la hora del descanso. El Capitán peinaba su larga y sedosa barba sentado sobre un rollo de soga en cubierta cuando, de improviso, llegó una voz. Una voz ruda y despiadada, con un argumento lleno de números, cifras y nombres que pronunciaba con frialdad y reverencia.

Una voz que detuvo la tarde y dejó el cepillo inmóvil a mitad de la barba; a los ratones con los bigotes tiesos de terror; al cuchillo del cocinero paralizado en el aire sobre una enorme cebolla y a los tres marineros pegados como estampillas en el rincón desde donde espiaban.

Una voz que conmovió hasta el ancla de la *"Sebastiana"*.

El Capitán la oyó y se perdió en el laberinto de números y nombres, pero entendió una frase, que lo obligó a ponerse a destrenzar la soga para ocultar sus lágrimas.

—De baja —decía la voz entre tantas palabras inútiles.

—La fragata *"Sebastián"* se da de baja. De baja.

Entonces el recuerdo de un lugar terrible apretó el flamenco corazón del Capitán: el desmantelador.

La palabra siniestra le recorrió la espalda con un frío de muerte como no había sentido en la peor de las tormentas.

El desmantelador...

Era un lugar terrible, injusto. Se trataba en realidad de un cementerio despiadado. Un triste lugar donde se extirpan una a una, tabla a tabla, tuerca a tuerca, todas las partes de los barcos hasta dejar el esqueleto: un desolado dinosaurio que espera los últimos hachazos.

Y la voz hablaba. Decía algo de un hogar marino, que estaría seguramente lo más lejos posible del mar. Insistía en los tranquilos días de vejez. ¿Y qué sabría la voz de vejez, de mar, de borrascas y de fandango? ¿Y quién era la voz para decretar así, en un triste papel lleno de sellos, la muerte de la *"Sebastiana"*?

Como siempre sucede, la voz que vino se fue, y en su lugar comenzaron a acercarse al Capitán los pesados pasos de los tres marineros y un ritmo irregular, *toc-plaf,* anunciaba al adusto cocinero.

Entre todos rodearon al Capitán, que seguía destrenzando la soga con tal brío como si en ello le fuera la vida.

Y realmente se le iba...

El silencio los acompañó varias horas.

Cuando la soga quedó totalmente deshecha y la luna se escondía para no enterarse del triste cuadro que formaban aquellos hombres cabizbajos en cubierta, el Capitán levantó lentamente la cabeza.

Tomó el cepillo entre los dedos, siguió con la prolija tarea de alisar su barba, y comenzó a hablar. Su voz sonaba suave pero segura.

Sorpresivamente, un coro de cinco voces que se oían como cincuenta cortó el aire helado de la noche:

> *Esta no, esta noche es Nochebuena*
> *y mañá, y mañana es Navidad*
> *dame la, dame la mano María*
> *que lo va, que lo vamos a festejar.*

Hasta la destemplada voz del cocinero se levantaba casi bella, y su pata de palo era un espléndido tambor improvisado sobre el piso de la cubierta.

—¡Arboladura en candela!

—¡Alcen velamen!

—¡A barlovento!

De la proa a la popa la actividad era tal que los ratones se vieron obligados a recoger todo lo que se caía de las manos de los marineros por el apuro.

Esta no, esta noche es Nochebuena.

Y era Nochebuena a mediados de septiembre, por lo menos para la *"Sebastiana",* que se hizo a la mar con más vigor que nunca.

Quién sabe qué secreto le habría contado el Capitán con la boca pegada al palo mayor, que la vieja fragata corría más veloz que cualquier barco nuevo. Devoraba millas.

Hasta el viento se había hecho cómplice. Nunca tuvo la *"Sebastiana"* las velas más extendidas, ni el mar sobre su lomo una tripulación más entusiasta. Entre cantos y carreras la noche se fue rápidamente. Cuando el sol comenzó a entibiarlos, ya estaban en alta mar.

Así fueron quince días a todo viento. Hasta que una mañana, la causa de la alegría pudo divisarse desde el puente de mando.

El Capitán conocía las costas de todos los mares, y sabía de una particularmente bella, cálida, cubierta de arenas finísimas.

Pero era una costa peligrosa, cercada por amenazantes corales, montañas de roca hundidas en el mar, capaces de escorar un barco y hundirlo en segundos.

El Capitán se puso a la altura del importante momento. Vistió su uniforme de gala, sus guantes de gamuza y su pipa de carey.

Llegó al timón pausada y orgullosamente como correspondía a la circunstancia.

Lo tomó entre sus manos y después de hablarle en voz baja comenzó a cantar por soleares como en los mejores días.

Los marineros no podían ocultar su emoción, y por primera vez en sesenta años, el cocinero sonrió; aunque luego se sonó estrepitosamente la nariz, para que no lo descubrieran.

La *"Sebastiana"* esquivó los corales, más como un pez que como un barco, y rauda se dirigió con todo su peso sobre la playa.

—¡Ahora, guapa! Con todo, *"Sebastiana"* —gritó el Capitán.

Y la fragata hundió su proa en la arena.

Nadie podría atravesar esos corales e intentar arrebatársela. La *"Sebastiana"* no sería desmantelada. Había encallado para siempre.

Era para siempre suya.

Una enorme algarabía se desató en la cubierta.

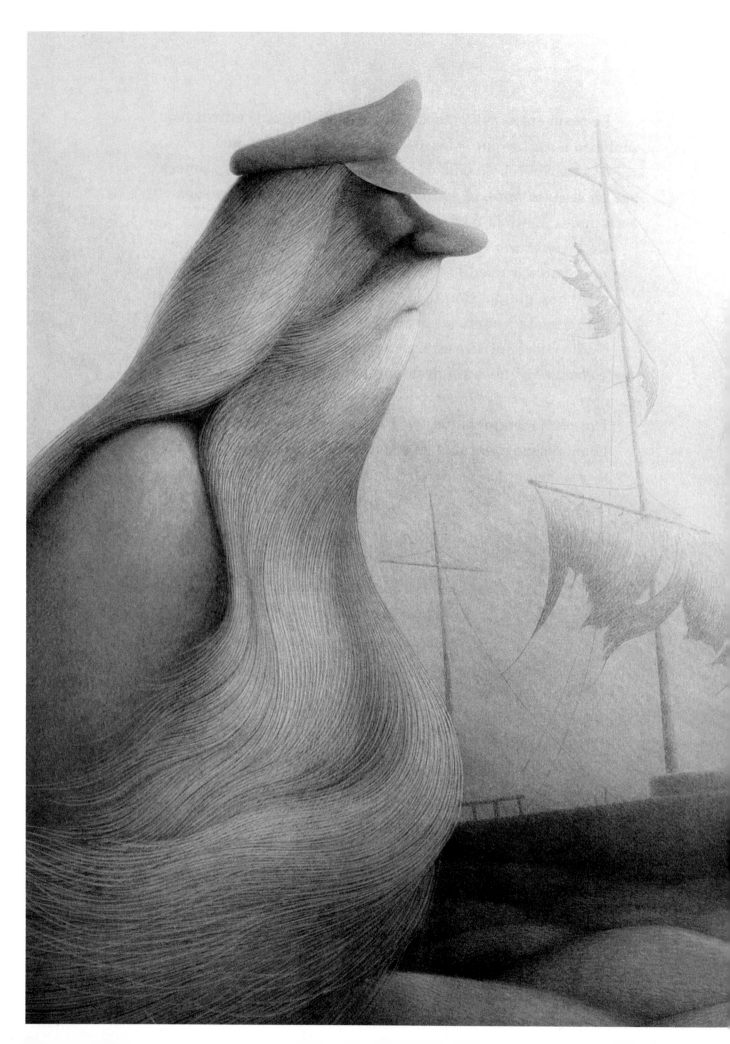

Desde hace mucho tiempo en una playa lejana, cuando el sol se escapa para dar paso a la noche, un increíble viejo de larguísimas barbas y gorra de marino se sienta sobre la arena con la espalda recostada en una antiquísima fragata y comienza a cantar con voz cascada.

Los pescadores hablan de un fantasma, pero cuando los ratones se asoman por la borda, corren a ponerse firmes de inmediato susurrando:

—Ha llegado el Capitán...

527

Conozcamos a la autora

LILIANA SANTIRSO

Liliana Santirso nació en la Argentina, pero hoy en día vive en México, donde además de ser escritora es dueña de una empresa editorial. En esta empresa edita y publica libros para niños. Durante su carrera ha trabajado como investigadora educativa y literaria en el Departamento de Educación Pública de México y ha sido profesora en la Universidad Autónoma de Veracruz. Liliana Santirso coordina programas para la promoción de la lectura y crea libros para niños con problemas físicos y mentales. La escritora suele decir que siempre deja las ventanas de su casa abiertas, para que así sus cuentos escapen y encuentren a los niños que están a su alrededor.

Reacción del lector

Si tuvieras la oportunidad, ¿te habrías ofrecido a trabajar en la tripulación del *"Sebastián"*? ¿Por qué?

Comprensión de lectura

1. ¿A qué clase de peligros crees que estaba expuesta la tripulación del *"Sebastián"* en sus viajes?

2. ¿Qué cualidades crees que ayudan al Capitán a ganarse el respeto y la lealtad de su tripulación?

3. Si fueras un miembro de la tripulación del *"Sebastián"*, ¿cómo describirías al cocinero? ¿Por qué?

4. Algunos de los **propósitos de la autora** para escribir *El Capitán* pueden haber sido entretener y expresar. Escribe una oración del cuento que dé un ejemplo de cada propósito.

5. ¿Cuál crees que haya sido el **propósito de la autora** al incluir en el cuento la canción de la página 523?

Dar un discurso

Imagina que eres un miembro de la tripulación del *"Sebastián"*. Planea un discurso en honor al Capitán describiendo su carácter y las cualidades que lo hacen singular.

Olas marinas

por Luci Cruz Wilson

Todos los líquidos y todos los gases se conocen como fluidos y están conformados por moléculas dispuestas en estructuras flexibles.

Los gases, como el aire, son ligeros, se mueven con facilidad y responden con rapidez a los cambios de temperatura. El calor los expande y el frío los comprime. En contraste, los líquidos, como el agua, son pesados, no se pueden comprimir y se calientan o enfrían con mayor lentitud.

Cuando el Sol calienta la Tierra el aire se expande y se pone en movimiento.

Cuando dos fluidos como el aire y el agua están en contacto, el primero se mueve con más rapidez y le pasa energía al otro. En el mar, cuando el viento sopla, "empuja" el agua superficial, le pasa energía y hace que se produzcan las ondulaciones que conocemos como olas.

Sin embargo, contrariamente a lo que tus ojos ven, el agua no viaja hacia donde se mueven las olas. Una ola es una deformación de la superficie del mar, como la ondulación que se produce en una sábana cuando tendemos la cama. Los científicos describen las olas de la forma siguiente:

La **cresta** es la parte más alta de la ola y el **valle** la más baja; la **altura** es la distancia del valle a la cresta. La **longitud** es la distancia entre dos crestas o valles consecutivos. Por último, el **periodo** es el tiempo que tardan en pasar por un lugar dos crestas o dos valles.

En la superficie el agua se mueve hacia arriba cuando llega la cresta de la ola, hacia adelante cuando pasa la cresta, hacia abajo cuando llega el valle de la ola y hacia atrás cuando pasa el valle. Es decir, si te encuentras flotando en la superficie del agua, el movimiento que describes es circular.

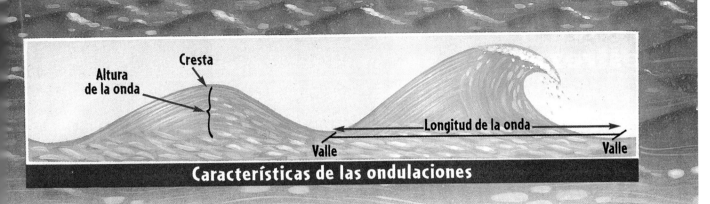

Altura de la onda

Cresta

Longitud de la onda

Valle

Valle

Características de las ondulaciones

Por debajo de la superficie, el agua tiene un movimiento similar que va desapareciendo con la profundidad, que es la mitad de la longitud de la ola, por ejemplo: si la longitud de una ola es de 10 metros, entonces el movimiento del agua es de 5 metros de profundidad. Pero, conforme la ola viaja y se acerca a las aguas poco profundas de la costa, el movimiento del agua se va haciendo ovalado o elipsoidal cerca del fondo. Ya en el fondo el agua sólo se mueve horizontalmente. Una vez que la ola llega a la orilla el agua que se está moviendo en elipses no alcanza a dar un giro completo, como que se "tropieza" consigo misma y cae. Al caer se rompe y el aire que queda atrapado provoca la espuma blanca que se observa desde la playa. El agua entonces retrocede hasta la llegada de otra ola que, con la energía que le proporcionó el viento a miles de kilómetros de allí, azota la orilla. Así, el proceso se repite infinitamente.

Movimiento elipsoidal de la ola

El tamaño de las olas depende de la fuerza y el tiempo durante el cual sopla el viento y de la distancia a la costa. A veces el clima de un sitio es el habitual, pero las olas son más grandes de lo normal o el mar está picado; los lugareños dicen entonces que hay "marejada". Esto significa que a grandes distancias hubo una tormenta y sus efectos llegaron a tierra.

Los navegantes y pescadores que se adentran en el mar, lejos de la costa, tienen una escala propia para saber si las condiciones son propicias para la navegación o no, de acuerdo con el tamaño de las olas; dicha escala va desde cero, si no hay viento y el agua parece espejo, hasta doce, cuando los vientos son huracanados y las olas alcanzan quince metros de altura.

Estructura del texto

- La **estructura del texto** es la manera en que se organiza un trabajo escrito. Hay dos clases principales de textos: los de ficción y los de no ficción.

- La ficción narra cuentos de personas y sucesos creados por un autor. A menudo los cuentos se organizan en el orden en que ocurren los sucesos.

- Los textos de no ficción tratan de personas y sucesos reales, o dan información sobre la vida real. Los textos informativos se pueden organizar por causa y efecto, problema y solución, o comparación y contraste.

Lee el artículo "Rocas de otros mundos", por John Kontakis.

En tus palabras

1. ¿Es el texto ficción o no ficción? ¿Cómo lo sabes?

2. Gran parte de este texto está organizado por comparación y contraste. Da ejemplos de esta organización y explícalos.

Rocas de otros mundos

por John Kontakis

Los meteoritos pueden parecer rocas cualquiera. Pero en realidad son pequeños trozos de asteroides, cometas, planetas y otros cuerpos celestes. Esos trozos de cuerpos celestes atraviesan nuestra atmósfera y caen sobre la superficie de la Tierra.

Constantemente entran a la atmósfera de la Tierra rocas espaciales. Pero la mayoría de ellas son tan pequeñas que se queman o se evaporan antes de alcanzar el suelo. Solamente unos quinientos meteoritos llegan a caer en la superficie de la Tierra cada año.

¿Cómo reconocen los buscadores de meteoritos la diferencia entre una roca espacial y una roca terrestre común? Ambas contienen los mismos tipos de materiales, pero los meteoritos contienen más metales que las rocas terrestres. Eso los hace más pesados. Algunos meteoritos tienen una capa vidriosa que se forma cuando se calientan en la atmósfera de la Tierra. Además, por lo general son aun más oscuros que las rocas más oscuras de la Tierra.

¿De qué sirve buscar meteoritos? Nos dan información acerca de los tipos de minerales que hay en el sistema solar. Además nos indican qué materiales flotaban en el espacio cuando se formó el sistema solar hace más de cuatro mil millones de años.

OJO A LO QUE VIENE

Sondas espaciales hacia los planetas

Lee sobre lo que descubren las sondas espaciales y fíjate en la forma en que la autora organiza la información.

Palabras nuevas

**asteroides   atmósfera   cráteres
increíbles   sondas**

Al leer, tal vez encuentres palabras que no conoces. Para averiguar su significado, busca claves en las oraciones cercanas.

Mira la manera en que se usa *atmósfera* en el siguiente párrafo. ¿Qué crees que significa *atmósfera*?

La atmósfera: Protección de los planetas

La atmósfera de los planetas está formada por una capa de gases. Esta capa evita que los asteroides y otros cuerpos extraños alcancen la superficie del planeta. Cuando un asteroide penetra la atmósfera terrestre, se enciende en llamas debido a la fricción. Así se forman las increíbles estrellas fugaces que vemos en noches despejadas. Pero a veces los asteroides chocan contra la superficie de un planeta. Entonces se forman cráteres, como los que revelan las fotos tomadas por cámaras que van en las sondas espaciales.

Dibuja

Dibuja un planeta real o imaginario y señala la atmósfera, explicando una de sus funciones. Usa palabras del vocabulario.

SONDAS ESPACIALES HACIA LOS PLANETAS

POR FAY ROBINSON

Mariner 5

¿Alguna vez has querido visitar otro planeta? Desde que se descubrieron otros planetas, los habitantes de la Tierra han soñado con visitarlos. Pero los planetas son o muy calientes o muy fríos, y están muy lejos. Hasta que los científicos no sepan más acerca de los planetas, un viaje exploratorio sería peligroso.

Sin embargo, hemos aprendido mucho acerca de los planetas, en parte gracias a las sondas espaciales. Éstas son naves espaciales que no llevan personas. Con la ayuda de computadoras y de señales de radio, viajan a los planetas por sí solas.

La Tierra, el planeta en el que vivimos, es uno de los nueve planetas que giran en torno al Sol. Los nueve planetas son Mercurio, Venus, Tierra, Marte, Júpiter, Saturno, Urano, Neptuno y Plutón. La mayoría de ellos tiene lunas que viajan a su lado. Otros objetos

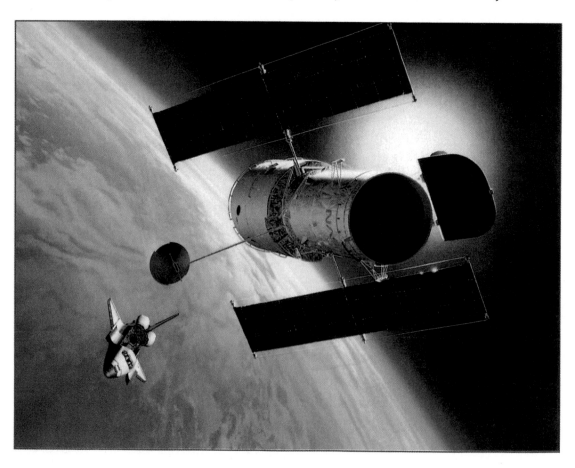

*Satélite orbital
Pioneer*

rocosos llamados meteoritos y asteroides giran también en torno al Sol, entre los planetas. El Sol con todos los planetas y objetos que giran en torno a él forman lo que se llama el Sistema Solar.

Las sondas espaciales han volado cerca de todos los planetas, con la excepción de Plutón, y algunas han aterrizado en Venus y en Marte. Todos los planetas están muy lejos de la Tierra, tan lejos que las sondas espaciales demoran tres meses en llegar al planeta más cercano y doce años en llegar al más lejano.

Las sondas espaciales han recopilado mucha información acerca de la atmósfera, las temperaturas, las lunas y otros aspectos de cada planeta. Pero la información más interesante la proporcionan las imágenes que tomaron. Cuando las sondas espaciales se acercaron a los planetas, los científicos descubrieron cosas increíbles.

Mercurio   Venus   Tierra   Marte   Júpiter   Saturno   Urano   Neptuno Plutón

Mercurio, el planeta más cercano al Sol, está cubierto de agujeros circulares llamados cráteres. Las imágenes de una sonda espacial mostraron que Mercurio tiene más cráteres en relación a su tamaño que cualquier otro planeta. Los cráteres se formaron al estrellarse millones de rocas o meteoritos grandes contra la superficie de Mercurio hace mucho tiempo.

Mercurio también tiene lomas largas que parecen arrugas. Los científicos creen que Mercurio se encogió después de formarse y su superficie se arrugó, de la misma manera en que se arrugan las uvas cuando se secan y se encogen para convertirse en pasas.

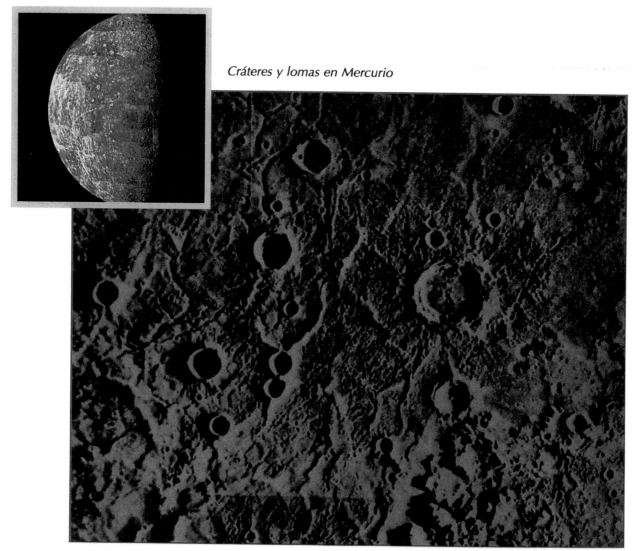

Cráteres y lomas en Mercurio

:urio Venus   Tierra   Marte   Júpiter   Saturno   Urano   Neptuno Plutón

Venus, el segundo planeta a partir del Sol, está envuelto en nubes arremolinadas. Aunque Venus no es el planeta más cercano al Sol, sí es el más caliente. Tiene nubes muy gruesas y pesadas que actúan como una manta, atrapando el calor. Potentes descargas eléctricas resplandecen entre las nubes constantemente.

Venus es tan caliente que cuando las sondas espaciales aterrizaron en la superficie del planeta, se les derritieron las piezas. Para saber más acerca de Venus sin echar a perder más sondas espaciales, los científicos desarrollaron una manera de obtener imágenes a través de las nubes. Estas imágenes muestran manchas, grietas y lugares en donde la roca derretida se ha desplazado sobre la superficie para crear formaciones raras.

Venus con su capa de nubes

Venus por debajo de su capa de nubes

Imagen de la superficie de Venus, hecha por un artista

Mercurio Venus | Tierra | Marte Júpiter Saturno Urano Neptuno Plutón

La **Tierra** es el tercer planeta a partir del Sol y es el planeta en que vivimos. Desde muy lejos, en el espacio, vemos océanos azules, tierra color café y nubes blancas. Las imágenes de acercamiento muestran nuestros bosques, montañas, ríos y mares.

La Tierra es el único planeta en el que abunda el agua. Como las plantas y los animales necesitan agua para vivir, la Tierra es el único planeta del Sistema Solar con vida animal y vegetal. De hecho, los científicos creen que es el único planeta del Sistema Solar que contiene vida de cualquier tipo. La Tierra también cuenta con la temperatura perfecta para los seres humanos. Los demás planetas serían demasiado calientes o demasiado helados para nosotros, a menos que usáramos trajes espaciales adecuados.

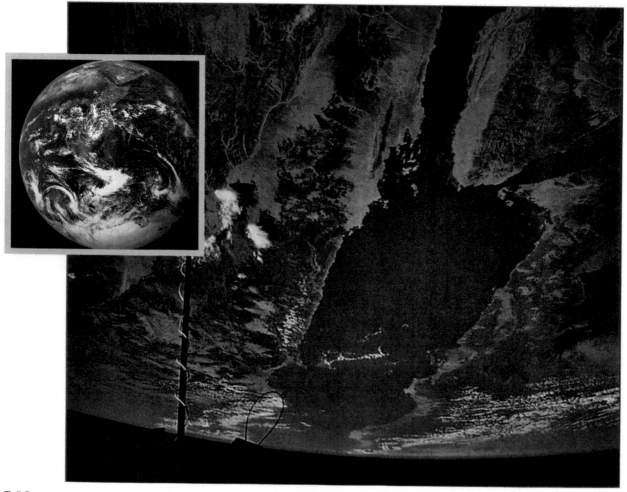

A **Marte,** el cuarto planeta a partir del Sol, se le llama el Planeta
Rojo debido a su color rojo anaranjado.

Una sonda espacial llegó a la superficie de Marte en 1997.
Las primeras fotografías mostraban tantas rocas, que un científico
lo llamó un "festival de rocas". Los científicos les dieron a las rocas
nombres de personajes de libros y tiras cómicas, como Pooh, Yogi,
Calvin y Hobbes.

Un vehículo parecido a un robot salió de la sonda espacial
para explorar el planeta. A la velocidad de una tortuga, el vehículo
estudió las rocas y el suelo de Marte. Los científicos descubrieron
que las rocas de Marte se parecen mucho a las de la Tierra y que, al
igual que nuestro planeta, Marte tenía antes un clima más templado
y mucha agua. Aunque ahora no hay vida conocida en Marte, cabe
la posibilidad de que la haya habido hace mucho tiempo. Los
científicos todavía están tratando de determinarlo.

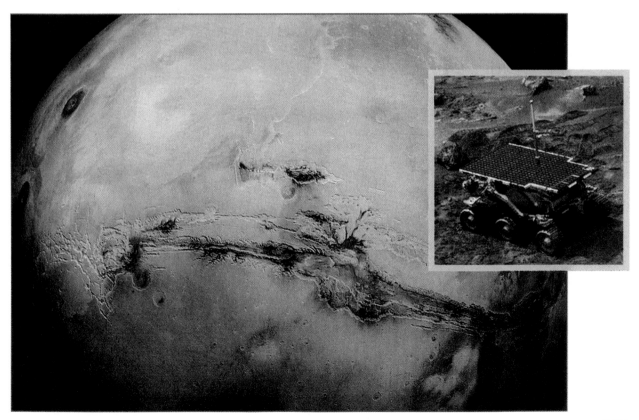

Mercurio Venus   Tierra   Marte   Júpiter   Saturno   Urano   Neptuno Plutón

Júpiter es el quinto planeta a partir del Sol, y el más grande. Si pusieras once planetas Tierra en fila por el centro de Júpiter, uno al lado del otro, no llegarían ni a la mitad.

En Júpiter hay enormes tormentas de viento. Una de las tormentas, llamada la Gran Mancha Roja, es un huracán tres veces más grande que el planeta Tierra.

Los científicos sabían que Júpiter tenía muchos colores, pero al revisar las imágenes tomadas por las sondas espaciales, se sorprendieron. Nadie sabía que los colores formaban diseños tan hermosos.

Los colores de Júpiter son los de diferentes tipos de nubes. Las nubes forman franjas porque Júpiter gira muy rápidamente; tan rápido, que las nubes se estiran y quedan en esa posición. Todos los planetas giran, pero Júpiter es el que gira más rápido.

La Gran Mancha Roja de Júpiter

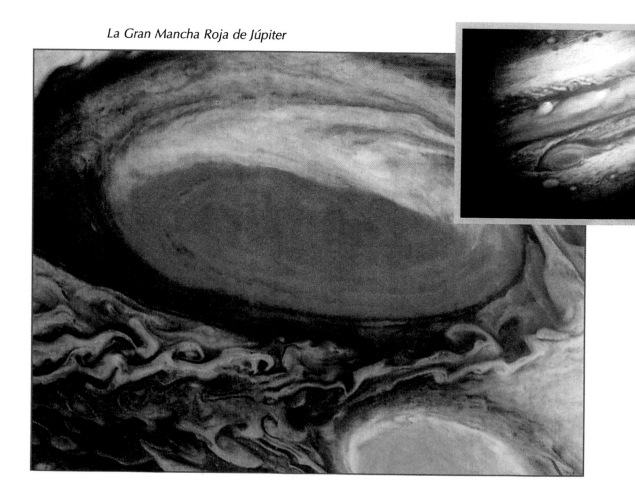

curio Venus   Tierra   Marte   Júpiter   Saturno   Urano   Neptuno Plutón

     Saturno, el sexto planeta a partir del Sol, está rodeado de espectaculares anillos. Las imágenes de las sondas espaciales mostraron miles de anillos delgados alrededor de Saturno, cada uno con su propia trayectoria. Hay otros tres planetas con anillos, pero ninguno tiene tantos como Saturno.

     Los anillos están formados por trozos de hielo y rocas congeladas. La mayoría de los trozos son del tamaño de un cubito de hielo, pero algunos son tan pequeños como un grano de arena y otros son tan grandes como una casa. Las sondas espaciales también descubrieron que Saturno tiene por lo menos dieciocho lunas, más que ningún otro planeta.

	Cantidad de lunas	Cantidad de anillos
Mercurio	0	0
Venus	0	0
Tierra	1	0
Marte	2	0
Júpiter	16	1
Saturno	por lo menos 18	miles
Urano	15	11
Neptuno	8	5
Plutón	1	0

Mercurio Venus   Tierra   Marte   Júpiter   Saturno   **Urano**   Neptuno Plutón

Urano, el séptimo planeta a partir del Sol, tiene un resplandor nebuloso. Cuando comenzaron a llegar imágenes de Urano desde una sonda espacial, los científicos se desilusionaron porque no había manchas, franjas ni diseños. Un científico pensó que Urano parecía una "pelota de tenis peludita y azul".

Urano tiene anillos que lo rodean verticalmente, en vez de horizontalmente. Esto ocurre porque Urano está inclinado. Algunos científicos creen que un planeta u otro objeto enorme pudo haberse estrellado contra Urano, tumbándolo.

Urano y sus anillos

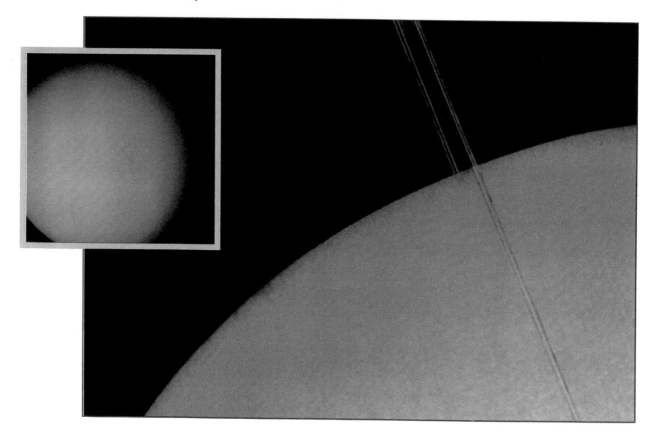

Mercurio Venus   Tierra   Marte   Júpiter   Saturno   Urano   Neptuno Plutón

Neptuno, el octavo planeta a partir del Sol, es de color azul
oscuro. Una sonda espacial captó imágenes de nubes blancas que
se movían velozmente alrededor del planeta. Una de estas nubes
se movía tan rápido que los científicos la llamaron "Motoneta". Los
científicos descubrieron que los fuertes vientos de Neptuno impulsan
algunas nubes a velocidades de setecientas millas por hora, más
rápido que un avión.

Neptuno también tiene tormentas enormes como las de Júpiter.
Los científicos llamaron a la más grande la Gran Mancha Oscura. Esa
tormenta es tan grande como el planeta Tierra. Algunos científicos
creen que en el centro de Neptuno puede haber diamante puro,
formado por una mezcla particular de calor, presión y gases.

La Gran Mancha Oscura y la Motoneta de Neptuno

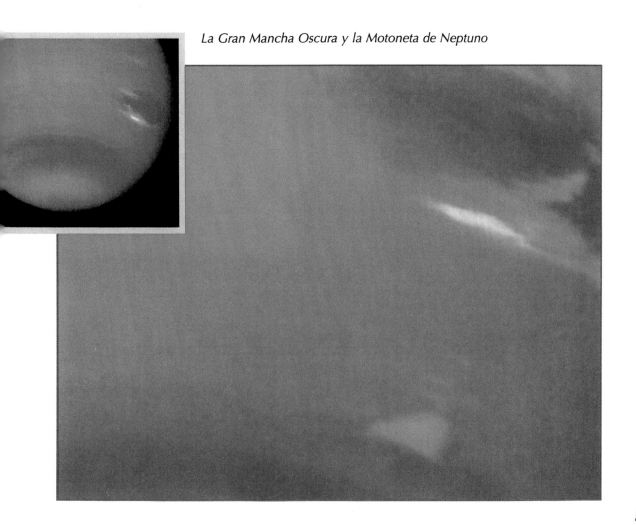

Mercurio Venus   Tierra   Marte   Júpiter   Saturno   Urano Neptuno Plutón

Actualmente (y casi siempre) **Plutón** es el noveno planeta a partir del Sol. Pero como la trayectoria de Plutón tiene una forma diferente, está más cerca del Sol que Neptuno en parte de su órbita. Plutón está tan lejos del Sol, que le toma 248 años terrestres dar una sola vuelta alrededor del Sol.

Plutón es el único planeta que no ha sido explorado por una sonda espacial. Los científicos sabrán mucho más cuando una sonda espacial se le aproxime, pero por ahora tienen imágenes tomadas a través de un telescopio.

Plutón tiene una luna que mide la mitad de lo que mide el planeta mismo, por lo que algunos científicos ven a Plutón como un planeta doble. Es el planeta más pequeño y está tan lejos del Sol que es probable que esté totalmente congelado.

Esta pintura representa el aspecto que podrían tener Plutón y su luna.

¿Qué sucedió con las sondas espaciales que viajaron a los planetas? Permanecieron en el espacio. Las sondas que llegaron a las superficies de Marte y Venus aún están allí. Las sondas que le dieron vueltas a Marte, Venus y Mercurio aún lo están haciendo. Y las sondas que volaron más allá de los demás planetas se siguen alejando cada vez más por el espacio.

Es posible que algún día lleguen a otros sistemas solares. Para entonces estarán muy lejos y no podrán enviar más fotografías ni información. Pero si algún ser viviente se encuentra esas sondas espaciales, podrá aprender acerca de nosotros. Dos de las sondas espaciales llevan una grabación que reproduce sonidos de la Tierra: voces de personas que dicen "hola" en diferentes idiomas, los sonidos de las ballenas, ranas, latidos del corazón y tormentas.

Mientras tanto, los científicos estudian la información recolectada por las sondas espaciales. Están enviando nuevas sondas espaciales a los planetas para aprender más. Algún día no muy lejano, es posible que podamos visitar otro planeta. Necesitaremos toda la información recopilada por las sondas espaciales.

En este disco se grabaron sonidos de la Tierra.

Algo más sobre las sondas espaciales

¿Cómo llegan las sondas espaciales a los planetas?

Las sondas espaciales se envían en cohetes o transbordadores espaciales. Estos vehículos de lanzamiento transportan las sondas hasta más allá de la atmósfera de la Tierra, para impulsarlas después rumbo a los planetas.

¿Cómo "saben" las sondas espaciales lo que tienen que hacer?

Las sondas espaciales son operadas por computadoras. Las computadoras actúan como cerebros que reciben instrucciones de los científicos por medio de computadoras situadas en la Tierra.

¿Cómo obtienen los científicos las imágenes desde las sondas?

Las sondas llevan cámaras especiales. Esas cámaras no usan película como las cámaras que has visto. Envían imágenes a las computadoras de la Tierra mediante señales eléctricas, igual a como llegan las imágenes de televisión por el aire hasta tu aparato de televisión. Luego los científicos transforman las imágenes de computadora en fotografías.

Conozcamos a la autora
FAY ROBINSON

"Recuerdo muy bien mi infancia, a diferencia de mucha gente que conozco", dice Fay Robinson. "Creo que ésa es una de las razones por las que escribo para niños. Todavía recuerdo lo que quería hacer y lo que me gustaba aprender. Cuando escribo un libro de no ficción, escojo entre los intereses que tuve en mi infancia".

Fay Robinson siempre se ha interesado por la ciencia y a veces se pregunta por qué no se hizo científica. Muchos de sus libros tratan de temas científicos.

Coméntalo

Si pudieras visitar uno de los planetas, ¿cuál escogerías? ¿Qué planeta evitarías? Explica tus preferencias.

Comprensión de lectura

1. ¿Cuál es el propósito de las sondas espaciales? ¿Qué les ocurre a las sondas espaciales cuando terminan su misión?

2. Imagina que vas a enviar un mensaje acerca de nuestro sistema solar a otro sistema solar. ¿Qué te asegurarías de decir? ¿Por qué?

3. Imagina que estás en Marte. ¿Qué verías?

4. ¿Cómo está organizado este texto de no ficción? Fíjate en el orden en que se presenta los planetas, y describe la **estructura del texto.**

5. Fíjate en la **estructura del texto.** ¿Cuáles son los dos lugares donde la autora da información sobre las sondas espaciales en sí mismas? ¿Por qué escoge esos dos lugares?

Pinta o haz un dibujo

Pinta o haz un dibujo de tu planeta preferido, o de alguno que te interese. Usa los colores descritos en el texto. Luego, prepara tarjetas con algunos datos acerca de ese planeta. Puedes usar la información de este libro o buscar información adicional en enciclopedias o en la Internet.

Cantar de Jipijapa

por Julia Calzadilla

Iba Jipijapa
jipijapapeando
en una barcaza
de remos muy largos.

Iba por el río,
Aguarico ancho,
con velitas blancas,
jipijapapeando.

Sombrero de paja
sentado al timón,
nave navegando
por el Ecuador.

Por el ancho río
va el barco velero,
por el Aguarico,
jipijacontento.

México

por Alma Flor Ada

De México vinieron
mis abuelos.
A México regresaron
mis padres.
Con ir a México
sueño yo.
Y tú,
¿con qué sueñas?

XXIX

por Antonio Machado

Caminante, son tus huellas
el camino, y nada más;
caminante, no hay camino,
se hace camino al andar.
Al andar se hace camino,
y al volver la vista atrás
se ve la senda que nunca
se ha de volver a pisar.
Caminante, no hay camino,
sino estelas en la mar.

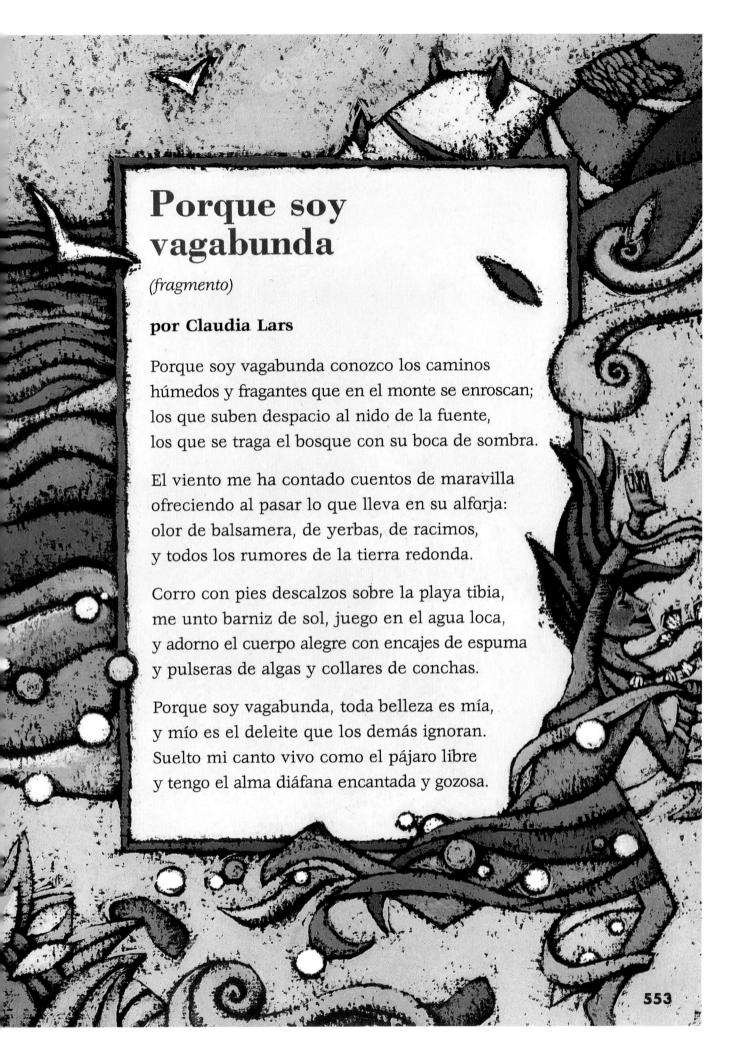

Porque soy vagabunda

(fragmento)

por Claudia Lars

Porque soy vagabunda conozco los caminos
húmedos y fragantes que en el monte se enroscan;
los que suben despacio al nido de la fuente,
los que se traga el bosque con su boca de sombra.

El viento me ha contado cuentos de maravilla
ofreciendo al pasar lo que lleva en su alforja:
olor de balsamera, de yerbas, de racimos,
y todos los rumores de la tierra redonda.

Corro con pies descalzos sobre la playa tibia,
me unto barniz de sol, juego en el agua loca,
y adorno el cuerpo alegre con encajes de espuma
y pulseras de algas y collares de conchas.

Porque soy vagabunda, toda belleza es mía,
y mío es el deleite que los demás ignoran.
Suelto mi canto vivo como el pájaro libre
y tengo el alma diáfana encantada y gozosa.

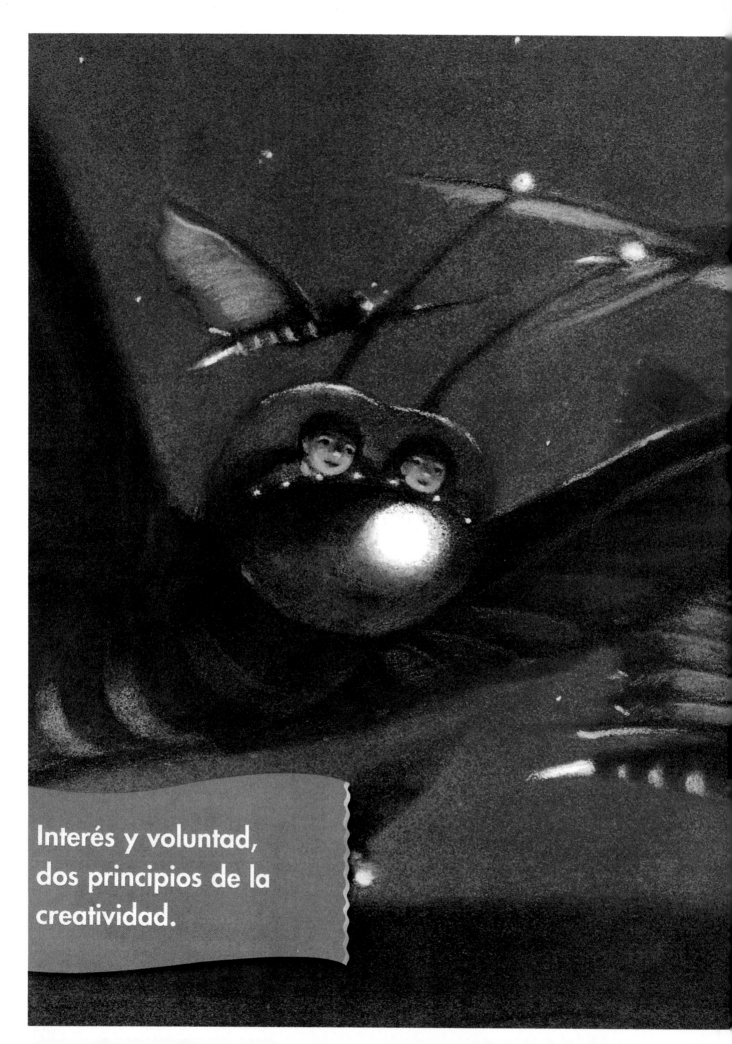

Interés y voluntad,
dos principios de la
creatividad.

¡Exprésate!

¿De cuántas formas expresamos la creatividad?

Visualizar

- **Visualizar** quiere decir formarte una imagen mental mientras lees.

- Para visualizar, busca detalles que digan el aspecto, el olor, el sonido y el gusto de las cosas, así como la sensación que producen.

- Agrega lo que sabes por experiencia propia para formarte una imagen mental aun más clara.

- Si no puedes visualizar una escena, vuelve a leer o lee más despacio para encontrar detalles.

Lee "Semillas", por Linda Montijo.

En tus palabras

1. ¿Qué palabras de "Semillas" van dirigidas a tu sentido de la vista? ¿Y del tacto? ¿Y del gusto?

2. Los ilustradores usan las palabras de los cuentos y su imaginación para obtener ideas para sus dibujos. Si fueras a ilustrar la primera escena de "Semillas", ¿qué cosas tendrían que estar en el dibujo y cuáles te imaginarías?

Semillas

por Linda Montijo

El sol nos lame como una gata, dejando nuestra piel tibia y levemente húmeda. Paco y yo estamos sentados en el borde de la acera, cada uno sosteniendo una sonriente tajada de sandía. Existen ciertas normas de etiqueta para comer sandía en el borde de la acera. Paco tiene diez años y ha adquirido mucha experiencia en este tipo de cosas. Yo sólo tengo siete y tres cuartos, pero Paco dice que de todas maneras no lo hago mal. Dice que presto atención y aprendo con bastante rapidez para ser una niña. Ahora me concentro y hago lo posible para que mis movimientos sean exactamente iguales a los de él: las rodillas separadas, los codos apoyados en las rodillas. Los brazos inmóviles, los antebrazos dirigidos hacia el rostro. Las manos juntas, justamente en el centro de la tajada. Los dedos sujetando firmemente, pero sin extenderse más allá del borde blanco que separa la cáscara verde de la fruta roja. Luego se empieza a comer.

—No te olvides de guardar las semillas.

Paco escupe hábilmente tres semillas en la mano y se las mete en el bolsillo. Yo trato de hacer lo mismo. El jugo dulce se me escurre por la barbilla y me veo obligada a limpiármelo con el dorso de la mano antes de depositar mis semillas.

Realmente no tendría sentido hacer un concurso de escupitajos a distancia. Paco ganaría. Él gana en todo, no sólo en el béisbol y en ese tipo de cosas, sino en todo. Como cuando su papá se enfermó y Paco pensó que necesitaba buscarse un trabajo. ¿Qué niño de nueve años se busca un trabajo de verdad, que no sea cortar el césped o pasear perros? Bueno, Paco lo consiguió: de alguna manera convenció al señor Caparelli de que lo dejara trabajar en el puesto de sándwiches tres o cuatro horas al día después de las clases. Barre y limpia la vitrina del puesto de sándwiches y hace cualquier cosa que necesite el señor Caparelli.

OJO A LO QUE VIENE

El primo de Koya DeLaney

La comunidad de Koya DeLaney se entusiasma con la llegada del primo de Koya, un famoso músico de rock que viene a dar un concierto. Lee y trata de visualizar cada escena.

557

Vocabulario

Palabras nuevas

aplauso   auditorio
autógrafos   imitación
micrófonos   recitales
titular

Al leer, es posible que encuentres palabras desconocidas. Busca claves en las oraciones cercanas para averiguar el significado de una palabra desconocida.

Mira cómo se usa *micrófonos* en el siguiente párrafo. Busca una explicación de su significado en la oración. ¿Qué crees que significa *micrófonos?*

Una noche inolvidable

Me emocioné mucho cuando llegué al auditorio de la escuela de música para ver a mis artistas favoritos en persona. Son un grupo único, y no hay imitación que valga. Siempre me emocionan los recitales. Los músicos salieron de repente y estalló el aplauso. Fue difícil oírlos cantar, a pesar de que tenían micrófonos, por el estruendo del público. Después del concierto, todos los miembros del grupo me dieron sus autógrafos. Ya imaginaba el titular en el periódico escolar: ¡Concierto fenomenal en la escuela!

Escribe

Escribe una reseña del concierto usando palabras del vocabulario.

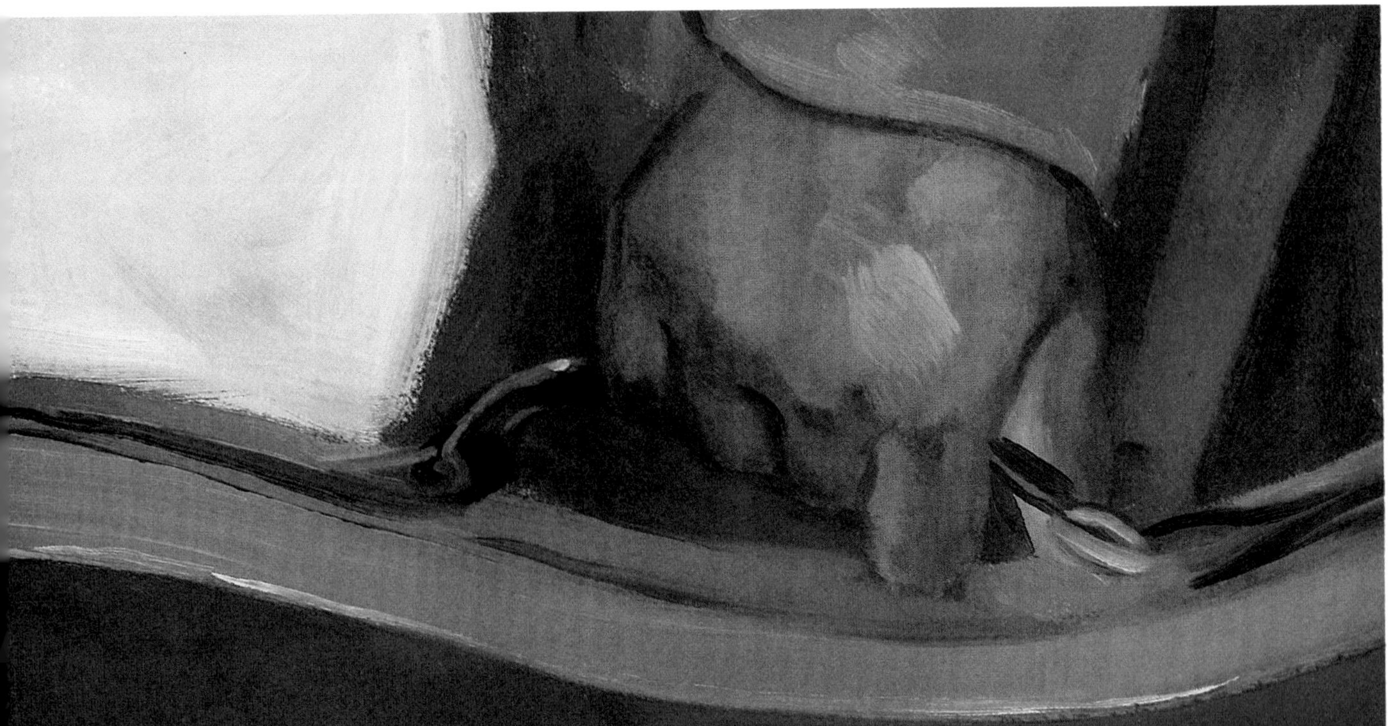

El primo de Koya DeLaney

por Eloise Greenfield • ilustrado por Tyrone Geter

Todos los miembros de la familia de Koya están muy entusiasmados. Delbert DeLaney hijo, primo de Koya y una gran estrella de rock, vendrá de visita. Se quedará en casa de la familia y dará un concierto en la escuela de Koya.

559

A las 7:21, Koya y su familia estaban en el aeropuerto, sin apartar la vista de la puerta 6 y esperando que apareciera Delbert.

Koya y Loritha lo vieron al mismo tiempo: un joven de mediana estatura que se parecía mucho a su padre. Vestía jeans azules descoloridos y una chaqueta que hacía juego con ellos.

—Allí está —dijo Loritha.

—¡Ahí está Delbert! —dijo Koya, señalándolo. Su madre le hizo bajar el brazo suavemente, pero ya era demasiado tarde: un señor y una señora que esperaban en la puerta se habían vuelto a mirar.

—¿Es alguien famoso? —oyó Koya que el señor preguntaba.

—Me parece conocido —respondió la señora, y le tocó el hombro al joven que estaba parado a su lado.

—Disculpa, ¿sabes quién es ése? —le dijo, señalando a Delbert.

El joven miró a Delbert y después a la señora como si estuviera loca.

—¡Es Del! —dijo y fue corriendo hacia Delbert, le agarró la mano y se la estrechó con fuerza sin soltarla.

—¡Del! —exclamó—. ¡Tu disco es lo mejor de lo mejor!

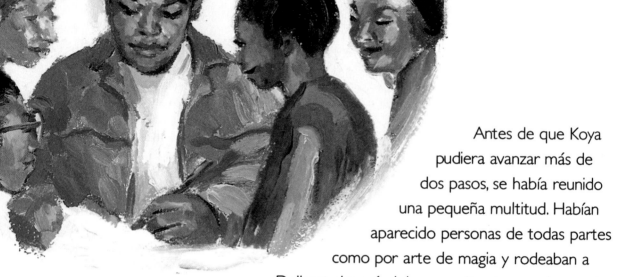

Antes de que Koya pudiera avanzar más de dos pasos, se había reunido una pequeña multitud. Habían aparecido personas de todas partes como por arte de magia y rodeaban a Delbert alcanzándole pequeños trozos de papel que se habían sacado de los bolsillos y las carteras para que él los firmara. Delbert se tomó su tiempo para conversar con cada uno y Koya se dio cuenta de que lo disfrutaba.

—Mejor esperamos aquí hasta que termine —dijo el señor DeLaney, que también lo disfrutaba. Incluso a Koya, a pesar de su impaciencia, le encantaba ver a su primo firmando autógrafos.

El último fanático, un adolescente, quería que su madre le tomara una foto estrechando la mano de Delbert y, tan pronto como se fueron, Koya corrió a abrazar a Delbert.

—¡Eso sí que estuvo fuerte! —dijo—. Debí haber traído mi cámara.

—Vámonos ya —dijo la señora DeLaney—, antes de que alguien más te reconozca. Más tarde me darás el abrazo que me toca.

El señor DeLaney tomó el pequeño maletín negro y caminaron hacia la salida: —¿Éste es todo tu equipaje? —preguntó.

—No puede ser —dijo Koya—. ¿Cómo podría Del meter cuarenta y dos trompetas y cincuenta saxofones en ese pequeño maletín?

Delbert se rio y le pasó el brazo por los hombros a Koya.

—Ya quisiera yo tener tantos como dices, primita —dijo—. No, Sherita vendrá mañana en la camioneta con la banda y con el resto de las cosas. Me vine un día antes, para poder pasar más tiempo con ustedes.

Puso énfasis en la palabra *camioneta* y miró a Loritha, riéndose al pronunciarla. Todos recordaron la vez hace algunos años en que visitaban a Delbert y a sus abuelos y Loritha se había escondido en la camioneta, con la esperanza de acompañar al grupo de viaje.

Loritha fingió no entender el chiste: —¿Por qué me miran a mí? —preguntó.

—La aventura de la camioneta —dijo Koya—. ¿Verdad, Delbert?

Le ofreció la palma de la mano y Delbert le dio dos palmadas.

Después de la cena, la familia se reunió en la sala para escuchar una cinta del próximo álbum de Delbert. La había traído de regalo.

—No saldrá hasta el verano —dijo.

Se levantó y empezó a bailar.

—Es el furor en la gran ciudad.

Koya le lanzó una mirada a su madre y se sorprendió al ver que sonreía. Nunca las dejaba bailar en la alfombra y cuando las sorprendía haciéndolo, señalaba el sótano y ellas sabían que debían bajar a la sala de juegos o lo lamentarían.

—Vengan —les dijo Delbert a Koya y Loritha—, les voy a enseñar cómo se hace.

Loritha aprendió rápidamente el baile, como si lo supiera de toda la vida. Koya tardó algunos minutos en lograrlo, pero se dio cuenta de que lo había conseguido al sentir que todo su cuerpo se movía al unísono. Se sentía bien y se acordó de los bailarines senegaleses que había visto en el teatro.

Todos estaban bailando, su madre moviendo cabeza y cuello hacia adelante y hacia atrás y su padre dando golpecitos con el pie y siguiendo el ritmo con las palmas, cuando sonó el timbre. Delbert bajó la música.

—Yo voy —dijo el señor DeLaney, y miró por la mirilla de la puerta.

—Creo que es uno de tus compañeros de clase —le dijo a Koya mientras abría la puerta.

Loritha miró a Koya.

—¡Te juro que no se lo dije a nadie! —dijo Koya en camino a la puerta con Loritha.

Era Rodney con otro muchacho, un adolescente.

—¿Está Del? —preguntó Rodney.

—Se te ha olvidado decir buenas tardes —dijo el señor DeLaney.

—¡Ah! Buenas tardes. Yo soy Rodney, y éste es mi hermano Kevin.

Hablaba deprisa, cosa que era rara en él.

—¿Está Del?

—Bueno… —empezó a decir el señor DeLaney.

Del salió de la sala: —No te preocupes, tío Maurice, está bien —dijo.

Los ojos de Rodney se abrieron como platos cuando vio a Delbert. Kevin aparentó indiferencia.

—¿Qué tal? —dijo Delbert, estrechándoles la mano.

—Oye, me gusta tu música —dijo Kevin, pero Rodney, que nunca paraba de hablar en la escuela, excepto cuando dibujaba, se quedó mudo. Koya no lo podía creer.

—Siento no poder invitarlos a quedarse esta vez, muchachos —dijo el señor DeLaney—, pero ésta es una noche familiar especial.

—¿Cómo supieron que estaba él aquí? —les preguntó Koya.

—Lo deduje —dijo Rodney, sin quitarle la vista de encima
a Delbert.

—¿Cómo lo dedujiste, compadre? —preguntó Delbert.

Al oír la palabra *compadre,* Rodney sonrió y respiró aliviado,
volviendo de repente a ser el parlanchín de siempre.

—Bueno —dijo Rodney hablando pausadamente—, primero
pensé que, como vendrías a nuestra escuela en la mañana, era muy
probable que llegaras esta noche a la ciudad. Luego pensé que como
eras pariente de los DeLaney, habría al menos una lejana posibilidad
de que vinieras aquí, de modo que...

Kevin refunfuñó y le dio una ligera palmada a Rodney en la
cabeza rapada, pero Rodney no paraba de hablar.

—...de modo que me pregunté qué sería lo peor que podría
suceder si me presentaba así como así ante la puerta. Bueno, el señor
y la señora DeLaney podrían echarme a la calle, pero me dije:
"Rodney, vale la pena el riesgo". Y aquí estoy.

—Bueno, me alegro de que hayas tomado la decisión correcta —dijo Delbert—. Oigan, ¿son capaces de guardar un secreto?

—¡Claro! —dijo Rodney.

—¿Tú también, Kevin?

—¡Seguro! —dijo Kevin.

—Bien —dijo Delbert—. Voy a darle a cada uno de ustedes una fotografía, pero no se lo digan a nadie hasta el sábado, después de que me haya ido de la ciudad.

Kevin dijo: "¡Vaya!" y Rodney enmudeció otra vez.

Delbert subió las escaleras y trajo de su maletín dos copias de una foto de Sherita y él en escena, cantando, micrófonos en mano. Las firmó, las puso en un sobre y se lo entregó a Rodney.

Kevin había dejado de aparentar indiferencia y parecía a punto de llorar: —Gracias Del, gracias, amigo —dijo.

Luego se volvió hacia los padres de Koya: —Y gracias por dejarnos interrumpir a la familia.

Rodney se detuvo en el umbral: —Es la cosa más estupenda que me ha sucedido en la vida —le dijo a Delbert—. ¡Prometo no decirle nada a nadie!

Veinte minutos después, sonó el timbre.

A través de la mirilla de la puerta, Koya reconoció a una niña del vecindario. Adivinó que la señora que la acompañaba era su madre.

Cuando Koya abrió la puerta, vio más personas en la acera. Parecía que quisieran atravesar los ladrillos de su casa con la mirada.

—Espero que no les moleste —empezó a decir la señora.

Pero la niña estaba demasiado emocionada como para esperar que su madre terminara.

—Rodney me llamó —explicó—. Dijo que Del estaba aquí.

Estaba tratando de mirar hacia la sala, pero Koya le obstruía el panorama.

—¿Le contó a todo el mundo? —preguntó Koya, viendo cómo se multiplicaba la multitud. Llegaban adolescentes, niños de la edad de Koya y pequeñitos acompañados por adultos. Algunos corrían hacia la casa.

—No —dijo la niña—. Sólo me lo dijo a mí, y me hizo prometerle que no se lo diría a nadie más. De modo que sólo se lo dije a Pamela y Jerome. ¿Está Del aquí? ¿Puedo verlo?

—Está ocupado —dijo Koya. Delbert había estado contándoles un sueño que tuvo acerca de su padre.

—¿Quién es, Koya? —dijo la señora DeLaney, acercándose a la puerta.

—Quieren ver a Delbert —dijo Koya.

La señora pareció avergonzarse: —No quise interrumpir —dijo—. Es sólo que mi hija... nosotras...

Le dio demasiada vergüenza como para seguir. Tomó a su hija de la mano y comenzó a retroceder.

—Siento no poder invitarlas a pasar —dijo la señora DeLaney—. Estamos en plena conversación.

Pero la señora había retrocedido hasta salir de la casa y se había vuelto antes de que la mamá de Koya terminara de hablar. Todavía de la mano de su hija, la señora caminó de prisa, bajó los escalones de la entrada hacia la acera, atravesó la multitud y siguió.

—Hay un montón de personas allá afuera —dijo Koya cuando ella y su madre regresaron a la sala.

Del cambió de posición en el piso cuando Koya se sentó a su lado.

—Ay, no —dijo—. No quería que ocurriera esto. Podríamos habernos encontrado en otro lugar, pero tenía muchas ganas de venir aquí.

Delbert recorrió la habitación con la mirada. Koya supo que su primo estaba pensando en el verano que había pasado con ella y su familia el año en que sus padres murieron en el incendio y todos sus instrumentos se quemaron. No quería escuchar música después de eso. Decía que no quería sentir las emociones que la música le producía. Pero cuando vino de visita, los padres de Koya alquilaron un piano y lo pusieron en el pasillo por donde tenía que pasar varias veces al día. Y un buen día, se sentó y tocó una canción completa y, cuando terminó, lloró por un buen rato.

"Queremos a Del". Las voces sonaban tan suaves al comienzo, que Koya pensó que era su imaginación, pero el volumen aumentó

como si la gente no hubiera estado segura de estar haciendo lo correcto y luego hubiera decidido que estaba bien. "¡Queremos a Del! ¡Queremos a Del!", gritaban ahora.

—Saldré sólo un momento a saludarlos —dijo Delbert.

Koya lo siguió hasta la puerta y observó desde adentro.

—Hola, amigos —dijo Delbert. Se paró en la entrada, saludando con la mano—. ¡Qué gusto verlos!

La multitud empezó a corear: —¡Del! ¡Del! ¡Del! ¡Del! ¡Del!

—¡Oye, tu música tiene un ritmo increíble! —dijo un joven.

—¡Y tú no estás nada mal tampoco! —exclamó una joven.

Un estallido de risas recorrió la multitud. Estaban empezando a abrirse paso lentamente desde la acera hacia el césped. Koya pensó que parecían un enorme cuerpo con muchas partes ondulantes.

—Gracias por venir —dijo Delbert—. Espero que todos vengan mañana por la noche al espectáculo. Es por una buena causa.

Los saludó con la mano y se dispuso a entrar.

—Buenas noches.

—¿Y qué tal si nos cantas una canción? —gritó un señor.

La multitud avanzó más sobre el césped de la casa y el de la casa vecina, pisoteando dos rosales.

—¡Cuidado! ¡Cuidado con los arbustos! —dijo Delbert—. Ahora me despido.

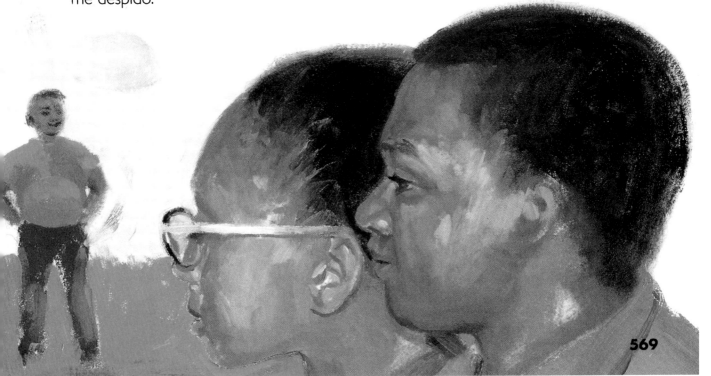

—Oye, al menos podrías cantar una canción —dijo el señor—. No ganarías tanto dinero si no fuera por nosotros.

Delbert entró en la casa y, mientras cerraba la puerta, Koya escuchó a otro señor decir: —¿Qué dices? No le hemos regalado nada. Bastante ha trabajado para ganárselo.

Por un breve instante, Koya se preocupó de que el señor que estaba disgustado arrojara una piedra u otra cosa por la ventana. Pero los sonidos que llegaban desde afuera eran agradables. Sonidos cada vez más apagados de gente que conversaba, de algunas chicas cantando, armonizando, y la voz de un niño que preguntaba: "¿Lo viste? Yo sí lo vi. ¿Tú lo viste?"

Cuando se acabó el ruido, Delbert fue a casa del vecino a disculparse y a pagarle por el daño a los arbustos. El padre de Koya fue con él. Cuando regresaron, salieron con una pequeña bolsa y recogieron los envoltorios de caramelo y otros papeles que habían quedado en el jardín.

Koya se sintió agotada, fatigada, como si sus emociones hubieran estado tropezándose unas con otras todo el día y su cerebro hubiera estado corriendo, tratando de alcanzarlas. Había estado impaciente y feliz y preocupada y entusiasmada, y ahora estaba cansada y muy desilusionada.

—Todo es culpa de Rodney —dijo—. Si no se hubiera puesto a contarles…

Se detuvo cuando vio que los ojos de su madre se reían. Recordó el otro secreto, el que ella no había sido capaz de guardar, y se rio con su madre.

Loritha también se rio y dio un gran bostezo: —¡Uy, disculpen! —dijo.

Ni ella ni Koya protestaron cuando su madre les dijo que era hora de irse a dormir.

—Mañana por la noche sí tendremos oportunidad de hablar —le dijo Koya a Delbert.

—Eso espero, primita —respondió Delbert.

La foto que salió en el periódico era enorme; ocupaba casi media página. Salían sus caras mirando hacia la derecha, la de ella un poquito más abajo que la de él: DEL Y SHERITA BUSCAN UN HOGAR PARA LOS DESAMPARADOS. Era el titular de la portada de la sección de Artes.

El artículo, de casi dos páginas, hablaba sobre los dos jóvenes cantantes, cuyo disco, *Buscando un hogar*, había sorprendido a la industria disquera con su rápido ascenso en las listas de los más vendidos. Contaba que Del había empezado a cantar desde niño en bodas y recitales, y que él y Sherita se habían conocido en la escuela secundaria y habían formado su propio grupo.

También contaba lo destrozados que se habían sentido hacía dos años, cuando su primer disco fue retirado del mercado abruptamente a los pocos meses de que saliera a la venta. La empresa discográfica pensaba que no se estaba vendiendo con suficiente rapidez.

Delbert se había ido a vivir con sus abuelos cuando estaba en la secundaria, según el artículo. No mencionaba la razón. Koya sabía que Delbert jamás hablaría con un periodista acerca de eso.

Koya leyó el artículo antes de irse a la escuela el jueves por la mañana. Cuando llegó a la escuela, todos estaban comentándolo. La doctora Hanley había puesto una copia en el tablero de anuncios junto a la puerta de su oficina.

A las 9:50, toda la escuela estaba en el auditorio, hablando en voz baja. Koya se la pasaba mirando hacia atrás, observando la puerta. Hoy su madre se había quedado con el carro para traer a Delbert a la escuela. Cuando Koya la vio entrar y sentarse en la última fila, supo que Delbert estaba en la oficina de la directora.

A las diez en punto se produjo una explosión de aplausos cuando Delbert, vestido con una sudadera celeste y con tenis, subió al escenario con la doctora Hanley y una niñita de tercer grado. Delbert y la niña se sentaron en el escenario.

La doctora Hanley se acercó a uno de los micrófonos. Como era habitual en ella, dijo mucho con pocas palabras.

—Bienvenido, Delbert "Del" DeLaney. Es un honor tenerte aquí con nosotros.

La niña leyó un breve texto que decía cuándo y dónde nació Delbert y cuánto lo querían todos en la escuela Barnett, tanto a él como a su música.

Entonces le tocó a Delbert.

—Yo también amo la música —dijo—, la necesito tanto como necesito alimentarme. A veces, cuando escucho una música tranquila, puedo sentir que la respiro y que me fortalezco.

Les preguntó a los niños qué les hacía sentir la música.

—Con la música rápida me dan ganas de dar volteretas —dijo un niño de kindergarten.

—Te da energía, ¿no? —dijo Delbert.

—Sí —dijo el niño, feliz de que Delbert lo entendiera—. Me da
en-der-gí-a.

Casi podían oírse las sonrisas en la sala.

—A veces, la música me pone triste —dijo una niña de cuarto
grado.

—A mí me hace feliz —dijo un niño.

—A mí me da ganas de cantar —dijo una niña.

—Todos ustedes son tan hermosos —dijo Delbert—, que me
dan ganas a mí de cantar. Y me parece muy bien —añadió, riendo un
poco—, porque para eso estoy aquí.

Dijo que iba a cantar tres canciones: —Anoche, cuando pensaba
en lo que haría, decidí cantar *a capella*. ¿Quién sabe lo que significa *a
capella?*

Un niño dijo que significaba simplemente cantar, sin piano ni trompetas ni nada. Delbert dijo que el niño tenía razón.

—La primera canción que voy a cantar —dijo— es muy especial para mí. Cuando la escribí, traté de captar el sonido de la voz de mi madre. Mi madre no tenía muy buena voz para cantar, pero al hablar sonaba como una música suave, con muchas notas altas y bajas. Ella decía: "Delbert, hijo, quiero que dejes de hacer eso".

Koya recordó a su tía diciendo esas palabras, empezando con un tono bajo en "Delbert", un poco más alto en "hijo", luego subiendo la escala hasta llegar a "eso".

Los niños se rieron con la imitación de Delbert. Él esperó a que terminaran las risas y dijo: —Cuando tenía dieciséis años mis padres murieron en un incendio.

La sala quedó en silencio.

—Después de eso —continuó Delbert— no quería tocar música nunca más; ni siquiera quería oírla. Pero el resto de mi familia, mis abuelos, tíos y primos, me dieron tanto amor, que después de un tiempo, volví a ser el mismo. Si no lo hubieran hecho, hoy no estaría aquí para cantarles.

Les dijo a los niños que la mejor manera de escuchar música era escuchándola de principio a fin, sin aplaudir hasta que se hubiera desvanecido el último sonido. Luego cantó, y Koya pensó que era la canción más hermosa que había oído.

En ella podía escuchar la voz de su tía. Era suave y lenta y tenía notas que Delbert sostenía por mucho rato, notas que iban desde un tono bajo hasta uno alto y de vuelta. Sostuvo la última nota por una eternidad, y Koya pudo ver cómo cambiaba de forma su boca, haciendo que el sonido de la nota cambiara también. Luego se fue haciendo cada vez más suave, hasta que se desvaneció y no quedó sonido alguno.

Por un momento hubo un silencio absoluto, como si fuera también parte de la música. Y luego el público interrumpió el silencio con un fuerte aplauso. Dos maestros se pararon y todos se pusieron de pie y aplaudieron por largo rato.

Conozcamos a la autora
Eloise Greenfield

Cuando era pequeña, Eloise Greenfield jamás pensó en ser escritora. Lo único que sabía era que le gustaba escribir y que le encantaban las palabras: "Me gustaban sus sonidos y ritmos", dice. Incluso pensaba que las curiosidades del inglés, como los homónimos y las letras mudas, eran maravillosas.

Escribir es una de las cosas más importantes en la vida de Eloise Greenfield. Pasa una buena parte del día escribiendo y reescribiendo con un objetivo en mente: "tratar siempre de escribir un libro con el cual —y en el cual— los niños quieran vivir durante el tiempo que les tome leerlo, esperando que algo del libro permanezca dentro de ellos por el resto de sus vidas".

Escribir no siempre le resulta fácil a Eloise Greenfield. Cuando le preguntan si escribir es divertido, a veces dice toda la verdad: "escribir es divertido, serio, interesante, preocupante, agotador, estimulante, difícil, doloroso, agradable y mágico". A veces hay que luchar bastante para encontrar la palabra precisa.

Los esfuerzos de Eloise Greenfield la han hecho famosa, y sus libros han recibido numerosos premios.

Reacción del lector

Coméntalo

Si conocieras a Del, ¿qué le preguntarías? ¿Qué te contestaría?

Comprensión de lectura

1. ¿Por qué es tan importante para Del la familia de Koya?

2. ¿Cómo muestra este cuento que ser famoso es un "problema maravilloso"?

3. Di cómo se sienten los niños del público al escuchar música. Compara sus respuestas con lo que sientes tú cuando escuchas música.

4. La autora te ayuda a **visualizar** la escena que ocurre en la sala de los DeLaney después de la cena. Describe lo que ves. ¿Qué sonidos escuchas?

5. ¿Cómo **visualizas** la escena del auditorio escolar en que Del aparece en el escenario? Describe la imagen mental que las palabras de la autora te ayudan a crear.

Teatro del lector

Escoge una escena en la que haya una conversación, como la escena inicial del aeropuerto o la que ocurre más tarde cuando Rodney y Kevin tocan a la puerta. Con un grupo de compañeros y compañeras, practica la lectura del diálogo y luego léanselo al resto de la clase.

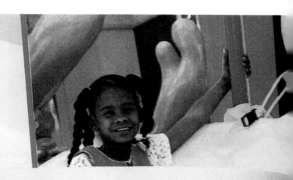

Pasos de un proceso

- Nombrar los **pasos de un proceso** es decir el orden de los pasos que hay que seguir para completar una acción.

- Algunas palabras clave, como *primero, luego* y *último*, o los números escritos junto a los pasos, indican cuándo se debe ejecutar cada paso.

- A veces las ilustraciones muestran los pasos que se debe seguir. En otras ocasiones hay que visualizar los pasos y luego ponerlos en orden.

Lee "Del dibujo al carrusel", por Kathy Kranking.

Escribe

1. Haz una lista de los pasos que siguió el artista Milo Mottola para crear las figuras del Carrusel de los Niños.

2. Haz una lista de las palabras clave que usó la autora para ayudarte a entender el orden de los pasos.

Del dibujo al carrusel

por Kathy Kranking

¿Alguna vez has hecho un dibujo de tu animal favorito? Imagina que alguien construyera una copia exacta de tu dibujo y la hiciera lo suficientemente grande como para que pudieras montar el animal. Eso es lo que ocurrió con los dibujos de un grupo de niños con mucha suerte de la ciudad de Nueva York. Ahora los niños pueden montar sus animales favoritos cada vez que quieran.

Todos estos animales forman parte del Carrusel de los Niños, ubicado en el parque estatal Riverbank de Nueva York. Es el primer carrusel del mundo diseñado por niños.

¿Cómo surgió el concepto? El hábil artista que está detrás de esta idea encantadora es Milo Mottola.

Pero, ¿cómo pasó cada animal de ser un dibujo a convertirse en una figura de carrusel? A continuación verás lo que ocurrió con este

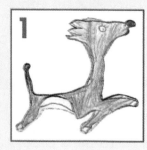

venado, dibujado por Edwin Vargas (foto 1). Primero, Milo amplió el dibujo al tamaño que quería que tuviera el animal. Luego trazó la

silueta sobre dos grandes planchas de espuma plástica de alta densidad y recortó las dos figuras. Después puso un mástil entre ambos cortes y los unió para formar un "sándwich" con el animal.

La parte favorita de Milo vino después: talló el animal de espuma para que se viera tal como en el dibujo, agregando ojos, boca y otros detalles. Luego lo lijó hasta dejarlo liso (foto 2).

Para que el animal fuera lo suficientemente resistente como para que los niños lo montaran, Milo y algunos ayudantes le aplicaron tres capas de fibra de vidrio.

Luego, Milo pintó el animal para darle vida (foto 3). Por último, el animal fue recubierto con muchas capas de un barniz duro y transparente. Así había nacido una divertida figura de carrusel.

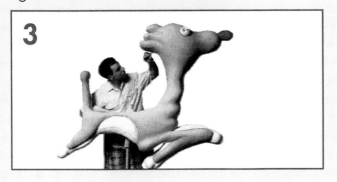

OJO A LO QUE VIENE

Los hijos de la arcilla

Aprende los pasos que sigue una familia de indígenas pueblo para crear hermosas vasijas de arcilla tal como lo hacían sus antepasados.

Palabras nuevas

arcilla   cerámica   figuras

pulir   símbolos

Muchas palabras tienen más de un significado. Para averiguar cuál es el significado que se está usando, busca claves en la oración donde aparece la palabra.

Lee el siguiente párrafo. ¿Qué significa *figuras:* "formas geométricas" u "objetos"?

Objetos de cerámica

Una pieza de cerámica es arcilla que ha sido moldeada y endurecida en hornos especiales. Se puede hacer platos y figuras usando materiales sencillos. Si tu arcilla tiene grumos o durezas, usa coladores para eliminar palitos o piedrecitas. Moldea la arcilla. Puedes pulir tu plato o figura de arcilla frotándolo con arcilla líquida. Si quieres, decora tu pieza antes de hornearla. Incluso puedes pintarle o estamparle símbolos.

Escribe

Escribe un anuncio publicitario para una nueva tienda de materiales de arte y manualidades. Usa tantas palabras del vocabulario como puedas.

Los hijos de la arcilla

Una familia de alfareros pueblo

por Rina Swentzell / fotografías de Bill Steen

*Gia Rose y su numerosa familia viven en un pueblo de Nuevo
México. Son artistas que fabrican hermosos objetos de arcilla.
Cuando necesitan arcilla para trabajar, deben extraerla de vetas
ubicadas en las montañas, lejos de sus hogares en el desierto.*

*El día reservado para la extracción, la familia completa se
acomoda en un camión para hacer el largo viaje hasta las vetas
de arcilla. Su trabajo termina hacia el mediodía, cuando almuerzan
y escuchan un cuento de Gia Rose.*

Después de ser remojados en agua, los duros y secos terrones de arcilla se transforman en un material suave y blando que se puede moldear.

Después del cuento, la familia está lista para el largo camino de regreso a casa. Los niños se quedan dormidos en el carro, mientras los mayores hablan de lo que ocurre en el *owingeh*. Cuando regresan a casa de Gia Rose, al atardecer, todos están cansados. Pero antes de irse a sus casas, ayudan a extraer de la arcilla los palos y piedras más grandes. Zachary vierte después agua en los baldes y cubetas de arcilla. La arcilla se dejará descansar unos cuantos días para que absorba lentamente el agua.

Varios días después, Gia Rose y dos de sus hijas, Judy y Tessie, trabajan un poco más con la arcilla. Se sientan frente a su casa en medio del *owingeh,* y hacen pasar la arcilla a través de coladores para extraer las piedrecitas y palitos.

El bebé Benito juega junto a una cubeta de arcilla.

Devonna se sienta junto a su bisabuelo Michael, esposo de Gia Rose. Ella observa sentada, a la espera de que alguien le pida agua u otro raspador, o que suene el teléfono y deba ir a contestarlo.

Terminada la limpieza, la arcilla se debe mezclar con arena fina y blanca. Esto evita que la arcilla se quiebre durante el proceso de secado. Mezclar la arcilla con la arena es un trabajo arduo. Usando sus pies desnudos, Judy y Tessie se turnan para mezclar la arena con la arcilla. Finalmente terminan la tarea. Se envuelve la arcilla en un paño y se la deja reposar por una semana.

Cuando la arcilla está lista, se reúnen algunos de los niños y adultos de la familia de Gia Rose. Todos ríen y conversan mientras estiran, pellizcan, aprietan y alisan la arcilla para fabricar tazones y figuras de animales y personas.

Eliza estira pedazos de arcilla con un rodillo. Después une los pedazos para hacer una gran figura con palitos que le brotan de la cabeza. Devonna moldea terrones de arcilla para formar un par de manos que sostengan algo. Micah, otra prima, forma rollos de arcilla para crear serpientes grandes y pequeñas.

Arin, la hermana de Micah, trabaja cuidadosamente con un pequeño tazón. Forma los lados del tazón con rollos delgados de arcilla que van dando vueltas y más vueltas. Los adultos también juegan con la arcilla. Gia Rose hace una rana, mientras que Eliza y Nora, la madre de Zachary, crean las figuras de una madre con dos hijos traviesos. Rina, la abuela de Devonna, hace una tacita.

Mientras trabajan, Gia Rose les cuenta a los niños acerca de la Abuela Alfarera. Dice que la Abuela Alfarera se encuentra en

Usando trozos de arcilla, Eliza hace una gran figura con palitos que le brotan de la cabeza.

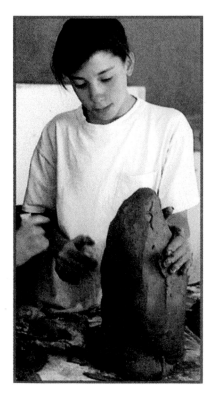
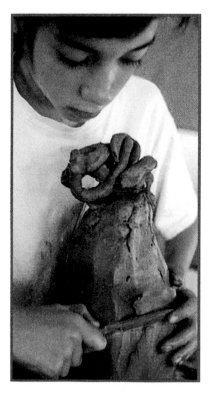

la tierra y en la arcilla. Si se le habla con respeto, ella los ayudará a crear objetos hermosos. Gia Rose dice que las vasijas y figuras que hacen tendrán vida porque la Abuela Alfarera seguirá viviendo y respirando dentro de ellas. Para saber si la Abuela Alfarera respira dentro de los objetos que están creando, deben guardar silencio y escuchar. Mientras trabajan, los niños pueden sentir en las manos a la Abuela Alfarera.

Tía Tessie hace una vasija usando rollos de arcilla que dan vueltas una y otra vez sobre una base para formar las paredes de la vasija. Luego los aprieta y los aplana para formar una superficie lisa.

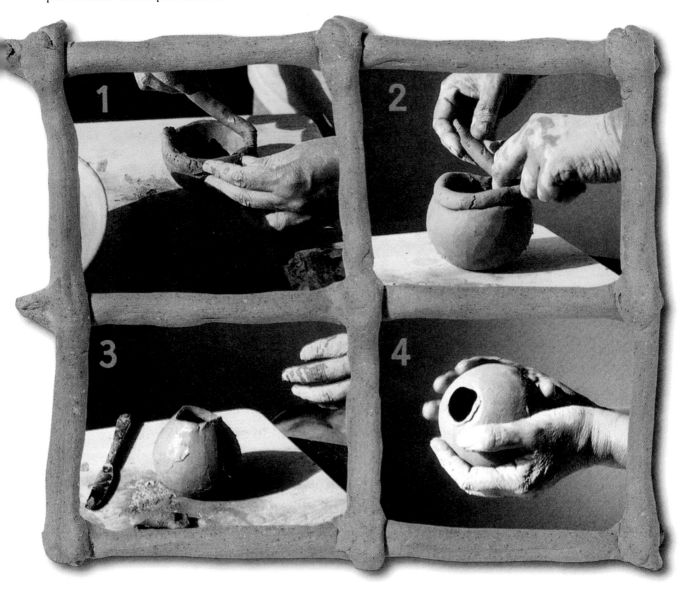

Cuando terminan de hacer girar la arcilla y de darle forma, todos ponen las piezas a un lado con cuidado para que se sequen. Las piezas grandes, como las figuras de Nora, se envuelven en tela para evitar que se sequen demasiado rápido y se quiebren. Los niños saben que no deben tocar las piezas de arcilla mientras se están secando, porque son muy frágiles y se quiebran fácilmente.

Una semana después, es el momento de suavizar las piezas usando papel de lija. Con mucho cuidado, Eliza ayuda a lijar las manos que hizo Devonna. Trabaja sentada con su abuela Rose, con tía Rina y tía Tessie, mientras los niños más pequeños juegan cerca de ellas.

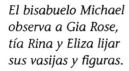
El bisabuelo Michael observa a Gia Rose, tía Rina y Eliza lijar sus vasijas y figuras.

Lijar las piezas es un trabajo arduo. Los niños se cansan rápidamente de hacerlo, pero Eliza, de once años, trabaja a la par de los adultos. Al anciano bisabuelo Michael le gusta sentarse y observarlos mientras trabajan. Hace diez años, antes de sufrir un derrame cerebral, él ayudaba a lijar y decorar las vasijas. También ayudaba a extraer la arcilla, como suelen hacerlo los hombres pueblo.

Cuando las piezas están lo más lisas posible, Gia Rose saca sus piedras especiales para pulir. Algunas piedras son especiales porque su abuela o sus tías se las regalaron. Otras las encontró ella en lugares especiales. Todas las piedras son especiales porque son duras y lisas, y cuando se frotan contra las vasijas, las hacen brillar.

Antes de comenzar el pulido, las piezas deben ser recubiertas con una arcilla húmeda y aguada llamada *barbotina*. Luego, los niños toman las piedras y empiezan a pulir sus figuras y vasijas. Mueven las manos con rapidez, antes de que se seque la barbotina húmeda. Trabajan en silencio porque deben concentrarse bien en lo que hacen.

Eliza usa una piedra de pulir para darle un acabado brillante a una pequeña vasija. La abuela de Gia Rose le regaló esa piedra.

Gia Rose admira cada pieza recién terminada. Comenta lo hermosa que es y habla del decorado que podría tener. Gia Rose decide ponerle una lagartija a una de las piezas. Usará barbotina húmeda para pintar la lagartija con un pincel sobre la superficie pulida. A veces, forma con arcilla la figura de una lagartija y la pega sobre la pieza antes de que se seque. Gia Rose conoce muchas maneras de diseñar y decorar la cerámica.

Eliza decide no ponerle nada a su pieza. A tía Tessie le gusta el pulido brillante de una de sus vasijas y decide no decorarla tampoco. A otras piezas se les pinta símbolos como nubes, montañas, osos, lagartijas y serpientes de agua. Los *towa* de Santa Clara han usado estos diseños durante cientos de años. El diseño de la zarpa de oso se usa para darle fuerza a la vasija y recordarle a la gente el poder curativo de los osos. La lagartija es respetada por la rapidez con la que se desplaza por el suelo. Tanto las nubes como las montañas son símbolos de lluvia. Los *towa* siempre agradecen la lluvia. La serpiente de agua le recuerda a la gente que debe respetar el agua que fluye como el *posongeh*.

Algunos diseños tradicionales de la cerámica de Santa Clara incluyen la lagartija y la serpiente de agua.

Semanas más tarde, la familia se reúne nuevamente por la mañana, esta vez para cocer las vasijas y piezas. En cada reunión hay diferentes miembros de la familia. Así trabaja la gente pueblo:

Devonna coloca las piezas de cerámica sobre la parrilla de la fogata.

se ayudan unos a otros para hacer, lijar, pulir y cocer las vasijas, pero rara vez son los mismos quienes hacen el trabajo entero. El grupo cambia, pero el proceso para fabricar la cerámica es el mismo.

Al cocerla, la cerámica se endurece, asegurando que las piezas no se ablanden nuevamente ni se rompan con facilidad. Esta operación puede realizarse en casi cualquier lugar donde se pueda hacer una fogata. Esta vez se hace en casa de Rina, la abuela de Devonna. La tía abuela Tessie es una de las mujeres más ancianas allí presentes y está a cargo de la cocción. Devonna la ayudará.

El proceso de cocción es interesante, porque si no se hace de la manera correcta, muchas piezas podrían romperse. Para prepararse, Devonna y la tía abuela Tessie colocan las piezas con cuidado sobre una parrilla de metal en la fosa donde se hará la fogata. La tía abuela Tessie pone una tapa metálica sobre las piezas para que el fuego no las queme directamente. Devonna ayuda a apilar tablas alrededor de la tapa.

Se enciende el fuego. Mientras la madera arde, todos prestan atención, por si escuchan explosiones o crujidos. Esos sonidos indican que algo se ha resquebrajado o explotado en el fuego. Le piden a la Abuela Alfarera que las vasijas logren aguantar el fuego.

Parece pasar mucho tiempo antes de que el fuego se apague y se puedan ver las piezas. Los adultos y los niños se reúnen para ver qué se ha roto. Normalmente hay piezas rotas, pero también hay vasijas y figuras que quedan bien. Devonna está entusiasmada con una pequeña jarrita negra de dos picos para el agua. Una gran jarra de este tipo se usa en las bodas. Los miembros de una familia beben el agua bendita por uno de los picos y los

miembros de la otra familia beben del segundo pico. Después destrozan la jarra, de modo que jamás se rompa el lazo entre el novio, la novia y sus familias.

Hace muchos años, los *towa* de Santa Clara y los otros *owingehs* sólo hacían piezas de cerámica para su propio uso: para cocinar, comer o almacenar cosas. Hoy en día, la cerámica de Santa Clara se valora mucho, y muchas personas desean comprarla. Algunas de las vasijas y figuras que se han cocido hoy serán para amigos o miembros de la familia. La mayoría de las piezas se venderán a visitantes o comerciantes que vienen al *owingeh*. Otras se venderán a galerías de arte y tiendas de lugares cercanos y lejanos.

Los artistas de Santa Clara hacen figuras de animales y personas, así como también jarras y vasijas.

Los niños de Santa Clara también venden sus vasijas y figuras. Devonna y su prima Arin ponen una mesa frente a la casa de Gia Rose. Ponen un letrero que dice "Ranas a la venta" y esperan a que vengan clientes y les compren vasijas, ranas y otras figuras pequeñas. Siempre hay muchos turistas de visita en el pueblo de Santa Clara, de modo que no pasa mucho tiempo sin que los niños vendan una rana.

A pesar de que muchas cosas están cambiando en el pueblo de Santa Clara, la cerámica se sigue elaborando de la misma manera que se hacía en el pasado. Casi siempre se elabora al aire libre y se hace exclusivamente a mano. La cerámica permite que los niños, como Eliza, Zachary, Devonna, Arin y Micah, recuerden el lugar, las montañas y el cielo mientras trabajan y juegan con la arcilla junto a sus madres, tías, abuelas y bisabuelas. Esto los ayuda a recordar que todos son hijos de la Abuela Alfarera.

Conozcamos a la autora
Rina Swentzell

Rina Swentzell nació en el pueblo de Santa Clara, en Nuevo México, y creció rodeada de una numerosa familia de alfareros. Hoy escribe y enseña sobre el tema de la historia y la cultura de los indígenas norteamericanos. Sus artículos han aparecido en varias revistas. Además de escribir sobre los indígenas pueblo, ha escrito acerca de los mimbre, que vivieron en el sur de Nuevo México hace aproximadamente mil años.

Rina Swentzell ha enseñado en escuelas y universidades de Nuevo México y Colorado, y es miembro activo de muchas organizaciones que se interesan por la cultura de los indígenas pueblo. Vive en Santa Fe, Nuevo México.

Coméntalo

Si trabajaras creando vasijas o figuras de arcilla, ¿qué parte del proceso te gustaría más? ¿Por qué?

Comprensión de lectura

1. ¿Crees que el propósito de esta autora es informar, entretener, persuadir o expresar? Explica tu respuesta.

2. ¿Por qué se mezcla la arcilla con arena blanca?

3. ¿Cuál de las siguientes declaraciones expresa la idea principal de "Los hijos de la arcilla"?

   a. Gia es la palabra pueblo para "madre".

   b. Gia Rose y su familia elaboran bellas obras de arte.

   c. Algunos niños hacen ranas y se las venden a los turistas.

4. Piensa en los **pasos del proceso** que se sigue al hacer objetos de arcilla. ¿Qué es lo primero que hay que hacer? ¿Cuál es el último paso?

5. ¿Cómo nos ayudan las fotos a entender los **pasos del proceso**? Da ejemplos.

Expresiones creativas

¿Qué objetos hechos a mano has visto? Escribe brevemente acerca de algo que haya captado tu atención. Por ejemplo, una vasija, una canasta, una colcha, un tallado en madera o una joya hecha a mano.

Abuela Alfarera, Abuelo Alfarero

mito del pueblo cochiti narrado por Joseph Bruchac

Relacionar lecturas

Leer un mito

✓ **Lee el título.** Muchas veces el título presenta a los personajes principales. Los mitos tienen personajes simples y un argumento sencillo.

✓ **Pregúntate qué es lo que el mito trata de explicar.** Los mitos son relatos tradicionales que intentan explicar algún fenómeno o suceso.

Enfoca tu lectura

Al leer este mito, imagina por qué es importante para Gia Rose contarles esta historia a los niños mientras trabajan con arcilla.

Hace mucho tiempo, la gente no sabía hacer vasijas de barro. Entonces, la Abuela Araña hizo a la Abuela Alfarera y al Abuelo Alfarero, y los envió a los pueblos.

La Abuela Alfarera y el Abuelo Alfarero llegaron a la plaza. La Abuela Alfarera llevaba un poco de arcilla. Tomó tierra y agua, y empezó a mezclarlos. Al terminar, hizo una bola con la arcilla.

Mientras ella trabajaba, el Abuelo Alfarero bailaba y cantaba: "Así es como se hacen las vasijas de barro".

Todos acudieron a su alrededor. Miraban a la Abuela Alfarera, que hacía rollos con la bola de arcilla dándole vueltas entre las manos. Entonces empezó a hacer una vasija con los rollos. Luego siguió haciendo vasijas, una tras otra. Cuando tuvo suficientes vasijas terminadas, amontonó leña con mucho cuidado a su alrededor y le prendió fuego. También puso leña encima de las vasijas. Todos la miraban con interés, y se dieron cuenta de que las vasijas se endurecían con el fuego. Mientras tanto, el Abuelo Alfarero seguía cantando y bailando.

Cuando el fuego se apagó y las vasijas se enfriaron, la Abuela Alfarera las sacó y las colocó en el suelo. Todos admiraron lo que la Abuela Alfarera había hecho.

Pero aunque las vasijas tenían muy buen aspecto, no eran suficientemente resistentes. El Abuelo Alfarero lo sabía. Bailando, se acercó a las vasijas y, para sorpresa de todos, les dio una patada. Las vasijas se rompieron en pedazos. Con un bastón, la Abuela Alfarera persiguió al Abuelo Alfarero por toda la plaza, pero no lo alcanzó. Él corría y seguía cantando su canción:

Así es como se hacen las vasijas de barro.
Así es como se hacen las vasijas de barro.

Por fin, la Abuela Alfarera dejó de perseguir al Abuelo Alfarero. Volvió a donde estaban los pedazos rotos, los tomó y los rompió en trozos aun más pequeños, y los molió. Luego mezcló los trozos molidos con el resto de la arcilla. Ahora podía hacer vasijas resistentes y duraderas.

Desde entonces, los trozos rotos de vasijas viejas se utilizan para hacer vasijas nuevas. Así es como la gente aprendió que si las cosas no se hacen como es debido, no quedan bien. Puede que tengan buen aspecto, pero no duran.

Entonces, la Abuela Alfarera dividió la arcilla y le dio un trozo a cada habitante del pueblo.

—Si necesitan más arcilla —les dijo—, me encontrarán junto al río.

La Abuela Alfarera y el Abuelo Alfarero se marcharon de los pueblos, pero dejaron tras ellos el arte de la alfarería. Desde entonces, la gente tiene vasijas de barro para transportar agua, almacenar comida y hacer la vida mucho más fácil.

Aún hoy en día, quienes hacen vasijas de barro van al río a buscar arcilla. Allí, en la ribera, pueden encontrarse con la Abuela Alfarera. Mientras reúnen la arcilla, le dan las gracias, y muchas veces le llevan regalos. Y mientras hacen sus vasijas y las cuecen, cantan canciones, tal y como les enseñaron la Abuela Alfarera y el Abuelo Alfarero. Desde entonces, así es como se hacen las vasijas de barro.

Hechos y opiniones

- Un **hecho** es algo que puede comprobarse como cierto o falso.

- Una **opinión** habla de ideas o emociones. No se puede comprobar si es cierta o falsa, pero se puede apoyar con datos y razones. A veces, las opiniones comienzan con palabras clave, como *yo creo*. Las palabras como *bastante*, que expresan lo que cree una persona, también son claves de que se expresa una opinión.

- Algunas oraciones contienen hechos y opiniones a la vez.

Lee "Colores brillantes, raíces profundas", de la revista *Américas*, por Jamie Grant.

Escribe

1. Enumera tres hechos del artículo. ¿Cómo se podría comprobar si son ciertos?

2. Copia las opiniones del artículo. ¿Qué palabras te ayudaron a encontrarlas?

Colores brillantes, raíces profundas

por Jamie Grant

El pintor boliviano Roberto Mamani Mamani interpreta la vida en los Andes a través del uso de colores vívidos. Sus pinturas, hechas generalmente con acrílicos o pasteles, irradian las brillantes combinaciones de rojos, turquesas, morados y anaranjados que caracterizan el tejido y la cerámica de la región andina.

En su pintura, Mamani Mamani utiliza diseños de espirales que representan la íntima relación que los indígenas aymara tienen con la tierra. Se trata de un sentimiento de paz y armonía. Este sentido de la naturaleza está presente en gran parte de su obra.

"Para mí, el arte es algo que viene de muy adentro; para mí el arte es *Pachamama* [la Madre Tierra]. El arte

Madre aymara del Sol, 1996

es lo mismo que la tierra", dice. Al expresar esta relación con la tierra, las pinturas de Mamani Mamani llevan un profundo mensaje ecológico. "En la cultura aymara siempre ha habido una relación íntima entre el hombre y su ambiente… En el mundo de los aymaras hay un entendimiento del ecosistema. Por esta razón le damos las gracias a *Pachamama*".

También hay un tema histórico que se repite en su obra: Mamani Mamani está muy consciente del gran cambio que la llegada de los españoles significó en la vida de los indígenas quinientos años atrás. En sus pinturas representa muchos de los festivales campesinos que tratan el tema de la conquista y la resistencia.

ojo
A LO QUE VIENE

Diego Rivera

En la siguiente selección, lee hechos y opiniones sobre la obra y la vida del pintor mexicano Diego Rivera.

Palabras nuevas

anónimos	creatividad
galerías	habilidad
perspectiva	retratista

Las palabras que tienen significados similares se llaman **sinónimos**. A menudo puedes averiguar el significado de una palabra buscando un sinónimo cercano.

Lee el siguiente párrafo. ¿Cómo te ayuda *destreza* a entender el significado de *habilidad*?

El estilo de Diego Rivera

La grandeza de la obra de Diego Rivera no sólo se basa en su <u>habilidad</u> técnica como pintor, sino en la enorme <u>creatividad</u> con la que interpreta la realidad. La influencia del arte colonial mexicano y de la pintura moderna del siglo XX, junto con su sorprendente destreza en el uso de técnicas clásicas como la <u>perspectiva</u>, hacen de Rivera un <u>retratista</u> excepcional. La forma en que pinta a sus personajes nos recuerda a los artistas <u>anónimos</u> de los tiempos coloniales. La influencia que ha tenido su estilo puede apreciarse en <u>galerías</u> de arte de Latinoamérica y el mundo.

Escribe

Escribe una composición sobre un artista que admires. Usa tantas palabras del vocabulario como puedas.

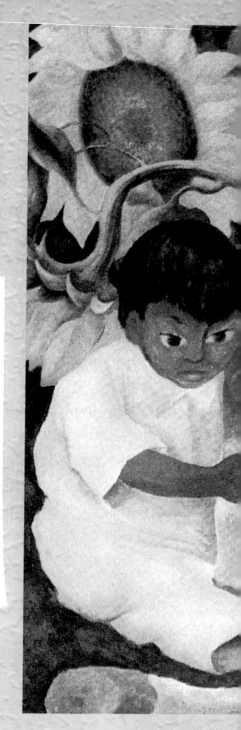

Diego Rivera

por Luis Rius

Retrato de Adalgisa Nery, 1945. Óleo sobre tela.

*C*asi siempre los artistas han tenido una vida muy interesante. Para hacer su trabajo, necesitan conocer el mundo con todo lo que tiene; por esta razón, sus vidas están llenas de aventuras y descubrimientos maravillosos. Se fijan tanto en las cosas que aprenden a hablar en secreto con ellas y descubrir el misterio de sus formas y colores. Nada perdonan: se comen con los ojos a la gente, a los floreros, a los pájaros, a los bosques, al cielo… Luego, todo eso lo pintan y entonces todo vuelve a nacer otra vez. Se crea un mundo nuevo.

¿Cómo fue la vida del pintor mexicano Diego Rivera? En las siguientes páginas te contaremos algo de ella.

El ocho de diciembre de 1886, los señores don Diego Rivera y doña María del Pilar Barrientos tuvieron en Guanajuato un niño a quien pusieron el siguiente nombrecito: Diego María Concepción Nepomuceno Estanislao Rivera Barrientos Acosta y Rodríguez. Desde muy pequeño, Diego demostró tener una habilidad asombrosa para el dibujo. En 1907 mostró por primera vez su obra al público y fue premiado con una beca que le permitió dirigirse a España para seguir estudiando. En ese país aprende muchas cosas y aprovecha la cercanía con otros países muy interesantes de conocer. Así, de 1908 a 1909 viaja por Francia, Bélgica, Holanda e Inglaterra.

Después de un breve regreso a México, en 1910, donde expone otra vez con mucho éxito y presencia el inicio de la Revolución Mexicana, Diego Rivera vuelve a Europa. Elige instalarse en París porque allí existía la vida artística más importante del momento. La capital de Francia era también la capital mundial del arte,

Detalle del mural
Fin del corrido, 1923–1928.
Pintura al fresco.

el lugar donde se podía ver lo más nuevo en arte y donde estaban varios de los mejores maestros. Desde su llegada, Diego se da cuenta de que para aprender más y mejor es necesario juntarse con amigos parecidos a uno en cuanto a deseos y fines. Gracias a su simpatía y dedicación al trabajo, fue querido y admirado por artistas tan notables como Amadeo Modigliani, Jules Braque, Gino Severini, Juan Gris, Pablo Picasso y otros más. Con ellos se divirtió en grande y también de ellos aprendió mucho.

En ese momento, el arte quería ser tan nuevo como el siglo que acababa de nacer. Por todas partes se hablaba de "simbolismo", "fauvismo" y, sobre todo, de "futurismo" y "cubismo" (con razón dicen que vivimos el siglo de los "ismos"). Diego aprovechó todo y decidió instalarse una buena temporada en el cubismo. Le gustó la idea de mirar una cosa desde muchos ángulos y luego pintarla, para así hacerla más interesante que en la realidad. Podía ver una silla de frente y por detrás, por arriba y por abajo, por la derecha y por la izquierda, y pintarla como la había visto en cada momento aunque al final no quedara en forma de silla. El arte la mejoraba mucho.

Retrato de Bertha Kritosser, **1916. Óleo sobre tela. Éste es un cuadro típico de la época cubista de Diego Rivera.**

Cada quien entendía el cubismo a su manera y por eso tiene muchas maneras de hacerse. Diego tuvo la suya propia, que no sigue fielmente ninguna de otro pintor. El resultado de esta etapa lo tenemos en un conjunto de cuadros cuya calidad respalda el talento de Diego.

Cuando se cansa del cubismo, se concentra en otros artistas europeos: estudia a Renoir, Gauguin y especialmente a Paul Cézanne.

Antes de regresar a México, Diego realizó un viaje por Italia para sellar sus estudios con broche de oro. En España, y sobre todo en Francia, aprendió gran cosa del arte joven; en Italia, en cambio, se interesó por el arte de los antiguos maestros italianos, como Giotto y Ucello. Así aprovechó dos lecciones muy ricas: la de su presente y también la del pasado.

Cuando en 1921 regresa a México invitado a participar en la reconstrucción del país, Diego venía preparado para hacer lo que a todos nos gusta: pintar las paredes. La Revolución Mexicana había triunfado costando mucho al pueblo, y era obligación de cada quien dar su mejor esfuerzo por el bienestar de todos. El artista colaboró al producir una pintura novedosa en no pocos aspectos: plasmó el sentimiento y las ideas populares de quienes lucharon y finalmente ganaron en la Revolución.

Asimismo, aprovechó el espacio de los muros de edificios públicos, pensando en toda la gente y no sólo en los que pueden comprar cuadros y guardarlos en su casa.

Aunque la decoración de edificios ya existía en México y Europa, Diego le dio un nuevo sentido desde su primer mural realizado en 1922, en el Anfiteatro Bolívar de la Escuela Nacional Preparatoria. Por tal razón inaugura el movimiento llamado Muralismo Mexicano, al que pronto se integraron José Clemente Orozco, David Alfaro Siqueiros y veintidós artistas más.

Desde ese primer trabajo mural, Diego realizó varios más sin descuidar su pintura de caballete (cuadros al óleo, a la encáustica, etcétera).

Nunca dejó de preocuparse por el país, la gente, las injusticias y la felicidad de los demás. Tuvo la capacidad de divertirse y trabajar a la vez hasta el final de sus días. Cuando murió, el 24 de noviembre de 1957, en México, dejó sin terminar una parte muy rica de su obra.

Se han escrito miles de páginas sobre su personalidad y actividad artística. Posiblemente quien mejor lo conoció aparte de quererlo mucho fue su esposa, la también magnífica pintora Frida Kahlo. De él nos dice: "Con su cabeza asiática sobre la que nace un pelo oscuro, tan delgado y fino que parece flotar en el aire, Diego es un niño grandote, inmenso, de cara amable y mirada un poco triste. Sus ojos saltones, oscuros, inteligentísimos y grandes, están difícilmente detenidos —casi fuera de las órbitas— por párpados hinchados y protuberantes, como de batracio, muy separados uno de otro, más que otros ojos. Sirven para que su mirada abarque un campo visual mucho más amplio, como si estuvieran construidos especialmente para un pintor de los espacios y las multitudes. Entre esos ojos, tan distantes uno de otro, se adivina lo invisible de la sabiduría oriental, y muy pocas veces, desaparece de su boca búdica, de labios carnosos, una sonrisa irónica y tierna, flor de su imagen".

Retrato de Lupe Marín, 1938.
Óleo sobre tela.

Paisaje de Mallorca, 1914. Óleo sobre tela.

En París, Diego Rivera conoció y aprendió mucho de los famosos cubistas europeos, como Picasso, Braque y Juan Gris. No por ello dejó de pintar de acuerdo a lo que él mismo observaba y sentía. Por eso, en lugar de nada más copiar, asombró a la gente con figuras, colores e ideas originales que lo situaron en un buen lugar dentro del cubismo. Este cuadro no es imitación de un paisaje que se tiene frente a los ojos; más bien, es resultado de ver muchas veces el paisaje, desde lugares y momentos distintos. Es como muchos cuadros en uno. Además, seguramente, algunas cosas a lo mejor el pintor las imaginó o recordó. Inventar en el arte también se vale.

Al principio tal vez encuentres muy amontonadas las cosas del cuadro, porque éste no tiene una sola perspectiva. Por esa razón, no es posible observarlo como a otras pinturas o como a la realidad, con sus tres dimensiones que permiten medir las distancias entre las cosas: la de enfrente, la de atrás y la de más atrás. Aquí existe la perspectiva múltiple —muchas perspectivas—, cuya aplicación fue fundamental en el cubismo.

Detalle del mural *Sueño de una tarde dominical en la Alameda Central*, 1947–1948. Pintura al fresco. Hotel del Prado, México, D.F.

¿Quiénes son todas estas personas? Diego pintó este mural en donde aparecen personajes de la historia de México en un lugar muy conocido y gustado por todos: la Alameda Central del Distrito Federal. A la izquierda aparece una mujer elegantemente vestida como dama francesa. Atrás de ella están dos poetas y pensadores muy importantes: el mexicano Manuel Gutiérrez Nájera y el cubano José Martí. En el centro figura Diego niño a los diez años de edad, con su sombrero de paja y las medias llenas de color; la víbora y la ranita están saliendo de los bolsillos de su chaqueta. Diego toma de la mano a la elegante "muerte catrina", célebre personaje del grabador José Guadalupe Posada. Atrás de Diego vemos a su tercera esposa, Frida Kahlo. Si alguna vez observas el mural, disfrutarás de una magnífica pintura en donde el autor quiso reflejar las injusticias sociales que siempre criticó.

604

Modesta e Inesita, 1939. Óleo sobre tela.

Modesta e Inesita aparecen en este simpático retrato, que es uno de los más conocidos de Diego. El arte llamado humanístico es muy viejo y por alguna razón no ha dejado de existir, a pesar de la existencia de la fotografía. El escritor y pintor inglés John Ruskin dijo en cierta ocasión: "Los mejores cuadros que existen, de todas las escuelas, son retratos o grupos de retratos, a menudo de gente sencilla y nunca de personajes nobles… La fuerza auténtica aparece aquí purificada al máximo y, según creo, en ninguna otra parte se manifiesta como en el retrato de un hombre o una mujer, su alma".

Desde muy joven, Diego fue felicitado por su habilidad como retratista. Alguien ha encontrado una influencia prehispánica en las composiciones de madre con hijo que tantas veces realizó el pintor. El tema también es común en la tradición europea y sus orígenes probablemente se encuentran en el antiguo arte religioso. Diego Rivera fue un enamorado de la belleza y supo apreciarla en todas sus formas: la belleza indígena la captó con singular gracia y talento.

Desde los orígenes de nuestro siglo existen diversas maneras de entender y realizar la pintura. Algunos artistas le dan una importancia mucho mayor a la pintura en sí misma que al dibujo: trazan pocas líneas —o, incluso, ninguna— para hacer cualquier cosa, y luego se dan gusto llenando el cuadro con pintura. Otros artistas prefieren hacer lo contrario: les preocupa principalmente el dibujo y por eso lo dicen casi todo con líneas.

Diego, por su parte, casi siempre mantuvo un equilibrio entre dibujo y pintura. Sus líneas, por lo regular muy firmes, lograron figuras de pocos detalles y de mucha fuerza expresiva; captaron lo más importante de la personalidad de la gente y de las cosas. Un ejemplo es el retrato de Lupita Cruz. En esta niña no apreciamos pecas, lunares u otros detalles, pero sí los rasgos primordiales de su carácter y belleza.

En la siguiente página vemos a otra niña riveriana. En este caso se trata de Guadalupe Rivera M., una de las dos hijas del pintor, retratada sosteniendo una naranja. La verdad es que no deja de sorprender la importancia que tuvieron los niños en la vida y obra de Diego Rivera. Además de pintarlos, se preocupó por su presente y futuro. Por eso opinó en más de una ocasión sobre su educación artística.

Frente a quienes pretendían limitar la creatividad infantil con métodos torpes y aburridos, Diego opinó que "mientras mayor libertad se deja a la expresión del instinto y al desarrollo de la imaginación, contienen mayor belleza y son de más grande utilidad los trabajos infantiles de la plástica".

La niña Lupita Cruz, 1954.
Óleo sobre tela.

Roberto Rosales, tan serio y quietecito, es uno de los tantos niños riverianos. Como muchos de ellos, tiene las manitas juntas y un sombrero; no le pusieron los pies descalzos sobre un petate, como a tantos otros niños retratados por Rivera, pero sí un lema que dice su nombre, edad, lugar y fecha de nacimiento. Esto lo hizo constantemente Diego: siguió con la costumbre de la pintura colonial y de los muchísimos pintores anónimos (desconocidos) del siglo pasado. A Diego y a su esposa Frida Kahlo les fascinaban estas pinturas populares.

En su casa de Coyoacán juntaron una enorme colección de ellas. Si ahora vas a visitar la casa museo, las encontrarás. Son pequeñas y casi siempre tratan asuntos graciosos: algunas agradecen milagros. En algunas iglesias de México aún existen pinturas coloniales de este tipo: les llaman *retablitos* o *ex-votos*. Son pinturas sencillas, en ocasiones ingenuas y con mucho color.

Picos con naranja, 1925.
Encaústica sobre tela.

El niño Roberto Rosales, 1930.
Encaústica sobre tela.

Patricia Guadalupe, la niña de la paz, 1954.
Óleo sobre tela.

Una de las cualidades artísticas de Diego Rivera fue la de ser un
excelente colorista. En efecto: observando sus pinturas, advertimos su
habilidad para aplicar el color de distintas maneras. Una de ellas la tenemos
en este hermoso retrato de _Patricia Guadalupe, la niña de la paz_. Quizás
Diego al mirar sus ojos, claros y profundos, supo que el azul debería
predominar en el cuadro; lo aplicó entonces en el vestido, las medias, en
el fondo y en las flores. Pero lo sorprendente es descubrir las mezclas
que hace con tantos colores para lograr azules distintos en cada parte del
cuadro, y para que este color marque el tono general de la obra. En este
cuadro, la paloma blanca significa la paz. Diego empleó a menudo
símbolos, como el de la paloma, que todos entendemos. Como hemos visto,
el artista pintó niños casi durante toda su vida. Por eso, varios museos y
galerías poseen niños riverianos indígenas, rubios y hasta rusos, ya que se
interesó en distintas fisionomías.

Irene Estrella, 1946. Óleo sobre tela.

Algunos pintores son muy felices si cuentan tan sólo con algún objeto que copiar o con una buena idea para trabajar. No les importa mucho salir a la calle para buscar y luego plasmar, con la pluma o el pincel, lo que han visto. En la soledad de su estudio, pueden hacer maravillas con cualquier objeto que les sirva de modelo o, incluso, sin ninguno. Otros artistas necesitan observar la naturaleza, la gente, los animales y a todas las cosas posibles para realizar su obra. Diego era uno de ellos. Fue un gran viajero que conoció muchos países extranjeros, y el propio, como pocas personas. Además, pintó a la gente tal y como era, en el lugar donde vivía y con sus costumbres. Por este motivo, una buena parte de su obra entre la que se incluyen algunos de los niños, es considerada costumbrista. Irene Estrella nos lo demuestra: observa a la niña con sus juguetes. La tradición popular es resaltada como en otras tantas pinturas del artista mexicano.

Detalle del mural *Las eras*, 1923–1928.
Pintura al fresco.

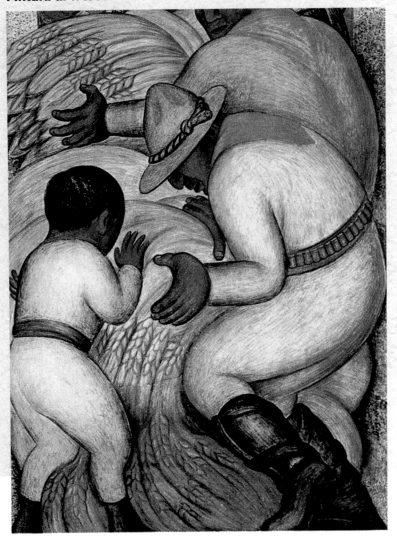

Cuando Diego regresó de Europa y aceptó la invitación para decorar edificios públicos, traía consigo una educación artística que le fue fundamental para emprender esta nueva aventura. Nunca antes había pintado murales y, entonces, frente al Anfiteatro Bolívar de la Escuela Nacional Preparatoria, donde pintó *La Creación*, tuvo que resolver una serie de problemas hasta entonces novedosos para él. En esa primera experiencia empleó la técnica llamada "encáustica" —cera caliente que aglutina los pigmentos de color— y una figuración todavía no muy propia de sus ideas sobre el México de la Revolución. Luego, de 1923 a 1928, Diego realizó la que sería su obra mural más extensa: decoró los muros de la recién creada Secretaría de Educación Pública. La intención fue la de "reflejar la situación genuina del país y la vida social de México tal como yo la veo". Así, con la técnica de pintura que se llama "fresco", registró imágenes llenas de significado, como la de estos campesinos.

Niña con flores, 1950.
Óleo sobre tela.

Entre los cuadros de Diego Rivera más fáciles de identificar, están los de mujeres pintadas de espaldas y con flores —casi siempre alcatraces— frente a ellas. Es otra manera, muy original, de enriquecer el lenguaje formal del artista, quien rara vez dejó de interesarse por expresar tanto la belleza como sus ideas, en cualquier forma. Diego resalta en esta ocasión la intensidad de los colores del vestido y los adornos indígenas, conjuntamente con los de las flores.

En realidad, hacía con los pinceles lo que quería: mientras que en los dos rebozos se aprecia un detallismo sorprendente —podríamos tocar la lana con los dedos—, en otras zonas el fulgor de los colores suprime extraordinariamente los detalles. Por otra parte, diremos que el dibujo de los pies y de las manos también evita un trabajo meticuloso en favor de figuras de gran fuerza expresiva.

Conozcamos al autor

Luis Rius

Luis Rius fue poeta, ensayista y crítico de literatura española. Nació en Tarancón, España, en 1930 y vivió en México desde 1939 hasta 1984, año en que falleció. Obtuvo una maestría y un doctorado en letras españolas en la Universidad Nacional Autónoma de México (UNAM). Fue jefe del Departamento de Letras de la Universidad de Guanajuato, así como profesor invitado en la Universidad de San Luis Potosí, el Mexico City College, la Universidad Iberoamericana y la UNAM. También fue conductor de programas de televisión.

Reacción del lector

Coméntalo

Al pintor Diego Rivera le preocupaba mucho el bienestar de la gente de su país. ¿Cómo se refleja eso en sus cuadros?

Comprensión de lectura

1. Compara la vida de Diego Rivera durante sus años de estudio y formación en Europa con su vida como artista en México.

2. ¿Por qué crees que fueron importantes los viajes y los distintos estilos y maestros de pintura que Diego Rivera estudió en su juventud para su obra artística?

3. ¿Qué ocurría en México en 1921, cuando Diego Rivera regresó de Europa? ¿De qué manera influyó ese período histórico en su carrera artística?

4. Un **hecho** se puede comprobar o verificar como cierto o falso. ¿Cuáles de los siguientes son hechos?
   a. Diego Rivera vivió en España, Francia e Italia.
   b. Frida Kahlo, la esposa de Diego, era la mujer más inteligente de México.
   c. Diego Rivera inauguró el Muralismo Mexicano.

5. Una **opinión** no se puede verificar como cierta o falsa. ¿Cuál es la opinión de Frida Kahlo sobre su esposo, Diego Rivera?

Interpretar pinturas

De los cuadros que has visto de Diego Rivera, ¿cuál es tu favorito? Escribe las razones por las que escogiste esa pintura.

Técnicas en la *Pintura*

por Luis Rius

Los materiales con que los pintores plasman sus ideas son muy diversos. Cada uno de estos materiales ha dado lugar a todo un estilo pictórico con identidad propia. Así, la pintura al óleo tiene sus características, de igual modo que la acuarela, el fresco, la encáustica y las demás técnicas pictóricas. También el soporte físico en que se pinta, como el papel o el lienzo, ha dado diversidad a las bellas artes, contribuyendo así a la inmensa riqueza de que goza el género pictórico.

Mona Lisa
Leonardo da Vinci
Óleo en lienzo, 1560

Óleo

El óleo es el material más empleado por los pintores de todo el mundo desde hace más de 400 años. Esto se debe a que ofrece una gran riqueza de colores, además de un manejo fácil para expresar lo que se quiera. Asimismo, tarda en secarse y permite mezclas; es muy durable si está bien preparado. Existe una fórmula básica para hacerlo, que consiste en una mezcla de pigmento pulverizado en aceites de linaza, adormidera, nuez, etc.

Escuela de Atenas
Rafael
Vaticano

Fresco

Los procedimientos para pintar al fresco son sencillos pero trabajosos. Primero, es necesario cubrir la pared a pintar con un material hecho de cal y arena; luego los colores de tierra, molidos y mezclados en agua, se aplican sobre la capa de cal y arena que cubre la pared.

Entre los artistas más famosos que han utilizado esta antigua técnica están Giotto (1266–1336), Miguel Ángel (1475–1564), Rafael (1483–1520) y Tiépolo (1696–1770). En este siglo, Diego Rivera fue uno de sus principales exponentes.

Encáustica

La pintura encáustica fue una de las principales técnicas pictóricas de las civilizaciones antiguas. La cera de abejas la hizo posible porque en ella se pueden mezclar, cuando está caliente, los pigmentos de color. A partir del siglo VIII se ha utilizado nada más de vez en cuando, porque resulta muy elaborada. Como Diego Rivera quiso revivir algunas técnicas antiguas, aplicó la encáustica en un mural y también en obras de caballete.

Retrato funerario, segunda mitad del siglo II Fayum, Egipto

Acuarela

También llamadas "pinturas de agua", las acuarelas se hacen aglutinando pigmentos de color molido en una goma que se disuelve al contacto con el agua. La goma más empleada para hacerlas se llama *arábiga* y se obtiene de las acacias. La historia del arte está llena de grandes acuarelistas. Algunos de ellos son Alberto Durero (1471–1528), los famosos acuarelistas ingleses del siglo XVIII y Paul Klee (1879–1940).

Formas a color
Paul Klee
Acuarela, 1914

Soportes

Los soportes son las superficies sobre las que se pinta. A lo largo de la historia se han utilizado muchos materiales como soporte: cobre, papel, piedra, textiles, barro, plásticos y cuero, entre otros, pero los más frecuentes son la madera y el lienzo (lo que comúnmente se llama "tela").

Idea principal y detalles de apoyo

- El **tema** es de lo que trata un párrafo o artículo.

- La **idea principal** es la idea más importante expresada sobre el tema.

- La idea principal a menudo se expresa en una oración dentro de un párrafo o artículo. En ocasiones tienes que deducir la idea principal y expresarla con tus propias palabras.

- Los **detalles de apoyo** son datos adicionales que dicen algo más acerca de la idea principal.

Lee "Trabajo en el ferrocarril", por Gloria A. Harris.

En tus palabras

1. ¿Cuál es el tema de "Trabajo en el ferrocarril"?

2. ¿Qué oración expresa la idea principal del texto?

3. ¿Qué detalles apoyan la idea principal del texto?

TRABAJO EN EL FERROCARRIL

por Gloria A. Harris

Después de la Guerra Civil, la industria ferroviaria se convirtió en la mayor fuente de empleo para los hombres negros. El trabajo era difícil y peligroso, y muchos trabajadores del ferrocarril crearon inventos para mejorar la eficiencia y la seguridad de su trabajo.

Uno de los oficios más peligrosos en los primeros ferrocarriles era el de los guardafrenos. Una de sus tareas era acoplar o juntar los vagones. Tenían que caminar por el techo del tren para luego descolgarse como arañas por la parte trasera del último vagón. Esperaban a que el otro tren retrocediera, acercándoseles. Si tenían suerte, dejaban caer el perno de enganche dentro del agujero para conectar los vagones una fracción de segundo antes de que se juntaran. Si no tenían suerte, podían verse aplastados entre los dos vagones.

Andrew Beard, un guardafrenos del ferrocarril en Alabama, perdió así la pierna. Aunque Beard no fue el primero en pensar en una mejor manera de acoplar los vagones, sí fue el primero en inventar un acoplador automático —llamado "Acoplador Jenny"— a principios de la década de 1890. Con su invento, dos vagones de ferrocarril podían unirse simplemente empujándolos uno contra el otro. Un mecanismo similar se usa todavía en la actualidad.

Además de abastecer la máquina de combustible, los antiguos fogoneros eran los responsables de mantenerla engrasada para evitar que se recalentara. El mecánico debía detener la máquina periódicamente, lo que casi siempre significaba frenar la locomotora. Engrasar la máquina era un trabajo caluroso, sucio y peligroso.

En 1873, Elijah McCoy inventó un recipiente autolubricante que dejaba caer aceite continuamente sobre las partes en movimiento de la máquina, incluso mientras ésta avanzaba.

ojo
A LO QUE VIENE

Caído del cielo

En la siguiente selección, leerás acerca de Benjamín Franklin y de sus inventos, ideas y descubrimientos. Lee y averigua la idea principal de esta biografía, y fíjate en algunos detalles que la apoyen.

617

Palabras nuevas

almanaque	anualmente
aprendiz	cortejó
experimento	prosperar
teoría	

Al leer, quizás encuentres palabras que no conoces. Para averiguar el significado de una palabra desconocida, busca claves en las palabras u oraciones cercanas.

Lee el siguiente párrafo. Mira cómo la descripción de *almanaque* te ayuda a entender lo que significa.

Un hombre ingenioso

Benjamín Franklin se casó a los veinte años con Debbie Read, a quien conoció y cortejó en Filadelfia. Ya para entonces había dejado de ser aprendiz y tenía su propio trabajo, lo que le permitió prosperar. Franklin inventó muchas cosas ingeniosas, entre ellas un almanaque que publicaba anualmente, y en el que se mostraban los días festivos y las fases de la luna. Además demostró su teoría de que los rayos y la electricidad son lo mismo, con el famoso experimento de la cometa.

Escribe

Escribe algunos comentarios para la portada de un libro sobre Benjamín Franklin. Usa tantas palabras del vocabulario como puedas.

Caído del cielo

por Jean Fritz • ilustrado por Margot Tomes

Benjamín Franklin nació en 1706, en una familia muy numerosa de Boston.
Siendo apenas un niño, Benjamín sabía que no quería ser aprendiz,
es decir, un adolescente que trabajaba sin salario para aprender un oficio.
A los diecisiete años de edad, Benjamín abandonó su hogar y el trabajo
que tenía en la imprenta de su hermano James, y se fue a Filadelfia.

¡Era libre! Encontró trabajo en una imprenta y empezó a ganar su propio dinero. Cuando hubo ahorrado lo suficiente, se compró un traje nuevo y un reloj con una larga cadena de oro. Habiendo ahorrado un poco más, se fue a Boston a visitar a su familia y se presentó en la imprenta para ver a James. No fue a disculparse por haberse escapado, sino a alardear, a pesar de sus propias reglas. Entró pavoneándose en la tienda, haciéndoles ver a James y sus aprendices lo magnífico que era ser su propio jefe y llevar un traje nuevo. Le dio vueltas al reloj con la cadena. Hizo tintinear las monedas que llevaba en los bolsillos y se ofreció a invitarlos a todos a una bebida. (James se enfadó tanto, que los hermanos tardaron años en reconciliarse.)

En Filadelfia Benjamín se comportaba mejor. Tenía una disposición alegre y le resultaba fácil hacer amigos. Poco a poco fue encontrando a otros jóvenes amantes de la lectura, a quienes

les gustaba discutir y poner a prueba ideas nuevas. Se organizaron en un club, al que llamaron el Club de los Delantales de Cuero. Se reunían todos los viernes por la noche. Cada nuevo miembro tenía que ponerse la mano sobre el corazón y jurar su amor por la humanidad y por la verdad.

Hablaban de toda clase de temas y se preguntaban muchas cosas: ¿Por qué se forma humedad en el exterior de un vaso frío cuando hace calor? Si el país tiene una ley mala, ¿hay que cumplirla? ¿Puede una persona pobre ser siempre honesta y aun así prosperar en la vida?

Filadelfia era la ciudad perfecta para Benjamín. Vivía en High Street, la calle más agitada y bulliciosa de la ciudad. En un extremo de la calle estaba el río Delaware, donde podía darse un chapuzón cuando se sentía lleno de energía. En el otro extremo de la calle vivía Debbie Read, a quien cortejó y con quien se casó.

Benjamín y Debbie se casaron en 1730. Benjamín tenía veinticuatro años de edad por ese entonces y prosperaba: tenía su propia imprenta, su propio periódico y, como era tan buen impresor, hacía las impresiones para el gobierno de Pensilvania. (Usaba siempre la tinta más negra y el papel más blanco que podía hallar.) Además, Debbie y Benjamín tenían una tienda en la parte delantera de la casa. Vendían libros, cera para sellar cartas, lápices, mapas, ilustraciones de pájaros y animales, redes de pesca, chocolate, brújulas, bacalao y telas. Y siempre tenían a la venta una buena cantidad de jabón de marca Mr. Franklin.

Sin importar lo ocupado que estuviera, Benjamín siempre encontraba tiempo para probar ideas nuevas. A veces se le ocurrían ideas para explicar por qué las cosas suceden como suceden. Escribió acerca de los cometas. Propuso una teoría acerca de los huracanes: se mueven —dijo— del suroeste al noreste, en sentido contrario al que se mueve normalmente el viento.

Una vez hizo un experimento con una jarra de melaza y una hormiga. Colgó la jarra de una cuerda y esperó a que la hormiga fuera bajando. Pronto había un grupo de hormigas trepando por la cuerda, por lo que Benjamín concluyó que las hormigas se comunican de alguna manera.

A veces, Benjamín tenía ideas para mejorar Filadelfia. Formó la primera biblioteca de préstamo a domicilio de los Estados Unidos. Ayudó a organizar el servicio de bomberos de la ciudad. Sugirió modos de iluminar las calles, profundizar los ríos, eliminar la basura y evitar que la gente resbalara sobre el hielo en invierno.

A veces sus ideas se convertían en inventos. En la cabecera de su cama colgó un cordón que estaba conectado a un pestillo de hierro en la puerta. Por la noche, cuando quería cerrar la puerta, no tenía que levantarse de la cama. Simplemente tiraba del cordón, se daba la vuelta y cerraba los ojos.

Inventó una silla que se podía transformar en escalerita al desplegarse el asiento, y una mecedora con ventilador. Cuando se mecía, el ventilador giraba y le alejaba las moscas de la cabeza. Adaptó dedos móviles a una vara para alcanzar libros colocados en estantes muy altos. Hizo un agujero en la pared de la cocina e instaló un molino de viento para hacer girar su asador de carne. También inventó una estufa de hierro con un tubo de escape que llegaba afuera de la casa. La estufa producía más calor que una chimenea común, costaba menos operarla, humeaba menos y se hizo muy popular.

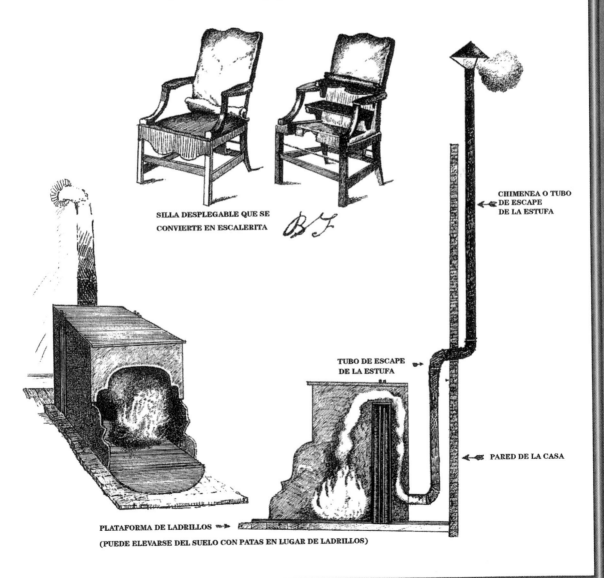

SILLA DESPLEGABLE QUE SE
CONVIERTE EN ESCALERITA

CHIMENEA O TUBO
DE ESCAPE
DE LA ESTUFA

TUBO DE ESCAPE
DE LA ESTUFA

PARED DE LA CASA

PLATAFORMA DE LADRILLOS
(PUEDE ELEVARSE DEL SUELO CON PATAS EN LUGAR DE LADRILLOS)

En 1732, cuando tenía veintiséis años de edad, Benjamín Franklin tuvo una de sus mejores ideas: decidió publicar un almanaque. Todas las familias compraban anualmente un almanaque. Lo consultaban para ver los días festivos, los pronósticos del tiempo, el horario de las mareas, la hora de la salida y puesta del sol, cuándo habría luna llena, cuándo plantar qué cosa. Era justo el tipo de libro que le gustaba a Benjamín, lleno de datos curiosos y consejos sobre una cosa y otra. Además de ser un calendario, era un magnífico libro sobre cómo hacer las cosas, y Benjamín se dio cuenta de que sabía cómo hacer más cosas que nadie. Además, sabía muchos chistes.

Los puso todos en su almanaque, llamado *Poor Richard´s Almanack*, y publicó la primera edición en 1733. Su especialidad eran los dichos de una línea.

A veces, esos dichos eran consejos rápidos de cómo vivir la vida diaria: "Come para vivir, no vivas para comer"; "Un centavo que ahorras es un centavo que ganas"; "Los tontos hablan mucho pero dicen poco".

A veces, sus dichos eran comentarios humorísticos sobre la vida: "Los hombres y los melones son difíciles de conocer"; "El pescado y las visitas huelen mal a los tres días".

En pocos años, Franklin estaba vendiendo 10,000 copias de su almanaque al año. (Lo siguió haciendo por veinticinco años.)

Está claro que fue una buena idea, pero no fue la Gran Idea de Benjamín Franklin. Tenía cuarenta años cuando comenzó a interesarse en la que se convertiría en su Gran Idea. Para ese entonces tenía dos hijos: William Temple, de diecisiete años, y Sarah, de dos años. (Su tercer hijo, Francis, murió en 1736 a los cuatro años de edad.)

La idea tenía que ver con la electricidad, que era una novedad muy de moda. Ya se sabía, desde hacía algún tiempo, que era posible generar electricidad frotando tubos de vidrio con un paño de seda. Y un científico holandés había descubierto que esa electricidad se podía almacenar en botellas especialmente equipadas, para luego extraerla aplicando cables (o conductores) a los dos costados de la botella.

Por toda Europa, la gente se reunía en salas oscuras para ver las chispas y trucos que se podía hacer usando esa técnica. Se electrificaba alambres en forma de arañas gigantes. Se sacaba chispas de un pedazo de hielo y hasta de la cabeza de un niño suspendido del techo con una cuerda de seda. Los artistas de la electricidad iban de ciudad en ciudad vendiendo descargas a los curiosos. Una vez, ante un gran público en España, 180 soldados fueron conectados con cables para luego aplicarles una descarga que los hizo saltar a todos al mismo tiempo.

Franklin compró equipos eléctricos y comenzó a escribirles cartas a científicos europeos. Aprendió a realizar los trucos habituales e inventó algunos otros. Una vez, dio un picnic eléctrico. Su plan era matar un pavo con una descarga eléctrica y asarlo en un recipiente conectado a circuitos eléctricos, en un fuego encendido por una botella eléctrica. Sin embargo, se entusiasmó tanto con su espectáculo frente a los invitados, que se descuidó. Recibió la descarga completa a través de sus propios brazos y cuerpo y quedó inconsciente. Cuando volvió en sí, estaba muy avergonzado. "Lo que quería era matar un pavo", dijo, "pero en lugar de eso, casi mato a un tonto".

Su Gran Idea fue descubrir que la electricidad y los rayos eran lo mismo. Hasta ese momento, la mayoría de la gente creía que los rayos eran (y siempre serían) tan misteriosos como el cielo mismo. A Franklin se le ocurrió la idea de que era lo mismo que se usaba en los trucos de salón, sólo que a mayor escala. Y no sólo eso. Franklin creía también que podía probar su teoría. "Construya una garita de centinela en la punta de una torre alta", le escribió a un científico de Europa. "Ponga una varilla puntiaguda en la torre y ponga a un hombre de pie dentro de la garita durante una tormenta". Franklin sabía que las varillas de hierro atraían la electricidad. Si el hombre colocado dentro de la garita podía comprobar que la varilla también atraía al rayo, quedaría demostrado que los rayos y la electricidad eran lo mismo. La única razón por la que Franklin no llevó a cabo el experimento personalmente fue porque en Filadelfia no había ninguna torre lo suficientemente alta. Ni siquiera había colinas de gran altura.

En la primavera de 1752, tres científicos europeos realizaron el experimento y los tres comprobaron que la Gran Idea de Franklin era correcta. (Uno de los científicos murió, pero le ocurrió por descuidado.) Mientras tanto, a Benjamín se le ocurrió una manera de demostrar la Idea él mismo. Un día de tormenta, elevó una cometa con un largo cable puntiagudo en la punta. Sintió con la mano la descarga eléctrica pasar por una llave que había atado a la cuerda de la cometa. De modo que cuando le llegaron las noticias de los experimentos en Europa ya tenía su propia prueba. Aun así, se sorprendió al escuchar lo entusiasmados que estaban todos con su Idea. Se había vuelto famoso de la noche a la mañana. De hecho, se estaba convirtiendo en el hombre más célebre de los Estados Unidos.

Franklin es famoso por sus inventos, pero la mayoría de la gente piensa que sus mayores contribuciones las hizo cuando colaboró con los esfuerzos de los Estados Unidos por independizarse de Inglaterra. Entre otras cosas, ayudó a redactar la Declaración de la Independencia y la Constitución del país. Franklin murió en 1790, a los ochenta y cuatro años.

Conozcamos a la autora
Jean Fritz

Como sus padres eran misioneros, Jean Fritz pasó los primeros trece años de su vida en la China. Sus padres a menudo hablaban de los Estados Unidos y ella se interesó por la patria que nunca había visto. Su padre le contaba historias de los héroes estadounidenses, especialmente del presidente Woodrow Wilson, su favorito. La curiosidad por conocer a otros héroes estadounidenses llevó a Jean Fritz a convertirse en escritora de biografías.

Las biografías de Jean Fritz han recibido muchos premios, y son populares porque muestran a personajes históricos como personas reales, "con lo bueno y lo malo". Además de escribir sobre Benjamín Franklin, ha escrito sobre Paul Revere, John Hancock, Benedict Arnold y Cristóbal Colón.

Coméntalo

Probablemente habías oído hablar de Benjamín Franklin antes de leer "Caído del cielo". ¿Qué fue lo que más te sorprendió de esta biografía?

Comprensión de lectura

1. ¿Qué conclusiones puedes sacar acerca de Benjamín Franklin? Da razones que apoyen tu respuesta.

2. ¿Cómo sabes que Franklin tenía un buen sentido del humor?

3. ¿Cómo demostraba Franklin sus ideas? Da uno o varios ejemplos.

4. Lee de nuevo el primer párrafo de la página 622. ¿Qué oración expresa la **idea principal** de este párrafo? ¿Qué **detalles de apoyo** encuentras?

5. Piensa ahora en la **idea principal** de la selección entera. Primero, decide cuál es el tema. Luego di qué te dice la selección sobre ese tema. Finalmente, señala algunos **detalles de apoyo**.

¿Cuál es tu idea?

Benjamín Franklin inventó muchas cosas prácticas. Mira a tu alrededor. ¿Qué cosa se te ocurre para hacer la vida más fácil o interesante? Haz un dibujo de tu invento y descríbelo por escrito. Describe tu idea a los demás.

Propósito del autor/ de la autora

- El **propósito del autor** es la razón que tiene un autor para escribir.

- Entretener, informar, expresar y persuadir son algunos de los propósitos que tienen los autores para escribir.

- Predecir el propósito del autor te ayuda a decidir cómo leer un texto: con cuidado y detenidamente, o rápidamente y por diversión.

Lee "El monstruo", de *Monstrico*, por Raquel Coelho.

Escribe

1. Antes de leer "El monstruo", ¿decidiste hacerlo rápida o lentamente? ¿Por qué?

2. "El monstruo" es un texto de ficción. ¿Qué te dice eso sobre el propósito de la autora? Explica tu respuesta.

3. ¿Te gustaría leer el resto de este cuento? Explica tu respuesta.

EL MONSTRUO

por Raquel Coelho

Habían pasado unos diez días de mucha paz y entonces él empezó a comer mucho, empezó a comer todo lo que era bueno y bonito, empezó a comer pasto, frutas y piedritas.

¿¿¿PIEDRITAS???

Pues claro, como era monstruo, comía piedras, por eso era tan gordo.

Comía nubes porque era alto, altote, altísimo, y comía árboles porque, en realidad, ése era su plato preferido.

Pero ahora, después de diez días despierto, un largo bostezo salió de su boca y se acordó: "Dios mío, hace ya más de diez días que no duermo…"

Y como el sueño de un monstruo grande también es un sueño grande, se fue acurrucando despacito, acomodándose aquí

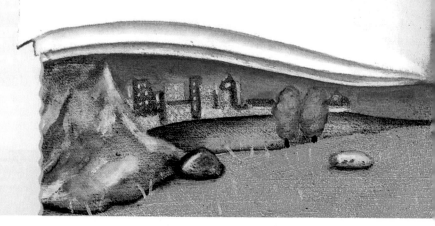

y allá, y ahora podría dormir
tal vez diez días, tal vez un mes
y quién sabe si hasta un año.

Se acostó en su cama y
se quedó mirando la ciudad
a lo lejos, la ciudad que quedaba
cerca de la gruta donde él vivía.
La ciudad con sus lucecitas titilando
parecía… ¿qué? Ah… parecía, parecía
una estrella, no, no, parecía un montón
de luciérnagas reunidas en una
cesta, no, parecía, parecía…
parecía… y… Monstrico se durmió.

OJO A LO QUE VIENE

El monstruo y la bibliotecaria

Disfruta la lectura sobre
un simpático monstruo
que decide vivir en
una biblioteca, causando
consecuencias inesperadas.

Palabras nuevas

bibliotecaria cautivados parar
comprimió estanterías
inspecciones picardía

Muchas palabras tienen más de un significado. Para averiguar cuál es el significado que se está usando, busca claves en las oraciones cercanas a la palabra.

Lee el siguiente párrafo. Averigua si *parar* significa "detenerse" o "poner algo de pie".

¡Prohibido comer!

Después de muchas inspecciones, la bibliotecaria se aseguró de que ningún libro estuviera fuera de lugar en las estanterías. Luego volvió a la sala de lectura infantil y encontró a todos los niños leyendo sin parar, cautivados por la lectura. Bueno, todos menos uno. Jaime, un niño de cabello muy negro, miró a la bibliotecaria con picardía. Rápidamente comprimió medio sándwich en sus manos y se lo comió. Aunque estaba prohibido comer allí, la bibliotecaria sólo pudo reírse ante la travesura de Jaime.

En tus palabras

Habla con un compañero o compañera de una visita a una biblioteca. Usa las palabras del vocabulario.

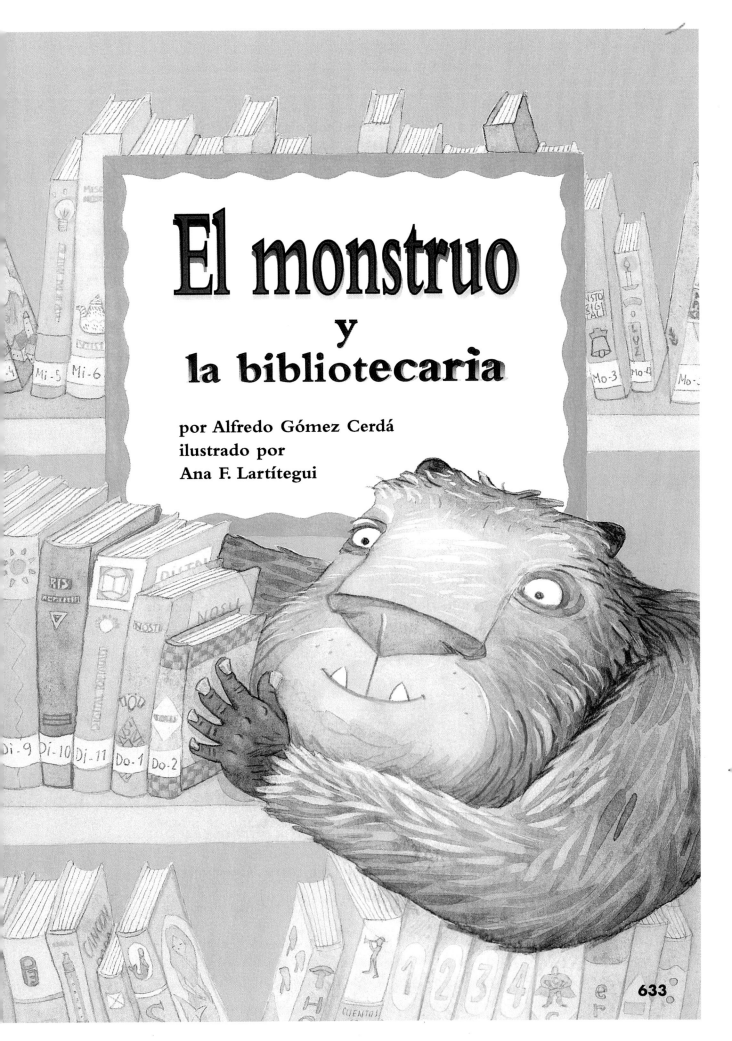

El monstruo
y
la bibliotecaria

por Alfredo Gómez Cerdá
ilustrado por
Ana F. Lartítegui

El monstruo de esta historia es, como a él mismo le gusta decir, un monstruo normal y corriente. Cambia de forma hasta hacerse plano como un papel, y se vuelve invisible para no asustar a la gente. Vive en la ciudad de Albacete, España. Le gusta mucho estar ahí, pero se le hace difícil soportar el calor de los veranos. Por eso sueña con viajar alguna vez a la Antártida, a echarse sobre el hielo y disfrutar del frío, sin tener que hacer nada. A veces, sin embargo, esta idea lo pone triste. En esas ocasiones piensa que debería ser un monstruo responsable, conseguir un trabajo y hacer algo útil con su vida. Un día de verano, buscando refugiarse del calor, el monstruo de Albacete se hizo plano como un papel y se metió dentro de un aparato de aire acondicionado. Sin que él lo supiera, ese aparato iba a ser transportado a la biblioteca de la ciudad. Ahí empezó la aventura que cambiaría su vida y la de una joven bibliotecaria a la que le gustaba, sobre todas las cosas, leerles cuentos en voz alta a los niños.

Una noche entre libros

Cuando las agujas del reloj de pared señalaron la hora de cerrar, la bibliotecaria se puso en pie y dio unas cuantas palmadas.

El público recogió sus cosas y poco a poco se marchó.

Ella, antes de salir, se dio una vueltecita por las diversas salas, revisando las estanterías y colocando algunos libros.

Luego, quitó el aire acondicionado, apagó las luces y se fue, cerrando antes la puerta con llave.

Al sentirse solo, el monstruo salió del aparato de aire acondicionado y recuperó su monstruosa forma de monstruo monstruoso normal y corriente.

—¡Qué ganas tenía de estirar las piernas! —exclamó.

Y estiró al máximo sus piernas, sus brazos y todo su cuerpo.

El monstruo no salió a la calle por alguna rendija, como parecería lógico y natural.

Se dirigió a la estantería donde estaba aquel libro que había leído la bibliotecaria a los niños y lo cogió.

Encendió la luz de una lámpara de mesa, se acercó una silla y comenzó a leer.

Leía sin parar, como si tuviese la necesidad de comprobar que todo lo que la bibliotecaria había leído a los niños por la tarde estaba, en efecto, escrito allí.

El monstruo de nuestra historia, por supuesto, sabía leer y escribir.

También sabía sumar, restar, multiplicar y dividir.

Su madre le enseñó cuando era pequeño.

—A ningún monstruo le ha servido para nada saber estas cosas —le dijo su madre entonces—. Pero tal vez tú seas diferente.

Cuando terminó el libro, se levantó de la silla y conectó el aire acondicionado, pues empezaba a notar calor.

Luego, buscó por las estanterías y tomó otro libro, que leyó enseguida.

Y luego otro, y otro, y otro...

El monstruo leía de una manera monstruosa, tan deprisa como ningún ser humano es capaz de leer.

Y leyendo pasó horas y horas.

Le gustaron sobre todo esos libros con personajes encantados por algún hada, o alguna bruja, que al final, gracias a una bella y joven princesa, recobran su figura y su condición.

Los que menos le gustaron fueron los libros que trataban de monstruos.

Le parecieron llenos de mentiras.

—¡Qué poca imaginación tienen algunos escritores! —comentó en voz alta—. Tratan a todos los monstruos por igual, como si sólo hubiese una clase de monstruos en el mundo. ¡Y qué manera de describirnos! ¡Todos horrorosos y asustando siempre a la gente! Tendrían que conocer a mi prima María Luisa. Su monstruosa belleza les haría cambiar de opinión inmediatamente.

Sin darse cuenta se le pasó la noche.

Y amaneció.

Dio un salto al escuchar un ruido en la puerta de entrada.

Entonces, a toda velocidad, se comprimió como en otras ocasiones y se introdujo por la rejilla del aparato de aire acondicionado.

Pensó que era mejor estar apretado y fresquito, que volverse invisible y sudar a chorros.

Al entrar, la bibliotecaria se quedó boquiabierta.

¿Quién había encendido aquella lámpara?

¿Quién había revuelto los libros?

¿Quién había conectado el aire acondicionado?

Recorrió una y otra vez la biblioteca, pero no encontró nada sospechoso, nada extraño, nada anormal. Nada de nada.

Desde su escondite, el monstruo la observaba divertido.

Le hacía mucha gracia sentirse responsable de todo aquello.

Era como si hubiese conseguido atraer hacia sí un poco de la atención de la chica.

Mientras la bibliotecaria seguía registrando todos los rincones de la biblioteca, el monstruo vio algo sobre su mesa.

Era algo que ella misma había dejado al entrar, junto a su bolso.

Estaba envuelto con papel de aluminio, de ésos que sirven para conservar mejor los alimentos, y tenía toda la pinta de un bocadillo.

"¡Estoy muerto de hambre!", se dijo el monstruo, llevándose sus monstruosas manos a su monstruosa y vacía tripa.

Aprovechando una de las inspecciones de la bibliotecaria, salió sigilosamente de su escondite.

Caminó de puntillas hasta la mesa.

Desenvolvió muy despacio aquel paquete, para que el papel de aluminio no hiciese ruido.

Al abrirlo, se quedó entusiasmado: era un apetitoso bocadillo de queso manchego. Lo levantó con sus monstruosas manos y, de un solo bocado, se lo comió.

Dejó el papel arrugado sobre la mesa y regresó al aparato a toda prisa, antes de que ella se diese cuenta.

Cuando la bibliotecaria descubrió el envoltorio arrugado de su bocadillo se detuvo en seco.

Se frotó los ojos un par de veces con el dorso de sus manos.

Pensó en voz alta:

—Envuelto en este papel estaba hace un instante mi bocadillo de queso.

Luego, miró debajo de la mesa, en la papelera, en los cajones…

—¿Me lo habré comido sin darme cuenta?

Negó repetidas veces moviendo la cabeza y se dejó caer en su butaca, sin entender nada de lo que había pasado.

El encuentro

Llegados a este punto de nuestra historia conviene decir, para que todos los lectores la entiendan bien, que pasaron varios días calurosos de verano en Albacete.

No uno, ni dos, ni tres…

Podemos pensar que pasaron doce días, o quince, o diecinueve…

Poco más o menos.

Durante todo este tiempo, el monstruo permaneció escondido dentro del aparato de aire acondicionado, fresquito y atento a lo que sucedía alrededor.

Sólo de noche salía al exterior, hacía un poco de ejercicio para desentumecer sus músculos y se daba un atracón de lectura.

El monstruo se había afincado en la biblioteca.

Le había tomado cariño a aquel lugar.

Sentía verdadero placer trepando por las estanterías en busca de libros y más libros, que leía sin cesar.

Su comida se limitó a un bocadillo al día, casi siempre de queso manchego.

Era el bocadillo que la bibliotecaria llevaba para reponer fuerzas a media mañana y que él siempre le quitaba, valiéndose de su rapidez.

Como no era un monstruo tragón, tenía suficiente con eso.

Curiosamente, ni una sola vez se sintió triste, como le pasaba antes.

Seguía pensando que no había hecho nada importante en su monstruosa vida, que sólo le gustaba tumbarse a la bartola para tomar el fresco...

Pero algo raro le estaba pasando.

Estos pensamientos se esfumaban tan rápido de su mente, que no le daba tiempo a ponerse triste.

La bibliotecaria cada día estaba más preocupada.

La primera vez pensó que habría entrado algún perro o algún gato.

Luego, pensó que se trataría de ladrones, aunque no echó en falta nada, excepto su bocadillo.

Al final, llegó a pensar que estaba mal de la cabeza e imaginaba cosas que no ocurrían en realidad.

Una noche quiso aclarar de una vez todas sus dudas.

Así que, decidida y valiente, salió de su casa algo después de medianoche y se dirigió a la biblioteca.

—¡Pasaré la noche en vela! —se dijo para darse ánimos—. ¡Pero averiguaré qué está pasando!

Abrió la puerta de la biblioteca con muchísimo cuidado y entró sin hacer ruido.

Descubrió al instante el resplandor de una lámpara encendida.

Caminó de puntillas hacia el interior.

Podía escuchar perfectamente el zumbido del aparato de aire acondicionado.

Alguien había encendido esa lámpara y conectado el aparato.

¡Y ella estaba a punto de descubrirlo!

Se dirigió, también de puntillas, hacia el interruptor de la luz.

Desde allí ya podía ver parte de la sala en la que el monstruo se encontraba enfrascado en la lectura.

No cabía duda, en esa sala había alguien.

Podía adivinar un bulto junto a la lámpara de su mesa.

Contó hasta tres.

"¡Una, dos y tres!"

Apretó el interruptor de la luz y toda la biblioteca se iluminó por completo.

—¡Te pillé! —gritó.

El monstruo y la bibliotecaria se llevaron un susto de muerte.

El monstruo, porque se vio descubierto cuando menos lo esperaba.

Dio un grito monstruoso y el libro que leía se le cayó de las manos.

Como todo sucedió tan rápidamente, no tuvo tiempo de volverse invisible.

La bibliotecaria, porque lo que descubrió no fue un perro, ni un gato, ni siquiera un ladrón, sino un verdadero monstruo monstruoso normal y corriente.

Sus ojos se le abrieron como platos y se quedó petrificada como una estatua.

Y así, mirándose fijamente, permanecieron varios minutos.

Por fin, el monstruo fue capaz de reaccionar.

Pensó que a la bibliotecaria le había dado un colapso, un telele, o algo por el estilo.

Tenía que hacer algo para ayudarla, y pronto.

La pobre, tenía una expresión en su cara de auténtico terror.

Dio unos pasos hacia ella.

—No debes tener miedo —balbuceó.

—¡Un monstruo! —tembló la bibliotecaria de pies a cabeza.

Pasaban los minutos y la bibliotecaria no reaccionaba.

Confuso, al monstruo se le ocurrió una idea.

Se acercó más a la bibliotecaria y le dijo:

—No soy un monstruo, bella joven. En realidad, soy un príncipe que he sido encantado por un hada perversa. Ella me dio este aspecto monstruoso.

—¿Quééééé...? —la bibliotecaria no salía de su asombro.

—Tú debes saberlo —continuó el monstruo—. Conoces todas esas historias escritas en los libros. Yo te he oído leer alguna a los niños que vienen por la tarde.

—¿Quééééé...? —la bibliotecaria era incapaz de decir otra cosa.

—Sí, soy un príncipe joven y apuesto, un príncipe que recobrará su aspecto si una joven... —el monstruo titubeó, pero continuó—. Si una joven... joven... como... como tú, es capaz de... es capaz de... de... besarme.

—¿Quééééé...?

—Si me besas, me convertiré en el príncipe que fui, me casaré contigo, seremos felices y comeremos perdices.

El monstruo y la bibliotecaria estaban muy cerca, emocionados, mirándose sin pestañear.

Por eso, la bibliotecaria sólo tuvo que levantar un poco la cabeza para que sus labios alcanzasen a los del monstruo.

Y aquel beso rompió todos los hechizos.

Ella se frotó los ojos, respiró profundamente un par de veces y se quedó mirándole, ya casi sin miedo.

El monstruo, que no se había convertido en príncipe ni en nada por el estilo, sonrió a la chica con una pizca de picardía reflejada en su monstruosa sonrisa.

—De modo que tú... —comenzó ella.

—Ya ves, sólo soy un monstruo monstruoso normal y corriente. Puedo cambiar de forma y volverme invisible. Soy muy caluroso. Me gusta Albacete, aunque sueño con pasar una larga temporada en la Antártida, tumbado a la bartola en la punta de un iceberg. Me sentía un inútil que no servía para nada, hasta que descubrí este sitio, estos libros y... y... —el monstruo volvió a titubear y bajó la mirada algo ruborizado—. Y... y... hasta que te descubrí a ti.

Un trabajo monstruoso

Pasada la primera impresión, el monstruo y la bibliotecaria se sentaron en unas sillas y comenzaron a hablar. Su conversación se fue haciendo cada vez más animada y más divertida.

Se pasaron la noche entera hablando y hablando. Hablaron de sus vidas, de sus sueños, del calor que hacía en Albacete, de los bocadillos de queso manchego, de las historias sorprendentes que cuentan los libros, de los aparatos de aire acondicionado, de quedar una tarde para ir a la discoteca…

¡Y de muchas más cosas!

Al amanecer, se habían hecho verdaderos amigos.

La bibliotecaria había consentido en que el monstruo se quedase a vivir en la biblioteca, dentro de aquel aparato de aire acondicionado.

Sería reconfortante saber que tendría un amigo tan cerca. Todos los días le llevaría un enorme bocadillo de queso.

Eso sí, a cambio, él tendría que trabajar.

Decidieron que esa misma tarde comenzaría el trabajo.

Y esa misma tarde, cuando la biblioteca solía llenarse de niños, la bibliotecaria se levantó de su asiento, se colocó en el centro de la sala y dio unas palmadas.

—¡Atención, niños! —dijo.

Los niños pensaron que les iba a leer un libro, como en otras ocasiones, y en seguida formaron un corro a su alrededor.

La bibliotecaria se aclaró la garganta y continuó hablando:

—Alguna vez os he leído historias en las que aparecían monstruos. Estoy segura de que vosotros mismos habréis encontrado historias de monstruos en los muchos libros que tenéis por aquí.

Los niños asentían con la cabeza.

La bibliotecaria echó una rápida ojeada al atento corro de niños y se colocó junto al aparato de aire acondicionado.

—¿Os gustan las historias de monstruos? —preguntó.

—¡¡¡Síííí!!! —respondieron a coro los niños.

—¡Pues mucha atención! Ahora, vais a tener ocasión de escuchar una historia verdaderamente monstruosa. No va a ser una historia que se haya inventado un escritor con mucha imaginación. Va a ser… va a ser…

La bibliotecaria había captado todo el interés y toda la atención de aquellos niños, que la miraban sin pestañear.

Pero no sabía cómo continuar con la presentación, así que se limitó a señalar el aparato de aire acondicionado y a decir:

—¡Mirad todos aquí! Fijaos en este aparato de aire acondicionado. ¿Lo veis bien?

—¡¡¡Síííí!!!

—Pues aunque de su interior salga un verdadero monstruo, no os mováis del sitio. ¡Mucha atención!

La bibliotecaria no recordaba tanto silencio en aquella sala. Podía oírse hasta el vuelo de una mosca.

Muy despacio, el monstruo comenzó a salir por la rejilla, tan fino como un papel.

Primero asomó sus monstruosas manos, luego sus monstruosos brazos, después su monstruosa cabeza, su monstruoso tronco, sus monstruosas piernas, sus monstruosos pies…

Cuando estuvo fuera por completo, recobró su aspecto monstruoso normal y corriente.

Los niños parecían una colección de pequeñas estatuas asombradas.

Y con una voz profunda y cálida, el monstruo comenzó a contar a aquellos niños una sorprendente historia de monstruos.

No era una historia inventada.

Era una historia verdadera que él mismo había vivido.

El asombro y el poco de miedo, que los niños habían sentido al ver al monstruo por primera vez, pronto desaparecieron. Todos estaban cautivados por aquella historia, boquiabiertos, en silencio absoluto.

Cuando concluyó el relato, el monstruo hizo una pequeña reverencia, sonrió abiertamente al auditorio y guiñó un ojo a la bibliotecaria.

Luego, muy despacio, comprimió su cuerpo y se introdujo de nuevo en el aparato de aire acondicionado.

Se produjo otra vez un larguísimo e impresionante silencio.

La bibliotecaria dio unos pasos y se situó en medio del corro.

—¿Qué os ha parecido? —preguntó.

Entonces, todos los niños a la vez comenzaron a aplaudir.

Aplaudían tan fuerte que temblaban hasta las estanterías de la biblioteca.

Y desde entonces, la historia se repite cada tarde en una biblioteca de Albacete.

Los niños no han faltado ni una sola vez a la cita.

Cada día van más.

Ya no caben en la sala y llenan hasta los pasillos.

Se sientan en el suelo, alrededor del aparato de aire acondicionado, y esperan en silencio.

El monstruo los observa a través de la rejilla. Antes de salir, lanza un beso por el aire a la bibliotecaria. Luego, muy despacio, se desliza hacia el exterior.

No ha vuelto a pensar en irse a la Antártida para tumbarse a la bartola en la punta de un iceberg.

Conozcamos al autor

Alfredo Gómez Cerdá

Alfredo Gómez Cerdá prefiere escribir a mano, y en cuadernos. Es una costumbre que ha tenido por muchos años, ya que empezó a escribir cuentos desde niño. En la escuela utilizaba los cuadernos de los deberes para escribir cuentos que les encantaban a sus compañeros. Nació en Madrid, España, y ha vivido allí toda su vida. Es observador e imaginativo. Además de ser divertidos, los libros de Alfredo Gómez Cerdá contienen valiosas enseñanzas para los jóvenes lectores. Sus títulos, como *Habitantes de río* y *Un perro con suerte,* presentan temas que le preocupan, por ejemplo, la ecología y la relación entre la humanidad y la naturaleza.

Cuando escribe, Alfredo Gómez Cerdá sigue un proceso creativo. Primero observa detalladamente a las personas, lugares y sucesos que lo rodean. Luego analiza su reacción personal a lo que vio y le da rienda suelta a su imaginación. Finalmente, luego de interpretar el realismo y modificarlo con su imaginación, crea una historia original.

Coméntalo

Imagina que eres la bibliotecaria. ¿Cómo habrías reaccionado al descubrir al monstruo?

Comprensión de lectura

1. ¿Crees que el monstruo y la bibliotecaria son parecidos? ¿Por qué se convierten en tan buenos amigos?

2. Al principio, la bibliotecaria cree que ha entrado un perro o un gato a la biblioteca. ¿Por qué crees que sacó esa conclusión?

3. ¿Cómo descubre la bibliotecaria lo que está sucediendo en la biblioteca?

4. ¿Cuál crees que es el **propósito del autor** en este cuento: informar, divertir, persuadir o expresar? Explica tu respuesta.

5. Al averiguar el **propósito del autor,** puedes ajustar la forma en que lees un cuento. ¿Leerías *El monstruo y la bibliotecaria* rápida o lentamente? ¿Por qué?

Mímica

Representa con mímica una de las escenas del cuento; por ejemplo, el encuentro entre el monstruo y la bibliotecaria, o entre el monstruo y los niños. Represéntala solo o con la ayuda de algunos compañeros, y pide a los demás que identifiquen la escena.

Escritura

por Octavio Paz

Yo dibujo estas letras
como el día dibuja sus imágenes
y sopla sobre ellas y no vuelve.

XXIV

de *Versos sencillos*

por José Martí

Sé de un pintor atrevido
que sale a pintar contento
sobre la tela del viento
y la espuma del olvido.

Yo sé de un pintor gigante,
el de divinos colores,
puesto a pintarle las flores
a una corbeta mercante.

Yo sé de un pobre pintor
que mira el agua al pintar,—
el agua ronca del mar,—
con un entrañable amor.

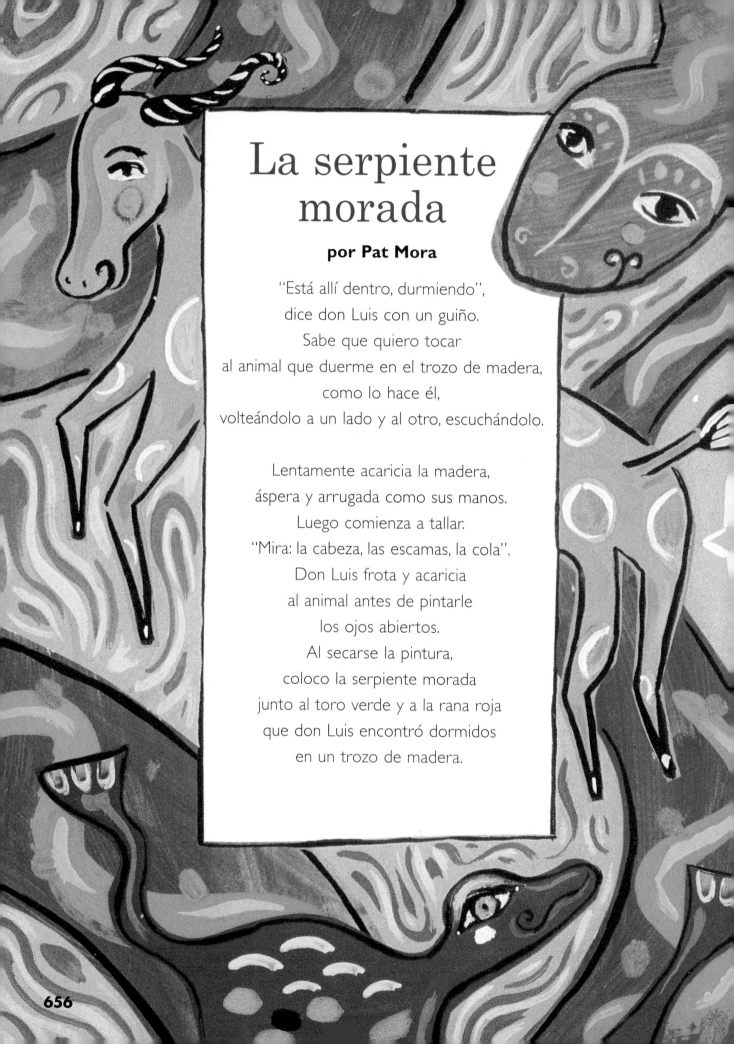

La serpiente morada

por Pat Mora

"Está allí dentro, durmiendo",
dice don Luis con un guiño.
Sabe que quiero tocar
al animal que duerme en el trozo de madera,
como lo hace él,
volteándolo a un lado y al otro, escuchándolo.

Lentamente acaricia la madera,
áspera y arrugada como sus manos.
Luego comienza a tallar.
"Mira: la cabeza, las escamas, la cola".
Don Luis frota y acaricia
al animal antes de pintarle
los ojos abiertos.
Al secarse la pintura,
coloco la serpiente morada
junto al toro verde y a la rana roja
que don Luis encontró dormidos
en un trozo de madera.

Cuando sea grande

por Janet S. Wong

Abuelo, quiero ser artista:
escribir y pintar, bailar y cantar.

> Sé contadora.
> Sé abogada.
> Vive bien,
> come rico.
> Antes,
> en China,
> todos
> tan, tan pobres.
> Comer un pollo,
> trabajar todo el año.

Abuelo, aquí las cosas son distintas.

En los exámenes

Comprender la pregunta

Busca palabras clave en la pregunta

Antes de responder una pregunta en un examen, debes comprenderla. Un examen sobre "¿Qué es un mapa?", de las páginas 66 y 67, podría tener esta pregunta.

Pregunta de examen 1

¿Cuáles son los principales indicadores en un mapa? Usa detalles del artículo para apoyar tu respuesta.

Lee la pregunta lentamente.

Pregúntate: ¿A quién o a qué se refiere esta pregunta? Las palabras que te dicen a quién o a qué se refiere una pregunta son **palabras clave**.

Busca otras palabras clave en la pregunta.

• Por lo general, la primera palabra de una pregunta es una palabra clave.

Convierte la pregunta en una oración.

Usa las palabras clave en una oración que comience: "Lo que necesito averiguar es..."

Mira cómo una estudiante se aseguró de comprender bien la pregunta.

Ya leí la pregunta. ¿De qué trata? Bien, creo que habla acerca de indicadores que hay en los mapas. **Indicadores** y **mapas** tienen que ser palabras clave.

Bueno, voy a leer la pregunta otra vez. Aquí veo la palabra **cuáles** y aquí está la palabra **principales**. Necesito averiguar cuáles son los principales indicadores en un mapa.

¡Inténtalo!

Ahora usa lo que has aprendido para entender estas preguntas acerca del artículo "¿Qué es un mapa?", de las páginas 66 y 67.

Pregunta de examen 2

¿Para qué les sirven los mapas a los ingenieros y arquitectos? Usa detalles del artículo para apoyar tu respuesta.

Pregunta de examen 3

¿Por qué debes fijarte en la *rosa de los vientos* de un mapa?

Ⓐ porque es la que muestra las fronteras

Ⓑ porque tiene forma de estrella

Ⓒ porque muestra los puntos cardinales

Ⓓ porque muestra características importantes del terreno

En los exámenes

Comprender la pregunta

Busca palabras clave en el texto

Antes de responder una pregunta en un examen, debes saber dónde buscar la respuesta. Mira las páginas 146 y 147 de "Tristes estrellas de tiza". Un examen sobre esa parte del cuento podría tener esta pregunta.

Pregunta de examen 1

¿Por qué se abrió un boquete en la nube que cubría la ciudad? Usa detalles del cuento para apoyar tu respuesta.

Asegúrate de comprender la pregunta.

Busca las palabras clave. Completa esta oración: "Lo que necesito averiguar es...".

Determina dónde puedes buscar la respuesta.

- Algunas preguntas de examen te dicen qué parte del texto debes mirar. La respuesta se encuentra *en ese lugar* del texto.

- Otras preguntas de examen te dicen que busques información en diferentes partes de la selección. Entonces tienes que *pensar y buscar*.

- Incluso, algunas preguntas de examen te dicen que combines lo que *tú* sabes con lo que te dice el *autor.* La respuesta viene *del autor y de ti.*

Mira cómo una estudiante determina dónde buscar la respuesta.

Por qué se abrió un boquete...
Creo que quieren saber por qué causa se abrió un boquete en la nube. Los dos primeros párrafos hablan de esto. Así que tengo que pensar y buscar para hallar la respuesta.

Aquí explican cómo muchos molinillos de papel giraban por todas partes y cómo vino un gran viento que los inclinó en una misma dirección y creó un gran chorro de viento. Al final del párrafo veo que dice "que abrieron un inmenso boquete". Creo que por aquí está la respuesta.

¡Inténtalo!

Ahora determina dónde buscar las respuestas para estas preguntas de examen acerca de "Tristes estrellas de tiza", en las páginas 144 y 145.

Pregunta de examen 2

¿Cómo se sintieron los niños al ver las estrellas? Usa detalles del cuento para apoyar tu respuesta.

Pregunta de examen 3

¿Qué vieron los habitantes de la ciudad a través del boquete en la nube?

Ⓐ los molinillos de viento girando

Ⓑ la luna, las estrellas y el sol

Ⓒ un chorro de polvo que levantó el viento

Ⓓ las luces en las ventanas de las casa

En los exámenes

Responder la pregunta

Escoge la respuesta correcta

Antes de responder una pregunta de opción múltiple en un examen, debes determinar cuál es la mejor respuesta. Un examen sobre "Los gauchos", de las páginas 294 a 297, podría tener esta pregunta.

Pregunta de examen 1

De acuerdo con las ilustraciones, ¿cuál era la prenda de vestir más común entre los gauchos?

Ⓐ los tenis

Ⓑ los pantalones vaqueros

Ⓒ las bombachas

Ⓓ los sombreros de ala

Comprende la pregunta.
Busca las palabras clave. Completa esta oración: "Lo que necesito averiguar es...".

Reduce las opciones de respuesta.
Lee cada opción de respuesta con cuidado. Tacha cada opción que tú sepas no es la correcta.

Repasa el texto.

- ¿Está la respuesta en *un solo lugar*, o tienes que *pensar y buscar*? ¿Depende la respuesta *del autor y de ti*?

Escoge la mejor respuesta.
Marca la respuesta que escojas. Verifícala comparándola con el texto.

Mira cómo un estudiante escoge la respuesta correcta.

Bueno, necesito averiguar cuál es la prenda de vestir más común entre los gauchos. Casi todas las fotos sólo muestran la mitad de arriba del cuerpo de los gauchos, así que puedo descartar la A. Podría ser la B, C o D. Voy a volver a mirar las fotos.

En las fotos de las páginas 297 y 298 hay cuatro fotos y en todas los gauchos llevan puestos sombreros de ala. Una foto muestra que llevan unos pantalones, pero no parecen pantalones vaqueros ni bombachas. En las dos páginas siguientes, tres de las fotos muestran a otros gauchos y todos llevan puestos sombreros de ala. La respuesta tiene que ser D.

¡Inténtalo!

Ahora determina cuál es la mejor respuesta a estas preguntas de examen acerca del artículo "Los gauchos", de las páginas 294 a 297.

Pregunta de examen 2

Con base en la información de este artículo, los gauchos

(A) eran vaqueros del oeste norteamericano.

(B) eran nómadas.

(C) eran ricos hacendados de las pampas.

(D) eran colonizadores que llegaron a la Argentina.

Pregunta de examen 3

¿Por qué escribió el autor este artículo?

(F) para explicar a los lectores cómo era la Argentina

(G) para informar a los lectores sobre la historia y cultura de los gauchos

(H) para decir a los lectores dónde vivían los gauchos

(I) para enseñar a los lectores cómo se vestían los gauchos

En los exámenes

Responder la pregunta

Usa información del texto

Algunas preguntas de los exámenes te piden que apoyes tus respuestas con detalles del texto. Para responder esas preguntas correctamente, debes sacar información *del texto*. Un examen sobre "Los lobos", de las páginas 362 y 363, podría tener la siguiente pregunta.

Pregunta de examen 1

¿Cuál fue el propósito del autor al escribir este artículo? Usa detalles del texto que apoyen tu respuesta.

Comprende la pregunta.

Lee la pregunta con atención para hallar palabras clave. Completa la oración: "Lo que necesito averiguar es…".

Determina dónde puedes buscar la respuesta.

La respuesta podría estar *ahí no más,* en un solo sitio, o puede que tengas que *pensar y buscar.* La respuesta puede depender *del autor y de ti.* Toma nota de los detalles que respondan la pregunta.

Verifica tus notas.

Vuelve a leer la pregunta y tus notas. Pregúntate: "¿Tengo suficiente información?". Si te faltan detalles, vuelve a leer el texto.

Mira cómo un estudiante usa la información del texto para responder la pregunta.

El autor quiere darme información, pero debo buscarla en diferentes partes del artículo. En el primer párrafo, describe un poco a los lobos. Voy a anotar eso.

Bueno, ya revisé mis notas. Era cierto. El autor escribió este artículo para informar a los lectores acerca de los lobos. Voy a volver a mirar la pregunta para estar seguro de que tengo todos los detalles que necesito.

¡Inténtalo!

Ahora usa lo que has aprendido para responder estas preguntas de examen sobre "Los lobos", de las páginas 362 y 363.

Pregunta de examen 2

¿En qué se parecen los lobos grises y los lobos rojos? ¿En qué se diferencian? Usa detalles del artículo que apoyen tu respuesta.

Pregunta de examen 3

¿Por qué ahora hay menos lobos que hace unos siglos? Usa detalles del artículo que apoyen tu respuesta.

En los exámenes

Responder la pregunta

Escribe la respuesta

En algunos exámenes te piden que escribas una respuesta. Un examen sobre "Olas marinas", de las páginas 530 y 531, podría tener la siguiente pregunta.

Pregunta de examen 1

¿Por qué Luci Cruz ilustra su artículo con diagramas de olas? Explica tu respuesta con ejemplos del artículo.

Prepárate para responder.

- Lee la pregunta para hallar las palabras clave.

- Completa la oración: "Lo que necesito averiguar es...".

- Determina dónde buscar la respuesta.

- Toma notas y verifícalas.

Escribe tu respuesta.

- Comienza tu respuesta con palabras de la pregunta. Luego, añade detalles de tus notas.

- Verifica tu respuesta. Pregúntate:

✓ **¿Es correcta mi respuesta?** ¿Son incorrectos algunos de los detalles?

✓ **¿Está completa mi respuesta?** ¿Necesito añadir más detalles?

✓ **¿Está enfocada mi respuesta?** ¿Todos los detalles provienen del texto? ¿Todos contribuyen a responder la pregunta?

Mira cómo una estudiante escribe una respuesta correcta, completa y enfocada.

Necesito comenzar mi respuesta con palabras de la pregunta. Voy a comenzar diciendo: "Luci Cruz ilustra el artículo con diagramas de olas para" y voy a sacar el resto de la información de mis notas.

Luci Cruz ilustra el artículo con diagramas de olas para mostrar gráficamente las definiciones que hay en el texto. De esa manera, hace que sea más fácil entender qué es la cresta, el valle, la longitud y la altura de las olas. Así, puede que las personas se interesen por saber más acerca de...

¡Inténtalo!

Usa lo que has aprendido para escribir respuestas a estas preguntas de examen acerca del artículo "Olas marinas", de las páginas 530 y 531.

Pregunta de examen 2

¿En qué se parecen los gases y los líquidos? ¿En qué se diferencian? Usa detalles de la página 530 para explicar tu respuesta.

Pregunta de examen 3

¿Cómo se produce la espuma blanca que se ve desde la playa? Usa detalles de la página 531 del artículo para apoyar tu respuesta.

En los exámenes

Responder la pregunta

¡Saca buenas calificaciones!

Una lista de verificación para calificar te muestra de qué consta una buena respuesta a una pregunta de examen. Puedes aprender cómo escribir respuestas que obtengan buenas calificaciones usando una lista de verificación.

Lee la lista de verificación que aparece a la derecha.

Un examen sobre "El monstruo y la bibliotecaria", de las páginas 634 a 637, podría tener la siguiente pregunta.

Pregunta de examen 1

¿Por qué el monstruo de Albacete terminó en la biblioteca de la ciudad? Usa detalles de esta sección del cuento que apoyen tu respuesta.

Mira el primer intento de respuesta en la página 669. Luego mira cómo el estudiante usó la lista de verificación para mejorar su respuesta.

Lista de verificación para calificar

✓ **La respuesta es correcta.** Sólo tiene detalles correctos sacados del texto.

✓ **La respuesta está completa.** Tiene todos los detalles necesarios y todos provienen del texto.

✓ **La respuesta está enfocada.** Sólo contiene detalles del texto que responden la pregunta.

Primer intento

Esto está incompleto. Necesita más detalles acerca de cómo el monstruo terminó en la biblioteca de la ciudad.

Esto no es correcto. El monstruo no se metió en el aire para que lo llevaran a la ciudad.

El monstruo de Albacete termina por accidente en la biblioteca de la ciudad, porque quiere irse a la Antártida para no tener que soportar el calor del verano. Se mete en un aparato de aire acondicionado para que se lo lleven a otra parte.

No está enfocada. Este detalle no responde la pregunta.

Respuesta mejorada

Di por qué esta respuesta es mejor. Vuelve a mirar la lista de verificación para calificar, como ayuda.

El monstruo de Albacete, queriendo refugiarse del calor en un día de verano, se hizo plano como una hoja y se metió en un aparato de aire acondicionado. Sin que él lo supiera, iban a llevar ese aparato a la biblioteca de la ciudad.

¡Inténtalo!

Ahora mira el primer ensayo de respuesta que aparece abajo.
Luego, escribe la respuesta que mejore este primer intento.
Mira de nuevo la lista de verificación para calificar, como ayuda.

Pregunta de examen 2

¿Qué hizo el monstruo después de que la bibliotecaria cerró la biblioteca? Usa detalles del cuento para apoyar tu respuesta.

Primer intento

Después de que la bibliotecaria cerró la biblioteca, el monstruo salió a la calle por una rendija. Se llevó unos cuantos libros y pasó el resto de la noche leyendo, sobre todo, cuentos acerca de monstruos.

Glosario

Cómo usar este glosario

Este glosario te ayuda a entender el significado de algunas de las palabras que aparecen en este libro. Las palabras están ordenadas alfabéticamente. Para facilitarte la búsqueda de una palabra, fíjate en la parte superior de cada página, donde hay dos palabras guía que indican la primera y la última palabra que aparece en esa página. Recuerda: si no encuentras la palabra que buscas, pide ayuda o búscala en un diccionario.

La palabra que se define aparece en negrita y dividida en sílabas. En el caso de las palabras que funcionan como sustantivos o adjetivos, al final de la palabra y tras una barra, se añade la terminación de su forma femenina, si la tiene.

Luego aparece la función que esa palabra cumple en la oración.

a•bas•te•ci•do/da ADJETIVO. Que tiene todas las cosas que necesita. *La tienda estaba abastecida de todo tipo de comestibles.*

La definición y la oración de ejemplo muestran lo que significa la palabra y cómo se usa. A veces aparecen sinónimos de la palabra definida para ayudarte a comprender mejor su significado y también ampliar tu vocabulario.

A a

a•bas•te•ci•do/da ADJETIVO. Que tiene las cosas que necesita. *La tienda estaba abastecida de todo tipo de comestibles.*

a•ba•tir VERBO. Derribar, echar por tierra. *El huracán amenazaba con abatir todas las casas del pueblo.*

a•com•pa•sa•do/da ADJETIVO. Que se mueve de manera regular y rítmica. *Se durmió con el movimiento acompasado de los vagones del tren.*

a•cua•re•lis•ta SUSTANTIVO. Pintor o pintora que hace cuadros con acuarela. *El acuarelista usa pinturas que se diluyen en agua.*

al•de•a SUSTANTIVO. Pueblo pequeño de pocos habitantes. *Nació en una aldea pobre del sur del país.*

al•ma•na•que SUSTANTIVO. Calendario con datos astronómicos y meteorológicos, e información sobre festividades religiosas, civiles, etc. *Mi abuelo leía el almanaque para saber cuáles serían los días de luna llena.*

am•bu•lan•te ADJETIVO. Que va de un lugar a otro. *Él dice que prefiere ser un vendedor ambulante a tener que trabajar encerrado en una oficina.*

an•ca SUSTANTIVO. Parte posterior del cuerpo de los caballos y otros animales. *Mi caballo tiene la inicial del rancho sobre el anca derecha.*

a•néc•do•ta SUSTANTIVO. Relato corto que narra algo curioso para dar un ejemplo o para entretener. *Mi padre siempre nos contaba una anécdota de cuando fue a pasear a México.*

a•nó•ni•mo/ma ADJETIVO. Autor cuyo nombre no se conoce. *En muchos países hay obras de arte bellísimas de autor anónimo.*

an•ti•güe•dad SUSTANTIVO. Objeto antiguo. *Este jarrón es una antigüedad del siglo pasado.*

a•nual•men•te ADVERBIO. Cada año. *Los juegos se llevan a cabo anualmente.*

a•plau•so SUSTANTIVO. Acción y efecto de aplaudir. *Recibieron al cantante con un caluroso aplauso.*

a•po•ple•ji•a SUSTANTIVO. Suspensión súbita de las funciones cerebrales con pérdida del conocimiento. *Tuvo que dejar su trabajo porque sufrió una apoplejía.*

a•pre•mian•te ADJETIVO. Que apremia, o sea, que obliga a alguien a que haga algo rápidamente. *Mi madre siempre usa un tono de voz apremiante cuando me dice que limpie mi cuarto.*

a•pren•diz SUSTANTIVO. Persona que aprende algún arte u oficio. *Fue aprendiz de carpintero, pero al final terminó siendo actor.*

ar•ci•lla SUSTANTIVO. Tierra fina que, al mezclarse con el agua, da una materia muy maleable que se usa para fabricar figuras y objetos. *Los indígenas usan arcilla para fabricar ollas y platos.*

ar•gu•men•to SUSTANTIVO. Asunto del que se trata en una obra de teatro, libro o película. *No entendí mucho el argumento de esa película.*

ar•ma•du•ra SUSTANTIVO. Conjunto de armas de hierro con que se vestían los que iban a combatir en la época medieval. *Los guerreros de la antigüedad usaban armaduras para protegerse de los ataques de sus enemigos.*

ar•qui•tec•tu•ra SUSTANTIVO. Arte de proyectar y construir edificios. *Quiero estudiar arquitectura porque me gustaría diseñar edificios.*

a•rro•yo SUSTANTIVO. Río pequeño. *Los niños del pueblo juegan a orillas del arroyo.*

a•sis•tir VERBO. Estar presente en un sitio. *Les dijo que era importante asistir a la reunión de padres.*

as•te•roi•de SUSTANTIVO. Cuerpos celestes pertenecientes al sistema solar, similares a los planetas pero de tamaño más reducido. *Hay un sinfín de asteroides en el sistema solar.*

at•mós•fe•ra SUSTANTIVO. Masa gaseosa que rodea la Tierra o cualquier astro. *Los científicos investigan la atmósfera de Marte.*

a•trac•ción SUSTANTIVO. Espectáculo o diversión pública. *No me gusta vivir en las ciudades pequeñas porque no tienen tantas atracciones como las grandes.*

au•di•to•rio SUSTANTIVO. Sitio acondicionado para escuchar conferencias, conciertos, etc. *Todos los viernes nos reunimos a cantar en el auditorio de la escuela.*

au•tó•gra•fo SUSTANTIVO. Firma hecha sobre cualquier papel por una persona famosa. *Todos sus admiradores se acercaron para pedirle un autógrafo.*

B b

ban•que•te SUSTANTIVO. Comida copiosa con platos elaborados y exquisitos. *El banquete de la escuela estuvo formidable.*

bi·blio·te·ca·rio/ria SUSTANTIVO. Persona que se encarga de una biblioteca. *Quiere conseguir un trabajo de bibliotecaria porque le gustan mucho los libros.*

bie·nes·tar SUSTANTIVO. Tener todo lo necesario para vivir bien. *A los gobernantes les debería preocupar el bienestar de todos los ciudadanos.*

bo·que·te SUSTANTIVO. Agujero. *El tractor abrió un boquete en la cerca, y por ahí se escapó la vaca.*

C c

ca·ca·o SUSTANTIVO. Polvo obtenido de las semillas del árbol que lleva el mismo nombre. *Me gusta mucho tomar el cacao con leche.*

ca·ma·re·ro/ra SUSTANTIVO. Persona que sirve en un restaurante u hotel. *Le pedí al camarero que me trajera la cuenta.*

ca·pa·taz SUSTANTIVO. Persona que supervisa a un grupo de trabajadores. *Carlos era un capataz justo, por eso se ganaba el cariño de sus empleados.*

ca·rre·te SUSTANTIVO. Objeto en forma de cilindro que sirve para enrollar hilos, alambres, etc. *Hay que poner en la máquina un carrete de hilo negro y otro de hilo blanco.*

cau·ti·va·do/da ADJETIVO. Atraído, encantado. *Era tan chistoso que me tuvo cautivado con su charla por una hora.*

ce·rá·mi·ca SUSTANTIVO. Arte de fabricar objetos de loza, barro y porcelana. Objetos de esta clase. *Prefiero los adornos de cerámica a los de madera.*

cha·pu·zón SUSTANTIVO. Meterse bruscamente en el agua. *Se fue al lago a darse un chapuzón.*

cho·za SUSTANTIVO. Casa pequeña y pobre hecha de estacas y paja. *El hombre vivía con su familia en una pequeña choza en el campo.*

cla·mor SUSTANTIVO. Conjunto desordenado de voces que gritan expresando entusiasmo o indignación. *Afuera de la sala del tribunal se oía el clamor de la gente pidiendo justicia.*

co·bra SUSTANTIVO. Nombre que se da a algunas serpientes que tienen glándulas venenosas y colmillos acanalados. *No quería meterse en el bosque porque tenía miedo de que lo mordiera una cobra.*

co·cer VERBO. Cocinar un alimento para poderlo comer. *Mi madre decía que es importante cocer bien la carne antes de comerla.*

co·le·ga SUSTANTIVO. Lo que una persona llama a otra que tiene su misma profesión. *Mis colegas me dieron un buen regalo de cumpleaños.*

co·lo·ni·za·dor/do·ra SUSTANTIVO. Los que establecen una colonia en un país. *Los colonizadores españoles trajeron su idioma y sus costumbres a América.*

com·pás SUSTANTIVO. Períodos de tiempo iguales en que se marca el ritmo de una frase musical. *El violinista empezaba a tocar un compás después del trompetista.*

com·pri·mir VERBO. Reducir de tamaño. *Tuve que comprimir bien el paquete para que entrara en la caja.*

con·duc·ta SUSTANTIVO. Forma de comportarse de una persona o animal. *A veces la conducta del animal depende de la forma en que lo tratan las personas.*

con•gre•so *SUSTANTIVO.* Grupo de personas que se reúnen para tratar asuntos importantes sobre un tema particular. *Los participantes del congreso se hospedarán en el Hotel Central.*

con•ti•nen•te *SUSTANTIVO.* Cada una de las masas terrestres que generalmente se hallan separadas por océanos. *Asia es el continente más grande de la Tierra.*

corral

co•rral *SUSTANTIVO.* Sitio cercado y descubierto donde se guardan los animales. *Cuando vivía en la finca de mis tíos tenía que limpiar el corral todas las tardes.*

cor•te•jar *VERBO.* Tratar de ganarse el amor de otra persona. *Él la cortejó por mucho tiempo, pero a quien ella quería era a Miguel.*

crá•ter *SUSTANTIVO.* Grieta. *La superficie de Mercurio está llena de cráteres.*

cre•a•ti•vi•dad *SUSTANTIVO.* Capacidad de crear obras de arte, literarias o científicas originales. *Sus cuadros demuestran una gran creatividad.*

crin *SUSTANTIVO.* Conjunto de cerdas que tienen algunos animales en el cuello y en la cola. *Tuve que sostenerme de las crines del caballo para no caerme.*

cro•no•ló•gi•co/ca *ADJETIVO.* Ordenado según el tiempo en que las cosas ocurren. *¿Qué sería de nuestras vidas si no hubiera orden cronológico?*

cua•dri•lla *SUSTANTIVO.* Grupo de personas que trabajan en una misma obra. *El gerente le dijo a la cuadrilla de trabajadores que si terminaban antes de tiempo les daría un aumento de salario.*

cul•pa•ble *ADJETIVO.* Que ha cometido un delito o que tiene la culpa de algo. *Ella es la culpable de que su hermana no haya estudiado para el examen.*

D d

de•am•bu•lar *VERBO.* Caminar sin dirección determinada. *Me gusta deambular por las calles y ver pasar a la gente.*

de•co•ra•ción *SUSTANTIVO.* Objetos colocados en un lugar para embellecerlo. *Me gusta la decoración de ese apartamento porque no tiene muchos colores fuertes.*

de•co•rar *VERBO.* Adornar un lugar u objeto con dibujos, flores, etc. *Quiero decorar mi casa con flores frescas.*

de•lan•tal *SUSTANTIVO.* Prenda de vestir que se pone sobre el vestido para evitar manchas. *Mi mamá se pone un delantal cuando cocina.*

de•pen•dien•te *SUSTANTIVO.* Empleado de una tienda que atiende al público. *Necesito un nuevo dependiente porque el que tenía renunció.*

de•pre•da•dor *SUSTANTIVO.* Animal que caza a otros animales para sobrevivir. *Uno de los depredadores más temibles es el león.*

des·ca·be·lla·do/da ADJETIVO. Fuera de orden, que no tiene sentido. *Lo despidieron por sus ideas descabelladas.*

de·si·lu·sio·na·do/da ADJETIVO. Alguien que ha perdido las ilusiones. *Se siente desilusionado porque no lo escogieron para la competencia.*

di·rec·tor/to·ra SUSTANTIVO. Persona encargada de la dirección de un establecimiento. *El director se encargará de contratar a los nuevos empleados.*

di·ver·si·dad SUSTANTIVO. Diferencia, variedad. *En los Estados Unidos existe una gran diversidad de paisajes.*

do·te SUSTANTIVO. Bienes que en la antigüedad la mujer aportaba al matrimonio. *La prometida del joven dijo que su dote consistiría en una hacienda y 10 caballos.*

E e

e·co·no·mí·a SUSTANTIVO. Estudio de la forma en que un país o región decide qué debe producirse, cómo y para quién. Riqueza pública. *Ese hombre quiso ser presidente, pero no lo eligieron porque no sabía nada de economía.*

e·le·var VERBO. Alzar una cosa. *El director planea contratar buenos profesores para elevar el nivel académico de la escuela.*

e·lip·se SUSTANTIVO. Curva cerrada y plana. Su forma es la de una circunferencia aplastada. *Las olas se movían en forma de elipse.*

e·mi·sión SUSTANTIVO. Acción por la que un cuerpo despide al exterior partículas, radiaciones y gases. *Hubo una emisión de gases venenosos a causa del incendio.*

em·pa·li·de·cer VERBO. Ponerse pálido. *Marta empezó a empalidecer cuando se dio cuenta de que había dejado el dinero en el teatro.*

em·pa·par VERBO. Humedecer algo. *La lluvia nos iba a empapar de la cabeza a los pies.*

en·ca·po·tar·se VERBO. Cubrirse el cielo de nubes negras. *Cada vez que venía un huracán, el cielo empezaba a encapotarse.*

en·ca·ri·ñar·se VERBO. Tomarle afecto o cariño a alguien o algo. *Los niños suelen encariñarse mucho con sus mascotas.*

en·ros·car VERBO. Doblar algo en forma de rosca. *Necesito enroscar el hilo para volar la cometa.*

en·sa·yo SUSTANTIVO. Probar una comedia, concierto u otro espectáculo antes de presentarlo ante el público. *La orquesta realizó su último ensayo la noche anterior a la presentación.*

en·sor·de·ce·dor/do·ra ADJETIVO. Que ensordece. Ruido o sonido muy intenso. *El avión hace un ruido ensordecedor cuando despega.*

en·tris·te·cer VERBO. Poner triste. *Miguel se entristece cuando habla de su tío que se fue a México.*

en·tu·sias·ta ADJETIVO. Que siente entusiasmo por algo. *Es una persona entusiasta de las lenguas que habla más de cinco idiomas.*

es·ce·na SUSTANTIVO. Lo que se representa en un escenario. *La escena mostraba una familia reunida en la mesa de la cocina.*

es·pe·cie *SUSTANTIVO.* Conjunto de individuos o animales que tienen una forma, una conducta y un hábitat similares. *Los gorilas son una especie protegida para evitar que desaparezcan por completo.*

es·tan·te·rí·a *SUSTANTIVO.* Tabla que se coloca en una pared para poner cosas encima. *Necesito una estantería en mi cuarto para ordenar mis libros.*

es·tí·mu·lo *SUSTANTIVO.* Algo que incita a obrar o funcionar. *La promesa de un premio le servía de estímulo para sacar buenas notas.*

es·tre·no *SUSTANTIVO.* Presentar por primera vez una obra de teatro o una película ante el público. *Más de mil personas asistieron al estreno de esa película, pero fue muy mala.*

es·truc·tu·ra *SUSTANTIVO.* Distribución y orden de las partes de un todo. *El profesor explicó la estructura de los tejidos.*

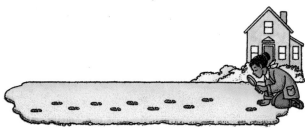

evidencia

e·vi·den·cia *SUSTANTIVO.* Pieza o dato presentado en un juicio para probar la inocencia o culpabilidad de alguien. *El fiscal presentó como evidencia de culpabilidad la confesión que hizo el propio acusado.*

ex·pe·ri·men·to *SUSTANTIVO.* Operación en la que se provoca cierto fenómeno para estudiar sus efectos. *Mañana haremos un experimento para probar que el agua se congela a los 32 grados Fahrenheit.*

ex·tir·par *VERBO.* Arrancar o quitar algo. *Los doctores decidieron extirpar el tumor y el paciente se curó.*

F f

fa·cha·da *SUSTANTIVO.* Aspecto exterior de un edificio. *Me gusta más el interior del edificio que su fachada.*

fac·tor *SUSTANTIVO.* Que hace o causa una cosa. *Los carros, la basura y los químicos son factores que contribuyen a la contaminación.*

fe·ni·cio/cia *SUSTANTIVO.* Originario de Fenicia, pueblo que alcanzó fama en la antigüedad por su actividad comercial. *Los fenicios transportaban sus productos en grandes barcos.*

fi·gu·ra *SUSTANTIVO.* Cosa o cuerpo dibujado o hecho de cualquier material. *Me gusta hacer figuras de animales con plastilina.*

fla·man·te *ADJETIVO.* Acabado de hacer o de estrenar. *Iba muy orgulloso con su flamante chaqueta de cuero.*

flo·ri·do/da *ADJETIVO.* Que tiene flores. *Me encanta ver el campo florido en la primavera.*

fo·ga·ta *SUSTANTIVO.* Fuego hecho con leña. *Hicieron una fogata en la playa para poder cocinar.*

fo·gón *SUSTANTIVO.* Lugar para hacer fuego y cocinar. *Hay que poner la comida en el fogón antes de que vengan las visitas.*

fo·lle·to *SUSTANTIVO.* Panfleto. *Toma, aquí tienes un folleto sobre los primeros auxilios.*

fra·ga·ta *SUSTANTIVO.* Embarcación de tres palos. *En el puerto flota una vieja fragata, sobreviviente de antiguas batallas.*

fron·te·ra *SUSTANTIVO*. Límite que separa dos estados o países. *Muchos mexicanos que viven cerca de la frontera viajan a los Estados Unidos a estudiar.*

fu·tu·ro *SUSTANTIVO*. Que está por venir. Tiempo que todavía no ha llegado. *Quiero que en el futuro me llames cuando vayas a venir tarde.*

G g

ga·le·rí·a *SUSTANTIVO*. Sala de exposiciones donde se venden obras de arte. *Mi hermano expuso sus cuadros en una galería famosa.*

ga·lo·par *VERBO*. Paso rápido del caballo. *A ese caballo le gustaba galopar por la pradera.*

ga·na·de·rí·a *SUSTANTIVO*. Actividad de criar ganado comercialmente. *Como a mi papá le gustaban tanto las fincas y las vacas, decidió trabajar en la industria de la ganadería.*

gé·ne·ro *SUSTANTIVO*. Grupo de especies con estructura y origen evolutivo similar. *La serpiente pitón, animal de gran tamaño, pertenece al género de las culebras.*

ger·mi·nar *VERBO*. Empezar a desarrollarse la semilla para producir una nueva planta. *Si no les pones agua, estas semillas no lograrán germinar.*

gi·rar *VERBO*. Moverse en forma circular. *A los niños pequeños les gustan los juguetes que ellos pueden hacer girar.*

gua·ra·ní *SUSTANTIVO*. Lengua de los indígenas guaraní de Paraguay, en Sudamérica. *Don Raúl aprendió a hablar guaraní cuando era estudiante de antropología.*

guar·dián/dia·na *SUSTANTIVO*. Persona que guarda y cuida una cosa. *El miembro más anciano de esa tribu es el guardián de sus creencias y tradiciones.*

H h

ha·bi·li·dad *SUSTANTIVO*. Capacidad para hacer algo con gracia y destreza. *Desde niño demostró una gran habilidad para la pintura.*

ha·cien·da *SUSTANTIVO*. Finca. *En esa hacienda hay árboles frutales y mucho ganado.*

he·bra *SUSTANTIVO*. Porción de hilo que se pone en la aguja para coser. *Tienes que tener cuidado para que no se te enrede la hebra en la aguja.*

hec·tá·re·a *SUSTANTIVO*. Medida de superficie que equivale a 10 mil metros cuadrados. *Dijo que el terreno medía sólo una hectárea.*

he·ro·í·na *SUSTANTIVO*. Mujer que lleva a cabo una acción heroica. *Todos vieron a María salvar al perrito del incendio, y dijeron que había sido una heroína.*

hie·rro *SUSTANTIVO*. Metal maleable y resistente muy utilizado en la industria y en las artes. *La casa de mi abuelo tiene una puerta de hierro forjado.*

ho·ri·zon·te *SUSTANTIVO*. Línea que limita la superficie terrestre a la que alcanza la vista el observador. *Allá en el horizonte se alcanza a ver una pequeña choza.*

hos·til *SUSTANTIVO*. Que no es amigable. *El rinoceronte es un animal hostil.*

Ii

i·mi·ta·ción *SUSTANTIVO.* Acción de hacer algo como lo hace otra persona. *No me gustan sus libros porque me parecen una imitación de los de Fernando Alonso.*

in·ci·den·te *SUSTANTIVO.* Cosa que se interpone en el curso normal de algo. *En el juego de esta mañana ocurrió un incidente desagradable: un jugador se cayó y se partió una pierna.*

in·cre·í·ble *ADJETIVO.* Difícil de creer. *Los astronautas relataron lo increíble que fue su aventura en el espacio.*

in·fluen·cia *SUSTANTIVO.* Acción y efecto de influir, o sea, hacer notar su presencia una cosa en la manera de ser o de obrar de otra, o producir cambios en ella. *En algunas regiones de España se ve claramente la influencia árabe.*

in·fran·que·a·ble *ADJETIVO.* Que no se puede pasar o superar. *Cuando estaba a punto de llegar, se dio cuenta de que la infranqueable montaña le impediría lograr su meta.*

i·ni·cial *SUSTANTIVO.* La letra con que comienza un nombre o una palabra. *El abogado terminó el documento con sus iniciales.*

in·na·to/ta *ADJETIVO.* Algo con que se nace y no hay necesidad de aprender. *Defenderse cuando los atacan es una conducta innata en los animales.*

ins·pec·ción *SUSTANTIVO.* Examen cuidadoso de algo. *En la biblioteca siempre hacen una inspección para evitar que se pierdan los libros.*

ins·pi·rar *VERBO.* Hacer surgir ideas creadoras. *Él me inspiró a escribir canciones.*

Jj

jun·cos *SUSTANTIVO.* Nombre de plantas herbáceas de tallos lisos, cilíndricos y flexibles. *Los juncos crecen en áreas de mucha humedad.*

Ll

la·gar·to *SUSTANTIVO.* Reptil terrestre del orden de los saurios. *Debido al calor, el lagarto se enterró en la arena.*

lan·za·de·ra *SUSTANTIVO.* Pieza de los telares en donde van colocados los carretes de hilo. *No podemos tejer hoy porque se dañó la lanzadera.*

le·gí·ti·mo/ma *ADJETIVO.* Cierto, genuino, verdadero. *Es una joya muy cara porque es de oro legítimo.*

le·yen·da *SUSTANTIVO.* Texto explicativo que acompaña a un plano o mapa. *Es difícil leer la leyenda de este viejo mapa.*

lla·no/na *ADJETIVO.* Campo plano. *En un terreno llano se puede ver hasta muy lejos.*

Mm

ma·de·ja *SUSTANTIVO.* Hilo enrollado en varias vueltas para poder desenvolverlo con facilidad. *Al lado del telar había una caja con madejas de todos los colores.*

man·gos·ta *SUSTANTIVO.* Mamífero de tamaño medio, patas cortas y cola muy larga. Ataca a los reptiles y se alimenta también de pequeños roedores. *La mangosta es un animal carnívoro.*

ma•no•jo *SUSTANTIVO.* Conjunto de objetos que se puede tomar con la mano. *Regresó del jardín con un manojo de flores rojas.*

me•ca•nis•mo de de•fen•sa *SUSTANTIVO.* Atributo de un animal que le permite defenderse. *Hacerse el muerto es el mecanismo de defensa de muchos animales.*

me•lo•dí•a *SUSTANTIVO.* Composición musical agradable a los oídos. *¡Qué melodía tan hermosa!*

me•so•a•me•ri•ca•no/na *ADJETIVO.* Perteneciente a las antiguas culturas de México y Centroamérica. *Las pirámides escalonadas son construcciones comunes en la arquitectura mesoamericana.*

mes•ti•zo/za *ADJETIVO.* Que proviene de la mezcla de razas y culturas. *Los latinoamericanos somos un pueblo mayormente mestizo.*

mé•to•do *SUSTANTIVO.* Forma de hacer con orden una cosa. *Tienes que usar otro método para estudiar si quieres mejorar tus notas.*

mi•cró•fo•no *SUSTANTIVO.* Aparato que aumenta la intensidad de los sonidos. *El teatro era tan grande que tuvimos que usar un micrófono para que todos oyeran bien.*

mo•lé•cu•la *SUSTANTIVO.* Mínima porción que puede sacarse de un cuerpo sin cambiar su composición química. *Los estudiantes de química estudian las moléculas que componen los gases.*

mo•li•ni•llo *SUSTANTIVO.* Cruz o estrella de papel puesta al extremo de una varilla para que gire por la acción del aire. *Los molinillos giraban y llenaban de colores el jardín.*

mo•rral *SUSTANTIVO.* Bolsa en que se guardan cosas. *Antes de salir metí en el morral mi ⌐a y un par de libros.*

morsa

mor•sa *SUSTANTIVO.* Mamífero parecido a la foca con dos colmillos que se prolongan fuera de la mandíbula superior. *Vi una morsa de largos colmillos en el zoológico.*

mo•sai•co *SUSTANTIVO.* Trabajo artístico que se realiza pegando en una superficie trozos de piedra, vidrio o cerámica en forma de figuras. *La fachada de ese edificio está cubierta de mosaicos.*

mo•ti•vo *SUSTANTIVO.* Tema o asunto de una composición artística o decorativa. *El pintor completó su obra con un bello motivo abstracto.*

mu•gi•do *SUSTANTIVO.* Voz del toro y de la vaca. *Cuando voy a la finca de mis abuelos, los mugidos de las vacas me despiertan todas las mañanas.*

N n

no•pal *SUSTANTIVO.* Planta cactácea procedente de México. *El fruto del nopal tiene muchas espinas.*

no•vi•llo *SUSTANTIVO.* Res de dos o tres años. *Entre las reses sobresalía un novillo blanco y negro que siempre andaba apartado del grupo.*

nu·trien·te *SUSTANTIVO*. Sustancia o alimento que nutre. *Los nutrientes son importantes para el crecimiento de las plantas.*

Oo

ob·si·dia·na *SUSTANTIVO*. Roca volcánica vítrea, de color negro o verde muy oscuro. *Papá me regaló un hermoso pisapapeles de obsidiana.*

ob·te·ner *VERBO* Lograr o conseguir algo. *De la vaca podemos obtener varios productos, como la leche, la carne y el cuero.*

o·fer·ta *SUSTANTIVO*. Mercancía rebajada. *La tienda se va a trasladar a otro lugar y por eso tienen todo en oferta.*

ó·le·o *SUSTANTIVO*. Pintura hecha con colores disueltos en aceite. *La próxima semana habrá una exposición de pinturas al óleo en la Escuela de Bellas Artes.*

o·por·tu·ni·dad *SUSTANTIVO*. Momento, lugar o circunstancia conveniente para algo. *Mañana voy a tener la oportunidad de conocer al director de la escuela.*

or·ques·ta *SUSTANTIVO*. Conjunto de músicos que con sus instrumentos ensayan y dan conciertos. *Me gustaría tocar el violín en una orquesta.*

Pp

pa·rar *VERBO*. Detener o impedir un movimiento o acción. *Había que hallar una forma de parar la invasión de hormigas.*

par·lan·chín/chi·na *ADJETIVO*. Que habla mucho. *La cotorra es un animal muy parlanchín.*

pas·ti·zal *SUSTANTIVO*. Terreno de abundante pasto. *Los caballos atraviesan el pastizal.*

pe·la·je *SUSTANTIVO*. Pelo o lana de un animal. *El visón es un animal famoso por su bello pelaje.*

pe·ñón *SUSTANTIVO*. Piedra muy grande. *Llegaron sólo hasta mitad de camino porque no pudieron atravesar un peñón que encontraron.*

pers·pec·ti·va *SUSTANTIVO*. Vista de una cosa de modo que se aprecie su posición real. *En la escuela nos enseñaron cómo dibujar en perspectiva.*

pi·car·dí·a *SUSTANTIVO*. Travesura, burla inocente. *Siempre nos hacía reír porque decía las cosas con picardía.*

pig·men·to *SUSTANTIVO*. Cada una de las sustancias sólidas que dan color a una pintura. *Para hacer una pintura al óleo hay que preparar una mezcla de pigmento pulverizado y distintos tipos de aceite.*

po·pa *SUSTANTIVO*. Parte posterior de una nave. *Caminó hasta la popa del barco para ver si todo estaba bien allí.*

po·tre·ro *SUSTANTIVO*. Lugar donde se cría y pasta el ganado. *Por la tarde llevábamos las vacas al potrero para que pastaran.*

pren·da *SUSTANTIVO*. Pieza de vestido. *Él quiere trabajar en el diseño de prendas de vestir.*

pre·sa *SUSTANTIVO*. Cosa que se atrapa con lucha o fuerza. *Los leones matan a su presa antes de comérsela.*

pre·tex·to *SUSTANTIVO*. Motivo que se usa para hacer algo o para no hacerlo. *Usó el pretexto de que no se sentía bien para no venir a la fiesta.*

pro•a SUSTANTIVO. Parte delantera de una nave. *La proa del barco chocó contra un gran bloque de hielo y los navegantes tuvieron que regresar al puerto.*

pro•duc•tor SUSTANTIVO. Persona que produce algo. *El más importante productor de vino de esa región se negó a bajar los precios.*

pro•lí•fi•co/ca ADJETIVO. Que puede reproducirse. *Como el conejo se reproduce con tanta facilidad, se dice que es un animal muy prolífico.*

pro•me•ti•do/da SUSTANTIVO. Persona comprometida para casarse. *Mi prometida vendrá el mes entrante para celebrar la boda.*

pro•po•si•ción SUSTANTIVO. Palabra o escrito que propone algo. *Me gustó la proposición que me hizo y empezamos juntos el negocio.*

pro•pues•ta SUSTANTIVO. Idea, proyecto, proposición que se presenta y ofrece para un fin. *Tomás le hizo una propuesta a Carlos para abrir un restaurante, pero Carlos la rechazó.*

pros•pe•rar VERBO. Mejorar social y económicamente. *Quería prosperar y por eso se consiguió un trabajo que le pagara más.*

pro•ver•bio SUSTANTIVO. Refrán. *"El que mucho abarca poco aprieta" es un proverbio muy sabio.*

pú•bli•co SUSTANTIVO. Conjunto de personas reunidas para presenciar algo. *Después de la actuación, el público se puso de pie y aplaudió mucho.*

pu•lir VERBO. Alisar, suavizar y dar brillo a un objeto. *Me gusta más pulir las figuras de arcilla que hacerlas.*

Qu

que•chua ADJETIVO. Perteneciente o relativo a los indígenas habitantes de la región del Cuzco. *La palabra "pampa" es de origen quechua.*

Rr

re•a•cio/cia ADJETIVO. Desobediente, que se resiste a hacer algo. *Mi hermano siempre come la misma cosa porque es reacio a probar nuevos alimentos.*

re•ci•tal SUSTANTIVO. Actuación de cantantes, poetas, músicos. *En mi escuela todos los meses se ofrece un recital de diferentes artistas.*

re•cuer•do SUSTANTIVO. Algo que se guarda por afecto a una persona o un acontecimiento. *Lucía me dejó su collar de recuerdo.*

re•gión SUSTANTIVO. Cada una de las grandes divisiones territoriales de un país. *La región del Valle Imperial es famosa por sus frutas y vegetales.*

re•man•so SUSTANTIVO. Lugar donde se detiene la corriente de un río. *El río termina en un remanso donde abundan los peces.*

re•me•diar VERBO. Corregir algo. *Necesitas remediar el problema o tendrás que pagar una multa.*

re•mon•tar VERBO. Navegar aguas arriba en una corriente. *Cada cierto tiempo los salmones remontan el río aunque les cueste mucho.*

re•pre•sen•ta•ción SUSTANTIVO. Figura, imagen o idea que sustituye a la realidad. *Esa pintura al fresco tiene una hermosa representación de Quetzalcoatl.*

re·pre·sen·tan·te *SUSTANTIVO*. Persona que está en lugar de alguien ausente, una institución o una empresa. *El representante de la firma dijo que ésta pagaría todos los daños.*

rep·til *SUSTANTIVO*. Animal vertebrado con la piel cubierta de escamas que se mueve rozando la tierra. *La lagartija es un reptil que se mueve muy rápido.*

res *SUSTANTIVO*. Animal cuadrúpedo de especie doméstica y salvaje. *La res pasta en la pradera.*

res·pon·sa·ble *ADJETIVO*. Que cumple con sus obligaciones o que está a cargo de algo; culpable de una cosa. *Los compañeros responsables de cocinar trajeron un rico pastel a la fiesta.*

re·tra·tis·ta *SUSTANTIVO*. Pintor que hace retratos. *Se distinguió como uno de los retratistas más famosos de su época.*

ria·chue·lo *SUSTANTIVO*. Río pequeño. *Lo más bonito del lugar era un riachuelo de aguas cristalinas.*

ri·gu·ro·so/sa *ADJETIVO*. Exacto, preciso, estricto. *Existía un orden riguroso en el salón.*

rit·mo *SUSTANTIVO*. Cadencia, velocidad. *Ellos mantienen un buen ritmo de trabajo.*

ro·e·dor *SUSTANTIVO*. Animal mamífero de talla pequeña o mediana con dientes especiales que le permiten roer superficies. *La ardilla es un roedor muy común.*

S s

sal·var *VERBO*. Librar de un peligro, inconveniente o dificultad. *Él me quiso salvar de que tuviera que pagar la multa.*

se·gui·dor/do·ra *SUSTANTIVO*. Que sigue a una persona o cosa. *Mi hermano es seguidor de ese deportista y no se pierde ninguno de sus partidos.*

sen·si·ble *ADJETIVO*. Que siente. *El conejo es un animal muy sensible, por eso hay que tratarlo con mucho cuidado.*

sím·bo·lo *SUSTANTIVO*. Imagen o figura que tiene un significado especial. *En algunas civilizaciones antiguas, muchos animales eran considerados símbolos de los dioses.*

so·bre·co·gi·do/da *ADJETIVO*. Sentirse sorprendido, asustado. *Me sentí sobrecogida al escuchar una voz idéntica a la de mi abuela.*

son·da *SUSTANTIVO*. Nave espacial equipada con instrumentos para realizar investigaciones científicas. *Las sondas ayudan a recopilar información sobre la atmósfera de otros planetas.*

su·ge·rir *VERBO*. Inspirar una idea. *Ella hizo bien en sugerirme que escribiera para solicitar una beca.*

T t

ta·ca·ño/ña *ADJETIVO*. Alguien a quien no le gusta gastar. *Como es tan tacaño, nunca le regala nada a nadie.*

ta·la·dro *SUSTANTIVO*. Instrumento que sirve para hacer huecos en paredes, madera, metal, etc. *Necesito un taladro para poder colgar este cuadro.*

te·lar *SUSTANTIVO*. Máquina para tejer. *Le pareció muy difícil aprender a manejar el telar.*

tem·po·ral *ADJETIVO*. Que dura sólo algún tiempo. *Quiero un empleo temporal mientras decido qué quiero estudiar.*

te·o·rí·a *SUSTANTIVO*. Conjunto de ideas que tratan de explicar un fenómeno. *Realizó varias pruebas para demostrar su teoría.*

ter·ne·ro *SUSTANTIVO*. Cría de la vaca. *El ternero nació en el verano y le pusimos de nombre "Peladito".*

tí·pi·co/ca *ADJETIVO*. Objeto característico de un país o región. *Las lámparas de madera, los espejos y las cestas de mimbre son típicos de México.*

ti·tu·lar *SUSTANTIVO*. Letras que forman el encabezamiento de un artículo en un periódico o revista. *El titular no decía el sitio del accidente.*

tra·duc·tor/to·ra *SUSTANTIVO*. El que expresa en una lengua aquello que se ha expresado antes en otra. *Voy a estudiar a Francia y necesito un traductor para pasar mis notas al francés.*

tra·ve·sí·a *SUSTANTIVO*. Viaje. Distancia entre dos puntos. *Los viajeros llegaron muertos del cansancio después de la dura travesía.*

trián·gu·lo *SUSTANTIVO*. Instrumento musical que consiste en una varilla metálica doblada en forma de triángulo, la cual se hace sonar golpeándola con otra varilla. *De todos los instrumentos musicales, el triángulo me parece el más difícil de tocar.*

tri·bu·nal *SUSTANTIVO*. Lugar donde se administra la justicia. *Tengo que ir al tribunal a servir de testigo en un juicio.*

triun·fal *ADJETIVO*. Que indica triunfo. *Los equipos ganadores hicieron su entrada ~unfal en el estadio.*

U u

ur·ba·no/na *ADJETIVO*. Que vive o que tiene que ver con ciudades. *La contaminación es un fenómeno puramente urbano.*

V v

va·ni·do·so/sa *ADJETIVO*. Que se siente muy orgulloso de sus méritos y desea ser admirado. *Pedro se ha vuelto muy vanidoso desde que sacó el primer puesto en la competencia.*

ve·le·ta *SUSTANTIVO*. Pieza de metal que se pone en lo alto de un edificio y que al girar indica la dirección en que sopla el viento. *La veleta indicaba que el viento estaba soplando hacia el este.*

vi·gi·la·do/da *VERBO*. Cuidar a alguien para evitar que reciba o cause daño. *La niña era muy traviesa y por eso había que tenerla vigilada todo el tiempo.*

vo·lun·ta·rio/ria *SUSTANTIVO*. Persona que se presta a hacer algo sin que la obliguen. *Se necesitan voluntarios para enseñar inglés a los recién llegados.*

Z z

zam·bu·llir *VERBO*. Meterse en el agua de golpe. *Justo cuando me iba a zambullir en el lago, mi madre me dijo que teníamos que regresar a casa.*

Vocabulario de la selección
Listas en español e inglés

Unidad 1
Padres por un día

Español	Inglés
empalideció	grew pale
estreno	premiere
incidente	incident
propuesta	proposal
responsables	responsible
seguidoras	fans

El largo camino

Español	Inglés
anécdota	anecdote
apremiante	urgent
argumento	plot
choza	hut
sobrecogido	overcome
traductor	translator

El nuevo amigo de Yingtao

Español	Inglés
compases	measures
director	director
ensayo	rehearsal
orquesta	orchestra
triángulo	triangle

Cuadros de familia

Español	Inglés
delantal	apron
escena	scene
frontera	border
futuro	future
inspiró	inspired
nopal	nopal
oportunidad	opportunity

Addie está a cargo

Español	Inglés
abatir	demolish
ancas	haunches
manojos	handfuls
mugidos	bellows
reacio	resistant

Unidad 2

Tristes estrellas de tiza

Español	Inglés
boquete	gap; opening
empapaba	soaked
encapotaba	overcast
ensordecedor	deafening
floridos	full of flowers
molinillos	pinwheels
riguroso	rigorously

La protección del bosque

Español	Inglés
diversidad	diversity
emisión	emission
factores	factors
germinarán	will germinate
nutrientes	nutrients
obtienen	obtain

Me encantan los conejillos de Indias

Español	Inglés
encariñan	grow fond
parlanchines	talkative
pelaje	fur
roedores	rodents
sensibles	sensitive

Aguas profundas

Español	Inglés
chapuzón	dunking
juncos	reeds
llano	flat
remontarlo	to go upstream
riachuelo	stream
vigilada	under guard

Los dragones de Komodo

Español	Inglés
armadura	armor
deambular	roam
depredadores	predators
hostiles	fierce
lagarto	lizard
presa	prey
reptiles	reptiles

Unidad 3

John Henry

Español	Inglés
capataz	foreman
cuadrilla	team
girar	revolve
horizonte	horizon
peñón	crag
ritmo	rhythm
taladro	drill

El congreso de los sabios tontos

Español	Inglés
bienestar	well-being
colegas	colleagues
congreso	congress
elevar	to raise
proposición	proposal
representante	representative

En la pampa

Español	Inglés
cocía	was cooking
corral	corral
crines	manes
galopar	gallop
hierro	iron
iniciales	initials
potrero	cattle ranch
terneros	calves

Ya aprenderás

Español	Inglés
descabelladas	absurd
hectáreas	hectares
prendas	garments
pretexto	pretext
proverbios	proverbs
tacaño	stingy

Rikki-tikki-tavi

Español	Inglés
cobra	cobra
enroscar	coil
mangosta	mongoose
triunfal	triumphant
zambullir	dive

Unidad 4

Mediopollito

Español	Inglés
arroyo	stream
fogata	bonfire
hacienda	hacienda
sugirió	suggested
vanidosos	vain
veleta	weathervane

¡La culpa la tiene el Lobo!

Español	Inglés
culpable	guilty
evidencia	evidence
público	public
salvar	rescue
tribunal	tribunal

El Día de Acción de Gracias

Español	Inglés
colonizadores	settlers
decoración	scenery
desilusionada	disappointed
heroína	heroine
voluntarios	volunteers

Mayeros

Español	Inglés
aldea	village
atracciones	attractions
cacao	cocoa
entristece	saddened
fogón	kitchen fire
método	method
novillo	young bull
reses	cattle

Guardianes

Español	Inglés
antigüedades	antiques
apoplejía	stroke
clamor	clamor
flamante	brand new
guardianes	guardians
legítimo	legitimate
oferta	special offer
remediarlo	cure (fix)

Unidad 5

Los ojos del tejedor

Español	Inglés
carretes	spools
hebras	threads
lanzaderas	shuttles
madejas	skeins
motivos	motifs
telar	loom
típicos	typical

El sueño del vendedor

Español	Inglés
abastecida	well-supplied
ambulante	peddler
dependiente	sales clerk
dote	dowry
fenicios	Phoenician
morral	backpack
prometida	fiancée
temporal	temporary

Travesía al Polo Norte

Español	Inglés
asistieran	attend
camarero	waiter
infranqueable	impassable
morsas	walruses
travesía	voyage

El capitán

Español	Inglés
acompasado	rhythmic
entusiasta	enthusiastic
extirpan	removed
fragata	frigate
popa	stern
proa	prow

Sondas espaciales hacia los planetas

Español	Inglés
asteroides	asteroids
atmósfera	atmosphere
cráteres	craters
increíble	incredible
sondas	probes

Unidad 6

El primo de Koya Delaney

Español	Inglés
aplauso	applause
auditorio	auditorium
autógrafos	autographs
imitación	imitation
micrófonos	microphones
recitales	recitals
titular	headline

Los hijos de la arcilla

Español	Inglés
arcilla	clay
cerámica	ceramic
figuras	figures
pulir	polish
símbolos	symbols

Diego Rivera

Español	Inglés
anónimos	anonymous
creatividad	creativity
galerías	galleries
habilidad	ability
perspectiva	perspective
retratista	portrait artist

Caído del cielo

Español	Inglés
almanaque	almanac
anualmente	annually
aprendiz	apprenticeship
cortejó	courted
experimento	experiment
prosperar	prosper
teoría	theory

El monstruo y la bibliotecaria

Español	Inglés
bibliotecaria	librarian
cautivados	captivated
comprimió	squeezed
estanterías	shelves
inspecciones	inspections
parar	stop
picardía	mischievous

Acknowledgments

Text

20: *Pantalones cortos* by Lara Ríos. Copyright © 1996 by Lara Ríos. Copyright © 1996 by Grupo Editorial Norma. Reprinted by permission; **42:** Excerpt from *Pancho Montana: Un viaje inesperado* by Francisco E. Rodríguez. Reprinted by permission of Spanpress®, Inc; **44:** Taken from *The Long Road* © by Luis Garay published by Tundra Books. Reprinted by permission; **68:** From *From Anna* by Jean Little, pp. 89-90. Text copyright © 1972 by Jean Little. Reprinted by permission of HarperCollins Publishers, Inc; **70:** From *Yang The Youngest And His Terrible Ear* by Lensey Namioka; **90:** From "Painting Mist and Fog" by Molly Bang from *Spider*, October 1994, Volume I, Number 10, pg. 16. Copyright © 1994 by Molly Bang. Reprinted by permission of the author; **92:** Adapted from *Family Pictures/Cuadros de familia* by Carmen Lomas Garza, pp. 6-7, 10-11, 14-17, 20-23 Copyright © 1990 by Carmen Lomas Garza. Reprinted by permission of GRM associates, Inc; **112:** From *Black-Eyed Susan* by Jennifer Armstrong, pp. 14, 16, & 17. Text copyright © 1995 by Jennifer Armstrong. Reprinted by permission of Writers House LLC agent for the proprietor; **114:** From Chapter 9, "Fraidycat" and Chapter 10, "Trapped!" from *Addie Across the Prairie* by Laurie Laylor, pp. 110-123. Text copyright © 1986 by Laurie Laylor. Reprinted by permission of Albert Whitman & Company; **130:** "Los amigos" by María Elena Walsh from *Tutú marambá*. Text copyright © by María Elena Walsh. Copyright © 1988 by Editorial Sudamericana. Reprinted by permission; **131:** "Mami" by Gustavo Gatti. Original title: "Tu aroma". Reprinted by permission of author; **131:** "Suéter" from *Despertar* by Alberto Forcada. Copyright © CIDCLI. Reprinted by permission; **132:** "My Grandma's Songs" from *Laughing Tomatoes* poems by Francisco X. Alarcón, pg. 9. Poems copyright © 1997 by Francisco X. Alarcón. Reprinted by permission of Children's Book Press, San Francisco, CA; **133:** "Amigo" by Mabel Morvillo from *La rayuela en el agua*. Text copyright © by Mabel Morvillo. Copyright © by Editorial Costa Rica. Reprinted by permission; **136:** *La fábrica de nubes* by Jordi Sierra i Fabra. Copyright © 1991 by Jordi Sierra i Fabra. Copyright © 1991 by Ediciones SM. Reprinted by permission of Ediciones SM; **138:** "Tristes estrellas de tiza" by Fernando Alonso from *El faro del viento*. Text copyright © 1987 by Fernando Alonso. Copyright © 1987 by Grupo Anaya. Reprinted by permission; **152:** *El árbol que sobrevivió al invierno* by Mary Fahy. Copyright © 1992 by Producción Editorial Dante. Reprinted by permission; **154:** *La protección del bosque* by Rosa Costa-Pau. Copyright © 1994 by Editorial Norma. Reprinted by permission; **172:** From "Your Best Friend" from *Me And My Pet Dog* by Christine Morley and Carole Orbell, pp. 4-5. Copyright © 1996 by Two-Can Publishing Ltd. Reprinted by permission of the James Reeves Estate and Laura Cecil Literary Agency; **174:** *I Love Guinea Pigs* by Dick Smith, illustrated by Anita Jeram. Text copyright © 1994 by Foxbusters Ltd. Illustrations copyright © 1994 by Anita Jeram. Published by Candlewick Press, Cambridge, MA. Reprinted by permission of Walker Books Limited, London; **188:** "Animal Behavior" from *Scott Foresman Science* by T. Cooney, M.A. DiSpezio, B.K. Foots, A.L. Matamoros, K.L. Ostluna. Copyright © 2000 by Addison-Wesley Educational Publishers. Used by permission.; **192:** "Ant and Dove" from *Fables From Aesop* retold by James Reeves. Copyright © 1961 by James Reeves and Blackie and Son Limited. Reprinted by permission of the James Reeves Estate and Laura Cecil Literary Agency; **194:** "Aguas profundas" Chapter 3, Chapter 4, and Chapter 5 from *A orillas del río Plum* by Laura Ingalls Wilder, pp. 16-26. Illustrated by Garth Williams. Text copyright © 1937 by Laura Ingalls Wilder, renewed © 1965, 1993 by Roger Lea MacBride. Illustrations copyright © 1953, renewed © 1981 by Garth Williams. Copyright © 1988 by Editorial Noguer, S. A. Reprinted by permission of HarperCollins Publishers and Editorial Noguer, S.A.; **210:** From *Roaring Reptiles* by D.M. Souza, pp. 6-8. Copyright © 1992 by Carolrhoda Books, Inc. All rights reserved. Reprinted by permission of the publisher; **212:** *Komodo Dragons* by Thane Maynard, pp. 7-8, 11-12, 14, 17-18, 21-22, 25, 27-28, & 31. Copyright © 1997 by The Child's World®, Inc. Reprinted by permission of The Child's World®, Inc; **226:** "Lagarto cornudo" and "Lagarto de cristal" from *Microsoft® Encarta® 99 Encyclopedia*. Reprinted by permission of Microsoft Corporation; **228:** "Viento" by Octavio Paz from *La rama*. Text copyright © 1991 by Octavio Paz. Copyright © by CIDCLI. Reprinted by permission; **229:** "LXXII" by Pablo Neruda from *El libro de las preguntas*. Copyright © 1974, 1987 by Fundación Pablo Neruda. Copyright © by Editorial Andrés Bello. Reprinted by permission; **230:** "Luna lunera" by Emma Pérez from *Los poetas*. Copyright © 1991 by Fernández Editores. Reprinted by permission; **231:** "Bandas de flamencos" by Ana María Romero Yebra from *Canto y cuento—Antología poética para niños*. Text copyright © by Ana María Romero Yebra. Copyright © 1997 by Ediciones SM. Reprinted by permission; **231:** "Gaviotas" by Pura Vázquez from *Canto y cuento—Antología poética para niños*. Text copyright © by Pura Vázquez. Copyright © 1997 by Ediciones SM. Reprinted by permission; **234:** From *McBroom's Ear* by Sid Fleischman, pp. 3-4. Text copyright © Reprinted by permission of the author; **236:** *John Henry* by Julius Lester, pictures by Jerry Pinkey. Text copyright © 1994 by Julius Lester. Pictures copyright © 1992 by Jerry Pinkey. Reprinted by permission of Dial Books for Young Readers, a division of Penguin Putnam, Inc; **254:** *La batalla entre los elefantes y los cocodrilos* by Ana María Shua. Copyright © 1988 by Editorial Sudamericana. Reprinted by permission of Editorial Sudamericana; **256:** "El congreso de los sabios tontos" by Saúl Schkolnik from *Cuentos ecológicos*. Copyright © 1995 by Fondo de Cultura Económica. Reprinted by permission of Fondo de Cultura Económica; **276:** From *Salmon Summer* written by Bruce McMillan, pp. 10, 13-14, & 17. Copyright © 1998 by Bruce Mcmillan. All rights reserved. Reprinted by permission of Houghton Mifflin Company; **278:** *En la Pampa/On the Pampas* by Maria Cristina Brusca. Copyright © 1991 María Cristina Brusca. Reprinted by permission of Henry Holt and Company, Inc.; **298:** From "Watch Out!/¡Cuidado!" from *Watch Out For Clever Women!/¡Cuidado con las mujeres astutas!* by Joe Hayes. Copyright © 1994 by Joe Hayes. Reprinted by permission of Cinco Puntos Press; **300:** From *Watch Out For Clever Women!/¡Cuidado con las mujeres astutas!* by Joe Hayes. Copyright © 1994 by Joe Hayes. Reprinted by permission of Cinco Puntos Press; **316:** From Chapter 5, "Another Bloody Murder" from *The Original Adventures Of Hank The Cowdog* by John R. Erickson, pp. 45-46. Copyright © 1983 by John R. Erickson. Reprinted by permission of Viking Penguin, a division of Penguin Putnam, Inc; **318:** *Rikki-tikki-tavi* by Rudyard Kipling, adapted and illustrated By Jerry Pinkney. Copyright © 1997 by Jerry Pinkney. All rights reserved. Reprinted by permission of Sheldon Fogelman Literary Agency, Inc; **336:** "My Teacher in the Market" from *Canto familiar* by Gary Soto, pp. 58, & 60-61. Copyright © 1995 by Gary Soto. Reprinted by permission of Harcourt Brace & Company; **338:** "La vaca estudiosa" by María Elena Walsh from *Tutú marambá*. Text copyright © by María Elena Walsh. Copyright © 1988 by Editorial Sudamericana. Reprinted by permission; **339:** "Botón" by María de la Luz Uribe from *Cosas y cositas*. Text copyright © 1987 by María de la Luz Uribe. Copyright © 1987 by Espasa-Calpe. Reprinted by permission; **342:** From "Blue Jay and Swallow Take the Heat" from *When Birds Could Talk and Bats Could Sing* told by Virginia Hamilton. Text copyright © 1996 by Virginia Hamilton. Published by The Blue Sky Press, an imprint of Scholastic, Inc. Reprinted by permission of Scholastic, Inc.; **344:** *Mediopollito/Half-Chicken* by Alma Flor Ada, illustrated by Kim Howard, translated by Rosalma Zubizarreta. Text copyright © 1995 by Alma Flor Ada. Illustrations copyright © 1995 by Kim Howard. All rights reserved. Reprinted by permission of Bantam Doubleday Dell Publishing Group, Inc., New York, New York; **362:** From *Wolves* by Gail Gibbons. Text copyright ©1994 by Gail Gibbons. All rights reserved. Reprinted by permission of Holiday House, Inc; **364:** Adaptation of "Blame it on the Wolf" from *Blame It On The Wolf* by Douglas Love, pp. 6-45. Copyright © 1994 by Douglas Love. Published by HarperCollins Publishers, Inc. Reprinted by permission of McIntosh and Otis, Inc; **386:** Reprinted with the permission of Atheneum Books for Young Readers, an imprint of Simon & Schuster Children's Publishing Division from *Me Llamo Maria Isabel* by Alma Flor Ada. Text copyright © 1993 Alma Flor Ada; **388:** "Thanksgiving" from *Felita* by Nicholasa Mohr. Text copyright © 1979 by Nicholasa Mohr. Reprinted by permission; **402:** From *Angela Weaves A Dream* by Michèle Solá. Reprinted by permission of Hyperion Books for Children; **404:** From *Mayeros: A Yucatec Maya Family* by George Ancona. Copyright © 1997 by George Ancona. Reprinted by permission of William Morrow & Company, Inc; **425:** "La sabiduría de los antiguos mayas", from *El gran encuentro—Chichen Itza, la ciudad sagrada: los mayas* by Pilar Tutor. Text copyright © 1990 by Pilar Tutor. Reprinted by permission; **428:** From "One Particular Small, Smart Boy" from *One-Minute Favorite Fairy Tales* by Shari Lewis, pp. 16-17. Text copyright © 1985 by Shari Lewis. All rights reserved. Reprinted by permission of the author; **430:** From *Keepers* by Jeri Hanel Watts. Text copyright © 1997 by Jeri Hanel Watts. Reprinted by permission of Lee & Low Books, Inc., 95 Madison Avenue, New York, N.Y. 10016; **445:** From "Family Memories and Keepsakes" from *The Families Book* by Arlene Erlbach, pp. 75-77, & 79-80. Copyright © 1996 Arlene Erlbach. Reprinted by permission of the author; **448:** "Es verdad" from *Canto familiar* by Gary Soto pg. 75. Copyright © 1995 by Gary Soto. Reprinted by permission of Harcourt Brace & Company; **449:** "Cinco de mayo" by Francisco X. Alarcón from *Laughing Tomatoes And Other Spring Poems*. Copyright © 1997 by Francisco X. Alarcón. Reprinted by permission of The Children's Book Press; **450:** "El tejoncito maya" by Rosario Castellanos from *La luciérnaga—Antología para niños de la poesía mexicana contemporánea*. Copyright © CIDCLI. Reprinted by permission; **451:** "Trompo bailarín" by Ester Feliciano Mendoza from *Los poetas*. Copyright © 1991 by Fernández Editores. Reprinted by permission; **454:** From *Toby* by Graciela Cabal. Text copyright © 1997 by Graciela Cabal. Copyright © 1997 by Editorial Norma. Reprinted by permission; **456:** *Los ojos del tejedor* by Cristina Ortega. Text copyright © 1998 by Cristina Ortega. Illustrations copyright © 1998 by Patricio García. Translation copyright © 1998 by Clear Light Publishers. Reprinted by permission of Clear Light Publishers; **478:** From "Atalanta's Race" from *Greek Myths* retold by Geraldine McCaughrean, pp. 76-77. Text copyright © 1992 by Geraldine McCaghrean. First published in the UK by Orchard Books, a division of the Watts Publishing Group Limited., 96 Leonard Street, London EC2A 4XD; **480:** *A Peddler's Dream* by Janice Shefelman, Ilustrated by Tom Shefelman. Illustrated by Tom Shefelman, pp. 3-32. Text copyright © 1992 by Janice Shefelman. Illustrations copyright © 1992 by Tom Shefelman. Reprinted by permission of RLR Associates, Ltd; **496:** From Introduction and Map, "North Polar Region" from *Polar Lands* by Norman Barrett, pp. 6-8. Copyright © 1989 by Franklin Watts. Reprinted by permission of Franklin Watts U.K. **498:** From Chapter 3, "Matthew Henson," and Chapter 4, "Reaching the Pole," from *Matthew Henson & Robert Peary: The Race for the North Pole* by Laurie Rozakis, pp. 19-29, 31 & 33-36. Copyright © 1994 by Blackbirch Press, Inc. Reprinted by permission of Blackbirch Press, Inc; **514:** From *El "Celeste"* by María Merino Agudo. Text copyright © 1989 by María Merino Agudo. Copyright © 1989 by Ediciones SM. Reprinted by permission of Ediciones SM; **516:** *El Capitán* by Liliana Santirso. Text copyright © 1982 by Liliana Santirso. Illustration copyright © 1992 by Patricio Gómez. Copyright © 1992 by C.E.L.T.A. Amaquemecan. Reprinted by permission; **530:** From *Olas, mareas y corrientes* by Luci Cruz Wilson. Copyright © 1997 by ADN Editores. Reprinted by permission; **532:** "Out-of-This-World Rocks" from "Camp Meteorite" by John Kontakis from *Contact Kids*, June 1998, pp. 13-14. Copyright © 1998 by Children's Television Workshop (New York, New York). All rights reserved. Reprinted by permission of Children's Television Workshop; **534:** *Space Probes to the Planets* by Fay Robinson. Text copyright © 1993 by Fay Robinson. Illustrations copyright © 1993 by Albert Whitman & Company. Reprinted by permission of Albert Whitman & Company; **550:** "Cantar de Jipijapa" by Julia Calzadilla from *Canto y cuento—Antología poética para niños*. Text copyright © by Julia Calzadilla. Copyright © 1997 by Ediciones SM. Reprinted by permission;

690

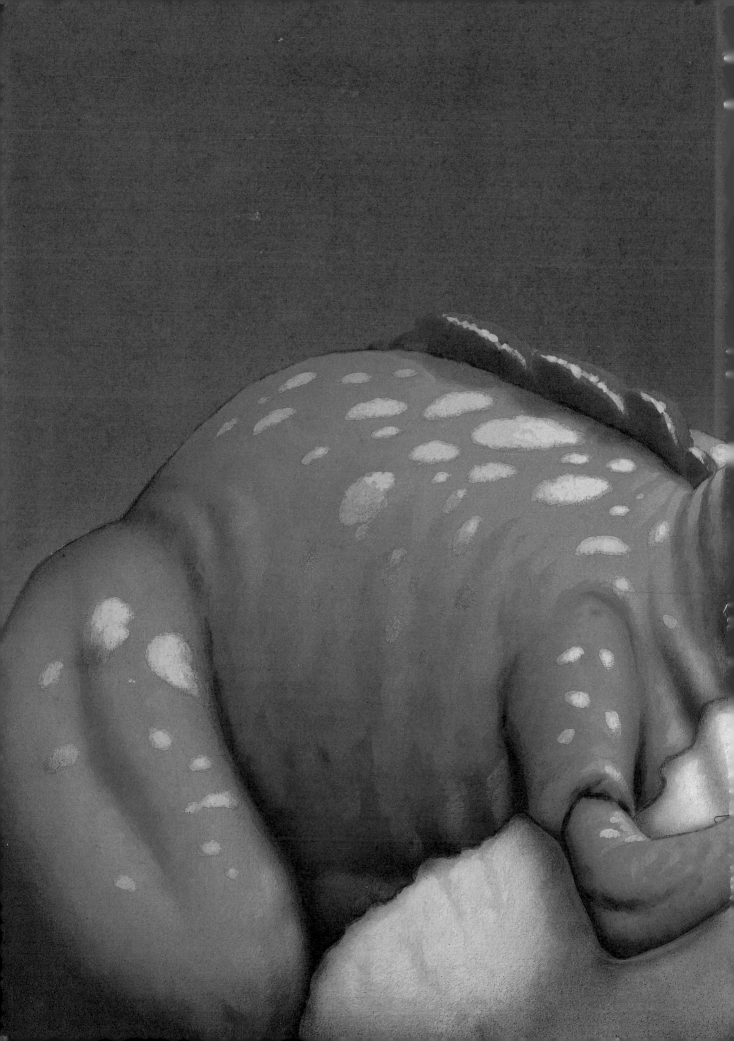